美国金融监管改革概论

——《多德—弗兰克华尔街改革与消费者保护法案》导读

主　编　刘士余

副主编　周学东　刘向民

中国金融出版社

责任编辑：张　驰
责任校对：李俊英
责任印制：程　颖

图书在版编目（CIP）数据

美国金融监管改革概论（Meiguo Jinrong Jianguan Gaige Gailun）：《多德—弗兰克华尔街改革与消费者保护法案》导读/刘士余主编．—北京：中国金融出版社，2011.8
ISBN 978－7－5049－6059－7

Ⅰ．①美…　Ⅱ．①刘…　Ⅲ．①金融监管—经济体制改革—研究—美国　Ⅳ．①F837.121

中国版本图书馆CIP数据核字（2011）第162997号

出版发行　中国金融出版社
社址　北京市丰台区益泽路2号
市场开发部　(010)63266347，63805472，63439533（传真）
网上书店　http://www.chinafph.com
(010)63286832，63365686（传真）
读者服务部　(010)66070833，62568380
邮编　100071
经销　新华书店
印刷　北京市松源印刷有限公司
装订　平阳装订厂
尺寸　169毫米×239毫米
印张　24.25
字数　400千
版次　2011年8月第1版
印次　2011年8月第1次印刷
定价　58.00元
ISBN 978－7－5049－6059－7/F.5619

本书编委会

主　编： 刘士余

副主编： 周学东　刘向民

统　稿： 刘向民

执　笔（以姓氏笔画为序）：

于　勤　王　晋　刘　庄　刘向民　朱　红
苏　盼　张念念　武　岳　周学东　唐应茂
唐晓雪　黄　海　景　伟

前　言

一

美国的金融监管体系形成于过去的150年。这个体系的特点之一是分散、庞杂，包括多个联邦银行业监管机构、专门的联邦证券监管机构、期货监管机构，以及包括联邦贸易委员会在内的其他监管机构，还有大量的行业自律组织和数以百计的州金融监管机构。从制度起源看，美国金融监管源自历次金融危机和金融市场重大发展带来的监管和立法变革。其中，金融危机在美国金融监管体制的形成上扮演了最为关键的角色。美国建国后不久，就于1792年遭遇了一次严重的金融危机。其后，美国每15年至20年就发生一次金融恐慌或金融危机：1797年、1819年、1837年、1857年、1873年、1893~1896年、1907年，直至1929~1933年的大萧条。频繁的危机严重冲击了美国经济，破坏了金融秩序，造成了人民福利的巨大损失。正是历次金融危机集中暴露了市场内部缺陷和外部监管缺失，产生了对金融监管的需求，进而催生了金融监管立法的供给。例如，19世纪末至20世纪初的一系列金融恐慌集中暴露了没有中央银行的金融体系的高度不稳定性，迫使美国政策制定者统一了认识，直接促成了《1913年联邦储备法案》（The Federal Reserve Act of 1913）的通过和美国中央银行制度的确立。20世纪30年代的大萧条更是催生了一系列重大金融改革立法，确立了延续至今的美国现代金融监管体系和基本格局。其中，《1933年银行法》（The Banking Act of 1933）（即《格拉斯—斯蒂格尔法案》）从五个方面变革了传统的美国银行业：确立了商业银行与投资银行的分业经营体制、创立了存款保险制度、对存款利率实行管制、放松了对全国性银行设立分支机构的限制，并首次对银行控股公司进行监管。《格拉斯—斯蒂格尔法案》深刻影响了美国金融业的格局，也引发了对其功过是非的持久争论。支持者认为分业经营有效防止了银行的过度冒险和利益冲突，联邦存款保险制度根除了银行挤兑的制度缺陷、维护了商业银行体系的稳定，存款利率管制既遏制了过度竞争又为大银行加入存款保险体系提供了补贴。反对者则认为分业经营体制限制了竞争，保护了投资银行和商业银行各自的领地不受对方侵占；存款保险以牺牲大银行利益为代价保护了小银行；利率管制扭曲了市场定价机制，并导致了货币市场基金等影子银行体系的兴起。无论孰是孰非，不容否认的是大萧条时期的金融立法不仅确立了美国现代金融监管的框架，还帮助美国获得了长达半个多世纪的金融稳定。这是一个不可忽视的基本事实。

但是，华尔街长期的繁华景象使人们忘记了危机的教训，对金融监管的态度也逐渐发生了逆转：监管不再是市场有效运作的必要条件，而被视为华尔街繁荣的障碍。在此背景下，自 20 世纪 70 年代末 80 年代初以来，在美国和世界主要金融市场掀起了一场浩浩荡荡的去监管化（deregulation）浪潮，从各个方面冲击传统金融监管的围堤：废除存款利率管制、取消银行经营的地域限制，并逐步放松分业经营的限制。传统银行与非银行金融机构之间的功能界限开始模糊。1999 年，美国颁布了《1999 年金融服务现代化法案》，正式废除了《格拉斯—斯蒂格尔法案》，允许银行控股公司以“金融控股公司”的形式进行横跨银行、证券、保险的混业经营。《1999 年金融服务现代化法案》的出台标志着金融领域去监管化的全面胜利。此后，不受监管的“影子银行体系”更加迅速地崛起，各种复杂金融产品大规模涌向美国及美国以外的市场和家庭。影子银行体系的资产规模在金融危机前夜大幅赶超了传统银行业，达到了近 20 万亿美元①。金融自由化表面上带来了空前的繁荣，背后的风险却开始向全球蔓延、累积。在这次国际金融危机前，美国的金融风险曾有过三次较为集中的爆发：第一次是 20 世纪 80 年代末的储贷危机；第二次是 1998 年著名对冲基金“长期资本管理公司”的倒闭；第三次是 2002 年以“安然事件”为代表的一系列华尔街丑闻。这三次爆发都不同程度地引起了美国金融监管政策的局部微调，但都没有从法律和制度层面彻底扭转金融领域去监管化的浪潮。相反，打着新自由主义和货币主义的旗子，自由放任日益成为思想和政策主流，金融监管与金融创新的脱节愈加严重。

自 2008 年以来，美国和世界遭遇了自大萧条以来最为严重的金融与经济危机。这是 20 世纪 80 年代以来自由市场成为西方意识形态主流，金融

---

① Federal Reserve Bank of New York Staff Reports, *Shadow Banking*, Staff Report No. 458, July 2010, p. 4.

领域去监管化和自由化背景下，长期积聚的金融风险的总爆发。从美国国内看，国际金融危机集中暴露了美国现有金融监管体系的弱点，包括：缺乏对系统性风险的监管；“大而不能倒”问题突出，道德风险严重，金融机构过度冒险；对金融消费者和投资者保护不足；对大型复杂金融机构监管不力；对规模巨大的场外衍生品市场和影子银行体系缺乏监管等。

二

痛定思痛之后，美国自2009年6月开始，历时一年有余，对金融监管体系进行了自大萧条以来最重大的改革。在2010年6月30日和7月15日美国众参两院分别表决通过后，奥巴马总统于2010年7月21日正式签署《多德—弗兰克华尔街改革与消费者保护法案》（Dodd – Frank Wall Street Reform and Consumer Protection Act）（本书正文中简称法案）。法案对美国金融监管体系进行了大幅调整和加强，同时也彻底扭转了金融领域去监管化的思潮，对政府与市场的关系进行了再平衡。至此，美国金融体系完成了从监管（regulation）（大萧条至20世纪80年代，以《格拉斯—斯蒂格尔法案》为标志）、去监管（20世纪80年代至21世纪初，以《1999年金融服务现代化法案》为标志）到再监管（re – regulation）（2010年开始，以法案为标志）的一个完整轮回。法案出台伊始，即受到国际社会高度关注，各国普遍给予较高评价。但在美国国内也遭到了来自左右两个方向的一些批评：“左派”批评者认为法案的监管力度不足，对市场缺陷的认识不够，未能彻底解决“大而不能倒”、系统性风险和对影子银行体系的监管问题；特别是未能像大萧条时期的立法一样拆分大型金融集团，禁止混业经营，从根本上限制华尔街的经济和政治势力[①]。右派批评者则认为法案是政府干预主义的回归，而政府政策失误和监管的失灵正是这次危机的根源。政府对市场的干预只会产生更多的问题、导致更大的危机。对金融监管改革的不同态度，反映的不仅是表面的意识形态取向，更反映了背后不同的经济学思维。正如凯恩斯所言，“经济学家和政治哲学家的思想，不论是正确时还是错误时，都比通常理解的要有影响得多。事实上世界几乎不受别的东西所统治。坚信自己不受学术影响的务实者，通常都是某个已故经济学家的奴隶。……我确信，与思想的侵蚀力相比，既得利益的影

① 有关观点的代表如Simon Johnson & James Kwak, 13 Bankers: The Wall Street Takeover and the Next Financial Meltdown, Vintage Books 2011。

响被严重夸大了。……在经济学和政治哲学领域，人们在25岁或30岁以后就很少再受到新理论的影响。因此，公务员、政客甚至煽动者用于当前时事的思想不太可能是最新的。但是，或早或迟，对善与恶最构成威胁的不是既得利益，而是思想。"① 金融危机以来，围绕危机的起因和对策，经济学领域正在经历一场新的辩论和反思，其核心正是对市场、政府和理性的重新认识。在某种程度上，金融危机和经济危机也引发了经济学的危机。监管的缺失和对市场的自由放任，是金融市场有效性假说（efficient market hypothesis）和市场万能信条在政策上的直接反映。但正如前美联储主席格林斯潘于2008年秋不无痛苦地承认，"整个（经济学）理论大厦已于去年夏天倾塌"（the whole intellectual edifice collapsed in the summer of last year）。危机引发了对以新古典体系为核心的主流经济学的深刻反思：对市场原教旨主义的系统批判、对凯恩斯学说的重新认识、对理性人假设和传统经济学基本方法的批判和对复杂人性的还原、对风险和不确定性的重新理解等②。孰是孰非，只有留待时间去回答。但可以确定的是，传统经济学和金融学已被这次金融危机冲击得千疮百孔。经济学理论亟须一场深刻的变革。

具体到法案本身，正如其他任何立法一样，它必然是各方利益和各种思想博弈和妥协的结果。因此，它必然不完美，甚至存在若干重要缺憾。这些缺憾，除了认识上的差异外，也是华尔街对美国政策制定影响力的直接反映。法案是否解决了这次危机暴露出来的主要问题？是否逃避了最根本的问题而代之以亡羊补牢式的技术性修补？在休养生息之后，华尔街是否会忘记创伤，人性的贪婪是否会再次压倒审慎，过度冒险的文化和做法

① John M. Keynes, The General Theory of Employment, Interest and Money, BN Publishing 2008. pp. 383 - 384.

② 金融危机以来许多有影响的学者对主流经济学的缺陷进行了系统反思和批判，其代表包括：George Akerlof and Robert Shiller, Animal Spirits (Princeton University Press 2009); Paul Krugman, The Return of Depression Economics and the Crisis of 2008 (Norton 2009); Nassim Taleb, The Black Swan (Random House 2007); Joseph Stiglitz, Freefall: America, Free Markets, and the Sinking of the World Economy (Norton 2010); Robert Skidelsky, Keynes: the Return of the Master (Public Affairs 2010) 等。此前行为经济学的代表包括 Richard Thaler, Quasi Rational Economics (Russell Sage Foundation 1994), 对经济学方法的系统批判包括 Eric Beinhocker, The Origin of Wealth (Harvard Business School Press 2007)。从历史的角度批判主流经济学短视的代表包括 Carmen Reinhart and Kenneth Rogoff, This Time is Different (Princeton University Press 2009) 和 Rouriel Roubini and Stephen Mihm, Crisis Economics: A Crash Course in the Future of Finance (Penguin Press 2010)。

是否会卷土重来？危机之后美国金融体系的集中度更高，“大而不能倒”问题更严重，政府各种显性和隐性担保导致的道德风险问题也更加突出。法案虽然从技术层面全面加强了监管，但并没有对美国金融业做出更根本的结构性调整。这是否为未来留下了更大的危机隐患？在改革的热情消退之后，这些仍是值得我们进一步深思的问题。

同时，也许比法案具体条文更重要的是其背后深层次思维，特别是对市场和政府关系认识的转变。即在承认市场不完善和未来不确定①的条件下，如何使得整个金融体系更加稳定和具有韧性？法案本身的效果，在很大程度上还取决于法案授权制定的大量条例和规则的具体内容及执行情况。根据初步统计，法案要求在该法颁布后两三年内制定的条例和规则有243 项，研究和报告近百项。因此，现在就对法案做出系统评价还为时尚早。要对这部法律做出比较客观、全面的评价，还需继续跟踪法案的规则制定和实施情况，并结合其实施效果进行深入分析。但无论如何，反省和变革的意义都是毋庸置疑和被抹杀的。

三

对一般读者而言，阅读法案原著是一件很费神的事情。这不仅与美国一般法案大量相互援引交错表述方式有关，还与法案本身内容十分庞杂有关。该法案涵盖银行、证券、保险、破产、存款保险、金融消费者权益保护等各个领域，专业性很强，使用了大量金融法律专业术语，且涉及、援引、修订了大量现行的其他金融法律，晦涩难懂。即使是对于专业研究者而言，如果没有对美国金融法律的系统了解，并查阅大量相关法律和资料，仅靠阅读条文本身恐怕仍不易准确理解法案的主要内容。因此，我们对法案内容进行了系统梳理，希望在基本吃透并重新整理其核心内容后，以较好读的方式呈现在读者面前。在此过程中，美国苏利文·克伦威尔（Sullivan & Cromwell LLP）、达维（Davis，Polk & Wardwell LLP）等几家著名国际律师事务所寄来了繁简不同的对法案的英文摘要，对本书的编写起到了重要的参考作用，在此特别致谢。在编写过程中，我们做到了处处以

① 不确定性（uncertainty）与风险（risk）有着根本区别：后者可以用概率测量，前者则是无法测量的未知。许多经济学家常常用风险替代了不确定性，导致分析上的简化和偏颇。凯恩斯对不确定性有深刻的理解，详见其代表作 *The General Theory of Employment*, *Interest and Money* 及其早年的论文 *A Treatise on Probability*（1921）。

法案本身为依托和准绳，在力求准确的基础上，将法案的主体内容重新编排为八章进行综述。这八章内容分别为系统性风险管理、为解决“大而不能倒”问题而设立的有序清算机制、银行业监管改革、证券业监管改革、衍生品监管改革、保险业监管改革、金融消费者保护，以及联储体系改革。对于与以上核心内容无关的其他内容，我们进行了省略。同时，我们将有关内容标出了法案中的出处，以便读者对照法案进行查找和进一步研究。对一些国内读者不太熟悉的金融和法律术语，我们也尽可能地增加了注释。

本书附录部分包括了法案的实施进展、对美国金融监管改革的一些初步分析，以及危机以来英国、欧盟等国际金融监管改革的核心内容和进展，对美国金融监管体系演变的历史回顾等。这些文章都是在跟踪研究国际金融监管改革的工作进程中形成的。作为阶段性的研究成果，肯定还比较粗浅并存在诸多缺陷。把这些资料集中到一起，希望能对从整体上更好地理解危机以来美国以及国际金融监管改革的脉络有所帮助。

编者

二〇一一年六月

内容摘要

本书的核心内容是对法案的概述和导读。第一章至第八章分别介绍法案的主体内容，包括系统性风险监管、如何解决“大而不能倒”问题、银行业监管改革、证券业监管改革、衍生品监管改革、保险业监管改革、金融消费者保护以及联储体系改革。

第一章集中介绍法案为解决这次国际金融危机暴露出来的最大问题——对系统性风险监管的缺失而采取的主要措施，即设立金融稳定监督委员会识别和防范系统性风险，对系统重要性金融机构实施更严格的监管，以及加强对重要支付结算机构和业务的监管。

第二章介绍法案如何解决这次危机暴露出来的另一个重大问题——“大而不能倒”问题。为解决这一问题，法案专门设立了适用于系统重要性非银行金融机构的有序破产清算机制，变“大而不能倒”为“大而能倒”，并规定破产清算成本由问题机构而不是纳税人承担，以更好地防范金融体系的道德风险。有序清算机制以 FDIC 对存款类机构的破产清算模式为基础，并借鉴了一般企业破产法有关债权人保护的若干重要原则，以更好地实现对系统重要性问题金融机构的快速有序处置与公平保护债权人之间的平衡。

第三章“银行业监管改革”介绍法案如何弥补危机中暴露出来的混业经营条件下银行业监管的漏洞。法案废除了危机中备受诟病的储贷监理署，将其监管职能并入美联储等三家监管机构；强化美联储对存款类机构控股公司、子公司、关联人和并购活动的全面监管，扭转了《1999 年金融服务现代化法案》对美联储监管权的弱化规定。

第四章为“证券业监管改革”。危机暴露了证券业存在的若干突出问题，如资产证券化“发起—销售”模式下的道德风险、评级体系的利益冲突、薪酬制度的扭曲、私募基金的监管空白等。为解决这些问题，法案规定了资产证券化中的“风险自留”原则，加强对评级机构的监管、防止利益冲突，授予股东对管理层薪酬的非约束性投票权，要求私募基金管理人注册并披露相关信息等。为加强对投资者的保护，法案进一步规范了经纪商—自营商的行为准则，在 SEC 设立投资者保护办公室，并对证券违法行为的举报者进行激励和保护。

第五章“衍生品监管改革”为法案最受关注的核心内容之一，因为不受监管、规模巨大的场外衍生品市场是这次金融危机的直接导火索，也曾长期成为美国的金融监管盲区。对场外衍生品市场进行有效监管在法案出台前已获得广泛共识。法案授权美国证监会和商品及期货交易委员会对场外衍生品市场进行监管，要求大部分衍生品交易进行集中清算，改善衍生品市场透明度，并对互换市场参与方规定了资本金与头寸要求和更高的行为准则。

第六章介绍法案对保险业监管作出的改革，主要是在维持现有以州监管为核心的保险业监管框架下设立新的联邦保险办公室，以监测保险业风险及协调有关监管政策。法案同时对非传统保险和再保险市场进行了若干改革以提高市场效率和保险服务的可获得性。

第七章“金融消费者保护”被广泛认为是法案的重要亮点和特色。危机中暴露出来的若干重要问题被归结为金融消费者保护的缺失，如掠夺性和欺诈性的次级抵押贷款、信用卡等问题金融产品的泛滥等。哈佛法学院沃伦教授对“为何消费者在购买面包烘烤机时都受到保护，在购买日常消费金融产品（如抵押贷款和信用卡）时却不受保护”的质疑迅速凝聚了社会共识。法案在美联储之下创设相对独立的“消费者金融保护局”，集中行使原本分散的金融消费者保护职权，以克服金融监管机构在保护消费者方面的角色冲突、消除监管套利，达到更好地保护消费者的目标。汲取危机的教训，法案还对抵押贷款市场进行了改革，并要求政府在规定时间内拿出“两房”改革方案。

第八章集中介绍法案对联储体系的改革，包括对美联储紧急贷款权设立的新条件，对美联储的审计，以及对联储治理结构（如增设专职的监管副主席等）的改革。

在介绍完法案主体内容后，本书附录部分简要介绍了法案的最新实施情况，包括消费者金融保护局的设立和法案授权的规则制定情况，对法案的总体效果做了初步分析，并系统地探讨了美联储职能调整背后的深层次原因。本部分还对美国金融监管体系的演变做了历史的回顾。为方便读者对美国之外的国际金融监管改革动态的了解，本书还在附录中收录了有关英国和欧盟的监管改革、中央银行在金融危机中的角色、全球场外衍生品市场改革、《巴塞尔协议Ⅲ》等一系列文章。最后是金融危机大事记。

目　　录

第一章
系统性风险监管

法案要解决的首要问题就是这次国际金融危机暴露出来的最大问题：对系统性风险监管的缺失。法案直接针对系统性风险监管的内容分为两章：第一章《2010年金融稳定法案》，即设立金融稳定监督委员会识别系统性风险，并明确美联储在系统性风险监管中的核心地位；第八章《2010年支付、清算、结算监管法案》，明确和加强美联储对系统重要性支付结算系统和业务的监管。虽然法案其他章节的内容都或多或少、直接或间接地与系统性风险管理有关，但第一章和第八章专门针对系统性风险防范，因此合并为一章介绍。

第一节　金融稳定

法案的第一章也被称做《2010年金融稳定法案》（Financial Stability Act of 2010），分为三节，分别为"金融稳定监督委员会"（Financial Stability Oversight Council，FSOC）、"金融研究办公室"，以及"美联储对特定非银行金融机构和银行控股公司的额外权力"①。以下是具体内容。

一、金融稳定监督委员会的设立

该部分（Subtitle A）首先开宗明义，设立金融稳定监督委员会，自法案颁布之日起生效②。FSOC有三项宗旨③：第一，识别威胁美国金融稳定

---

① 美联储全称为The Board of Governors of the Federal Reserve System，也称美联储理事会。为简便起见，本书一律简称为美联储。

② 法案第111（a）条。

③ 法案第112（a）条。

的风险，包括大型、相互关联的银行控股公司（包括被当做银行控股公司的外国银行）或具有系统重要性的非银行金融机构出现重大财务困难、倒闭或正在进行的活动对美国金融稳定构成的危险，以及金融业以外的其他威胁美国金融稳定的风险；第二，通过消除这些机构的股东、债权人和对手方在机构倒闭时获得政府救助的期望，促进市场自律；第三，应对针对美国金融体系稳定的其他正在形成的威胁（emerging threats）。

（一）FSOC 的组成和程序

法案第 111 条规定，FSOC 共由 15 名成员组成，其中的 10 名有投票权，5 名没有投票权。10 名有投票权的成员为财政部部长、美联储主席、货币监理署（OCC）署长、新设立的消费者金融保护局（BCFP）局长、美国证监会（SEC）主席、联邦存款保险公司（FDIC）主席、商品与期货交易委员会（CFTC）主席、联邦住房金融署（FHFA）署长、全国信用社管理局（NCUA）局长，以及一名具有保险业专长的独立成员①。其中，财政部部长②担任 FSOC 主席。5 名没有投票权的成员为新设立的金融研究办公室（Office of Financial Research，OFR）主任、新设立的联邦保险办公室（Federal Insurance Office，FIO）主任、一名州保险业监管负责人③、一名州银行业监管负责人④、一名州证券业监管负责人⑤。以上各州成员任期两年。没有投票权的成员一般不得被排除在 FSOC 讨论或会议之外，除非 FSOC 主席和大多数投票成员认为是为了保护和促进保密监管信息交换所必需。

在一般情况下，FSOC 以简单多数行使职权。在特殊情况下，则需要 2/3 多数，包括 FSOC 主席的赞成票。每名有投票权成员一票。FSOC 会议可以由 FSOC 主席召集，也可以由 FSOC 多数成员召集，但不能少于每季度一次。

（二）FSOC 的职权

法案第 112 条规定，FSOC 行使以下 14 项职权：

（1）从 FSOC 的成员机构、FIO，以及其他联邦和州监管机构搜集信

---

① 该独立成员将由总统任命、参议院核准（confirmation），任期 6 年。

② 在美国，中央银行（即美联储）相对独立，不是内阁成员。财政部部长是总统的主要内阁成员，在行政班子中的重要性仅次于国务卿，因此作为行政部门的代表成为 FSOC 的主席。

③ 由各州保险监管机构负责人选出。

④ 由各州银行监管机构负责人选出。

⑤ 由各州证券监管机构负责人选出。

息并评估美国金融体系的风险，并指示 OFR 从银行控股公司和非银行金融机构搜集信息；

（2）指导并要求 OFR 提供数据和分析以支持 FSOC 的工作；

（3）对金融服务市场进行监测以识别对美国金融稳定的潜在威胁；

（4）监控国内、国际金融监管的动议和发展（包括保险和会计问题）并就改善美国金融市场完整性、效率、竞争力和稳定的领域向美国国会提供咨询和建议；

（5）在与美国金融服务相关的政策发展、规则制定、检查、报告要求和执法行动方面促进成员机构以及其他联邦政府机构之间的信息共享和协调；

（6）向成员机构推荐反映了成员机构之间讨论结果的优先监管事项和监管原则；

（7）识别对美国金融稳定构成风险的监管漏洞；

（8）要求美联储对那些一旦发生重大财务困难、倒闭或由于其活动可能对美国金融稳定造成风险的非银行金融机构实施监管；

（9）建议美联储对由美联储监管的非银行金融机构和大型、相互关联的银行控股公司设立更严格的审慎监管标准，包括：风险资本（risk based capital）、杠杆率、流动性、应急资本（contingent capital）、清盘计划（resolution plans）、信用敞口报告（Credit Exposure Report）、集中度限制、更严格的信息披露和总体风险管理；

（10）识别系统重要性金融基础设施（financial market utilities，FMUs）以及支付、清算和结算活动（以及这些活动的提供者）并由美联储进行监管；

（11）对在银行控股公司、非银行金融机构或美国金融市场之间可能产生或扩散的显著流动性、信用或其他风险的业务或经营行为，建议其主要金融监管机构（包括州保险监管机构）实施新的或更严格的标准和防范措施；

（12）对现行的或建议的会计原则、标准或程序进行审查并在适当的时候向美国证监会及其他标准制定组织提交意见；

（13）为讨论市场新发展、金融监管新问题以及解决成员机构的管辖权争议[①]提供平台；

① 法案第 119 条规定了委员会为解决成员机构在特定银行控股公司、非银行金融机构、金融活动或产品方面产生的管辖权争议提出建议的程序。但委员会的决定对争议方不具有约束力。

（14）每年就下述事项向国会报告，并由 FSOC 主席在国会银行委员会作证：FSOC 的活动；市场重大发展，包括保险和会计监管和标准，以及这些发展对金融体系稳定的影响；对美国金融稳定的潜在威胁；所有在法案第 113 条（关于对非银行金融机构监管）和第八章（《2010 年支付、清算和结算监管法案》）下做出的决定及其原因；所有在第 119 条（关于联邦监管机构之间管辖权的争议）下提出的建议及结果；以及就改善美国金融市场、促进市场自律、维护投资者信心提出的建议。

在向国会提交年度报告时，FSOC 的每一个有投票权的成员必须向国会提交经本人签署的陈述，说明该成员是否相信 FSOC、政府和私营部门是否采取了所有合理措施来确保金融稳定、防范系统性风险。若否定，则还要陈述该成员认为应该采取什么措施达到这些目标。

为履行职责，FSOC 有权成立顾问、技术或专业委员会，包括由州监管者组成的顾问委员会。特别委员会的成员可以是也可以不是 FSOC 成员。FSOC 也可以从其他联邦非成员部门或机构获得协助。FSOC 还必须根据需要制定议事规则。

1. FSOC 的信息获取权

（1）金融研究办公室

法案第 152 条规定，在美国财政部内部设立金融研究办公室作为 FSOC 的支持机构（同时也向成员机构提供支持）。其职责：为 FSOC 及成员机构搜集数据；对数据的类型和格式进行标准化；开展应用研究和必需的长期研究；开发测量和监测风险的工具；提供其他相关服务；将 OFR 的研究成果提交金融监管机构共享；协助成员机构制定法案授权的相关数据搜集的类型和格式。法案第 155 条规定，财政部内设“金融研究基金”（Financial Research Fund）以支付金融研究办公室的运行费用。在金融研究办公室成立后的两年过渡期内，其经费由美联储支付。两年后，其经费将向总资产 500 亿美元或以上的银行控股公司和受美联储监管的非银行金融机构征收。“金融研究基金”独立于联邦预算，盈余可以投资美国国债。法案第 118 条规定，FSOC 的全部费用将被当做金融研究办公室的费用并由金融研究办公室支付。FSOC 的全部费用是“系统风险监管费用”（systemic regulation fees）的一部分，另一部分为美联储的监管费。此前美联储不收取监管费。“系统风险监管费用”向系统重要性金融机构收取。

（2）信息获取

首先，法案第 112 条规定，FSOC 有权从金融研究办公室、成员机构以及法案新成立的 FIO 获得所需的数据和信息，以监测金融服务市场，识别对美国金融稳定的潜在威胁，并履行 FSOC 的其他职责。

其次，法案第 112（d）（3）条规定，FSOC 有权通过 OFR 要求任何银行控股公司或非银行金融机构提供定期报告和其他报告，以评估该公司、其参与的金融活动或市场是否对美国金融稳定构成威胁。在对 OFR 职权作出具体规定时，法案第 154 条也同时规定 OFR 有权按照 FSOC 的决定或 OFR 主任经与 FSOC 协商后的决定，要求任何金融机构提供报告以作出上述评估。由此可见，FSOC 的信息获取权是广泛和全面的。为减轻企业的报告负担，法案第 112（d）（3）条要求 OFR 在可能的情况下首先从以上公司或机构的主要金融监管机构处获得所需信息。按照 OFR 主任在与 FSOC 商议后决定的项目表，OFR 向金融机构获取金融交易数据和持仓数据（position data）。法案第 112（d）（3）（C）条还特别规定，对于外国金融机构，在对其直接提出信息报告要求前，FSOC 将通过 OFR 与有关外国金融监管机构协商并获得相关信息。这将在一定程度上缓解了在美外国金融机构的信息报告负担。

法案第 112（d）（4）条规定，如 FSOC 根据以上渠道获得的信息、与管理层的讨论以及公共信息仍无法判断一家美国非银行金融机构是否对美国金融稳定构成威胁，FSOC 则有权要求美联储对该机构进行检查以帮助其判断该非银行机构是否应该由美联储进行监管。这实际上是为美联储创设了一项对非银行金融机构的备份检查权。而一旦 FSOC 决定某一非银行金融机构具有系统重要性，应由美联储监管，美联储就对该非银行金融机构拥有了正式的监管权。

为保障作为信息主体的金融机构的信息安全，法案第 112（d）（5）条特别规定，FSOC、OFR 和成员机构对金融机构按本章规定提交的数据、信息、报告负有保密义务，同时信息的提交并不构成对信息在现行联邦和州法律下享有的特权的放弃（a waiver of privilege）。但另一方面，向 FSOC 提交的信息和 OFR 搜集的信息一般又受到《信息自由法》（Freedom of Information Act）的管辖，可按既定程序向公众披露[①]。

根据法案第 116 条，FSOC 有权通过 OFR 要求总资产为 500 亿美元及以上的银行控股公司或受美联储监管的非银行金融机构提交机密报告，内容包括财务状况，控制财务、操作和其他风险的制度，与关联存款机构的

① 法案第 404 条规定了一个例外，即投资顾问提供的特定信息不必按照《信息自由法》披露。

交易，以及公司或其下属企业的活动和运作可能扰乱金融市场或美国金融稳定的程度。

2. FSOC 对哪些机构和活动应由美联储监管的决定

这次金融危机带来的一个重大教训是，由于美联储没有监管具有系统重要性的非银行金融机构的法定职责，而美国证监会等微观审慎监管部门视野不够开阔、资源有限，导致未能及时发现雷曼、AIG 等非银行金融机构的系统性风险并未能及时对其进行防范和处置。特别是美联储由于缺乏法律授权而未对雷曼施展救助，直接导致雷曼破产并引发了全面金融危机。这一惨痛教训促使美国立法者下决心全面加强美国中央银行对系统重要性金融机构、特别是对系统重要性非银行金融机构的监管权力，并将其作为这次金融监管改革立法的首要目标之一。因此，法案第一章在规定 FSOC 职权时，明确授权 FSOC 结合美联储监管职权的扩大，就美联储的监管对象作出两项重大决定：一是哪些非银行金融机构应受到美联储的监管；二是哪些金融活动和金融基础设施应受到美联储的监管。

（1）由美联储监管的非银行金融机构

法案第 113 条规定，如果 FSOC 认为该美国或外国非银行金融机构的重大财务困难，或该机构业务的性质、范围、大小、规模、集中度、相互关联度或混合，会对美国金融稳定造成威胁，FSOC 就可以 2/3 多数（必须有作为 FSOC 主席的财政部部长的赞成票）决定将一家美国或外国非银行金融机构由美联储监管并适用更严格的审慎监管标准。在做出最终决定前，法案第 113（g）条规定，FSOC 必须与该机构或该机构子公司的主要金融监管机构进行协商。

（2）美国非银行金融机构

法案第 113（a）（2）条规定，在决定一家美国非银行金融机构是否应由美联储进行监管时，FSOC 必须考虑以下因素：

（A）该机构的杠杆率；

（B）该机构表外资产的规模和性质；

（C）该机构与其他重要非银行金融机构和银行控股公司的交易和关系的规模和性质；

（D）该机构作为美国家庭、企业和州与地方政府信贷来源的重要性以及作为美国金融体系流动性来源的重要性；

（E）该机构作为低收入、少数民族或金融服务供给不足的社区信贷来源的重要性，以及如该机构倒闭对该社区信贷可获得性的影响；

（F）被管理资产的自有程度以及被管理资产所有权的分散程度；

（G）该机构业务的性质、范围、大小、规模、集中度、相互关联度或混合；

（H）该机构已由一家或数家金融监管机构监管的程度；

（I）该机构金融资产的数量和性质；

（J）该机构负债的数量和类型，包括对短期融资的依赖度；

（K）其他任何 FSOC 认为适当的风险因素。

（3）外国非银行金融机构

在决定一家外国非银行金融机构是否应由美联储进行监管时，FSOC 必须考虑以上第 2 项所列的各项因素，区别在于以下因素限于该机构在美国的运营活动：

（A）该外国机构在美国的金融资产的数量和性质；

（B）该外国机构为在美国业务活动融资而承担的负债的数量和类型，包括对短期融资的依赖程度；

（C）该外国机构在美国的表外资产的规模和性质；

（D）该外国机构作为美国家庭、企业、州和地方政府信贷来源的重要性，以及作为美国金融体系流动性来源的重要性；

此外，还要考虑该外国机构母国的监管水平：

（E）该外国机构在母国受到其金融监管当局并表审慎监管的程度。

法案第 113（e）至（h）条为以上 FSOC 的行政认定行为设立了行政和司法救济机制。非银行金融机构（无论是否为美国机构）在 FSOC 决定由美联储监管前，FSOC 必须将结果书面通知该机构，后者可以在 30 天内向 FSOC 请求听证并对结果提出异议。听证 60 天内 FSOC 必须做出最终决定。以上听证程序在紧急情况下也可由 FSOC 以 2/3 多数豁免（在对外国金融机构做出该决定时，还需商其母国监管机构）。对最终决定，非银行金融机构可提请美国联邦地区法院进行司法审查。但审查标准较高，仅限于最终决定是否“武断而多变”（arbitrary and capricious），即是否存在明显错误。FSOC 必须每年评估受美联储监管的非银行金融机构名单，并可以 2/3 多数（包括 FSOC 主席）决定将某个金融机构从名单上除名。一旦 FSOC 就某非银行金融机构做出了由美联储监管的最终决定，该机构必须在 180 天内在美联储注册①。

---

① 法案第 114 条。

（4）对系统性风险监管改革措施的效果评估

法案第123条要求FSOC主席对为减少系统性风险而采取的对金融服务进行监管限制的经济影响进行评估，并在法案通过后的180天内和此后的每5年发布评估报告。评估须估算下列措施对资本市场效率、金融业和国家经济增长的成本与收益，并须提出优化建议：

（A）对银行、银行控股公司以及其他大型金融机构最大规模作出的显性或隐性限制；

（B）对大型金融机构组织复杂性和分散性的限制；

（C）要求在运营上分离大型金融机构不同业务单元以便加速倒闭时的处置；

（D）对大型金融机构业务单元间风险传播的限制；

（E）对应急资本或类似措施的要求；

（F）对大型金融机构混合商业和金融业业务的限制；

（G）对分离大型金融机构传统金融业务和交易或其他高风险业务的要求；

（H）其他可能有利于限制系统性风险的、对大型金融机构业务或结构的限制。

二、受到更严格监管的机构

法案为FSOC规定了广泛的职权，包括决定对哪些机构实施更严格的监管。具体来说，要受到更严格监管的机构包括以下几类。

（一）非银行金融机构

法案将“美国非银行金融机构”定义[①]为“主要从事”（predominantly engaged）金融业务的，但同时又不是银行控股公司、“农场信贷体系机构”（Farm Credit System Institution[②]）的美国公司、全国性的证券交易所（及其母公司）、清算机构（及其非银行控股公司的母公司）、在美国证监会注册的证券基准互换交易机构（security-based swap execution facility）或数据库（data repository）、被指定为合约市场的交易所（board of trade）（及其母公司），或在美国商品与期货交易委员会注册的衍生品清算组织（及其非银行控股公司母公司）、互换交易机构或数据库。

---

① 见法案第102条。

② 指依据《1971年农场信贷法案》（The Farm Credit Act of 1971）设立的机构。

如果满足以下两项之一，即被视为“主要从事”金融业务：

（A）公司和所有子公司（subsidiaries）来自“金融属性”（financial in nature）（由《1956年银行控股公司法》（the Bank Holding Company Act of 1956）第4（k）条定义）的业务，以及（如适用）来自拥有或控制一家或数家投保存款机构的年度毛收入占公司并表年度毛收入的85%或以上；或（B）公司和所有子公司与“金融属性”的业务有关，以及（如适用）与拥有或控制一家或数家投保存款机构有关的并表资产占公司并表资产的85%或以上。

《1956年银行控股公司法》第4（k）条的定义[①]是在《1999年金融服务现代化法案》允许银行控股公司转变为金融控股公司并从事更大范围的金融业务时增加的。根据该定义，证券承销和交易、保险承销和经纪、私募股权投资，以及1999年前就已经允许银行控股公司从事的非银行业务（如拥有金融公司、房地产抵押贷款公司、租赁公司等）都属于“金融属性”业务。《1999年金融服务现代化法案》彻底清除了《格拉斯—斯蒂格尔法案》（Glass－Steagall Act）对混业经营的限制[②]，允许符合要求[③]的银行控股公司到美联储注册，以“金融控股公司”的形式从事混业经营[④]，包括证券、保险和私募股权投资。法案授权美联储制定条例以建立“主要从事”金融业务的确定标准。

一般来说，只有FSOC确定由美联储监管的非银行金融机构才受到更严格的审慎监管。但FSOC为了金融稳定的目的，也有权建议对由其他金融监管机构（包括州保险监管机构）监管的任何非银行金融机构的业务和经营采取额外的标准。法案第170条还规定，美联储在与FSOC协商后，可以FSOC的名义以条例（regulation）形式豁免美联储对一些非银行金融机构的监管。

（二）针对非银行金融机构的反逃避规定

法案第113（c）条规定，为防止金融机构逃避法案的监管，FSOC可

---

① 具体定义由美联储根据《1956年银行控股公司法》第4（k）条授权以条例（regulation）形式作出（Subpart I，Section 225.86列举了“金融属性”的业务）。

② 详见附录《〈格拉斯—斯蒂格尔法案〉的兴废》。

③ 银行控股公司到美联储注册为金融控股公司要满足三项要求：（1）其参加FDIC保险的存款类子公司都必须资本充足、管理完善（well capitalized and well managed）；（2）以上存款类子公司还必须在《1977年社区再投资法》（Community Reinvestment Act of 1977）下获得至少是“满意”的评级；（3）银行控股公司在美联储注册，选择成为金融控股公司。

④ 金融控股公司的业务范围扩大为所有金融业务和金融业务“附带的”（incidental）和“互补”（complementary）的业务。

以自行或根据美联储要求，以2/3多数（包括FSOC主席）决定（A）与美国或外国公司直接或间接开展的金融业务有关的重大财务困难，或其金融业务的性质、范围、大小、规模、集中度、相互关联度或混合，将对美国金融稳定造成威胁（基于前面法案第113（a)(2）条和第113（b）(2）条关于决定将非银行金融机构交由美联储监管所需考虑的因素）（即具有系统重要性并应由美联储监管）；（B）该公司的组织和运营方式是为了逃避法案第一章的管辖；（C）该公司的金融业务应由美联储监管并适用更严格的审慎标准。在做出上述决定后，FSOC必须向国会有关委员会报告并说明以上决定的理由。在做出决定前，FSOC必须与公司的主要金融监管机构协商。法案同时规定了公司就FSOC的上述决定拥有获得书面通知、申请听证和司法审查的权利。

此处的规定是为了防止一些机构将其金融业务进行重组以逃避监管。因此，一旦FSOC决定该机构的金融业务具有系统重要性，无论其公司结构采取了何种形式，其金融业务仍要受到美联储的并表监管。但同时明确，美联储对这类机构的并表监管范围仅限于其金融业务而不涉及非金融业务。FSOC做出以上决定后，该公司可以设立中间控股公司（intermediate holding company）从事金融业务。美联储也有权根据法案第167条的授权，要求公司成立中间控股公司从事金融业务。美联储将这类中间控股公司当做由美联储监管的非银行金融机构并按类似审慎标准对其进行监管。以上受监管的“金融业务”包括《1956年银行控股公司法》第4（k）条定义的“金融属性”业务和拥有或控制一家或数家投保存款机构，但不包括公司的内部财务活动如内部财务、投资和职员福利。①

（三）受到“有毒资产救助计划”（TARP）救助的银行控股公司不得通过“去银行化”逃避监管②

为防止一些金融机构逃避监管，法案第117条规定了著名的“加州旅馆条款”——即你可以随时结账，但你永远不能离开！根据该规定，2010年1月1日总资产为500亿美元或以上的银行控股公司如曾接受过TARP的救助，这些机构即使在2010年1月1日后任何时候不再注册成为银行控

---

① 法案第167条对“内部财务活动”有具体定义。

② 即“加州旅馆”（Hotel California）条款。“加州旅馆”为美国老鹰乐队20世纪70年代末的一首曾获格莱美奖的著名歌曲，其中最脍炙人口的一句歌词为“你可以随时结账，但永远不能离开”（you can check out any time you like, but you can never leave）。

股公司，仍将被当做根据法案第 113 条认定的系统重要性非银行金融机构由美联储继续监管。这些机构可以就此决定向 FSOC 上诉。如上诉被否决，FSOC 将每年审查该决定。“加州旅馆”条款的主要目的是防止如高盛、摩根斯坦利等在危机中通过转型为银行控股公司而（或其他原本就是银行控股公司的机构）获得美国政府救助的金融机构在危机过后通过“去银行化”（debanking，即不再控股商业银行）来逃避监管。

（四）银行控股公司

总资产为 500 亿美元或以上的银行控股公司自动受到美联储更严格的审慎监管。美联储可以根据 FSOC 的建议提高 500 亿美元的门槛，但法案没有授权 FSOC 或美联储降低这一门槛。也就是说，未来的监管门槛只能提高，不能降低。提高门槛也仅适用于应急资本、清盘计划、信用敞口报告、集中度限制、信息披露和短期债务限制等审慎标准的适用[①]。根据美国全国信息中心（National Information Center）的数据，截至 2010 年 5 月 31 日，美国共有 36 家银行控股公司超过了 500 亿美元总资产的门槛，即满足了法案的“系统重要性”要求。

三、对系统重要性非银行金融机构的要求

（一）注册

法案第 114 条要求，被 FSOC 决定由美联储监管的非银行金融机构在 FSOC 最终决定做出后 180 天内到美联储注册并按要求提交有关信息。

（二）报告

法案第 161 条规定，美联储有权要求由其监管的非银行金融机构及其子公司向美联储就以下内容提交报告：（A）财务状况，财务风险、操作风险及其他风险的监测和控制体系，以及其业务和运营对美国金融稳定构成威胁的程度；（B）遵守法案第一章规定的情况。为减轻企业监管负担，该条款同时要求以上报告尽量使用已向其他金融监管机构提供的或可从其他监管机构获得的报告和信息、要求公开披露的信息以及外部审计的财务报表。

（三）检查

法案第 161 条授权美联储对由其监管的非银行金融机构及其子公司就下述事项行使检查权：（A）运营性质和财务状况；（B）企业财务、运营和其

① 法案第 115（a）（2）（B）条。

他风险对企业安全和稳健或美国金融稳定造成的威胁；（C）监测和控制以上风险的体系；（D）遵守法案第一章的情况。为减轻企业监管负担，该条款同时规定美联储在进行上述检查时，应尽量使用子公司的主要功能监管机构的检查报告和以上第（二）项（即第161（a）（2）条）下的信息。

（四）执行（Enforcement）

法案第162条规定，由美联储监管的非银行金融机构及其非存款类子公司被当做银行控股公司受到《联邦存款保险法案》（The Federal Deposit Insurance Act）中有关执行权的管辖，比如禁止令（cease and desist）、解职令（removal）、禁令（prohibition）和处罚。如美联储认为由其监管的非银行金融机构的存款类子公司或受其他功能监管机构监管的子公司没有遵守美联储根据本法案制定的规则或发布的命令，美联储可以建议该子公司的主要金融监管机构采取监管行动或启动执法程序。若该主要金融监管机构在60天内没有采取为美联储接受的行动，美联储可以将该子公司看做受美联储直接监管的银行控股公司而采取直接行动。

（五）重大并购的事先报告

法案第163条规定，在并购银行和银行控股公司时，由美联储监管的非银行金融机构被视作银行控股公司，受到《1956年银行控股公司法》第3条的管辖，即在并购银行或银行控股公司5%以上股权时必须得到美联储的事先批准。此外，由美联储监管的非银行金融机构（和总资产为500亿美元或以上的银行控股公司）在取得从事金融业务[①]且并表资产在100亿美元或以上的任何除投保存款机构以外的其他公司的任何具有投票权的股份时（无论是直接地或间接地拥有或控制），必须事先向美联储提供书面报告。在审查以上并购报告时，美联储必须考虑该并购对全球或美国金融稳定或美国经济是否会造成更大、更集中的风险，以及按照《1956年银行控股公司法》第4（j）（2）条的规定评估该并购产生的公共利益是否大于负面影响。按《1956年银行控股公司法》的规定，若不能满足法定标准，美联储有权否决该项并购。

（六）禁止管理层互相兼职（management interlocks）

法案第164条规定，由美联储监管的非银行金融机构被视为银行控股公司适用《存款类机构管理层互相兼职法》（Depository Institutions Management Interlocks Act），即禁止个人同时担任同一地区两家非关联存款机构、

① 如前述《1956年银行控股公司法》第4（k）条的定义。

美国银行控股公司或美国储贷控股公司（包括这些机构的子公司）或超过一定规模的两家机构的董事、高管、受托人（trustee）或分支机构经理。除并购和重组中的临时性措施外，美联储一般不得豁免由美联储监管的非银行金融机构之间和由美联储监管的非银行金融机构与总资产为500亿美元及以上的银行控股公司之间的管理层兼职禁令。

（七）中间控股公司与关联交易

法案第167条规定，由美联储监管的非银行金融机构不受《1956年银行控股公司法》第4条对银行控股公司业务范围的限制，但如果由美联储监管的非银行金融机构从事非金融业务，美联储可以要求该机构按美联储制定的条例设立中间控股公司专门从事金融业务。如美联储决定这样做对恰当监管非银行金融机构的金融业务是必要的，或为保证美联储的监管不涉及其非金融业务，美联储必须要求该非银行金融机构设立中间控股公司。

该条款同时为企业内部财务活动设立了例外，即“内部财务活动”（internal financial activities）不被视作“金融属性”从而不必转移到中间控股公司。“内部财务活动”包括内部财务、投资和员工福利等职能。该机构可以继续从事在法案通过前一年内即已从事的内部财务活动，条件是该活动产生的资产或收入的不少于2/3来源于或可以追溯至该机构或子公司。同时，美联储有权对内部财务活动进行评估以决定从事这些活动是否会对该机构或美国金融稳定构成不当风险。

直接或间接控制依据本条款设立的中间控股公司的公司必须作为该中间控股公司的“力量源泉”（source of strength）（即当其身处困境时为其提供支持）。美联储有权要求母公司提交报告以保证其遵守法案第167条的规定，包括作为中间控股公司的“力量源泉”并保障该规定得到执行。母公司违反法案第167条可被视作违反了《联邦存款保险法案》。

法案第167条要求美联储制定条例，设立要求由美联储监管的非银行金融机构设立中间控股公司的标准，同时授权美联储制定必要的条例限制中间控股公司或由美联储监管的非银行金融机构与其关联人（affiliates）之间的交易，以防止不安全和不稳健的行为。但与该中间控股公司或非银行金融机构无关联的人与之发生的资产、货物或服务的善意购买或租赁等交易除外。

四、对系统重要性金融机构的要求

（一）更严格的标准：总体情况

法案通过前述内容设立了跨部门的FSOC作为系统性风险监管的协调

和决策机构，规定了 FSOC 的职权，填补了美联储无权监管系统重要性非银行金融机构的监管漏洞，解决了哪些机构要受到美联储更严格监管的问题。由此，美联储成为美国所有具有系统重要性的银行和非银行金融机构的主要监管者。接下来，法案对由美联储监管的系统重要性金融机构设立了新的、更严格的监管标准。法案第 115 条规定，FSOC 有权向美联储就由美联储监管的非银行金融机构和大型、相互关联的银行控股公司的监管建议执行比一般机构更严格的监管标准，而标准的严格程度将视包括法案第 113（a）条和第 113（b）条设立的一系列因素和其他衡量系统性风险程度的因素而定，并根据不同机构的主要业务作出恰当调整。法案第 165 条则明确授权美联储自行对系统重要性金融机构执行更严格的监管和审慎标准。

1. 一般要求

为防止或减轻大型、相互关联的金融机构对美国金融稳定带来的风险，法案第 115 条和第 165 条授权美联储自行，或根据 FSOC 建议，对系统重要性金融机构（即 FSOC 认定由美联储监管的非银行金融机构和总资产为 500 亿美元或以上的银行控股公司）制定比非系统重要性金融机构更严格的审慎监管标准。标准的严格程度按机构对美国金融稳定构成的系统性风险的严重程度①而增加。在制定标准的过程中，美联储可以自行或根据 FSOC 的建议，按个体或类别区分不同公司，考虑诸如资本结构、风险水平、复杂性、金融业务（包括子公司的金融业务）、大小，和其他任何美联储认为恰当的风险因素。

法案第 165 条规定，美联储<u>必须</u>就以下事项制定更严格的审慎标准：

（1）基于风险的资本要求和杠杆率限制，除非美联储经商 FSOC 后决定这些要求由于某家公司的业务（如投资公司业务或管理的资产）或结构对该公司不适用。在这种情况下，美联储必须对其适用其他标准以达到同样严格的风险控制。

（2）流动性要求。

（3）总体风险管理要求。

（4）清盘计划和信用敞口报告要求。

（5）集中度限制。

美联储<u>可以</u>就以下事项制定更严格的审慎标准：

---

① 即法案第 165（b）（3）条所列各项因素。

（1）应急资本要求；

（2）更高的信息披露标准；

（3）短期负债限制；

（4）其他美联储自行或根据 FSOC 建议认为恰当的审慎标准。

可见，美联储对系统重要性金融机构拥有最广泛的规则制定权和监管权。FSOC 对以上列举的各审慎监管标准拥有建议权，美联储既可根据 FSOC 的建议，又可自行决定制定其认为恰当的审慎标准。

2. 对外国金融机构的适用性

美联储在对外国金融机构（美联储监管的外国非银行金融机构和外国银行控股公司）适用以上审慎标准时，必须考虑（A）国民待遇原则和竞争机会平等原则；（B）外国机构在多大程度上在母国受到与美国类似标准的并表监管。

3. 个体差别

由于大型复杂金融机构之间存在诸多差异，法案在对这些机构统一强化监管的同时力图考虑其差异性，因此，第 165(b)(3)条特别规定，在制定以上标准时，美联储必须：

（1）考虑系统重要性金融机构之间基于以下因素的区别：

（A）FSOC 在决定哪些非银行金融机构由美联储监管时须考虑的因素（如前所述）；

（B）公司是否拥有存款类机构；

（C）公司的非金融业务和非金融关联机构；

（D）其他美联储认为适当的风险因素。

（2）尽量保证 FSOC 决定由美联储监管非银行金融机构时考虑的因素的微小变动不会导致以上审慎标准的剧烈变动。

（3）考虑 FSOC 对以上审慎标准的建议。

（4）根据公司主要业务（包括管理的资产或不适用某些标准的业务）对标准作适当调整。

可见，法案要求美联储在制定具体标准时，除了某些共性因素外，还要充分考量不同机构的个性，在统一的严格审慎原则下充分体现灵活性。这无疑对美联储的监管能力提出了很高的要求。

4. 协商要求与报告

在对系统重要性金融机构适用更严格的审慎标准和其他要求（包括关于清盘计划缺陷的通知以及这些通知所引发的更严格的要求或拆分命令）

前，如这些标准和要求可能对已受到功能监管机构监管的系统重要性机构的子公司或存款类子公司产生重大影响，美联储必须就该标准和要求与主要监管该子公司的 FSOC 成员机构协商。美联储还须每年向国会提交关于以上更严格审慎标准的执行情况及其效果的年度报告。

（二）应急资本

法案第 115（c）条要求 FSOC 研究对系统重要性金融机构提出应急资本要求的可行性、收益、成本和结构。该研究必须包括以下六项内容：（A）对该要求将改善公司安全和稳健、促进美国金融稳定和减少美国纳税人风险的程度的评估；（B）要求的应急资本的特征和数量的评估；（C）对决定财务困难时公司应急资本可否转为股本所适用的审慎标准的分析；（D）对应急资本要求对公司带来的成本、对信贷和其他金融市场结构和运转的影响，以及其他经济影响的评估；（E）对公司国际竞争力的影响以及在制定该要求时国际协作的前景；（F）执行该监管要求的建议。FSOC 必须在法案通过两年内向国会报告该研究成果，随后向美联储就系统重要性金融机构的最低应急资本要求提出建议。

法案第 165（c）条授权美联储在 FSOC 向国会提交报告后，制定条例规定对系统重要性金融机构在财务困难时可转为股本的最低应急资本要求。在制定该条例时，美联储须考虑以下五项内容：（A）FSOC 的研究和建议；（B）适当的过渡期；（C）以上 3（1）所列因素；（D）对系统重要性金融机构及其子公司的资本要求；（E）其他美联储认为适当的因素。

（三）清盘计划和信用敞口报告

1. 清盘计划

法案第 115（d）条授权 FSOC 就系统重要性金融机构有序清盘计划的要求向美联储提出建议。法案第 165（d）条规定，美联储必须要求系统重要性金融机构定期向美联储、FSOC 和 FDIC 报告该机构在重大财务困难或倒闭时迅速和有序的清盘计划。该计划应包括如下内容：

（1）关于该机构的关联存款类机构在该机构的非银行业子公司的业务造成的风险面前受到充分保护的方式和程度；

（2）对机构股权结构、资产、负债和合同义务的全面描述；

（3）与不同证券捆绑的交叉担保的识别，主要对手方的识别，以及确定公司抵押对象的程序；

（4）任何其他美联储和 FDIC 以规则或命令形式共同要求的信息。

2. 信用敞口报告

法案第 165（d）条规定，美联储必须要求系统重要性金融机构定期向美联储、FSOC 和 FDIC 报告该机构和其他重要非银行金融机构和银行控股公司之间互相的信用敞口的性质和程度。第 115（d）条则授权 FSOC 就美联储是否应采用上述信用敞口报告向美联储提出建议。这两处规定不太一致，似乎是法案起草时的笔误。

3. 对清盘计划的审查和后续措施

法案第 165（d）条还规定，美联储和 FDIC 共同审查提交的清盘计划，如发现该计划不可信或不能促使提交计划的公司在《破产法》（Bankruptcy Code）下的有序清盘，美联储和 FDIC 应通知公司其清盘计划的缺陷，该机构必须在规定的时间内重新提交清盘计划弥补这些缺陷（包括为有利于计划的实施而提出的对商业运营和公司结构的调整）。如公司未能纠正美联储和 FDIC 指出的不足，美联储和 FDIC 有权共同针对公司及其子公司制定更严格的资本、杠杆率或流动性要求或对其增长、业务或运营做出限制，直到该机构满足美联储和 FDIC 的要求。如公司在两年内仍无法重新提交符合要求的清盘计划，或公司受到了前述更严格的要求或限制，美联储和 FDIC 还有权在与 FSOC 协商后命令公司拆分资产或业务以达到在美国破产法下有序清盘的要求。

需要注意的是，该清盘计划对破产法庭、管理人，或任何有权或必须对系统重要性机构及其子公司进行破产清算的机构没有强制约束力。此外，私人也无权以该计划为基础提起诉讼。

4. 规则制定

法案第 165（d）条同时规定，美联储和 FDIC 须在法案颁布的 18 个月内制定落实法案第 165（d）条的细则。

（四）集中度限制

法案第 115（e）条和第 165（e）条分别规定，为限制任何一家公司倒闭可能对系统重要性金融机构构成的风险，FSOC 有权向美联储建议，美联储必须以条例形式对信用风险的集中度进行限制。该条例必须规定系统重要性机构对任何单个非关联人的信用敞口不得超过其资本金和盈余的 25%，或美联储规定的更低标准。按照归属规则，系统重要性机构与任何人的交易，如该交易的收益以某企业为受益人，或转给了该企业，则按其具体程度视作与该企业的交易。

对某企业的信用敞口的定义为

（A）为该企业提供的全部信用，包括贷款、储蓄和授信；

（B）按对系统重要性机构实际造成的信用敞口，与该企业的全部回购和逆回购以及全部证券借贷；

（C）为该企业出具的全部担保、承兑汇票、信用证（包括背书的信用证和备用信用证）；

（D）所有对该企业证券的购买和投资；

（E）与该企业进行的衍生品交易带来的对手方信用敞口；

（F）任何其他美联储规定为信用敞口的交易。

法案授权美联储就落实第165（e）条的规定制定条例和命令，包括对有关概念作出定义。由于法案此处未对“对手方信用敞口”作出定义，其宽泛程度将取决于美联储的定义。第165（e）条的集中度限制不适用于联邦住房贷款银行（Federal Home Loan Bank）①，同时在符合公共利益并与本条目的一致的情况下，美联储有权从“信用敞口”定义中豁免任何交易。法案为以上关于集中度的限制性规定以及美联储根据本规定制定的条例和命令的生效和实施自法案生效之日起规定了3年的过渡期，期满后美联储还可视情将过渡期再最多延长2年。

（五）更高的信息披露标准

法案第115（f）条和第165（f）条分别规定，FSOC有权建议，美联储也有权自行决定以条例形式要求系统重要性金融机构进行定期的公开信息披露，以支持市场对其风险面、资本充足率和风险管理能力的评估。

（六）短期负债限制

法案第115（g）条和第165（g）条分别规定，为减轻短期负债的过度累积可能对金融机构和美国金融体系稳定造成的风险，FSOC有权建议，美联储也有权自行制定条例，对系统重要性金融机构短期负债（包括表外敞口）进行限制。该限制必须基于短期负债占公司股本和盈余的比例，或其他美联储认为适当的手段。“短期负债”由美联储以条例形式定义，但

---

① 联邦住房贷款银行体系（Federal Home Loan Bank System）：《1932年联邦住房贷款银行法》（Federal Home Loan Bank Act of 1932）在美国设立了12家“联邦住房贷款银行”，这12家银行属于政府支持企业（但是美国政府并不为其债务提供担保），是联邦政府特许成立的私人所有的机构，是“银行的银行”，实行会员制，凡有住房贷款业务的银行或其他金融机构都可以入股成为其会员。其运营模式是，12家联邦住房贷款银行通过发行专门债券来低价筹集资金，再把这些资金以低息贷款的方式借给成员银行，供其发放住房贷款。目前，美国一共有8 000多家金融机构是该体系的成员。它们每年都从联邦住房贷款银行获得数十亿美元的低息资金。

不包括参加 FDIC 存款保险的存款。美联储在认为对确保更严格的审慎监管必要的情况下，可以豁免或调整对不控制存款类机构的系统重要性机构的短期负债限制。法案同时授权美联储制定落实法案第 165（g）条所必需的其他条例和命令。

（七）风险委员会

法案第 165（h）条要求所有上市的由美联储监管的非银行金融机构在 FSOC 作出其由美联储监管的最终决定后一年内设立风险委员会。美联储必须以条例形式要求所有上市的、总资产不少于 100 亿美元的银行控股公司设立风险委员会。如美联储认为对促进稳健的风险管理必要或恰当，美联储也有权颁布条例，要求上市的、总资产少于 100 亿美元的银行控股公司设立风险委员会。风险委员会负责监督以上机构全企业的风险管理，并须包括美联储基于公司的经营性质、资产规模以及其他恰当标准认为恰当数目的独立董事，以及至少一名有大型复杂机构风险管理经验的风险管理专家。

（八）压力测试

1. 由美联储开展的年度压力测试

法案第 165（i）条规定，美联储必须与相关主要金融监管机构和 FIO 协调，对系统重要性金融机构进行年度压力测试，以评估其在完全并表基础（total consolidated basis）上是否有足够的资本吸收经济条件恶化后的损失。在压力测试中，美联储应设定至少三种评估条件：基准条件、恶化条件和严重恶化条件。美联储必须要求系统重要性金融机构基于上述分析的结果更新其清盘计划。美联储还有权要求其他非系统重要性的银行控股公司和非银行金融机构也进行上述测试，并发展和应用识别、测量或监控金融稳定风险的其他必要的分析工具。美联储应公布这些测试结果的摘要。

2. 由公司开展的半年度压力测试

除以上美联储组织的年度压力测试外，系统重要性金融机构还必须每半年进行一次压力测试。其他并表总资产大于 100 亿美元且受一家联邦金融监管机构主要监管的所有金融机构必须进行年度压力测试。以上机构必须按照其主要金融监管机构的要求向美联储和该主要金融监管机构报告压力测试情况。每家主要金融监管机构必须协调美联储和 FIO 制定一致和可比的条例落实法案的这部分规定，包括：对“压力测试”做出定义；制定压力测试的方法并包含三类条件：基准条件、恶化条件和严重恶化条件；规定报告的形式和内容；要求必须进行压力测试的机构公布测试结果的摘要。接受以上压力测试的金融机构必须按照其主要金融监管机构的要求向美联储和该金融监管机构提交报告。

（九）杠杆率限制

法案第165（j）条规定，当FSOC决定某系统重要性金融机构对美国金融稳定构成“严重威胁”（grave threat），且为减轻这一威胁所必需，美联储应要求该系统重要性机构的债务对股本比（debt to equity ratio）不得超过15:1（该规定不适用于联邦住房贷款银行）。FSOC在做出以上决定时要考虑将非银行金融机构决定由美联储监管时必须考虑的一系列因素，以及FSOC认为适当的其他风险因素。合规的具体程序和时间要求由美联储另行制定。

（十）表外业务计入资本要求

法案第165（k）条规定，系统重要性金融机构在计算资本时必须计入公司的全部表外业务。美联储有权在必要时对以上要求进行豁免。“表外业务”被定义为目前存在的不是表内债务的债务，但随着未来某事件的发生可能变为表内债务。包括以下可能产生债务的交易：（A）银行用自身信用替代第三方信用的直接信用替代品，包括备份信用证；（B）担保偿还商业票据或免税证券的不可撤销的信用证；（C）对银行承兑汇票的风险参股；（D）销售和回购协议；（E）有追索权的资产出售；（F）利率掉期；（G）信用掉期；（H）商品合同；（I）远期合约；（J）证券合约；（K）其他美联储规定的业务或交易。

五、对系统重要性机构的额外要求

（一）重大并购的事先报告

如前所述法案第163条规定，在并购银行和银行控股公司时，由美联储监管的非银行金融机构将被视作银行控股公司，受《1956年银行控股公司法》第3条的管辖，即在并购银行或银行控股公司5%以上股权时必须得到美联储的事先批准。此外，包括前述非银行金融机构在内的所有系统重要性金融机构在取得从事金融业务①且并表资产在100亿美元或以上的任何公司（投保存款机构除外）的任何具有投票权的股份时（无论是直接地或间接地拥有或控制），在一般情况下都必须事先向美联储提供书面报告②。在审查以上并购报告时，美联储必须考虑该并购对全球或美国金融

① 如前述《1956年银行控股公司法》第4（k）条的定义。

② 适用《1956年银行控股公司法》第4（c）条和第4（k）（4）（E）条的豁免规定（对获得包括特定非营利组织、家族企业、从事证券承销和交易在内的机构的股份豁免了事先报告要求）。

稳定或美国经济是否会造成更大、更集中的风险，以及按照《1956年银行控股公司法》第4（j）（2）条的规定考虑其带来的公共利益是否大于负面影响。按《1956年银行控股公司法》的规定，若不能满足法定标准，美联储有权否决该项并购。法案第163（b）（5）条进一步规定，以上书面报告不能豁免在美国反垄断法下有关并购必须通过美国联邦贸易委员会反垄断审查的要求[①]。

（二）早期整治

法案第166条规定，美联储必须与FSOC和FDIC协商制定有关条例，要求系统重要性金融机构对其财务困难进行早期整治，并明确规定联邦政府不得为此目的提供财政救助。早期整治的目的是通过设立一系列补救行动，最小化处于财务困境的系统重要性金融机构资不抵债的可能性及因此对美国金融稳定造成的潜在危害。有关早期整治的条例必须（A）定义公司财务状况的测量手段，包括监管资本、流动性措施和其他前瞻性指标；（B）设立随着公司财务状况恶化而更趋严格的要求，包括：（a）在财务困难初期的要求，包括对资本分配、并购和资产增长的限制；（b）在财务困难后期的要求，包括资本恢复计划和资本融资要求、对关联交易的限制、管理层变动以及资产出售。

（三）“严重威胁”下拆分系统重要性机构

1. 美联储的拆分权和其他整治行动

法案第121条授权美联储在确认某一系统重要性金融机构对美国金融稳定构成“严重威胁”（grave threat）时，美联储在获得FSOC2/3多数批准后，必须（A）限制该机构与另一公司之间的合并、收购、重组（consolidations）或其他方式的关联；（B）限制该机构提供金融产品的能力；（C）要求公司终止一项或多项业务；（D）对公司一项或多项业务的开展方式规定条件；（E）如果美联储认为以上一至四项手段仍不足以减轻对美国金融稳定的威胁，可作为最后手段要求公司出售或以其他方式转移资产或表外项目至非关联机构（即拆分）。法案同时规定美联储在与FSOC协商后必须向被决定采取以上行动的机构提供书面通知并给予听证的机会。在作出以上决定时，美联储和FSOC必须考虑FSOC在决定非银行金融机构由美联储监管时的一系列因素。

2. 对外国金融机构的适用

---

① 《克莱顿法案》（Clayton Act）第7（A）（c）（8）条。

法案第121条授权美联储制定针对由美联储监管的外国非银行金融机构和外国银行控股公司适用本条规定的具体条例，并须考虑：第一，国民待遇原则和竞争机会平等原则；第二，外国非银行金融机构和外国银行控股公司在母国受到与美国类似的并表监管的程度。

（四）为金融稳定目的对金融业务或经营（practice）采取的额外标准

法案第120条授权FSOC向主要金融监管机构建议对其各自管辖的银行控股公司或非银行金融机构的业务或经营采取新的或更严格的标准和防范措施，包括对系统重要性金融机构采取更严格的监管和审慎标准。“主要金融监管机构”包括州保险监管机构，即FSOC有权向州保险监管机构建议向保险公司实施新的标准或防范措施。在作出建议前，FSOC必须作出以下判断：这些业务或经营的运作（conduct）、范围、性质、大小、规模、集中度或相互关联度可能产生或增加重要的流动性、信用或其他问题在金融控股公司、非银行金融机构、美国金融市场，或低收入、少数民族或金融服务供给不足的社区内传播的风险。

FSOC在作出上述建议前，必须与主要金融监管机构协商并就上述建议提供通知和公开评论的机会。建议必须考虑对长期经济增长的影响，并详细规定某项业务或经营的具体方式（如对范围的限制或对该业务或经营执行特别的资本或风险管理要求），或完全禁止该业务或经营。主要金融监管机构必须执行FSOC建议的（或FSOC同意的类似的）标准，否则必须在90天内向FSOC解释不执行的原因。FSOC也可建议不再执行原先建议的标准，主要金融监管机构须决定是否继续执行原先标准。如决定继续执行原有标准，这些金融监管机构还须为被监管机构设立申诉的程序。如某些非银行金融机构没有主要金融监管机构而其业务或经营对美国金融稳定造成了威胁，FSOC有权在向国会作报告时提出立法建议以防范这一威胁。

六、杠杆和风险资本要求

法案第171条即所谓的“科林斯修正案”（Collins Amendment），得名于该条的主要支持者、参议员苏珊·科林斯（Susan Collins）。该条款最初为FDIC所起草，反映了FDIC主席Bair的观点，核心为对所有美国银行控股公司（包括外国银行组织在美国的中间控股公司）、储贷机构控股公司和系统重要性非银行金融机构适用目前适用于美国投保存款机构的杠杆率和风险资本标准。“科林斯修正案”为美国存款类机构及其控股公司设立了最低杠杆率和资本要求，其主要内容和标准与最近通过的《巴塞尔新资本协议》（《巴塞尔协议Ⅲ》）相呼应。“科林斯修正案”规定，《巴塞尔协议Ⅲ》只有在有关内容比美国最低杠杆率和资本要求更严格时才会被美国金融机构采用。

“科林斯修正案”要求联邦银行业监管机构针对美国投保存款机构、存款类机构控股公司（depository institution holding companies）[①] 以及由美联储监管的非银行金融机构在并表基础上设立最低杠杆率和风险资本要求，且不得低于法案通过时的最低要求。该修正案将对美国金融机构造成重大影响。这些最低要求将与直接适用于存款类机构的最低要求一样严格，并且不能低于有关联邦银行监管机构制定的“一般适用的杠杆资本要求”和“一般适用的风险资本要求”。

“科林斯修正案”的实际效果之一就是将适用于大部分银行业机构的《巴塞尔协议Ⅰ》的资本要求作为最低要求适用于须在《巴塞尔协议Ⅱ》下计算监管资本的大型银行业组织[②]。由于《巴塞尔协议Ⅰ》的标准仍然有效，受《巴塞尔协议Ⅱ》约束的银行机构必须同时计算《巴塞尔协议Ⅰ》和《巴塞尔协议Ⅱ》要求的最低资本。在《巴塞尔协议Ⅱ》下，《巴塞尔协议Ⅰ》资本要求的一个百分比被作为最低要求，但仅限于3年的过渡期。

由于对存款类机构的资本要求与其控股公司和由美联储监管的非银行金融机构的资本要求一样，法案将所谓“信托优先证券”[③]（trust preferred securities）排除在一级资本之外。目前，银行控股公司可以在一定上限内将信托优先证券算做一级资本。

“科林斯修正案”的适用范围主要为大型金融机构，并表总资产小于5亿美元的小型机构被豁免。具体实施日程为（A）对存款类机构控股公司和由美联储监管的非银行金融机构在2010年5月19日及以后发

---

① “存款类机构控股公司”被定义为在美国境内设立的银行控股公司和储贷机构控股公司（Savings and Loan Holding Company，SLHC），包括由外国机构拥有或控制的银行控股公司和SLHC，但不包括外国母公司本身。Section 171（a）（3）。

② 美国仅对并表总资产大于或等于2 500亿美元或海外风险敞口大于或等于100亿美元的大型金融机构执行《巴塞尔协议Ⅱ》。

③ 信托优先证券为一种混合证券，结合了次级债券（subordinated debt）和优先股（preferred stock）的特点，期限一般较长（30年或更长），允许发行方提前赎回，定期支付固定或可变利息，到期按票面值还本。银行控股公司发行该证券还可享受延期付税的好处。由于信托优先证券可被当做银行的一级资本，银行控股公司成为发行这一种类证券的主体。

行的债权和股权工具，自2010年5月19日起即视作受到法案第171条管辖；(B) 对存款类机构控股公司和由美联储监管的非银行金融机构在2010年5月19日前发行的债权和股权工具，法案第171条规定的监管资本扣减从2013年元旦开始的三年时间里逐步实行；(C) 2009年底并表总资产小于150亿美元的存款类机构控股公司在2010年5月19日前发行的债权和股权工具，以及在2010年5月19日为互助机构控股公司(Mutual Holding Companies) 的组织不必进行法案第171条项下的资本扣减；(D)对在2010年5月19日不受美联储监管的存款类机构控股公司，法案第171条的内容，除前述(A)与(B)有关内容外，在法案通过5年内对其不适用；(E) 对外国金融机构在美国的存款类机构子公司，该条款做出了与国民待遇原则不同的要求，规定外国银行机构拥有或控制的美国银行控股公司如按美联储的监管指引满足其母国的监管和资本要求，则法案第171条在法案通过5年后才对其适用。本条款关于"存款类机构控股公司"的定义排除了直接或间接地拥有美国存款类机构的外国母公司。

在具体规定方面，法案第171条要求联邦银行业监管机构为所有投保存款机构、存款类机构控股公司和由美联储监管的非银行金融机构制定具体的资本要求，以防范这些机构的业务对其自身以及其他"公共和私人利益相关者"(other public and private stakeholders) 带来的风险，包括与以下业务和活动有关的风险：大额衍生品、证券化产品、金融担保、证券借贷、回购和逆回购协议；特定类别资产①的集中度；以及特定业务②的市场集中度。

该条款进一步规定，投保存款机构按相关法律③必须从监管资本中抵扣的对金融业子公司的投资不必从其控股公司的监管资本中抵扣，除非美联储要求进行该项抵扣，或系统重要性非银行金融机构的主要监管机构要求如此。

最后，为改善小型银行机构的融资能力，法案第171条还要求美国政府问责办公室(Government Accountability Office，GAO) 总审计长(Comp-

① 这些资产在财务报表中的估值基于模型而不是流动性强、深度好的市场的真实历史报价。

② 这些业务具有一旦停止可能严重扰乱金融市场的潜在风险。

③ 《联邦修正法律》第5136A条或《联邦存款保险法案》第46 (a)(2) 条。

troller General）在与联邦银行业监管机构协商后对小型投保存款机构[①]的融资情况进行研究，并于法案颁布后 18 个月内向国会银行委员会报告研究结果和立法及监管建议，以在安全、稳健的前提下改善小型银行机构的融资。

七、研究控股公司的资本要求

法案第 174 条规定，经与美联储、OCC、FDIC 协商，总审计长必须对混合资本工具（hybrid capital instruments）可否视作银行业机构和银行控股公司的一级资本进行研究。该项研究必须考虑以下九个因素：（1）目前将混合资本工具视作一级资本的情况，如信托优先股份；（2）允许的投保存款机构资本成分与控股公司资本成分之间的差异；（3）允许将这些工具用做满足一级资本要求的收益和风险；（4）禁止将这些工具视作一级资本的经济影响；（5）不允许信托优先股份作为一级资本的后果，以及这样做是否会造成现有银行业机构出现资本不足或倒闭问题；（6）禁止将混合资本工具视作一级资本对国际竞争力的影响；（7）该项禁止对美国信贷成本和可获得性的影响；（8）总资产少于 100 亿美元的金融机构的资本可获得性；（9）其他与美国金融体系安全与稳健相关的因素以及该项禁止的潜在经济影响。

此外，总审计长还须按同样的协商程序对外国银行控股公司或外国储贷机构控股公司在美国中间控股公司的资本要求进行研究，并在研究中考虑以下六项因素：（1）美联储对待中间控股公司的现行政策；（2）对在美国经营的外国银行的国民待遇原则和竞争机会平等原则；（3）外国银行在母国受并表基础上的、与美国类似的资本标准监管的程度；（4）美国对中间控股公司的政策变化对美国银行机构在海外运营的潜在影响；（5）美国对中间控股公司的政策变化对美国信贷成本和可获得性的影响；（6）其他与美国金融体系安全与稳健相关的因素以及该项禁止的潜在经济影响。

在法案颁布 18 个月内，总审计长须向国会银行委员会报告研究结果和针对包括信托优先股份在内的混合资本工具的立法及监管建议及其理由。

八、FDIC 的备份检查权和执行权

为确保联邦存款保险基金的安全，法案显著地加强了 FDIC 对投保存款机构的监管权力。法案第 172 条修改了《联邦存款保险法案》第 10（b）（3）条，授予 FDIC 对系统重要性金融机构的备份检查权。FDIC 有权

① 小型投保存款机构的并表总资产在 50 亿美元或以下。见第 171（6）（B）条。

决定为了存款保险的需要对投保存款机构进行特别检查，或为了法案第二章规定的有序清盘的需要对系统重要性金融机构进行特别检查。行使以上备份检查权的总的前提条件是被检查机构处于不稳健状态，即 FDIC 不得对稳健的金融机构行使该备份检查权。为减少检查上的重复和冲突，FDIC 须首先审查金融机构提交的符合要求的清盘计划以及现有的检查报告，并尽量与美联储协调。

该条款同时修改了《联邦存款保险法案》第 8（t）条，授予 FDIC 对任何存款类机构控股公司的备份执行权。行使该备份执行权的前提是被执行对象的行为或威胁的行为（包括任何行为或不作为）对存款保险基金（Deposit Insurance Fund）构成了风险。如存款类机构控股公司总体上稳健且其行为对存款保险基金不构成可预见的和重大的损失风险，则 FDIC 不得行使该备份执行权。为确保以上备份权力的有效性，法案还特别规定 FDIC 对存款类机构控股公司及其子公司拥有与联邦银行业监管机构同样的权力，而存款类机构控股公司及其子公司必须对 FDIC 履行与对其他联邦银行业监管机构履行的同样的责任和义务。

可见，美国的立法者和政策制定者并不认为对金融机构的多头监管有何不妥。相反，为防止监管缺漏，法案授权 FDIC 行使与其他联邦银行业监管机构一样的检查权和执行权，授予美联储对所有系统重要性金融机构全面的审慎监管权。与原有的审慎监管机构一起，法案对系统重要性金融机构以及存款类机构构筑了多道监管防线，共同防范系统性风险的再次爆发。可以说，这次金融危机的一个主要教训是，宁愿多几个能力不同、各有侧重的守夜人看住同一个门，也不要以“避免重复监管”为名，让一个守夜人同时看多个门。美国这个“多头监管，各有侧重，宁多勿缺”的监管制度安排，显然值得我们深思。

九、外国金融机构的市场准入和国际监管协调

与提高对美国金融机构的监管标准相一致，法案对外国金融机构在美国的市场准入设立了新的标准。法案第 173 条修改了《1978 年国际银行法》（The International Banking Act of 1978）和《1934 年证券交易法》（Securities Exchange Act of 1934）中的相关条款，并规定，第一，当决定是否允许对美国金融稳定构成风险的外国银行在美国开设分支机构或是否终止其运营时，美国监管当局必须考虑该外国机构的母国是否建立了（或在建立方面取得了明显进展）恰当的金融监管体系以减轻这种风险。如没有，

则有权拒绝其开设分支机构或终止其运营。第二，美国证监会在决定是否允许对美国金融稳定构成风险的外国机构在美国注册经纪商、自营商时，必须考虑同样因素并依此作出拒绝或终止的决定。

在国际政策协调方面，法案第175条规定了三个层次的监管政策协调。首先，在总统层面，美国总统或其授权人可以通过所有国际政策管道协调他国制定与美国法律在金融机构范围、性质、大小、规模、集中度和相互关联度方面类似的政策限制，以保护金融稳定和全球经济。其次，在FSOC层面，FSOC主席在与FSOC成员协商的情况下，应与他国金融监管机构或国际组织就国际金融体系的系统性风险进行协商。最后，在中央银行和财政部层面，美联储和财政部部长应与其外国同行协商，并通过有关多边组织促进对所有高杠杆、高关联度金融机构进行综合的、强有力的审慎监管。

第二节　加强对支付结算体系的监管

支付结算体系是整个金融体系赖以存在和正常运转的基础，其重要性相当于一国的交通、水电等基础设施。因此，又可称为金融体系的基础设施或“金融市场公用事业”（Financial Market Utilities，FMUs，本书翻译成“金融基础设施”）。对支付结算机构及其业务活动进行监管以确保支付结算体系的安全、有效运行，历来是一国中央银行的核心职责之一。这次金融危机再次展示了支付结算体系作为金融基础设施的极端重要性。这种重要性在正常时期常常不被公众注意。但支付结算体系一旦陷入危机，或系统运行出现重大障碍，其影响一定是全局性的。因此，法案在第八章设专章加强美联储对美国支付结算体系的监管。该章名为《2010年支付、清算、结算监管法案》（Payment，Clearing，and Settlement Supervision Act of 2010）。

一、调查结果和立法目的

法案第802条记录的美国国会对支付结算体系作用的说明和立法目的的阐述最明白无误地道出了支付结算体系的极端重要性：金融市场的有效运转取决于对支付、证券和其他金融交易的清算和结算的安全、有效安排。开展和支持多边支付、清算和结算的金融基础设施能减少参与者和金融体系整体的风险，但也可能集中或制造新的风险，因此必须恰当设计并安全、稳健运作。金融机构进行的支付、清算和结算对参与的金融机构和金融体系而言也会带来重要的风险。改善对系统重要性金融基础设施以及系统重要性支付、清算和结算业务的监管，对减少系统性风险和对支持整体金融稳定都是必不可少的。本章的目的在于：第一，授权美联储针对系统重要性金融基础设施以及系统重要性支付、清算和结算业务推动实施统一的风险管理标准；第二，改善美联储对系统重要性金融基础设施风险管理标准的监管；第三，加强系统重要性金融基础设施的流动性；第四，改善美联储对金融机构的系统重要性支付、清算和结算服务的风险管理标准的监管。

二、若干定义

法案第 803 条给出了法案第八章的几个重要定义。

（一）“指定业务”（designated activity）

“指定业务”是指 FSOC 根据法案第 804 条指定的具有系统重要性的支付、清算和结算业务。“支付、清算和结算业务”是指由一家或多家金融机构从事的、以便利金融交易完成为目的的业务①。

“金融交易”是指包括资金转账、证券合约、商品期货合约、远期合约、回购协议、掉期、证券基准互换（securities-based swaps）、掉期协议、证券掉期协议、外汇合约、金融衍生品合约，以及 FSOC 认定为本章项下金融交易的其他类似交易。

“覆盖业务”（included activities）是指与金融交易有关的支付、清算和结算业务，包括在对手方之间计算和传达未结算的金融交易，交易的净额结算，提供和保存交易、合约或工具的信息，与持续进行的金融交易有关的风险管理和活动，传输与储存支付指令，资金流动，金融交易的最终结算，以及其他 FSOC 认定的类似业务。但不包括法案第七章第 727 条或第 763（i）条规定的互换交易数据的公开报道。

（二）“金融基础设施”

“金融基础设施”是指为在金融机构之间或金融机构和金融基础设施之间进行支付、证券或其他金融交易的转接、清算或结算的多边系统的管理者或运营者。根据这一定义，美国的维萨（Visa）、万事达（Master）以及我国的银联都应属于“金融基础设施”，因为它们都属于在金融机构之

① 但不包括《1933 年证券法》下的证券销售，或任何询价（quotation）、订货记录（order entry）、谈判，或其他交易前活动（pre-trade activity）和交易执行活动（execution activity）。

间进行“支付的转接、清算或结算的多边系统的管理者或运营者”。目前尚不清楚的是，FSOC 是否会根据法案第 804 条的规定，将运营巨额资金跨行转接清算的维萨和万事达指定为“系统重要性金融基础设施”。

在对“金融基础设施”做出上述广泛定义的同时，法案明确规定以下机构不属于“金融基础设施”：(1) 在《1936 年商品交易法》(Commodity Exchange Act of 1936) 下注册的指定合约市场、注册期货协会、掉期资料库 (swap data repositories) 和掉期执行设施 (swap execution facilities)；在《1934 年证券交易法》下注册的全国性证券交易所、全国性证券协会、替代性交易系统、证券掉期资料库和掉期执行设施，仅仅因为它们为在这些交易所或交易所控制或运营的电子系统进行的证券或期货交易的结算提供了进行数据比较的设施；(2) 任何经纪商、自营商 (dealer)、过户代理人 (transfer agent)、投资公司、期货佣金商 (futures commission merchant)、介绍经纪 (introducing broker)、商品交易顾问 (commodity trading advisor) 或商品集合运营商 (commodity pool operator)，仅仅因为这些机构在从事各自业务时履行的职能，或仅仅因为为金融基础设施或其参与方在运行中提供了某些服务（但不包括关键的风险管理或处理职责）。

“指定金融基础设施”(designated financial market utility) 是指根据法案第 804 条的规定由 FSOC 指定为具有系统重要性的金融基础设施。

(三)“金融机构”

包括：存款类机构和信用社、经纪商—自营商 (broker - dealer)、投资公司和投资顾问、保险公司、期货佣金商、期货交易顾问和期货集合运营商、“艾奇法案公司”和“协议公司”(Edge Act and Agreement corporation)①、外国银行分支机构，以及从事《1956 年银行控股公司法》第 4 条定义的“金融属性”业务及其附带业务的公司。但不包括②在《1936 年商品交易法》下注册的指定合约市场、注册期货协会、掉期资料库和掉期执行设施；在《1934 年证券交易法》下注册的全国性证券交易所、全国性证券协会、替代性交易系统、证券信息处理机构（仅限于证券信息处理业务）、证券掉期资料库和掉期执行设施；或指定清算机构。

---

① “艾奇法案公司”指按照《1913 年联邦储备法案》第 25A 条（即“艾奇法案”），由美联储批准设立的，从事海外银行或金融业务的美国或外国银行、银行控股公司或金融控股公司的子公司。“协议公司”是由州批准设立的、只按与美联储的协议从事“艾奇法案”业务、由美联储监管的上述银行或金融机构的子公司。

② 以下除外只适用于这些机构注册的业务。

（四）“指定清算机构”（Designated Clearing Entity）

“指定清算机构”是指 FSOC 根据法案第 804 条规定指定的、具有系统重要性的、根据《1936 年商品交易法》第 5b 条注册的衍生品清算组织，和具有系统重要性的、根据《1934 年证券交易法》第 17A 条在 SEC 注册的证券清算机构。

三、对金融基础设施和支付结算业务系统重要性的认定

法案第 804 条规定，FSOC 应以 2/3 多数指定具有（或可能具有）系统重要性的金融基础设施或支付、清算或结算业务。做出这一判断的基础是该金融基础设施的失败或运转中断，或该业务的开展，可能威胁金融体系的稳定。在做出这一系统重要性指定时，FSOC 必须考虑以下五项因素：（1）该金融基础设施或支付结算业务处理的交易总金额；（2）该金融基础设施或从事支付结算业务的金融机构向对手方的总风险敞口；（3）该金融基础设施或支付结算业务与其他金融基础设施或支付结算业务之间的关系、相互依赖度或其他相互影响；（4）该金融基础设施或支付结算业务失败或中断对关键市场、金融机构或金融体系整体的影响；（5）FSOC 认为恰当的其他因素。若 FSOC 认为某指定金融基础设施或指定业务不再满足以上系统重要性条件，也可以按同样 2/3 多数撤销系统重要性指定。撤销一旦生效，有关金融基础设施或从事相关业务的金融机构就不再受到法案第八章及根据本章发布的规则和命令的管辖。

在做出指定或撤销指定的决定前，FSOC 须与美联储和相关监管机构协商，并事先以《联邦公报》（Federal Register）的形式通知受到指定或撤销指定的金融基础设施或从事支付结算业务的金融机构。以上机构在接到通知后 30 天内有权以书面形式要求 FSOC 举行书面或口头的听证，对以上决定的基础提出质疑。受决定影响的机构可以向听证会提交书面材料，或由 FSOC 决定进行口头作证和辩论。如 FSOC 以 2/3 多数认为有必要做出紧急指定以防止或缓解对金融体系的威胁，也可以不进行事先通知和听证①。与第一章中关于指定系统重要性金融机构的救济程序不同，本章没有为被指定或被撤销指定的机构提供司法审查的救济。这也从一个侧面说明了对系统重要性金融基础设施和支付结算业务的监管要更加不可疏漏。

---

① 但须在该紧急决定做出 24 小时内（或 3 个工作日内）以在 FSOC 网站和《联邦公报》公布的形式通知有关金融基础设施（或从事支付结算业务的金融机构）。

四、监管标准

（一）规则制定权

法案第805（a）条对指定金融基础设施和指定业务的具体监管标准制定进行了一般性授权。首先，美联储必须与FSOC和相关金融监管机构协商，在考虑相关国际标准和已有审慎要求后，以规则或命令形式规定指定金融基础设施从事支付、清算、结算业务以及金融机构从事指定业务时必须遵循的风险管理标准。

其次，如果SEC或CFTC是从事证券或期货领域支付结算业务的指定清算机构的主要监管者，SEC或CFTC必须与美联储和FSOC协商，在考虑相关国际标准和已有审慎要求后，制定条例规定指定清算机构从事支付、清算、结算业务以及金融机构从事指定业务时必须遵循的风险管理标准。美联储有权对SEC或CFTC已有的和根据前款新制定的审慎标准是否充分提出分析和质疑，并向其和FSOC提交书面分析指出具体不足和理由。SEC或CFTC须在60天内向FSOC和美联储提交书面回应，要么对已有措施进行辩护，要么采取新的措施。FSOC在对书面回应进行审查后，应以2/3多数决定该书面回应是否充分，或要求SEC或CFTC按FSOC要求制定新的风险管理标准。

（二）目标、原则和范围

第805（b）至（f）条对风险管理标准的目标、原则和范围等做了规定。风险管理的目标和原则为，促进强有力的风险管理，促进安全稳健，减少系统性风险，以及支持金融体系整体的稳定。

在范围方面，风险管理标准可以对下述事项作出规定：风险管理政策和程序，头寸和抵押物要求，参与方或对手方违约政策和程序，及时完成金融交易清算和结算的能力，对系统重要性金融基础设施的资本和财务资源要求，以及其他为达到前述目标和原则必要的事项。

以上标准须对金融机构从事指定业务设立受标准管辖的门槛。同时依据该章制定的标准并不剥夺其他监管机构的既有职权，但在发生冲突时，则以本章的标准为准。

五、系统重要性金融基础设施的运营

法案在决定由美联储对系统重要性金融基础设施进行更严格监管的同时，规定这些金融基础设施在紧急情况下可以从美联储贴现窗口和贷款工具获得紧急融资。而传统上只有商业银行可以从美联储获得紧急救助。因此，这是法案对维护系统金融稳定做出的一项重大制度创新。

法案第 806 条的内容可分为两部分。第一部分规定，指定金融基础设施可以在美联储获得原来只有美联储成员银行才能获得的各项金融服务和必要时的紧急救助。首先，美联储可以授权地区联储银行为系统重要性金融基础设施在联储银行开户并提供联储银行为成员银行提供的各项金融服务[①]以及计息的储蓄存款账户[②]。其次，法案第 806（b）条规定，只有在特殊情况或紧急情况下，美联储才可以在确认指定金融基础设施已无法从其他银行机构获得足够贷款的情况下，在与财政部部长协商后，以美联储理事多数表决的形式授权地区联储银行为指定金融基础设施提供联储贴现窗口和借款特权。法案明确规定，为获得联储贴现窗口和借款特权，指定金融基础设施不必变为银行或银行控股公司。美联储有权豁免或修改适用于指定金融基础设施的任何准备金要求。

法案第 806 条第二部分主要规定了指定金融基础设施必须按照其主要监管机构的规则要求，向该主要监管机构事先报告可能对其风险的性质和程度造成重大影响的规则、程序或运营上的变化。监管机构有权要求其提供更多的信息以更好地评估以上变化对风险的影响。如监管机构在 60 天内（在特定情况下可延长）提出反对意见，则指定金融基础设施不得实施该变化。在紧急情况下，如必须实施某项变化以确保其业务的安全、稳健开展，指定金融基础设施预先报告的义务可以免除，但必须最迟在变化发生后 24 小时内向有关监管机构紧急报告。若有关监管机构认为以上紧急情况下的修改与法案的要求和法案第 805（b）条规定的标准不一致，则有权要求指定金融基础设施修改或停止相关措施。有关监管机构必须将在本条款下收到和发布的全部通知、请求和信息同时向美联储报备。在作出有关决定前，有关监管机构必须就指定金融基础设施的有关变动事项与美联储协商。

---

① 联储银行提供的金融服务为《1913 年联邦储备法案》第 11A（b）条所列的各项服务，包括现金、支票清算和托收（check clearing and collection）、电汇、自动清算所、结算、证券保管、联储临时贷款（Federal Reserve float），以及联储系统提供的任何新服务，包括但不限于为实行电子资金转账而提供的支付服务。

② 按《1913 年联邦储备法案》第 13 条第 1 款规定，美联储可为成员银行和非成员机构提供储蓄账户和托收服务。

六、检查权和执行权

在具体监管权的行使上，美联储和其他金融监管机构按法案和其他法律规定的职责分工协作。在一般情况下，指定金融基础设施或从事指定业务的金融机构的日常监管由其“主要监管机构”①（Supervisory Agency）或“恰当金融监管机构”②（appropriate financial regulator）负责，但美联储拥有可酌情行使的备份监管权和强有力的建议权；在美联储认定的紧急情况下，美联储可以对指定金融基础设施直接行使全面的检查和执行权。由于美联储本身就是以上“主要监管机构”和“恰当金融监管机构”之一，且根据法案授权对其他从事指定业务的金融机构和不受“主要监管机构”监管的金融基础设施行使日常监管权，加上法案授予的备份监管权、建议权和紧急情况下全面监管权，可以认为，美联储为全部系统重要性金融基础设施和从事系统重要性支付结算业务的金融机构的主要监管者。明确美联储对包括证券、衍生品在内的整个支付结算体系的监管权正是法案加强系统性风险监管的重要举措之一。

（一）对系统重要性金融基础设施的检查和执行

美联储和恰当金融监管机构为系统重要性金融基础设施的主要监管者，负责有关风险管理标准的检查和执行。法案第 807 条规定，“主要监管机构”必须至少每年一次对指定金融基础设施进行检查，主要检查内容包括：指定金融基础设施的运营性质和承受的风险，该基础设施对金融机构、关键市场和整体金融体系造成的金融和运营风险，该基础设施监测和

---

① 法案第803条将“主要监管机构”定义为根据联邦证券、期货或银行法律对指定金融基础设施行使主要管辖权的联邦机构，具体包括 SEC 为在 SEC 注册为证券清算机构的指定金融基础设施的主要监管机构；CFTC 为在 CFTC 注册为衍生品清算组织的指定金融基础设施的主要监管机构；联邦银行监管机构（OCC、美联储、FDIC 和 OTS）为指定金融基础设施的主要监管机构，如果该指定金融基础设施为《联邦存款保险法案》第 3（q）条所描述的银行业机构；美联储为其他不被以上三类监管机构监管的指定金融基础设施的主要监管机构。

② 法案第 803 条将“恰当金融监管机构”定义为（1）以上联邦银行业监管机构、SEC、CFTC、州保险业监管机构，以及联邦住房金融局（Federal Housing Finance Agency）（监管对象为联邦住房贷款银行或联邦住房贷款银行体系，联邦全国抵押贷款协会（Federal National Mortgage Association，房利美）和联邦住房贷款抵押贷款公司（Federal Home Loan Mortgage Corporation，房地美））；（2）全国信用社管理局（National Credit Union Administration）（监管对象为根据《联邦信用社法案》设立的信用社）；（3）美联储（监管对象为《1913 年联邦储备法案》第 25A 条规定的金融机构以及本法案规定的从事指定业务的金融机构）。

控制这些风险的资源和能力，该基础设施的安全与稳健，以及该基础设施遵守本章规定和依据本章制定的有关规则和命令的情况。为执行本章的规定，法案第807条明确授权各“主要监管机构”对指定金融基础设施拥有《联邦存款保险法案》第8（b）至（n）条规定的联邦银行业监管机构对投保存款机构拥有的全部执行权，包括禁止、中止或取消从业资格以及民事和刑事处罚等。

“主要监管机构”在进行相关检查前，必须事先与美联储协商检查的手段和范围，同时美联储有权酌情决定参加到任何一项检查中来。在执行权方面，美联储在与FSOC和主要监管机构协商后，有权建议“主要监管机构”对指定金融基础设施采取执行行动，以防止或减少对金融市场或美国金融稳定显著的流动性、信用、运营和其他风险。“主要监管机构”必须认真考虑美联储建议并在60天内对美联储做出回复。如“主要监管机构”全部或部分反对美联储建议，美联储则可提请FSOC对建议做出裁决。若FSOC裁决对美联储有利，则“主要监管机构”必须执行美联储的建议。

法案第807（f）条特别规定，在紧急情况下，如美联储认为指定金融基础设施采取的行为或计划采取的行为（包括法案第806（e）条描述的对规则、程序或运营的改变），或指定金融基础设施的条件对金融机构、关键市场或金融体系整体造成了“迫在眉睫的重大损害危险”（imminent risk of substantial harm），美联储有权在与“主要监管机构”协商、获得FSOC多数同意后，对指定金融基础设施直接行使执行权。此时，美联储也拥有《联邦存款保险法案》第8（b）至（n）条规定的全部执行权。

美联储直接运作世界上最大的大额支付结算系统（the Federal Reserve Wire Network或Fedwire，包括大额现金和政府证券结算）并直接监管美国主要的私营支付结算组织。因此，法案在原有基础上进一步扩大和加强了以美联储为核心的联邦监管体系对全部重要金融基础设施的审慎监管。

（二）对提供系统重要性支付结算服务的金融机构的检查和执行

类似地，法案第808条规定，“恰当金融监管机构”负责对提供系统重要性支付结算服务的金融机构的监管，内容包括该金融机构所从事的指定业务的性质和范围，该指定业务对该金融机构、其他金融机构、关键市场或金融体系整体造成的财务和运营风险，该金融机构监测和控制这些风险的资源和能力，以及该金融机构遵守本章和依据本章制定的规则和命令的情况。与前面一样，“恰当金融监管机构”也被赋予了《联邦存款保险法案》第8（b）至（n）条规定的全部执行权。与法案第807条不同的是，第808（d）条特别规定，“恰当金融监管机构”有权请求美联储单独或参与行使法案授予的检查权和执行权，而美联储在收到有关书面请求后，将按与有关金融监管机构协商达成的条款和条件进行检查，并在认为必要时行使执行权。

法案第808（e）条明确规定，美联储对以上金融机构还拥有备份检查权和执行权。该备份检查权的行使条件是，美联储有理由相信某金融机构违反了本章和依据本章制定的规则和命令，书面通知了“恰当金融监管机构”和FSOC，并在30天内未获得合理的参与“恰当金融监管机构”检查的机会，或美联储有理由相信该项违反行为对其他金融机构、关键市场或金融体系整体构成了重大风险并为“恰当金融监管机构”参与检查提供了合理的机会，且已获得FSOC大多数同意。同理，如美联储有理由相信某金融机构违反了有关规定，书面通知了“恰当金融监管机构”和FSOC并建议“恰当金融监管机构”采取一项或多项执法行动（enforcement actions），并在60天内未获得“恰当金融监管机构”已采取建议行动的通知，或有合理理由相信该金融机构的违法行为对金融市场和美国金融稳定造成了显著的流动性、信用、运营或其他风险并已通知恰当监管机构美联储将采取执法行动，且已获FSOC2/3多数同意，则美联储有权直接行使前述执行权。

第二章
如何解决“大而不能倒”问题

第一节　有序清算权

按照美联储主席伯南克的看法，金融危机如果只带来了一个教训，那就是必须解决“大而不能倒”问题①。在美国原有的中央银行和金融监管框架下，美联储在一般情况下无权救助非银行金融机构，FDIC 的破产程序只适用于参加了联邦存款保险的银行业机构，无法对非银行金融机构进行破产清算。对非银行金融机构的破产清算只能通过传统的公司破产程序进行。对雷曼兄弟这一投资银行的破产清算就是如此。一般企业的破产框架重在保护债权人利益，而不是经济和金融稳定。但对具有系统重要性的复杂金融机构适用一般破产程序将对金融稳定和市场信心产生重大的负面影响。雷曼兄弟破产引发的国际金融海啸充分说明了这一点。因此，必须设立专门的破产清算程序处理濒临倒闭的、具有系统重要性的非银行金融机构。

法案第二章正是为了解决这一问题。该章设立了专门制度对系统重要性非银行金融机构（包括经纪商—自营商和银行控股公司）进行有序破产清算，以尽量避免这些机构的倒闭对经济金融稳定的冲击。同时该制度的设立使得“大而不能倒”变成“大而能倒”，并由金融机构本身而不是纳税人支付清算成本，从而加强市场自律、解决道德风险问题。该制度为美国政府提供了雷曼兄弟破产时所没有的处置工具。它以 FDIC 对存款类机构的清算模式为基础，同时做了若干重要调整以更好地适应非银行金融机构的需要，并减少一般破产程序和“有序清算程序”之间在债权人权利保

① 本·伯南克 2010 年 9 月 2 日在金融危机质询委员会前的陈述。

护上的差别。

一、适用范围

有序清算权的适用范围为被财政部部长指定为“适用金融公司”（covered financial company）的“金融公司”（financial company），如果财政部部长根据法案第203（b）条的规定认为该公司已经违约或存在违约风险且该违约将对美国金融稳定构成系统性风险，但不包括投保存款机构①。根据法案第201（a）（11）条的定义，“金融公司”为以下四类根据美国联邦法律或州法律设立的非银行金融机构之一：（1）银行控股公司；（2）根据本法案由美联储监管的非银行金融机构；（3）任何“主要从事”（predominantly engaged）美联储根据《1956年银行控股公司法》第4（k）条②认定为“金融属性”或“从属于”（incidental thereto）“金融属性”业务的公司；（4）前述三类机构的任何美联储认定为主要从事“金融属性”业务或从属于“金融属性”业务的子公司，但不包括存款类机构子公司和保险业子公司（后两者分别由FDIC的银行破产清算机制和州清算机制管辖（但FDIC又被法案赋予了对保险公司进行破产清算的备份权力，如下所述））。如果以上“金融属性”业务或从属于“金融属性”业务产生的收入占公司并表收入不足85%，则该机构就不能被当做本章定义的“金融公司”。国会曾经考虑过将房利美、房地美算做“金融公司”，但最终没有采纳。

同时，法案第202（c）条明确规定，FDIC被任命为管理人的适用金融公司以外的其他金融公司不适用本章规定的有序清算程序，而适用《破产法》及依据该法制定的规则，或其他适用破产法律。另外，除非本章另有规定，FDIC被任命为管理人的“适用金融公司”只适用本章规定，不适用《破产法》及依据该法制定的规则。

二、系统性风险的认定

适用有序清算程序的前提是该金融公司被财政部部长指定为具有系统重要性。第203（a）条规定，FDIC和美联储可以自行，或根据财政部部长的要求，就财政部部长是否应任命FDIC为该金融公司的破产管理人（receiver）提出书面建议。财政部部长在作出上述决定时必须依据美联储、

① 第201（a）（8）条。

② 参照本书第一章的定义说明。

FDIC、SEC、联邦保险办公室等机构的建议。具体来说，（1）在一般情况下，美联储和 FDIC 必须提出建议并获得美联储理事会和 FDIC 董事会 2/3 多数的批准；（2）如果该金融公司为经纪商—自营商，或其最大的美国子公司为经纪商—自营商，则美联储和 SEC 必须提出建议并获得美联储理事会和 SEC 委员 2/3 多数的批准，并与 FDIC 协商；（3）若该金融公司为保险公司，或其最大的美国子公司为保险公司，则美联储和联邦保险办公室主任必须提出建议，获得美联储理事会 2/3 多数批准，并与 FDIC 协商。以上建议必须包括以下内容：（1）对该金融公司是否违约（default）或有违约危险（danger of default）的评估；（2）该违约对美国金融稳定的影响；（3）该违约对低收入、少数民族或金融服务供给不足（underserved）的社区的经济条件或金融稳定的影响；（4）在本章下对该金融公司采取行动的性质和幅度的建议；（5）对防止该金融公司违约的私营部门解决途径的可能性的评估；（6）对该金融公司为何不适用一般破产法的评估；（7）对该金融公司债权人、对手方、股东和其他市场参与者的影响的评估；（8）对该金融公司是否满足本章第 201 条“金融公司”定义的评估。

法案第 203（b）条规定，在收到上述建议后，财政部部长经与总统协商后有权做出以下决定并按法案第 202（a）（1）（A）条的规定将该决定通知 FDIC 及该金融公司：（1）该金融公司违约或有违约危险；（2）该金融公司的倒闭以及在其他联邦或州适用法律下的清算将为美国金融稳定带来“严重的负面影响”（serious adverse effects）；（3）没有防止该违约的可行的私营部门解决方案；（4）相对于对美国金融稳定的影响而言，在本章下采取的行动（即有序清算程序）对该金融公司债权人、对手方、股东和其他市场参与者权益造成的影响是恰当的（即总体上利大于弊）；（5）将要采取的有序清算行动将避免或减轻以上负面影响（考虑到有关行动在减少对金融体系潜在负面影响、减少对财政资金带来的成本，以及减少金融公司债权人、对手方、股东和其他市场参与者潜在的过度冒险等方面的有效性）；（6）有关联邦监管机构已经命令该金融公司转换所有受监管命令（regulatory order）管辖的可转债工具（convertible debt instruments）；（7）该金融公司满足本章第 201 条“金融公司”的定义。作出以上决定后，在一般情况下该公司将立即由 FDIC 接管，除非有关联邦法院按法案第 202 条规定的司法审查决定作出了相反决定。

法案第 203（c）条规定，“金融公司”在以下四种情况下被视作“违约或有违约危险”：（1）该公司已经开始或可能即将开始在《破产法》下启动破产程序；（2）该公司已经或可能遭受的损失将耗尽其全部或大部分（substantially all）资本，且无法合理避免；（3）该公司已经或可能资不抵债；（4）该公司已经或可能无法在正常运营中（in the normal course of business）偿债（处在善意争议中的债务除外）。

为保证上述决定的严肃性，法案第203（c）条还规定了严格的记录保存和审查程序。比如，必须保存以上决定的记录并通知“适用金融公司”和FDIC；在做出管理人任命的24小时内，财政部部长必须向国会两党领袖和有关委员会提交书面报告①。并在60天内向国会有关委员会进行详细报告并及时更新。国会有权在接到详细报告后就该决定举行听证。此外，GAO还须对以上决定进行审计并向国会报告审计结果。以上报告和审查的要求非常严格，核心在于确保将系统重要性非银行金融公司置于有序清算程序的严肃性和必要性。

三、司法审查

法案第202条规定，在财政部部长根据法案第203（b）条作出系统性风险的决定后，必须通知FDIC和“适用金融公司”。此时，“适用金融公司”董事会有两个选择：默认或同意，则财政部部长正式任命FDIC为管理人；拒绝默认或拒绝同意，则财政部部长应启动司法审查程序，提请华盛顿特区联邦地区法院发布命令授权财政部部长任命FDIC为管理人。在提请司法审查时，财政部部长必须提交全部有关调查结果和建议。法院必须在严格保密且不作任何事先对外披露（违反保密规定将受到刑事制裁②）的情况下举行听证并通知适用金融公司参加。财政部部长的决定中仅有两项内容受到司法审查，即“违约或有违约风险”以及该公司是否属于本章定义的“金融公司”。法院审查的标准是“武断而多变”（arbitrary and capricious）。只有在极端情况下，财政部部长才可能违反这一标准，犯下“武断而多变”的错误。因此，这一司法审查标准的设立实际上保证了在大多数情况下法院将支持财政部部长的决定。即使法院作出了不利于财政部部长的决定，法案还规定法院必须向财政部部长提供其决定的依据，并立即给予后者修订其决定并重新提请法院审查的机会。如果法院在24小时

---

① 报告内容在法案第203（c）（2）条有详细列举。

② 刑事处罚包括处以最多25万美元罚金，或最高5年刑期，或两者并罚。法案第202（a）（1）（C）条。

内未能作出决定，则财政部部长的决定自动生效，有序清算程序也将立即启动。在华盛顿特区联邦地区法院做出裁定后，当事双方任一方不服均可在 30 天内上诉至华盛顿特区巡回上诉法院，并可最终上诉至美国联邦最高法院要求复审（writ of certiorari，最高法院有权酌情决定是否审查下级法院的决定）。上诉审理的范围仅限于联邦地区法院的审理范围。整个上诉将被加速审理，同时在上诉期间联邦地区法院的裁决不停止执行。

法案第 202（b）条规定，在法案颁布 6 个月内，华盛顿特区联邦地区法院必须制定有关规则和程序以确保以上司法审查有序进行，特别是关于 24 小时的时限和保证财政部部长对其申诉进行修改和重新提请法院审查的机会。

四、有序清算程序

法案第 204 条明确规定，设立有序清算权（Orderly Liquidation Authority）的目的是为了给对美国金融稳定构成显著风险的失败“金融公司”进行破产清算提供必要的权力，以减轻这些风险并使道德风险最小化。有序清算权的行使必须最有利于实现这一目的，并使得：（1）该“金融公司”的债权人和股东承担损失；（2）造成公司困境的管理层不得留任；（3）FDIC和其他政府部门要采取所有必要和恰当措施确保对造成公司困境负有责任的全部责任方，包括管理层、董事和第三方，承担与其责任一致的损失。这些措施包括提起损害赔偿诉讼、要求退回原物的诉讼（action for restitution），以及偿还不当的薪酬和收益。

FDIC 一旦被任命为某“金融公司”的管理人，就具有本章规定的所有职权。为确保对“适用金融公司”的有序清算，作为管理人的 FDIC 应与公司及相关子公司的“主要金融监管机构”协商，并有权聘请外部专家提供服务。对于那些不适用有序清算程序的子公司（如保险公司），FDIC 须与其“主要监管机构”协商处理有偿付能力的子公司，并协调运用其他适用处置机制处置破产的子公司。若“适用金融公司”是在 SEC 注册的经纪商一自营商且为“证券投资者保护公司”（Securities Investor Protection Corporation，SIPC）成员，则 FDIC 还须与 SEC 协商决定是否在未获客户同意的情况下将该公司的客户账户转给 FDIC 组织的过桥金融公司处置。

在 FDIC 获任为管理人后，法案授权 FDIC 按照财政部部长批准的计划使用本章设立的有序清算基金，或使用财政部借款进行有序清算。FDIC 使用的这些资金在破产清算中享有优先受偿权。在 FDIC 获任为管理人的 60 天内，FDIC 必须向国会报告“适用金融公司”的财务状况、使用以上资金的理由、清算行动和计划，以及是否被要求采取以上行动。

（一）FDIC 的有序清算职权

总体上，法案赋予 FDIC 的有序清算权与《联邦存款保险法案》赋予 FDIC 对存款类机构的清算权类似，大体以后者为蓝本。考虑到非银行金融机构的一些特殊性，比如控股公司及非银行子公司可从事的更宽泛的业务，以及与非银行机构有业务关系的债权人对一般破产法有关规定的善意依赖，法案在有序清算机制中做了相应调整，包括在优先权（preferences）、欺诈性转让（fraudulent transfers）、抵销权（rights of setoff）方面做出了与一般破产法类似的规定。

具体来说，法案第 210 条规定 FDIC 的有序清算权包括[①]：

1. 一般权力

（1）作为被接管公司的继承者；

（2）在有序清算过程中全面接管公司的运营管理；

（3）规定被接管公司成员、股东、董事或管理人员行使公司的特定职能；

（4）清算（liquidate）被接管公司资产（包括出售资产、转移资产给过桥金融公司等）并终止其业务（wind - up the affairs）；

（5）作为被接管“金融公司”美国子公司的管理人（投保存款机构、适用有序清算程序的经纪商—自营商和保险公司除外），如果（A）子公司违约或有违约危险，（B）该管理人任命将减轻对美国金融稳定或经济情况的严重负面影响，以及（C）该管理人任命有助于对被接管金融公司的有序清算；

（6）作为管理人组织设立过桥金融公司；

（7）将被接管公司与其他公司合并，或转移被接管公司的资产和负债；

（8）在本章规定的范围内用被接管公司的可用资金偿还获管理人任命时已到期的债务；

（9）除非本章另有规定，破产法以外的适用法律由有关适用法律选择的规则（choice of law rules）决定；

① 限于篇幅，此处只概要列举。更详细的内容请查法案相关条款。

（10）传唤权：为行使管理人职权，可行使《联邦存款保险法案》第8（n）条的调查权力；

（11）附属权力：除作为管理人行使本章赋予的一切权力外，还有权行使其他对行使本章项下权力必要的附属权力；

（12）使用私营部门的权力：在管理和处置被接管公司资产的过程中，FDIC 作为管理人可以使用私营机构和个人的服务，包括房地产和贷款组合资产管理，财产管理，拍卖，法律，中介等服务；

（13）FDIC 作为管理人继承被接管公司的所有权利和义务，并终止公司债权人和股东在本章允许范围之外的对公司资产的权利和权利要求。FDIC 必须确保股东和无担保债权人按本章规定的优先顺序承担损失；

（14）就有海外资产或运营的适用金融公司的有序清算事宜在尽可能范围内与外国金融当局协商；

（15）对资产转移的限制：若 FDIC 为被接管经纪商—自营商设立了过桥金融公司，则在一般情况下① FDIC 应将该经纪商—自营商的全部客户账户及相关客户名下的证券和客户财产转移到过桥金融公司，且该项转移无须客户和法院同意，但应将有关情况通报给 SIPC。

2. 债权申报与确认②

（1）FDIC 应及时向被接管公司的债权人发布债权申报通知，并告知申报期限（不得早于发布申报通知的 90 天）；在首次通知发布后一个月和两个月还须分别再次发布债权申报通知；在公开发布以上通知的同时，FDIC 还须向所有债权人（包括记录在案和后来发现的债权人）邮寄书面通知；

（2）FDIC 须在接到债权申报的 180 天内或双方同意的延期时限内通知是否认可（allow）该债权。在时限内申报的债权，如按管理人的要求证明了其债权，则应予以认可；未在时限内申报的债权，在一般情况下不予认可，除非债权人未收到有关通知并随后及时进行了申报。若债权人未能按照 FDIC 的要求证明其债权，则 FDIC 有权不认可该债权人任何债权要求的任何部分或其提出的任何担保权（security）、优先权、抵销权或优先序

---

① FDIC 与 SEC 和 SIPC 协商后，可以决定在两种例外情况下不必转移资产：第一，客户账户、客户名下证券以及客户财产可能被立即转移至另一家在 SEC 注册、同时是 SIPC 会员的经纪商—自营商；第二，该项转移会严重损害 FDIC 避免或减轻对美国金融稳定或经济情况严重负面影响的能力。法案第 210（a）（1）（O）条。

② 法案第 210（a）（2）条。

（priority）要求；

（3）对于担保债权，FDIC 有权将超过担保物公平市场价值的部分视作无担保债权处理，但联邦储备银行或 FDIC 提供的贷款及为该贷款提供担保的法律上可执行（legally enforceable）的和完善了（perfected）的担保物权（security interest）除外。

3. 对债权的司法认定①

在 FDIC 规定的时限结束或 FDIC 发出不予受理的通知之日这两者更早日期的 60 天内，债权人可在被接管公司主要营业场所所在地联邦地区法院申请对其债权的司法认定。

4. 债权的快速认定②

（1）若拥有或控制法律上有效并可执行或完善了的担保物权的债权人在以上债权认定的一般程序下将受到无法补救的损害，则 FDIC 应设立快速认定程序，并在 90 天内作出决定；

（2）债权人对快速认定程序下的决定同样可以提请司法认定。

5. 债务清偿③

（1）对于管理人认可、按程序批准或法院终审裁定的债务，FDIC 有权根据资金情况决定以本条授权的方式和数额清偿；

（2）在任何情况下，债权人所获清偿不得超过其在《破产法》第七章或其他州破产法规定的清算程序下所能获得的金额。如被接管公司是经纪商—自营商，则不得超过其在《1970 年证券投资者保护法》（Securities Investor Protection Act of 1970）下所能获得金额；

（3）FDIC 有权根据本条授权，决定向被证明的债权支付红利，但不为此承担任何责任；

（4）FDIC 可以规定向债权人被证明的债权支付利息，但该利息只能在清偿了所有债权的本金后支付。

6. 司法行动的中止④

在被任命为管理人后，FDIC 即可请求法院中止（stay）被接管公司为争议方的司法行动或诉讼（最多中止 90 天），法院应批准这一请求。这与

① 法案第 210（a）（4）条。
② 法案第 210（a）（5）条。
③ 法案第 210（a）（7）条。
④ 法案第 210（a）（8）条。

《联邦存款保险法案》下的有关规定一致。

7. 其他权利和义务[①]

（1）已生效判决：FDIC 应遵守在被任命为管理人之前法院做出的最终、不可上诉的判决。

（2）可上诉判决：FDIC 拥有被接管公司原来拥有的和 FDIC 本身拥有的一切权利和救济，包括一切上诉权利和移案至联邦法院的权利，且在寻求以上救济中无须取保（post any bond）。

（3）FDIC 管理的被接管公司资产不受法院扣押或执行（attachment or execution）。

（4）对司法审查的限制：除非本章另有规定，法院无权审理以下事项：

（A）针对 FDIC 管理的被接管公司资产的任何债权或确权行动；

（B）对被接管公司或作为管理人的 FDIC 的任何作为或不作为（act or omission）有关的权利主张（claim）。

（5）资产处置：在行使管理人职权的过程中，FDIC 应尽可能最大化资产处置的净现值回报，最小化损失，减轻对金融体系的潜在严重负面影响，确保要约人（offeror）之间的及时、充分竞争和公平、一致对待，以及禁止在要约和审议中基于种族、性别、民族的任何歧视。

8. 可撤销转让（avoidable transfers）[②]

有序清算机制采用《破产法》中关于欺诈性转让和优先转让的规定（第 546 ~ 548 条），替代了《联邦存款保险法案》中的有关规定，即只有对既存债务构成优先和欺诈性转让以改善债权人状况的行为才可被撤销。为获取新价值而设定的担保物权即使发生在破产前夜也不能被取消。

（1）欺诈性转让（fraudulent transfers）：作为管理人的 FDIC 有权撤销被任命为管理人前两年内的任何财产权利的转让或义务的承担，如果

（A）不论自愿还是非自愿，被接管公司做出该项转让或承担该项义务的意图是要阻碍、迟延或欺骗该公司的债权人，或以低于合理价值的对价做出该项转让或承担该项义务

（B）不论自愿还是非自愿，被接管公司在做出该项转让或承担该项义务的当日已破产，或因此而破产；对于从事或即将从事的业务或交易而

① 法案第 210（a）（9）条。

② 法案第 210（a）（11）条。

言，被接管公司的任何剩余财产都构成不合理的过小资本；意图承担或相信被接管公司将承担无能力偿还的债务；或在雇佣合同下超出正常业务范围地向某个内部人，或为了某个内部人的利益做出该项转让或承担该项义务。

（2）优先转让（preferential transfers）：FDIC 有权撤销以下对适用金融公司财产权利的转让：

（A）向某债权人或为了某债权人的利益的转让；

（B）为了清偿被接管公司在转让前所欠债务；

（C）在被接管公司破产期间作出的转让；

（D）在 FDIC 被任命为管理人前的 90 天内，或早于 90 天但在一年内作出的转让，如果债权人是内部人；

（E）使得债权人获得比在转让未发生的情况下在《破产法》第七章清算程序下所能获得的更多的分配。

（3）破产管理（receivership）发生后的交易（post-receivership transactions）：FDIC 有权撤销未经 FDIC 授权的对债务人财产的转让。

（4）以上转让被撤销后，FDIC 可以从直接受让方或次受让方处收回被转移的财产或其价值，但从次受让方处的收回受到善意、不知情等的限制。

（5）本条下 FDIC 作为管理人的权利优先于托管人或除联邦机构外的其他当事人在《破产法》下的权利。

9. 抵销（setoff）①

由于《联邦存款保险法案》没有限制这一权利，FDIC 在一般情况下承认适用非破产法律下的抵销权。但 FDIC 若向第三方或过桥银行转让债务而不转让相应资产，就会损害债权之间的互惠性（mutuality）。《破产法》明确承认一定条件下抵销权的可执行性。有序清算机制基本采用了《破产法》的相关规定（第 553 条），并规定在一定条件下 FDIC 向第三方或过桥金融机构转让债务不损害债权之间的互惠性。

（1）除非另有规定，债权人可以在有关破产法的适用范围内主张用在 FDIC 被任命为管理人前对适用金融公司的债务抵销其债权，除非被抵销的债权未被认可，或该债权于 FDIC 被任命为管理人之后（或被任命为管理人前 90 天后且适用金融公司已经破产）被其他实体转让给债权人，或对

① 法案第 210（a）（12）条。

适用金融公司的债务在 FDIC 被任命为管理人前 90 天后、公司已破产且为了获得抵销权之目的由“适用金融公司”产生；

（2）若债权人在以上 90 天内对其债务进行了抵销，FDIC 有权收回债权超过被抵销债务的差额部分，如果该部分比 90 天前的差额或 90 天内第一天出现差额时的更后一个差额少（法案第 210（a）（12）（B）条）。

（二）费用和无担保债权的优先序①

1. 无担保债权的优先序如下：

（1）管理人行政费用；

（2）欠美国政府的费用（除非美国政府同意另外安排）；

（3）工资、薪酬、佣金，包括假期、解雇和病假补偿金，但仅限于管理人任命前 180 天前的所得且每人不超过 11 725 美元；

（4）对员工福利计划的欠款（在以上 180 天前累积，具体计算方法为：员工数乘以 11 725 美元，减去第 3 项下付给员工的金额，加上管理人已向员工福利计划支付的金额）；

（5）其他一般和优先债务；

（6）次级债务；

（7）欠公司高管和董事的工资、薪酬、佣金，包括假期、解雇和病假补偿金；

（8）对股东、成员、普通合伙人、有限合伙人或其他拥有被接管公司股份的人的债务。

2. 管理人融资权：管理人若不能从商业渠道为“适用金融公司”获得无担保贷款，FDIC 有权代表公司获得贷款或承担债务，且此等债权具有比管理人行政费用更高的优先权。

3. 美国政府债权：美国政府的无担保债权至少拥有比可计作监管资本的债务更高的优先权。

4. 类似债权人：在一般情况下，类似债权人应获得同等对待，除非 FDIC 认为有必要采取其他措施以最大化破产资产价值，以开始并继续对破产管理或过桥金融公司进行必要的运作，以最大化资产处置的现值回报和最小化损失，同时在以上第 1 项下的债权人获得的偿付不低于在一般破产程序下，或在《1970 年证券投资者保护法》下所能获得的清偿。

5. 有担保债权：本条的优先序规定不影响有担保债权，仅对担保物不

① 法案第 210（b）条。

足部分适用。

由上可见，与《联邦存款保险法案》不同，本章的有序清算机制没有规定存款债权的优先权，这是因为有序清算机制只适用于不包括存款类机构在内的非银行金融机构，但明确规定了美国政府债权相对一般债权的优先权。

（三）管理人任命前的合同①

1. 在《联邦存款保险法案》下，与投保存款机构签署的合同只有满足以下几个条件后才对投保存款机构或作为管理人的 FDIC 有执行力：必须是书面合同，必须经过董事会或贷款审批委员会批准且记录在会议纪要里，签署后持续记录在案。相比之下，《破产法》依赖适用的州或其他破产法律决定合同的可执行力，如其他适用破产法律认可，口头合同也可执行。有序破产机制基本采取了《联邦存款保险法案》有关规定的基本原则，规定合同必须是书面的，合法签署或在日常业务中被证实，且 FDIC 就合同的成立得到满意证明。

2. 根据事实本身条款（Ipso Facto Clause）的可执行性

此类条款规定，合同对手方有权仅根据 FDIC 被任命为管理人或公司破产这一事实而终止合同或加速合同的履行。《联邦存款保险法案》规定此类条款一般无效，但合格金融合同（Qualified Financial Contracts，QFCs）、高管责任保险合同和存款类机构的债券除外。合同对手方仍有权根据其他违约事项行使终止权或加速履行权。相比之下，《破产法》规定了对所有合同履行的自动中止，仅 QFCs 除外。有序破产机制保留了《联邦存款保险法案》的规定。

3. 拒绝履行合同（Repudiation of Contracts）

《联邦存款保险法案》授权 FDIC 否认或拒绝履行任何合同或租约，包括 QFCs，若 FDIC 认为合同的履行过于烦累（burdensome）且不利于破产管理的有序进行。若 FDIC 否认或拒绝履行合同，必须向合同对手方补偿损失。但与《合同法》中的一般补偿原则不同（即用对手方失去的约定的利益），《联邦存款保险法案》规定，除 QFCs 之外，补偿仅限于“实际发生的直接补偿性损失”（actual direct compensatory damages）。相比之下，《破产法》授权不履行的合同仅限于待履行合约（executory contracts）和未过期租约，且必须得到破产法院的批准。补偿额一般根据适用的非破产法律（noninsolvency law）规定的合同违约补偿计算。法案规定的有序清算机

① 法案第 210（c）条。

制大体保留了《联邦存款保险法案》的拒绝履行权和计算补偿的方法，但有两处不同：一是在借款或有担保债务时，补偿应不少于借债额加上至管理人任命日止累积的利息和首次发行折扣（accreted original issue discount）；二是如果被认可的担保债权的担保物价值超过了债权和累积利息，则担保债权可以包括该段累积利息。

4. 对 QFCs 的特殊处理

有序清算机制对 QFCs 特殊处理的规定与《联邦存款保险法案》的规定大体相同。QFCs 包括证券合约、商品合约、远期合约、回购合约、互换合约以及上述合约的主协议。它们与《破产法》下受保护的合约大体一致。

（1）禁止执行根据事实本身条款的例外：禁止执行根据事实本身条款不适用于 QFCs，但须遵守 1 个营业日的中止期；

（2）QFCs 的转让：在 1 个工作日的中止期内，FDIC 可以选择转让全部（但不能少于全部）与特定对手方及其关联方的 QFCs 至一家第三方金融机构。若 FDIC 行使该选择权，对手方不得仅因为 FDIC 被任命为管理人、"适用金融公司"的破产或向第三方或过桥金融公司的转让而终止、加速履行或行使其他结束合同的权利。但对手方可以根据其他违约事件行使合同终结权；

（3）不履行 QFCs 的补偿：若 FDIC 不履行一个 QFC，补偿额按不履行之日借鉴行业惯例计算而不是更早地按 FDIC 任命日计算，并可包括覆盖成本（cost of cover）；

（4）有担保 QFCs：有可执行和完善担保权的 QFCs 的义务不得被取消，除非担保物权的取得是出于欺诈目的；

（5）与《破产法》比，后者对所有 QFCs 采用了自动中止例外，没有规定 1 个工作日的对行使终结权的中止。

（四）破产管理的时间限制

法案第 202（d）条规定，FDIC 作为管理人的任期为 3 年，但可以两次各延期 1 年。第一次延期必须得到 FDIC 主席的批准并证明延期对最大化资产的净现值回报、最小化损失和保护金融体系稳定的必要性。第二次延期则需要向国会报告。另一个延期的例外是 FDIC 作为管理人参加的诉讼，但须得到 FSOC 的认可并向国会报告。在这种情况下，FDIC 的管理人任期应在诉讼结束后 90 天内结束。在破产管理结束后，FDIC 和有序清算基金（Orderly Liquidation Fund）不对破产管理中产生的未解决债权负责。

（五）对经纪商—自营商客户财产的保护①

法案对证券客户的财产保护作了特殊规定，目的是为了使得受有序清算机制管辖的经纪商—自营商的客户受到与 SIPC 清算机制下同等的保护。具体如下：

（1）核心清算权力的行使：在被任命为经纪商—自营商管理人后，FDIC 有权设立一个或多个过桥金融公司，并将经纪商—自营商的全部或部分资产和负债，包括客户账户、客户名下的证券和客户的财产，转移至过桥金融公司；

（2）SIPC 作为剩余债权的托管人：同时，FDIC 须任命 SIPC 为托管人，以对经纪商—自营商在 SIPC 破产清算程序下剩余的资产和负债，包括客户账户、客户名下的证券和客户的财产，进行清算，除非有序清算机制另有规定。

（A）SIPC 的职权：除了下述限制外，SIPC 拥有与《1970 年证券投资者保护法》下同样的职权（FDIC 向过桥金融公司转移的资产或负债除外）；

（B）对 SIPC 权力的限制：SIPC 不得阻碍或损害 FDIC 行使如下职权：向破产管理提供资金；组织、设立、运营或终止过桥金融公司；在经纪商—自营商和过桥金融公司之间或过桥金融公司之间转移资产和负债；执行或拒绝执行合同；采取与过桥金融公司有关的任何行动；或在有序清算机制下决定任何债权；同时，与经纪商—自营商有关的 QFCs 受有序清算机制的规定，而不受 SIPC 规定的管辖；

（C）对 FDIC 权力的限制：FDIC 行使其权力不得对客户对其财产或其名下的证券的权利造成不利影响；不得减少或延迟对客户净股份权利的支付；或不得对客户在 SIPC 下获得的补偿造成损害；同时，FDIC 必须将所有从转让、出售或处置被接管经纪商—自营商资产中获得的净收入用于后者的财产；

（3）客户债权的偿付：SIPC、FDIC 或过桥金融公司必须立即偿付被接管经纪商—自营商或过桥金融公司对客户所欠的与客户财产或客户名下证券有关的债务或股权净额（net equity claims）。偿付的方式可以是证券或现金，而且与不按有序清算机制清算而按 SIPC 清算程序清算所获得的分配相同。

① 法案第 205（f）条。

五、有序清算基金

法案第210（n）条规定，在财政部设立有序清算基金，该基金不通过向私营部门的事先收费形成。FDIC可以从该基金借款以履行有序清算机制下的职权。

（一）破产清算费用可从财政部筹借

FDIC有权向财政部通过发行债券借款以支付破产清算的费用，其借款的最高金额为（1）在被任命为管理人之后的30天内，“适用金融公司”并表总资产账面价值的10%；（2）在被任命为管理人之后的30天后，“适用金融公司”可用于偿付债务的并表总资产公允价值的90%。

（二）事后收费

法案禁止用纳税人的钱进行有序清算机制下的破产清算。法案第210（o）条规定，破产清算的全部费用必须通过处置“适用金融公司”的资产和向金融机构收费支付。具体规定如下：FDIC必须在60个月内，或财政部批准的更长时间内，归还财政部的借款。必要时还款可通过以下方式筹集：

1. 受到超额偿付的债权人：如债权人收到了比在《破产法》第七章或SIPC清算程序下所能获得的更多的偿付，FDIC应尽快收回其超额部分（对进行破产清算或运营过桥金融公司必需的偿付除外）。

2. 大型金融公司：若以上途径获得的资金不足以偿付财政部借款，FDIC必须向大型金融机构收费以弥补不足部分。该收费应与金融机构的资产规模和风险程度成正比。

（1）被收费的大型金融机构包括：总资产500亿美元及以上的银行控股公司，由美联储监管的非银行金融机构，以及其他总资产在500亿美元及以上的金融公司；

（2）收费必须基于FSOC建议的风险矩阵（risk matrix）。在制定风险矩阵时，FSOC和FDIC必须考虑以下因素以决定收费的多少：

（A）当时的总体经济情况；

（B）存款保险基金向金融公司及其存款类子公司的收费，SIPC保险基金向经纪商—自营商的收费，在《联邦信用社法案》（Federal Credit Union Act）下向投保信用社的收费，以及州保险担保基金向保险公司的收费；

（C）该金融公司对美国金融稳定构成的风险；

（D）该金融公司在有序清算机制下获得的好处与在《破产法》第七章下所能获得好处的对比；

（E）FDIC 被任命为管理人前十年间该金融公司产生的导致其失败的各种风险；

（F）其他 FSOC 和 FDIC 认为恰当的因素。

具体的收费方式需要由 FDIC 协商财政部后制定细则规定。

（三）有序清盘计划和还款计划

法案第 210（n）（9）条规定，作为管理人，在向财政部提交有序清盘计划且该计划得到财政部部长同意之前，FDIC 不得使用任何管理人资金用于某机构的破产清算。FDIC 和财政部部长必须对财政部借款的归还计划和时间表取得一致意见。

（四）其他重要条款

1. 适用法律选择：与完善担保物权、设置和执行担保物权有关的适用非破产法律的选择，从其选择。

2. 与外国金融监管当局的协调[①]：在被有序清算的金融机构有海外资产和业务时，FDIC 必须与外国金融监管当局协调破产清算事宜。

3. 有担保的子公司合同：若有关担保和全部资产和负债已转移到过桥金融公司或第三方，对那些由被接管金融公司担保的子公司合同，即使被担保合同（包括 QFCs）由于担保人的破产而发生了交叉违约，FDIC 也有权履行。

4. 清算组织：作为管理人的 FDIC 必须尽最大努力（use its best efforts）满足 QFCs 中全部保证金、抵押品和结算方面的义务；如管理人违约，尽管有上述对行使终止权的中止，清算组织有权立即行使 QFCs 下的权利和寻求有关救济。

5. 对担保债权扣减（haircut）问题的研究要求[②]：法案要求 FSOC 在一年内完成对有担保债权人实行不同扣减率是否会改善市场自律和保护纳税人的研究，并向国会提出建议。

6. 董事和高管责任：

（1）个人责任：“适用金融公司”的董事和管理层要为在适用州公司法下的重大过失或对其注意义务的严重漠视承担个人责任；联邦法院必须

① 法案第 210（a）（1）（O）条。

② 法案第 215 条。

对 FDIC 提起的以上诉讼进行加速审理。

（2）收回高管和董事的薪酬：对公司破产负有重大责任的现任或前任高管或董事，FDIC 有权收回其在 FDIC 被任命为管理人的前两年内得到的薪酬。若涉及欺诈，则上述收回不受两年期限限制。

（3）对高管和董事的禁令[①]：美联储（如果被接管金融机构不受美联储监管，则为 FDIC）有权禁止公司高管或董事在任何金融机构任职，且该禁令有效期至少为两年，如果美联储或 FDIC 发现该高管或董事：

（A）违反了任何法律、条例、最终禁止令（final cease-and-desist order），在申请、通知或请求中的任何书面条件，或与美联储或 FDIC 的书面协议；

（B）从事或参与了与任何金融机构有关的不安全或不稳健经营；

（C）违反了诚信责任；

（D）从以上行为中获利且以上行为促成了公司的倒闭；

（E）以上行为显示了个人的不诚实或对公司安全稳健的故意或持续的漠视。

① 法案第 213 条。

第三章
银行业监管改革

第一节　废除储贷监理署及存款保险改革

法案第三章为《2010 年加强金融机构安全与稳健法案》（Enhancing Financial Institution Safety and Soundness Act of 2010）。该章废除了危机中备受诟病的储贷监理署（Office of Thrift Supervision，OTS），并将对储贷控股公司（Savings and Loan Holding Companies，SLHCs）的监管职能并入美联储，对联邦储蓄协会（federal savings associations）的监管职责并入 OCC，对州储蓄协会（state savings associations）的监管职责并入 FDIC。进行以上改革的目的有四个：一是为了美国银行体系的安全和稳健；二是维持和保护历史形成的美国存款类机构联邦执照和州执照并存的双层银行体系；三是不论存款类机构规模大小和持有何种执照，都要确保对每一家存款类机构的公平和恰当的监管；四是精简与合理化存款类机构及其控股公司的监管。

一、废除储贷监理署

（一）转移时限

法案第 311 条规定，OTS 的职权必须在法案颁布一年内转移完毕，但财政部部长如决定以上时限无法有序实现，有权再延长最多 6 个月。

（二）具体职权的转移

1. 储蓄协会和 SLHCs 监管权的转移：如上所述，对 SLHCs 的监管权将并入美联储，对联邦储蓄协会的监管权并入 OCC 并由一名副署长负责其监管事务，对州储蓄协会的监管权则并入 FDIC。同时，对所有储蓄协会的规则制定权并入 OCC，对 SLHCs 的规则制定权和其他职权并入美联储，

OTS 在《住房所有者贷款法案》（Home Owners' Loan Act）下的与关联方和内部人交易以及反捆绑规定有关的规则制定权也并入美联储。

2. 恰当联邦银行监管机构（appropriate federal banking agency）：法案第312（c）条修改了《联邦存款保险法》对“恰当联邦银行监管机构”的定义以反映以上监管职权的转移。修改后的《联邦存款保险法》赋予了以上恰当联邦银行监管机构广泛的监管权力，包括对投保存款机构的“快速纠正行动”（prompt corrective action）、禁止令（cease and desist）、撤职、民事赔偿以及其他执法权力。

（三）撤销 OTS

法案第313条规定，在转移监管职权完成后90天内，OTS 将被正式撤销，OTS 及其署长此前拥有的一切与转移给 OCC 的职能有关的权力将全部转移给 OCC 或 OCC 署长（the Comptroller of the Currency）。

1. 相关名称的修改：法案第317条规定，与被转移职能有关的联邦法律中对 OTS 及其署长的称谓将相应修改为对 OCC、美联储、FDIC 及其行政长官的称谓；

2. 职权移交的计划：法案第327条规定，在法案颁布180天内，美联储、OCC 和 FDIC 须联合向国会银行委员会和各机构的督察长（inspector general）提交落实本章关于移交 OTS 职权、人员和财产的计划。在收到计划的60天内，各机构的督察长须向本机构及国会银行委员会提交关于该计划妥善性的报告，包括是否充分考虑了人员、财产、资金和职责的有序移交。此后每六个月，督察长还须向各自机构和国会银行委员会报告计划进展。

（四）保留条款

1. 法案第316条规定了一系列保留条款以确保：

（1）本章规定的职权移交不影响在移交前已存在的美国政府、OTS 或其他人的权利、义务或责任的持续有效性；

（2）与被转移的 OTS 职能有关的所有命令、决定、协议、条例、解释、指引或其他咨询文件的持续有效性；

（3）对在职能移交前发生的与 OTS 有关的任何诉讼将转移给接收相关职能的相应联邦机构继续进行；

（4）对 OTS 提议或已通过但在移交日还未生效的条例，美联储、OCC 或 FDIC 依照各自接收的 OTS 职责取代 OTS 成为条例的制定机构。

2. 条例的识别和执行：美联储、OCC 和 FDIC 须在不晚于移交日的时间里在《联邦公报》上公布各自从 OTS 接收并负责执行的条例的清单。

（五）监管费

法案第 318 条授权美联储、OCC 和 FDIC 向被监管对象收取监管费。此处收取监管费不仅针对新接收的储贷机构和 SLHCs，而且针对以上三家联邦机构向所有被监管对象收费的一般性授权：

1. 授权 OCC 向由其监管的银行业机构收取监管费并规定了收费中需要考虑的因素；

2. 授权 FDIC 向被监管对象收费以支付对存款类机构或其他机构开展定期和特别检查的费用。目前 FDIC 不收取检查费；

3. 授权美联储向并表总资产 500 亿美元以上的银行控股公司、SLHCs 和在美国设立分支机构的外国银行和由美联储监管的非银行金融机构收取监管费。目前美联储不收取监管和检查费用。

二、存款保险制度改革

美国的联邦存款保险制度在这次危机中发挥了重大作用，有效地维护了参加存款保险的美国银行体系的稳定。作为世界上第一个存款保险制度，美国联邦存款保险制度及配套的银行业机构破产清算制度经受住了自其建立以来最大的金融危机的考验。事实证明，美国的存款保险制度是维护银行业稳定的基石，其总体上是成功的。其事先收费、风险定价等基本原则也被证明是行之有效的。针对危机中暴露出来的问题，法案对美国现行的存款保险制度进行了进一步完善。具体内容如下。

（一）改革存款保险收费制度

法案第 331 条要求 FDIC 修改存款保险收费规则，将现有的以存款为基础的收费体制（即收取保险费时仅考虑金融机构在美国应付的存款）改为以存款机构在收费期间并表总资产减去同期平均有形资本为基础的收费体制，以更好地体现金融机构的真实风险①。这一改革要求大银行更多地承担 FDIC 保费负担，因为大型银行在资金来源上更少依赖存款，同时为存款保险基金带来了更大的偿付风险。由于是并表资产，金融机构的海外存款也会被计入收费费基。

该条款废止了《联邦存款保险法案》第 7（b）（2）（D）条的规定，

① 法案第 331（b）（2）（B）条：FDIC 可在一定程度上减少托管银行（custodial bank）和社区银行的银行（banker's bank）的收费费基。

即不得仅仅按照机构规模将投保存款机构排除在 FDIC 存保收费体系的最低风险类别之外。

（二）消除顺周期收费

按现有《联邦存款保险法案》的规定，如在存款保险基金的缴费额超过了估算投保存款额（estimated insured deposits）的 1.5%，FDIC 须就超出部分向投保机构支付利息。若缴费额大于 1.35% 但小于 1.5%，FDIC 须就超过 1.35% 部分的一半支付利息。法案第 332 条废止了上述规定，并授权 FDIC 停止或限制对缴费额超出 1.5% 部分的利息支付。

（三）撤销存款保险基金的上限并调整底线

法案第 334 条撤销了现有的存款保险基金上限（估算投保存款额的 1.5%），并将下限从现有 1.15% 提高至估算投保存款额的 1.35%，或法案新规定的收费费基的类似比例。法案同时为达到这一新比例提供了宽限期，允许 FDIC 采取措施在 2020 年 9 月 30 日前使存款保险基金达到以上要求。在提高该基金下限的过程中，FDIC 须采取措施抵销这一调整对并表总资产小于 100 亿美元的投保存款机构带来的成本上的影响。比如，可以在存款保险基金的准备金率（reserve ratio）未达到 1.15% 时对大小银行以同等方式收费，在达到 1.15% 后则只向大银行收费以达到 1.35% 的要求。因此，该规定将增加大型银行的存款保险费用。在法案颁布 5 年中，FDIC 必须公布以估算投保存款和修改后的费基计算的存款保险基金的准备金率和指定准备金率。

（四）提高存款保险限额

1. 永久性提高存款保险限额：法案第 335 条将危机中临时性调高的存款保险限额永久化，即投保存款机构和投保信用社的存款保险限额均从原来的 10 万美元上调至 25 万美元（每人、每家银行、每个账户类别）（per depositor, per insured depository institution for each account ownership category），且其有效性向前追溯至 2008 年 1 月 1 日后 FDIC 被任命为管理人或保护人（conservator）的所有投保存款机构。

2. 交易账户存款保险：法案第 343 条为不计息的活期交易账户余额提供联邦存款保险，有效期从 2010 年 12 月 31 日起算两年。这些账户是那些投保存款机构无权要求事先取款通知，且储户可以以可转让工具（negotiable or transferable instruments）、支付取款命令（payment orders of withdrawal）、电话或其他电子媒介转账，或其他为向第三方支付或转账的其他类似工具取款的账户。

（五）其他重要规定

1. FDIC 信息获取权：法案第 333 条删除了《联邦存款保险法案》中对 FDIC 在要求投保存款机构为存款保险目的提供额外报告前需获得恰当联邦银行监管机构同意的要求。

2. 对存款保险基金重大损失的定义的修改：《联邦存款保险法案》第 38（k）条规定，有关联邦银行监管机构的督察长（inspector general）在存款保险基金出现“重大损失”时应对损失原因进行审查（review）。如果损失发生在 2009 年 9 月 30 日至 2010 年 12 月 31 日之间，法案第 987 条将“重大损失”的门槛从目前的 2 500 万美元提高至 1 亿美元；如果损失发生在 2011 年，“重大损失”门槛为 7 500 万美元；如果损失发生在 2012 年及以后，“重大损失”门槛为 5 000 万美元。法案针对低于以上门槛的损失也规定了督察长的审查程序以决定是否需要进行深度调查以及调查的方式。

3. FDIC 董事会的调整：为适应金融监管架构的新变化，法案第 336 条增补了新设立的消费者金融保护局局长进入 FDIC 董事会，同时取消了 OTS 署长的董事职位。

4. 对存款概念的进一步研究：法案第 1506 条要求 FDIC 在法案颁布一年内研究并向国会银行委员会报告以进一步区分核心存款（core deposits）和经纪存款（brokered deposits）[①] 对存款保险基金和存款保险费率的潜在影响、对两者在经济和银行部门的差异的评估，以及核心存款重新定义对地方经济的刺激作用和对大型银行和社区银行竞争平等性的影响。

5. 新设分支机构：法案第 341 条规定，转变为银行的储蓄协会可以继续运营原有的分支机构。如果原运营地的州允许持有该州牌照的商业银行在该地设立分支机构的话，也有权设立、兼并和运营新的分支机构。该条款对其他联邦和州法的不同规定具有优先权。

6. 少数民族和妇女包容性办公室：法案第 342 条规定，在法案颁布 6 个月内，财政部、美联储、FDIC、OCC、联邦住房金融局（Federal Housing Finance Agency，FHFA）、各联邦储备银行、全国信用社管理局（National Credit Union Administration，NCUA）和 SEC 都必须设立“少数民众和妇女包容性办公室”，负责本机构全部管理、雇佣和商业活动中的多样性问题。消费者金融保护局成立后也要在 6 个月内设立该办公室。该办公

① 按 FDIC 的定义，“经纪存款”为任何直接或间接地通过存款经纪人（deposit broker）的中介或协助获得的存款。

室的主任将由各机构的高级管理层成员担任，负责制定平等就业机会和种族、性别、民族方面的多元化标准及其管理，增加机构管理的项目中少数民族和妇女拥有的企业的参与度，并评估被监管对象的多元化政策及其履行。

第二节　改善对银行控股公司、储贷控股公司和存款类机构的监管

法案第六章为《2010 年银行、储贷机构控股公司和存款类机构监管改善法案》(Bank and Savings Association Holding Company and Depository Institution Regulatory Improvements Act of 2010)。该章规定对存款类机构的控股公司及其子公司进行更严格的监管。关键条款包括强化对投保存款机构及其关联公司之间的限制，改革《1999 年金融服务现代化法案》中对美联储监管权的弱化规定（Fed lite provisions），以及对并购活动的限制。此外，《1956 年银行控股公司法》下现有对“银行”的一些豁免将被暂停并做进一步研究。具体内容如下。

一、《1956 年银行控股公司法》有关豁免的中止和进一步研究

（一）对非银行“银行”申请的中止

法案第 603 条规定，FDIC 不得批准 2009 年 11 月 23 日以后收到的任何《1956 年银行控股公司法》下豁免于“银行”定义的存款机构的联邦存款保险申请，如果这些机构的直接或间接控制人为商业企业（a commercial firm)。这些非银行“银行”为所谓的“信用卡银行”（credit card bank)、“产业银行”（industrial bank）或“信托银行”（trust bank)[①]。此外，恰当联邦银行监管机构不得批准任何将导致商业企业对以上非银行“银行”直接或间接控制的控制权变化，除非：（1）被收购机构有违约风险；（2）该控制权变化源自其商业企业母公司对存款机构子公司的合并或全资收购；（3）该控制权变化源自对控制了以上非银行“银行”的上市公

① 信用卡银行为只从事信用卡业务但不接受活期存款和小额定期存款且不从事商业性贷款的机构。产业银行的资金来源于投资份额和存款（但不接受活期存款），总资产小于 1 亿美元，主要业务是为消费者和小企业提供由第三方担保的分期贷款，其业务范围比商业银行窄。信托银行为仅从事信托业务的机构。以上三类机构的具体定义见《1956 年银行控股公司法》第 2（c）（2）条。

司投票股份的收购，如收购后任一类别有投票权的股份少于25%由购买方控制。而且以上3种例外情况都得到了有关监管机构的批准。

“商业企业”指并表年毛收入（包括从投保存款机构在内的全部子公司获得的收入）中少于15%来自金融业务①。该中止期自法案颁布之日起3年有效。

（二）对豁免恰当性的研究

法案第603条同时要求OCC署长组织研究，并于法案颁布18个月内向国会银行委员会报告，在《1956年银行控股公司法》中“银行”定义下豁免上述机构（以及储蓄协会和其他存款类机构）是否对加强存款类机构的安全、稳健运行或金融体系的稳定是必需的。研究须清楚界定这些机构（储蓄协会除外）的类型和数量、大小和地点、与商业企业的关联程度或被控制程度、联邦监管体系的有效性，以及撤销豁免的影响，包括对金融和经济稳定的影响。此外，研究还须确定对储蓄协会的联邦监管的有效性以及撤销豁免后的后果，包括对信贷可获得性、信贷资源配置以及金融体系稳定的影响。

二、加强美联储的银行业监管权

法案对《1999年金融服务现代化法案》中的所谓“轻联储”（Fed lite）的规定做了大幅修改，全面加强了美联储对金融机构，包括已经受到具体功能监管机构监管的银行控股公司子公司的直接监管权。具体内容包括：

（一）解除对美联储报告、检查和执行权的限制

法案第604条撤销了《1999年金融服务现代化法案》下对美联储要求已经被功能监管机构监管（functionally regulated）的银行控股公司子公司对其提供报告、进行检查、设置限制或采取执法和其他行动方面进行的限制。已被功能监管的机构包括在《1934年证券交易法》下受SEC监管的经纪商—自营商、注册投资顾问和投资公司、由各州监管的保险公司，以及由CFTC监管的商品期货机构。

（二）检查权

《1956年银行控股公司法》要求美联储在对受到功能监管机构监管的子公司进行检查前进行先期调查并对检查的范围进行限制。法案第604条

① 定义如前《1956年银行控股公司法》第4（k）条。

对此进行了修改，规定美联储有权对任何银行控股公司及其子公司，包括存款类子公司和已被功能监管的子公司，进行直接检查以获知以下情况：(1) 银行控股公司或子公司的业务的性质和财务状况；(2) 在银行控股公司体系内对银行控股公司或任何存款类子公司安全、稳健运行或美国金融体系稳定构成威胁的财务、运营和其他风险；(3) 银行控股公司监控和控制上述风险的体系；(4)银行控股公司遵守《1956 年银行控股公司法》和由美联储负责向银行控股公司及其子公司执行的联邦法律，以及其他适用联邦法律的情况。但在消费者保护领域，消费者金融保护局享有专门权力，因而美联储在该领域的检查权受到限制。

（三）报告权

《1956 年银行控股公司法》规定，美联储有权要求银行控股公司及其子公司向其提供财务状况、风险控制、与存款类子公司交易、遵守有关法律等方面的报告，同时要求美联储在直接要求子公司提供报告前先向其功能监管机构提出要求，由后者向该子公司获得报告。法案第 604 条废除了对美联储先要向功能监管机构要求获得报告的规定，授权美联储直接要求子公司向其提供报告。但同时，法案规定，美联储必须尽量使用银行控股公司及其子公司已向联邦监管机构提供的报告和其他监管信息、外部审计报告、公开信息以及其他可以从其他联邦和州监管机构获得的信息。

（四）执法权和审慎规则制定权

法案第 604 条废除了由《1999 年金融服务现代化法案》增加到《1956 年银行控股公司法》中的第 10A 条，即限制美联储对被功能监管的子公司不安全、不稳健经营行为的执法权和对这些子公司的审慎规则制定权。法案规定，除法案第一章另有规定外，美联储在对以上子公司采取执法行动和制定审慎规则时不必再征求该子公司的主要联邦和州监管机构的意见。

（五）美联储对 SLHCs 的监管权

法案第 606 条修改了《住房所有者贷款法案》，授予美联储对 SLHCs 及其子公司，包括被功能监管的子公司，与《1956 年银行控股公司法》中规定美联储对银行控股公司同样的检查和要求报告权。为避免重复监管，法案要求美联储与有关联邦银行监管机构或州监管机构进行必要的协调。

（六）银行控股公司的逆周期资本规则

在《1956 年银行控股公司法》下，目前美联储没有明确的权力制定资本充足率要求。法案第 616 条修改了《1956 年银行控股公司法》，明确授权美联储制定关于银行控股公司资本要求的命令和条例。在制定资本规则中，美联储必须采取逆周期措施，即在经济扩张期增加要求金融机构保持的资本，在经济收缩期减少资本要求，与保持金融机构的安全、稳健相一致。同时，该条赋予美联储对 SLHCs 拥有同样的逆周期资本金规则的制定权。

但是，法案保留了《1956 年银行控股公司法》对美联储对被 SEC 功能监管的投资顾问和州监管的保险代理机构等子公司设立资本充足规则的权力的限制。同时，与对银行控股公司和 SLHCs 的要求一样，法案要求相关联邦银行监管机构在制定面向存款类机构的资本规则时引入逆周期机制。

（七）力量源泉（source of strength）

法案第 616 条还修改了《联邦存款保险法案》，规定美联储必须要求银行控股公司和 SLHCs 在财务上作为其存款类子公司的力量源泉。该规定对控制投保存款类机构的其他类型的控股公司也适用。有关联邦银行监管机构有权要求存款类机构控股公司提供报告以评估其作为力量源泉的能力和对以上“力量源泉”要求的遵守。财务力量源泉（source of financial strength）为控股公司在存款类子公司出现财务困难时向其提供财务援助的能力。目前的《1956 年银行控股公司法》和美联储《Y 条例》（Regulation Y）均没有对力量源泉作出明确规定。在法案颁布一年内，有关联邦银行监管机构必须联合制定实施细则。

（八）对存款机构控股公司的非存款类子公司的检查

法案第 605 条修改了《联邦存款保险法案》，要求美联储对存款类机构控股公司的非存款类子公司的业务进行检查（已受到功能监管的子公司或存款类机构子公司除外），而这些业务是法律允许存款类子公司从事的（如住房抵押贷款或消费金融业务）。该检查必须以与对控股公司控制的最大的投保存款类子公司检查同样的方式、标准和频率进行。在检查过程中，美联储必须与有关州监管机构协商和协调。如美联储认为州监管机构的检查可以达到本条款规定的目的，也可以与州监管机构共同或交替进行检查。

如果美联储不按本条款的要求进行检查，主要投保存款类子公司的恰当联邦银行监管机构有权向美联储提出检查的书面建议。若美联储在收到建议的 60 天内不进行检查或不提供书面说明，提出建议的监管机构有权自行开展检查[1]。检查的目的主要是判断该子公司的业务对任何关联的投保存款机构的安全、稳健运营是否构成重大威胁，该子公司的业务是否依法开展，以及是否有充分的风险控制和管理体系。进行上述检查的联邦银行监管机构必须与美联储协调以避免重复监管，共享对控股公司的监管信息，以达到本条款规定的目的以及确保对控股公司及其子公司层面的监管不发生冲突。恰当联邦银行监管机构可评估被监管子公司的检查和其他执法行动的成本。

基于检查或其他信息，恰当联邦银行监管机构可以以书面形式建议美联储采取执法行动。书面建议必须解释建议行动的原因，并应基于恰当联邦银行监管机构对非存款类子公司业务对关联存款类机构安全、稳健运行构成重大威胁的判断。若 60 天内美联储未采取行动或提供可行的监管或执法计划，该监管机构有权自行对该子公司采取执法行动。在采取该备份检查权或执法权前，恰当联邦银行监管机构必须通知该子公司的联邦和州监管机构以及美联储并与其协商。为避免重复监管和监管冲突，该监管机构还须尽量使用美联储的检查和报告。

（九）其他规定

1. 银行控股公司的过度薪酬：法案第 956 条规定，美联储制定规则以禁止银行控股公司对其管理层、雇员、董事或主要股东发放“过高薪酬、费用或福利”（excessive compensation, fees, or benefits）或可能导致银行控股公司重大损失的薪酬。

2. GAO 对快速纠正行动的研究：法案第 202（g）条规定，总审计长对联邦银行监管机构的快速纠正行动的执行情况进行研究并提出改善其有效性的建议。总审计长必须向 FSOC 提交报告，FSOC 则要向国会银行委员会报告监管机构对以上报告和建议的反应。

三、加强对金融控股公司和金融业并购的监管

（一）资本充足、管理完善（well-capitalized and well-managed）的要求

按照《1999 年金融服务现代化法案》的规定，保证资本充足和管理完善的要求只针对银行控股公司的存款类子公司，而不针对控股公司。法案第 606 条修改了这一规定，要求那些选择成为金融控股公司从而可以从事更广泛业务的银行控股公司必须保证资本充足和管理完善。法案第 607 条

---

① 金融消费者保护领域则由消费者金融保护局负责。

还修订了《1956 年银行控股公司法》，要求申请获批收购外州银行股份的银行控股公司保持资本充足和管理完善。类似地，《银行合并法案》（Bank Merger Act）也被修订为要求通过州际并购形成的银行保持资本充足和管理完善。这些规定自 OTS 完成移交其职能之日起生效。

（二）对大型并购的新要求

目前，金融控股公司在收购仅从事允许金融业务的非存款类机构时不必向美联储申请或提交事先通知。法案第 604 条对《1956 年银行控股公司法》第 4（k）条增加了申请要求，规定金融控股公司在收购并表资产 100 亿美元及以上的非银行公司时应向美联储提交申请。将这一规定放在第 4（k）条意味着金融控股公司的收购如被《1956 年银行控股公司法》其他条款允许时则不必获得美联储许可。例如，如某银行控股公司满足资本充足和其他要求，其在收购从事第 4（c）（8）条下允许业务的公司时可以不经过美联储许可。

（三）对 SLHCs 的要求

法案第 606 条还修订了《储贷控股公司法案》（Savings and Loan Holding Company Act），要求从事或寻求从事《1956 年银行控股公司法》第 4（k）条规定的金融控股公司可从事的更宽泛金融业务的 SLHCs（只控股一家储贷机构的 SLHCs 除外）满足与对金融控股公司同样的资本充足和管理完善以及其他要求，包括其存款类子公司应在《1977 年社区再投资法》（The Community Reinvestment Act of 1977）下获得“满意”的评分。SLHC 还须遵守《1956 年银行控股公司法》和美联储以条例、解释等形式规定的对金融控股公司业务的同等条款、条件和要求。因此，寻求收购并表资产 100 亿美元及以上的公司（投保存款机构除外）也须获得美联储的事先批准。

（四）金融机构并购对金融稳定的影响

法案第 604 条规定相关联邦银行监管机构在审查《1956 年银行控股公司法》下收购银行股份的申请和《银行合并法案》（Bank Merger Act）下合并或收购银行资产的申请时必须考虑“对美国银行业或金融体系稳定的影响”（the risk to the stability of the U. S. banking or financial system）。该要求也适用于任何从事或收购从事《1956 年银行控股公司法》第 4 条下金融业务的非存款类机构的通知或申请。

（五）大型金融机构扩张的集中度限制

法案第 622 条进一步修订了《1956 年银行控股公司法》，为该法增加了第14条，禁止金融公司从事导致兼并后的公司在全部金融机构总负债占比超过10%（以前一日历年度年末计算）的兼并活动。“负债”按银行控股公司风险资本规则定义为调整后的风险权重资产（risk - weighted assets）减去监管资本。外国机构的负债基于其美国业务计算。对保险公司和其他受其监管的非银行金融机构，美联储将制定规则对“负债”作出定义。“金融公司”（financial company）则被定义为投保存款机构、控制投保存款机构的公司（包括银行控股公司和SLHCs）、由美联储监管的非银行金融公司和被视作银行控股公司的外国银行或公司。

以上集中度限制须遵守FSOC的建议，并适用美联储规定的以下例外：对违约或有违约风险的银行的收购、受到《联邦存款保险法》第13（c）条规定的FDIC协助的交易，以及只会造成负债微量（de minimis）增加的交易。FSOC要在法案颁布6个月内完成对该集中度限制对金融稳定、金融体系中道德风险、美国金融机构和金融市场的效率和有效性，以及美国信贷和其他金融服务成本和可获得性的影响的研究。基于该研究，FSOC必须提出能够更有效执行第622条关于集中度限制的建议。在研究完成9个月内，美联储必须制定反映FSOC建议的最终规则。

（六）跨州兼并的集中度限制

法案第623条规定，如果合并后的机构和其所有关联投保存款机构合并计算控制了美国境内所有投保存款机构超过10%的存款，投保存款机构不得进行跨州并购。例外情况包括对违约或有违约风险的存款类机构的收购和受到FDIC协助的交易。

跨州并购是不同属地州（home state）之间存款类机构的并购。对州牌照机构而言，属地州为发放牌照的州；对全国性机构而言，为主要办公地点所在州；对联邦储蓄协会而言，为按OTS或OCC规则认定的本部所在州。

同理，法案禁止美联储批准在《1956年银行控股公司法》第4条下任何控股公司跨州并购投保储蓄协会或其他投保机构（如产业贷款公司），如果并购交易完成后的控股公司将控制美国全部投保存款机构超过10%的存款。法案对SLHCs的跨州收购做了同样的禁止性规定和同样的例外规定。

（七）陷入困境的银行和储蓄协会的牌照转换（charter conversion）

法案第612条禁止全国性银行通过牌照转换变为州银行或州储蓄协会，若该全国性银行在“重大监管事项”（significant supervisory matter）上受到

OCC 禁止令（cease-and-desist order）或其他执法命令或谅解备忘录的约束。同理，OCC 也不得批准州银行或州储蓄协会通过牌照转换变为全国性银行或联邦储蓄协会，若该州机构在重大监管事项上受到州监管机构、有关联邦监管机构或州总检察长的执法行动的管辖。类似的限制适用于联邦储蓄协会向全国性银行或州储蓄协会的转换。

以上禁止的例外包括：（1）转换后机构的联邦监管机构向作出禁止或中止决定的监管机构提交了书面转换通知，其中包括如何按照安全、稳健的要求解决重大监管问题的计划；（2）作出禁止或中止决定的监管机构不反对转换计划；（3）转换后机构的监管机构执行转换计划。在州总检察长采取终局执法行动的情况下，对转换的批准必须以投保存款机构遵守执法行动的要求为条件。

在转换发生前，转换前机构的有关监管机构必须书面通知转换后机构的监管机构，其对机构的监管或调查行动可能会在近期导致与重大监管事项有关的禁止令（或其他正式执法命令）或谅解备忘录的制定或签署，并向后者提供有关的信息和资料。

四、对关联交易和内部人交易的额外限制

（一）对关联交易（Transactions with Affiliates）的额外限制

法案第 608 条在几个重要方面修订了《1913 年联邦储备法案》第 23A 条（该条对银行向关联人贷款、购买资产和进行其他交易作出了限制）：

1. 任何由银行或银行关联人作为投资顾问的投资基金也被定义为关联人。目前，要成为关联人，基金必须由银行发起并按合同管理，或银行或银行关联人须管理基金并持有基金 5% 以上的股本或带投票权股份，或在投资公司的情况下，管理该投资公司的银行或关联人须符合《1940 年投资公司法》（Investment Company Act of 1940）第 2（a）（20）条关于“投资顾问”的定义。

2. 按回购协议购买资产被定义为贷款并要按第 23A 条的要求设立担保。目前，第 23A 条没有对回购设立担保的要求。

3. 接收关联人的“其他债务”作为对第三方贷款的担保被视作第 23A 条覆盖的交易。目前只有以关联人证券作担保的第三方贷款受第 23A 条管辖。

4. 与关联人的证券借贷如引起银行或银行子公司对该关联人产生了信用风险，则被视作第 23A 条覆盖的交易。

5. 与关联人的衍生品交易如导致银行或银行子公司对该关联人产生了

信用风险，也被视作第23A条覆盖的交易。目前，只有作为关联人对第三方债务担保的信用衍生品才被当做第23A条覆盖的交易。

6. 在其存续期内，任何授信或担保均须按第23A条的要求设立担保。目前，担保要求只适用于交易的开始，关联人不必在交易开始后提供额外的担保物。

7. 第23A条的担保要求适用于与关联人衍生品交易产生的银行信用风险，以及与关联人借贷交易产生的信用风险。

8. 禁止接受低质量资产或证券作为对关联人授信或担保的规定同样适用于与子公司衍生品交易和证券借贷产生的信用风险。

9. 关联人的负债不得被用做授信或衍生品交易、证券借贷交易产生的信用风险的担保物（collateral）。目前，该限制仅适用于关联人的证券。

10. 法案没有对“信用风险”作出定义，但授权美联储通过制定细则进行定义。该定义将对银行与其关联人进行衍生品和证券借贷交易的能力产生直接影响。

（二）第23A条项下的豁免权

法案第608条以新的豁免程序代替了原《1913年联邦储备法案》第23A条项下美联储的豁免权。对全国性银行，OCC在满足以下两个条件时可行使豁免权：（1）OCC和美联储共同认为豁免符合公共利益且与第23A条的目的一致；（2）FDIC的主席在接到豁免通知60天内不以书面形式反对，认为该豁免将对存款保险基金构成不可接受的风险。对州银行和储蓄协会，法案规定了类似的豁免程序。其中，FDIC对州非联储成员银行、美联储对联储成员银行行使豁免权。对储蓄协会，OCC对联邦储蓄协会、FDIC对州储蓄协会行使豁免权。

（三）授信概念的扩张

法案第614条将《1913年联邦储备法案》第22（h）条（规定了向内部人的贷款和相关利益）的“授信”扩大到源自衍生品交易、回购协议、逆回购协议、证券借贷交易的任何信用风险。

（四）对内部人交易的限制

法案第615条禁止投保存款机构与管理层、董事或主要股东或其相关利益人发生资产买卖行为，除非该交易以市场条款进行（on market terms）。若交易规模超过投保存款机构资本金或盈余的10%，该交易必须事先由大多数非利益相关的董事批准。法案授权美联储与OCC和FDIC协商制定该条款的实施细则。《1913年联邦储备法案》第22（d）条（禁止成员银行与其董事之间的证券或其他财产买卖）随之作废。

五、联邦和州贷款限制下的衍生品信用风险

（一）全国性银行贷款上限与衍生品及其他交易

法案第 610 条修改了全国性银行的贷款上限以包括衍生品交易、回购和逆回购协议以及证券借贷交易等产生的信用风险。“衍生品交易”被定义为包括任何全部或部分基于一种或几种商品、证券、货币、利率、指数或其他资产的价值、利益、数量衡（quantitive measures）或事件的合约、协议、互换、保证、票据或期权。

（二）州银行的衍生品交易

法案第 611 条修订了《联邦存款保险法案》，规定除非相关州银行法对贷款上限的规定考虑了衍生品交易带来的信用风险，投保州银行不得从事衍生品交易。

六、对证券控股公司的新监管框架

法案废除了《1934 年证券交易法》下设立的可选性的投资银行控股公司监管框架，取而代之以新的由美联储负责的证券控股公司监管框架。证券控股公司是指控制了一家或多家在 SEC 注册的经纪商—自营商的法人及其关联人①，但不包括由美联储监管的非银行金融机构、受联邦银行业监管机构并表监管的机构，以及受外国监管机构并表监管的机构。第 618 条规定，被外国监管机构要求进行并表监管的证券控股公司可以在美联储注册成为受监管的证券控股公司（supervised securities holding company）并由美联储监管。美联储将对受监管的证券控股公司制定资本充足率和其他风险管理标准，这些标准可以按个体或类别对受监管的证券控股公司进行区分。此外，美联储有权对受监管的证券控股公司及其关联公司（银行业子公司除外）进行检查，规定资料保存和报告制度等。

总体上，受监管的证券控股公司也受到《1956 年银行控股公司法》的管辖，包括该法第 3 条关于收购银行或银行控股公司 5% 以上带投票权股票时须获美联储事先批准的规定。但该法第 4 条对非银行业务和投资的限制则不适用。《联邦存款保险法案》第 8 条的一些规定也适用于受监管的

① 关联人（associated person）指直接或间接控制、被控制或共同控制一家证券控股公司的人。

证券控股公司和大多数非银行子公司，并将美联储视作这些机构的恰当联邦银行监管机构。

最后，废除了投资银行控股公司的规定，但并没有结束在 SEC 净资本规则下替代净资本处理（alternative net capital treatment）的资格，该资格继续适用于受监管的证券控股公司的大型经纪商—自营商子公司。

七、沃尔克规则

（一）沃尔克规则（The Volcker Rule）禁止的内容

法案第 619 条即是著名的“沃尔克规则”。该规则得名于该条款的提案人，前美联储主席保罗·沃尔克（Paul Volcker），核心是限制银行从事自营交易和拥有对冲基金或私募股权基金，从而更好地控制银行风险。在本质上，沃尔克规则与大萧条时期通过的《格拉斯—斯蒂格尔法案》类似，都是通过限制商业银行从事高风险业务以维护金融体系的稳定。沃尔克规则禁止“银行实体”（banking entity）从事“自营交易”（proprietary trading）或发起、收购并持有“对冲基金或私募股权基金”及其任何股份、合伙权益或其他所有者权益。对以上限制沃克尔规则规定了一些例外条款。同时，法案还明确规定银行实体或由美联储监管的非银行金融机构对贷款进行出售或证券化不受沃尔克规则限制。沃尔克规则将在法案颁布两年后生效，且还有两年的过渡期。期满后过渡期还可能继续延长。因此，其实施时间表和细则尚有一定的不确定性。

1. 定义

（1）“银行实体”：指任何投保存款机构、任何控制投保存款机构的公司，或任何在《1978 年国际银行法》下被视作银行控股公司（即在美国设有分支机构的外国银行或外国银行控股公司）的公司，以及这些实体的任何关联人或子公司。但不包括仅从事信托且符合《1956 年银行控股公司法》第 2（c）（2）（D）条下规定的“银行”定义对信托公司的若干豁免条件的机构。

（2）“对冲基金”或“私募股权基金”：指本应为投资公司，但根据《1940 年投资公司法》第 3（c）（1）条和第 3（c）（7）条可豁免注册为投资公司的实体，或恰当联邦银行监管机构、SEC 和 CFTC 根据法案规定认定的类似基金。沃尔克规则不适用于《1940 年投资公司法》下的非投资公司、豁免的实体或注册投资公司。虽然沃尔克规则下的基金定义较宽泛，但根据美国众议院金融服务委员会主席弗兰克（Barney Frank）的解释，沃尔克规则的目的在于“禁止银行投资传统的私募股权基金和对冲基金”，不在于禁止拥有或控制除对冲基金和私募股权基金以外的“用于持有其他投资的银行实体的子公司或合资公司”。

（3）“自营交易”：指在任何交易中以本人作为委托人为自己的交易账户买卖、获得或处置任何证券、衍生品、商品期货合约，任何有关该证券、衍生品或合约的期权，或任何有关联邦银行业监管机构、SEC 和 CFTC 有权根据法案以规则形式认定的其他证券或金融工具。

（4）“发起人”（sponsor）：基金的发起人指作为基金的普通合伙人、管理成员（managing member）或受托人，以任何方式选择或控制基金的大部分董事、受托人或管理层，或为拓展市场或促销等目的与基金共享相同或类似的名字（a variation of the same name）。

（5）“交易账户”（trading account）：指任何用来为短期内出售（或为从短期价格波动中获利而重售）而获得或对上述（3）中描述的工具建仓的账户，或任何恰当联邦银行业监管机构、SEC 或 CFTC 有权根据法案以规则形式认定的其他账户。

2. 对由美联储监管的非银行金融机构的资本金和数量限制

美联储和其他恰当监管机构必须对由美联储监管的非银行金融机构从事自营交易和发起或投资对冲基金或私募股权基金规定额外的资本金要求和额外的数量限制。美联储对银行实体“允许业务”（permitted activities）规定的额外资本金要求或数量限制同样适用于由美联储监管的非银行金融机构。

3. 对与对冲基金、私募股权基金关系的限制

如果某银行实体直接或间接地作为基金的管理人或投资顾问、发起人或受托人，或与善意提供的信托或投资顾问业务有关而设立基金（作为以下所谓“允许业务”），则银行实体及其关联人不得与该对冲基金或私募股权基金（或任何该基金控制的基金）进行任何《1913 年联邦储备法案》第 23A 条规定的“覆盖交易”（covered transaction）[①]。但该规则不禁止银行实体及其关联人与基金所投资企业的交易。同时，沃尔克规则要求与基

① 《1913 年联邦储备法案》第 23A 条的“覆盖交易”包括向关联企业提供的贷款或授信；购买关联企业资产或投资于关联企业证券；接受关联企业证券作为向第三方提供的贷款或授信的抵押；或代表关联企业出具担保、承兑或信用证。还包括与第三方的交易，如果交易所得被转移给或用于关联企业的话。

金发生上述关系的银行实体在交易中遵守《1913 年联邦储备法案》第 23B 条关于符合市场条款的要求，但关联人除外。总体上，法案是将与银行实体有以上关系的基金当做银行的关联人对待，适用《1913 年联邦储备法案》对银行与关联人交易的一系列限制。

美联储有权允许银行实体与基金发生“主经纪商”（prime broker）交易，如果与银行实体有以上关系的基金在该交易中有股份、合伙权益或所有者权益。条件是银行实体遵守了沃尔克规则有关组织和提供对冲基金和私募股权基金的规定，银行实体的 CEO 每年度以书面形式证明该银行实体没有担保、承担或保证其投资的对冲基金或私募股权基金的债务或业绩，且美联储认为该交易与该银行实体的安全、稳健运营相一致。主经纪商交易必须符合《1913 年联邦储备法案》第 23B 条的市场条款要求，即将基金当做银行实体的关联人看待。恰当银行监管机构、SEC 和 CFTC 须就由美联储监管的非银行金融机构与有关基金交易的资本金要求和其他限制制定规则。

（二）沃尔克规则允许的例外

1. 允许业务（Permitted Activities）

以下业务为沃尔克规则下豁免的“允许业务”，并受恰当联邦银行业监管机构、SEC 和 CFTC 的具体规制：

（1）投资美国政府及其机构的债务；政府全国抵押贷款协会（Government National Mortgage Association）、房利美、房地美、联邦住房贷款银行（Federal Home Loan Bank）、联邦农业抵押贷款公司（Federal Agricultural Mortgage Corporation）或由《1971 年农场信贷法案》（Farm Credit Act of 1971）管辖的农场信贷体系机构的债务、参股（participations）或其他工具；以及州或其分支机构债务。

（2）承销或做市业务，如果该业务被设计成不超出客户或对手方近期合理的需求。

（3）与银行实体的个别或总体仓位、合约或其他持仓有关的风险对冲业务，目的在于对冲具体风险。

（4）代客买卖、获得或处置证券或其他金融工具。

（5）对小企业投资公司的投资和允许全国性银行从事的以促进公共福利为主的投资。

（6）直接从事保险业务的受监管保险公司为公司一般账户进行的交易，以及其关联人仅为受监管保险公司一般账户进行的交易；该交易必须符合有关州保险公司投资条例的规定且该等条例未被认为不充分。

（7）组织和募集对冲基金或私募股权基金，包括作为普通合伙人、管理成员或受托人并任命或控制基金的大部分董事、受托人或管理层，但必须满足下列条件：

（A）银行实体提供善意的信托（trust）、受托人（fiduciary）或投资管理服务；

（B）基金仅为提供以上服务而组织和募集，并仅向银行实体以上服务的客户提供；

（C）银行实体除允许的最低投资外，未获得或持有基金的任何股份或所有者权益；

（D）银行实体遵守了沃尔克规则关于限制与银行实体发起、管理、顾问或组织并募集的对冲基金或私募股权基金的交易的规定；

（E）银行实体没有直接或间接地担保、继承（assume）或保证基金（包括基金投资的其他对冲基金或私募股权基金）的债务或业绩；

（F）银行实体与基金为了公司、营销或其他目的没有使用相同的或类似的名字；

（G）除直接向基金提供投资顾问或其他服务的董事或雇员外，银行实体的董事或雇员在基金中不拥有股份或权益；

（H）银行实体向基金的投资者和潜在投资者书面披露，基金的损失由投资者、而不是银行实体承担；以及

（I）银行实体遵守了恰当联邦银行监管机构、SEC 或 CFTC 制定的确保基金损失由投资者承担的规则。

（8）外国银行实体根据《1956 年银行控股公司法》第 4（c）（9）条或第（13）条仅在美国境外从事的自营交易。

（9）外国银行实体根据《1956 年银行控股公司法》第 4（c）（9）条或第（13）条仅在美国境外进行的收购或持有对冲基金或私募股权基金的任何股份、合伙权益或其他所有者权益，或发起这些基金，前提是不得向美国居民出售基金的所有者权益。

（10）恰当联邦银行监管机构、SEC 和 CFTC 以条例形式确定的、有利于促进和保护银行实体安全、稳健和美国金融稳定的其他业务。

2. 对允许业务的限定

以下交易或业务不属于“允许业务”：

（1）将涉及或导致银行实体和其客户、顾客或对手方之间“重大利益

冲突”（material conflict of interest，将由有关监管机构具体定义）；

（2）将直接或间接导致银行实体对“高风险资产”（high-risk assets）或“高风险交易策略”（high-risk trading strategies）的重大风险敞口（具体由有关监管机构定义）；

（3）将对银行实体的安全、稳健运行构成威胁；

（4）将对美国金融稳定构成威胁。

恰当联邦银行监管机构、SEC 和 CFTC 必须制定具体规则落实以上限定。

3. 对基金的最低投资（de minimis investment）

为设立基金并向其提供充足的初始资本以吸引非关联的投资者，或为了对基金进行最低投资，银行实体可以投资于并持有在对冲基金或私募股权基金的权益。但是，以上投资受下列限制：

银行实体必须积极寻求非关联投资者以减少或稀释其初始投资到最低投资范围。在基金设立 1 年内，银行实体对基金的投资必须通过赎回、出售或稀释减少到基金总所有者权益的 3% 以内；同时，银行实体对基金的投资必须对银行实体不具有重要性（immaterial，将由有关监管机构具体定义），但在任何情况下银行实体对所有这些基金的投资不得超过其一级资本的 3% 。

以上 1 年时限必要时可以再延长 2 年，前提是美联储认为符合安全、稳健和公共利益的要求。银行实体在执行适用于允许业务的额外资本要求时须从其资产和有形资本中减去这些投资总额。

4. 对允许业务的额外资本和数量限制

恰当联邦银行监管机构、SEC 和 CFTC 须进一步制定有关允许业务的额外资本和数量限制（包括分散化要求），如果以上监管机构认为这些额外要求对保护从事这些业务的银行实体的安全稳健是恰当的。

（三）法案要求的研究和规则制定（rulemaking）

法案第 619 条要求 FSOC 在法案颁布 6 个月内完成落实沃尔克规则的研究并提出落实建议，并列举了一系列目标作为研究的指导，包括促进和改善银行实体的安全、稳健，保护纳税人和消费者并通过尽量降低投保存款机构及其关联人的风险以促进金融稳定，限制受益于联邦存款保险和联邦流动性支持工具的机构向不受监管的机构转移联邦补贴，减少金融机构与客户的利益冲突，限制已经或可能对金融机构造成过度风险或损失的业务，由保险公司恰当从事保险业务并遵守有关保险投资法律，同时保护与保险公司关联的银行实体及美国金融体系的安全、稳健，以及剥离有关沃尔克规则禁止且不易变现资产的恰当时机。

在以上研究完成 9 个月内，恰当联邦银行监管机构、SEC 和 CFTC 须在考虑以上研究成果后，制定落实沃尔克规则的具体规则。为确保与沃尔克规则的一致，有关监管机构还须制定监管对象内部控制和资料保存的要求。在规则制定过程中，有关监管机构必须互相协商、协调以保证规则的一致性。财政部部长作为 FSOC 主席负有协调监管之责。美联储须在法案颁布 6 个月内制定规则以落实与沃尔克规则不一致的投资和业务的剥离规定。具体规则的制定主体如下：

投保存款机构的剥离规则由恰当联邦银行监管机构联合制定；

控制投保存款机构的公司、被视作银行控股公司的外国银行组织及其控股公司、由美联储监管的非银行金融机构，以及前述机构的子公司（投保存款机构、以 SEC 或 CFTC 为主要监管机构的实体除外）的剥离规则由美联储制定；

以 SEC 为主监管机构的实体的剥离规则由 SEC 制定；

以 CFTC 为主监管机构的实体的剥离规则由 CFTC 制定。

（四）合规期

1. 一般规定

沃尔克规则将在以下日期的较早一个生效：法案规定的具体规则颁布 12 个月后，或法案颁布 2 年后。银行实体或由美联储监管的非银行金融机构须在沃尔克规则生效（或一家公司被认定为由美联储监管的非银行金融机构）2 年内使其业务和投资符合沃尔克规则的规定。在符合沃尔克规则宗旨并对公共利益不构成损害的情况下，美联储有权将以上合规期再延长三个 1 年期。

2. 缺乏流动性基金（illiquid funds）的延期

如基金缺乏流动性，银行实体可向美联储申请最长 5 年的延期以保持所有者权益或根据 2010 年 5 月 1 日时有效的合同向基金继续提供资本。缺乏流动性的基金的定义为（1）至 2010 年 5 月 1 日，主要投资于或按合同约定承诺投资于缺乏流动性的资产，比如被投资企业（portfolio companies），房地产投资和创业投资（venture capital investments）；以及（2）按照以缺乏流动性资产为主的投资策略进行的全部投资。在作出决定时，美联储须考虑基金投资的主要条款，包括合同约定和基金剥离相关资产的能力和其他相关因素。

（五）其他规定

1. 反逃逸（anti – evasion）规定

如认为某项业务或投资是为了逃避沃尔克规则的监管（包括滥用某项允许业务），恰当联邦银行监管机构、SEC 或 CFTC 在满足告知和听证机会等程序要求后，有权要求被监管对象停止某项业务或剥离某项投资。

2. 沃尔克规则的优先性

法案第 619（g）条规定，在沃尔克规则与其他法律规定出现冲突的情况下，沃尔克规则优先适用。例如，即使《1956 年银行控股公司法》第 4（c）（6）条允许银行控股公司投资于任何企业不超过 5% 的股份，但按照沃尔克规则，该银行控股公司不得投资对冲或私募股权基金。

3. 对银行业务及其风险的研究

法案第 620 条要求美联储、FDIC 和 OCC 在法案颁布 18 个月后联合对联邦或州法律下银行实体允许从事的业务作出报告，包括命令、解释或指引授权的业务。报告须考虑允许的业务或投资的类型，与之联系的财务、运营、管理或名誉风险以及采取的任何风险管理措施。在报告完成 2 个月内，该报告应向 FSOC 和国会银行委员会提交。报告须包括对有关业务或投资对银行实体或美国金融体系安全稳健造成的负面影响，该业务或投资对银行实体的适宜性，以及应对有关安全稳健风险的额外限制。

4. GAO 对自营交易的研究

法案第 989 条授权 GAO 对投保存款机构及其关联人、银行控股公司和金融控股公司及其子公司，以及总审计长认定的其他机构从事的自营交易产生的风险和利益冲突进行研究。这里的“自营交易”指为自己的账户进行的对证券、商品、衍生品、对冲基金、私募股权基金或其他总审计长认定的金融产品或实体进行的投资。该研究应包括对以下事项的评估：（1）自营交易是否对美国金融体系的稳定构成重大系统性风险；（2）自营交易是否对这些实体的安全、稳健构成重大风险；（3）自营交易是否在这些实体和它们的客户（交易客户或资产管理客户）之间构成重大利益冲突；（4）是否就这些风险和利益冲突向这些实体的客户和投资者进行了充分披露；（5）从事自营交易的实体的金融监管机构是否建立了监测和遏制这些风险和利益冲突的体系和控制。在开展研究过程中，总审计长须考虑完全禁止自营交易或要求额外资本金的利弊，对上述机构经营范围的限制，关联人之间交易的更严格限制，会计和信息披露的更高要求，以及总审计长认为恰当的其他要素。

为顺利开展该项研究，总审计长有权获得从事自营交易的有关机构的任何信息，包括任何记录、数据、文件、电子通信或财产，以及有权直接约见该机构的高管、雇员、董事、独立公共会计师、财务顾问、职员以及其他代理人和代表。总审计长一般必须对所获信息保密，但可在不提供过多细节（包括投资仓位或策略）的情况下进行披露。但总审计长有权为官方用途将该信息提供给其他联邦政府机构、官员，或法院。在法案颁布15个月后，GAO须向国会提交研究报告。

八、对《储贷控股公司法》的修订

（一）设立中间控股公司的要求

法案第626条修订了《储贷控股公司法》，授权美联储要求被允许继续存在（grandfathered）的只控股一家储贷机构的、从事非金融业务的"单位SLHC"[①]（unitary SLHC）设立中间控股公司开展全部或部分SLHC的金融业务[②]。美联储可在移交日90天内或更长的时间里要求这一行动。如果美联储认为对监管SLHC的金融业务或确保美联储监管不延伸到SLHC的商业业务有必要，美联储必须命令被允许继续存在的"单位SLHC"设立中间控股公司。

根据法案第604（i）条，如美联储要求SLHC设立中间控股公司，其母公司不再仅因为其对中间控股公司的控制而被当做SLHC。但它被要求作为中间控股公司的"力量源泉"。美联储还有权从控股公司及有关高管或董事处获得报告并对其进行检查，包括评估控股公司作为中间控股公司"力量源泉"的能力并监督其合规情况。美联储在《联邦存款保险法案》下对控股公司拥有合规执行权。

美联储必须规定"单位SLHC"设立中间控股公司的标准。它还有权规定对中间控股公司（或其子公司）与其母公司（或其关联人）之间交易的限制，以防范风险。这些监管措施不得限制非关联方对资产、货物或服务的善意收购或租赁。

在众议院对法案的讨论中，金融服务委员会主席弗兰克曾指出，以上

① 被允许继续存在的"单位SLHC"指在1999年5月4日作为SLHC存在的公司并继续满足《储贷控股公司法》的要求以保存非金融业务。

② "金融业务"为《1956年银行控股公司法》第4（k）条下允许金融控股公司从事的业务，或《储贷控股公司法》下允许SLHC（"单位SLHC"除外）从事的业务。

对《储贷控股公司法》的修订应被理解为与法案第一章关于系统重要性非银行金融机构的中间控股公司的规定相一致，即根据法案第 604 条设立的中间控股公司既是 SLHC，又是为了落实对法案第一章规定的对系统重要性金融业务的更严格监管。

（二）某些信托机构从 SLHC 中的排除

法案第 604（i）条从 SLHC 的定义中排除了仅以信托或委托的身份控制一家储蓄协会的公司，与《1956 年银行控股公司法》第 2（c）(2)(D)条规定的对信托在“银行”定义中的豁免相一致。

（三）合格储蓄贷款人（qualified thrift lender）

法案第 624 条修改了对不符合《住房所有者贷款法案》下“合格储蓄贷款人”定义的储蓄协会的一些限制。该协会不再被要求转变为银行，但适用对全国性银行的业务和设立分支机构的限制。此外在发放红利方面，除非允许全国性银行发放该红利、是履行母公司义务所必需，且得到了 OCC 和美联储的批准，否则该储贷机构不得发放红利。

（四）互助社控股公司（mutual holding companies）红利

法案第 625 条规定互助社控股公司的储蓄协会子公司在宣布派发红利前，须提前 30 天通知美联储及恰当联邦银行监管机构。同时，互助社控股公司也可以提前 30 天通知美联储其放弃接受红利的决定。在满足以下条件的情况下，美联储不得反对该弃权要求：弃权对储蓄协会子公司的安全稳健没有不利影响，控股公司董事会认为该弃权与其对互助成员的信托责任相一致，同时控股公司也满足其他一些条件。恰当联邦银行监管机构在决定从储蓄协会向股份公司转换时的换股比例时须考虑放弃的红利。

九、取消对存款类机构业务的若干联邦限制

法案撤销了以下几项对存款类机构业务的限制：一是取消了对投保存款机构不能向活期存款账户支付利息的限制；二是修订了《1956 年银行控股公司法》的“银行”定义，使其包括“信用卡银行”（credit card bank），允许信用卡银行向小企业发放信用卡贷款；三是授权全国性银行和州银行在任何州设立分支机构，如果该州允许持本州牌照的银行设立同样的分支机构。

第四章
证券业监管改革

法案第四章、第九章对美国的证券监管和投资者保护制度做出了一系列改革。以下逐一介绍。

第一节　对《1933 年证券法》和《1934 年证券交易法》的改革

一、对“D 条例”的修订

《1933 年证券法》规定所有供出售的证券必须注册或获得 SEC 豁免。“D 条例”规定了豁免注册的三个规则。其中，“506 规则”（Rule 506）规定，证券的特定私募发行和出售免于注册。《1933 年证券法》第 18（b）条还规定，“506 规则”下发行的证券也属于州证券法豁免的对象。法案第 926 条要求 SEC 于法案颁布一年内制定有关规则禁止所谓“坏人”（bad actors）享有“506 规则”的豁免（并进而不再享有州证券法的豁免）。谁是“坏人”？法案第 926 条包括了与《1933 年证券法》下“262 规则”规定的取消豁免资格基本相似的规定，同时规定以下人士不得从事证券发行或销售：

（1）有关州和联邦金融监管机构发布终局命令（final order），禁止该人士与受监管的实体相关联，从事证券、保险或银行业，或从事储蓄协会或信用社业务；或在向 SEC 提交与该证券发行或销售有关的“D 表格”（Form D）之日前 10 年内，该人士因违反有关反欺诈和反操纵法规而受到终局命令的制裁；

（2）该人士被判决犯有与证券买卖有关或与提交虚假材料有关的罪行（felony）或轻罪（misdemeanor）。

二、对合格投资者标准的修订

按目前《1933 年证券法》下“215 规则”和“501（a）规则”的定义，“合格投资者”（accredited investor）包括过去两年连续年收入超过 20 万美元的自然人，超过 30 万美元的夫妻，且在当年有着维持同等水平收入的合理预期，或净资产超过 100 万美元的个人或夫妻。法案第四章第 413 条规定，SEC 在计算以上净资产标准时，要将主要住宅（primary residence）的价值排除在外，并规定 SEC 有权调整净资产标准至 100 万美元以上。同时规定，法案颁布后的 4 年内该净资产标准仍为 100 万美元（不包括主要住宅的价值）。该规定的目的无疑是要提高“合格投资者”的认定标准以更好地保护普通投资者。在法案生效后，SEC 须尽快研究并调整对自然人“合格投资者”的定义。在法案颁布 4 年内，以及此后至少每 4 年 1 次，SEC 必须对“215 规则”中的“合格投资者”的定义进行研究，并从保护投资者和公共利益的角度，结合经济形势，对该定义进行修订和调整。但法案并未要求对“501（a）规则”下的“合格投资者”的定义进行研究和调整。

此外，法案第 415 条要求 GAO 对“合格投资者”标准以及投资私募基金的资格进行审查并在法案颁布 3 年内向国会银行委员会报告。该报告将直接对法案颁布 4 年后是否对“合格投资者”标准作出调整这一问题产生重要影响。

三、对零售投资者的披露要求

法案第 919 条对《1934 年证券交易法》第 15 条作出了修订，授权 SEC 规定经纪商—自营商在零售投资者购买投资产品或服务前必须向其提供的文件和信息。SEC 须从促进投资者保护、改善效率、竞争和资本形成的角度制定这些规则。SEC 要求的信息披露必须以简要形式提供，内容包括投资目标、策略、成本和风险，经纪商和其他中介收取的报酬以及其他财务激励等。

四、对自律组织规则的修订

法案第 916 条对《1934 年证券交易法》第 19（b）条进行了修订，以期达成对建议的自律组织（SRO）规则的变化进行及时的研究和执行。按此规定，当自律组织提出规则修改建议后，SEC 须在 45 天内（可由 SEC

再延长45天）作出批准、不批准的决定，或启动研究是否不予批准的程序。若SEC不批准SRO的建议，它必须为SRO提供书面通知并在180天内进行听证。在书面通知发布的180天内（可再延长60天），SEC必须作出是否批准的最终决定。若SEC未在上述时限内采取行动，则有关SRO规则变动将被视作得到了SEC的批准并自动生效。特定SRO规则的修订，包括有关收费规则的修订，则在向SEC备案之日起生效。

SEC应在和SRO协商后，在不迟于法案颁布后180天内制定法案第916条要求的程序规则。

五、证券借贷和卖空

（一）证券借贷

法案第984条要求SEC在法案颁布两年内制定相关规则以增加证券借贷的信息透明度。该条款同时修订了《1934年证券交易法》第10条，禁止任何人直接或间接地参与任何违反SEC新制定的有关证券借贷透明度的规则及其他相关规则的证券借贷交易。

（二）卖空

法案第929X条修订了《1934年证券交易法》第9条，禁止任何人从事操纵性卖空；并修订了《1934年证券交易法》第15条，要求注册经纪商—自营商通知其客户有权不允许其已完全支付的证券被用做卖空。此外，法案第929X条还修订了《1934年证券交易法》第13（f）条（规定管理价值1亿美元或以上注册发行股票的机构投资管理人按季度通过“13F表格”披露其持股信息），扩大其信息披露范围至证券卖空，包括发行人身份以及每一证券的卖空总数，且该披露必须至少每月一次。

法案第416条、第417条要求对卖空进行以下研究：

1. 由SEC的风险、策略和金融创新部（Division of Risk, Strategy, and Financial Innovation）对以下事项进行研究：全国性证券交易所和场外市场卖空现状、近期SEC规则变化的影响，以及被卖空股票交割失败率和交易后第四天交割的失败率（该研究要在法案颁布两年内向国会银行委员会报告）；

2. 由SEC的风险、策略和金融创新部对以下事项的可行性和成本收益进行分析并在法案颁布1年内向国会银行委员会报告：（1）对公开发行股票的卖空仓位进行实时的公开披露（或仅向SEC和FINRA披露）；（2）开展试点，让上市公司同意将其股票的所有交易标注为“空头”（short）、

“做市商卖空”（market maker short）、“买入”（buy）、“做市买入（buy-to-cover）”、“多头”（long）并实时披露。

六、关于“冲突矿产”的披露

法案第 1502 条为《1934 年证券交易法》增加了第 13（p）条，要求 SEC 在法案颁布 270 天内制定规则，规定对由国务卿认定为资助刚果民主共和国（the Democratic Republic of Congo）冲突的铌、钽铁矿、锡矿、黄金、黑钨矿以及这些矿产的衍生品（合称为“冲突矿产”（Conflict Minerals））进行披露，因为“冲突矿产”的使用和贸易恶化了刚果的紧急人道主义危机。这些新的披露要求不但适用于实际使用“冲突矿产”的公司，还适用于所有在运营和生产中使用了所列举矿产的 SEC 呈报公司（包括外国私募发行人）。

具体的披露要求为：有关公司每年披露公司运营或生产所需的“冲突矿产”是否源于刚果或其邻国。若是，该公司必须向 SEC 报告其为确定有关矿产原产地和“保管链条”（chain of custody）所采取的措施（包括按相关规定对该报告进行的独立审计）。报告还须说明与刚果冲突有关的产品（即直接或间接地资助或支持刚果或其邻国的武装团体）、对报告进行独立审计的机构、加工“冲突矿产”的设施、“冲突矿产”的原产地，以及为确认原产地而采取的措施。该报告必须在公司网站上公布。若 SEC 认为以上审计或尽职调查不可靠，则该报告将被视作未达到披露要求。

法案第 1502 条还要求美国国务卿提交若干报告并采取若干行动。在法案颁布 180 天内，美国国务院在与美国国际发展署（the United States Agency for International Development）协商后须向国会提交报告，针对侵犯人权、武装团体、“冲突矿产”开采和商业产品之间的联系提出应对方案。同时，国务院须绘制并公开展示显示矿产资源丰富地区、贸易路线和武装团体控制区的“冲突矿产”地图，并在披露规则生效期内每 180 天定期更新。

此外，GAO 须就刚果和邻国性暴力和与性别有关的暴力发生的频率向国会提交年度报告，并在法案颁布 2 年内向国会报告第 1502 条对促进冲突区域和平与安全的有效性，SEC 在执行有关披露规则中遇到的问题，以及非 SEC 呈报公司使用“冲突矿产”的情况是否公开可获得的情况。美国商务部（Commerce Department）在法案颁布 30 个月内以及此后的每年度须向国会报告与“冲突矿产”有关的独立审计和尽职调查的准确性，并列明世界上已知的全部“冲突矿产”加工设施。

若总统基于国家安全的考虑决定在不超过两年的时限内暂时豁免以上披露，SEC必须执行。在法案颁布5年后，若总统认定武装团体不再卷入“冲突矿产”的商业活动并从中获益，并就此向国会作证，以上关于“冲突矿产”的披露规则即终止执行。

七、关于矿产安全性的披露

法案第1503条规定，运营（或其子公司运营）煤矿或其他矿场的SEC呈报公司（SEC reporting companies）（包括外国私募发行人（foreign private issuer）），在其向SEC备案的年度或季度报告中披露其每一矿场的安全记录以及联邦矿场安全与健康审查委员会（Federal Mine Safety and Health Review Commission）对各矿场采取的有关行政调查和执法行为。矿场的任何停业或违规也必须在“8－K表格”上随时披露。违反以上规定将被视作对《1934年证券交易法》的违反并受到SEC管辖。法案授权SEC制定相关规则以执行本条规定。

八、关于资源开发类发行人的有关披露

法案第1504条为《1934年证券交易法》增加了一条新内容，即第13（q）条，授权SEC在法案颁布270天内颁布规则以要求从事石油、天然气、矿产开发的SEC呈报公司（包括外国私募发行人）在其年度报告中披露该发行人或其控制的实体为资源商业开发的目的向美国政府或外国政府支付的全部金额（包括税金、开采权费和其他费用）。新规定要求相关披露以互动或数据的形式提供，按六个特定种类进行电子标记，并将以汇编形式编写的资料登载在互联网上向公众公开。

第二节　对投资顾问的监管

对投资顾问监管的改革主要集中在以下几个方面：对私募基金管理人的注册要求、投资顾问更严格的报告义务，以及一些其他修订。

一、投资顾问的注册

法案第四章名为《2010年私募基金投资顾问注册法案》（Private Fund Investment Advisers Registration Act of 2010）。该章对《1940年投资顾问法》做了以下几个方面的重要修改：

（1）撤销了第203（b）（3）条对“私募顾问”（private adviser）注册要求的豁免；

（2）修改第203（b）（1）条，使得管理私募基金的州内投资顾问（intra-state adviser）不再享有州内投资顾问的注册豁免；

（3）将此前SEC对外国投资顾问在美国的有限存在的雇员指导意见（staff guidance）加上额外限制后法规化；

（4）为在CFTC注册为商品交易顾问（commodity trading adviser）并为私募基金提供投资顾问服务的投资顾问设立新的豁免（但不适用于“主要”（predominately）从事与证券有关的投资顾问）；

（5）为只为小企业投资公司（small business investment companies）及其特定子公司提供服务的投资顾问设立了豁免；

（6）为风险投资基金的投资顾问设立了豁免；

（7）为在美国境内管理资产小于1.5亿美元的私募基金的投资顾问设立豁免；

（8）为特定家庭办公室（family offices）设立了豁免；

（9）将对所谓“中型”基金的投资顾问（管理资产在2 500万美元和1亿美元之间[①]）的监管权转移给州，规定若这些投资顾问已在州注册，则不必在SEC注册。

法案第四章同时对与私募基金系统风险有关的数据搜集作出了规定，增加了新的报告、检查和披露要求，并规定了SEC对私募基金投资顾问的客户资产托管业务进行监管。

（一）私募基金投资顾问[②]的注册

为解决对私募基金[③]投资顾问监管的缺失，法案对《1940年投资顾问

① 或其他SEC通过规则设立的更高限额。

② 根据原《1940年投资顾问法》第203（b）(3）条，私募基金投资顾问若满足以下条件可以免于注册：（1）在此前12个月内客户数少于15个；（2）不公开将自己描述成投资顾问；（3）不为任何注册投资公司或商业发展公司（business development company）提供投资顾问服务。一直以来，一个私募基金被视作一个客户。SEC曾于2004年发布规则，要求按照基金的实际投资者计算客户数，但后来被法院在行使司法审查权时否决（Goldstein v. SEC, 451 F.3d 873（D.C. Cir. 2006））。

③ 私募基金是指根据《1940年投资公司法》下“投资公司”定义两个例外之一组织的基金，从而免于注册。这两个例外为第3（c）（1）条关于不超过100个受益所有人的例外；第3（c）（7）条关于“合格购买人”（qualified purchaser）的例外。同时在两种情况下都不得公开销售基金份额。

法》作出了一系列修改。首先，法案为《1940年投资顾问法》增加了新的第202（a）（29）条，将“私募基金”定义为任何符合《1940年投资公司法》第3（c）（1）条和第3（c）（7）条豁免条件的发行人。该定义因此涵盖了一般所称的对冲基金、私募股权基金、风险投资基金以及其他私募投资工具。

法案第403（2）条完全撤销了《1940年投资顾问法》第203（b）（3）条对私募基金投资顾问的豁免。今后任何投资顾问，即使那些只有一个或几个客户（包括不为私募基金提供服务的顾问），且不公开将自己描述为投资顾问的人，也必须进行注册①。

一旦在SEC注册，私募基金投资顾问将受到《1940年投资顾问法》对注册投资顾问一般性要求的管辖，包括建立合规政策和程序、资料保存和记录，以及在SEC进行公开备案（如“ADV表格”（Form ADV）规定的对投资顾问组合管理的操作、利益冲突和收费等的披露）的规定。他们还将接受SEC的定期检查以及关于投资顾问协议、收费、客户资料披露和托管等多方面实质性规定的管辖。此外私募基金投资顾问还受到针对私募基金的新的信息和报告规定的管辖。

（二）对州内顾问豁免范围的缩小

按《1940年投资顾问法》第203（b)(1）条的规定，满足以下两个条件的投资顾问免于注册：（1）全部客户为与投资顾问的主要营业地所在州一样的本州居民；（2）不提供与在任何全国性证券交易所挂牌或交易的证券有关的顾问服务。法案第403（1）条规定，任何其客户中有私募基金的投资顾问不再享有这一豁免。

（三）对“外国私募顾问”（foreign private advisers）的豁免

法案第403（2）条用“外国私募顾问”② 的豁免代替了《1940年投资顾问法》中关于私募基金管理人的豁免。该规定将此前SEC的雇员指导意见和“203（b）（3）-1（b）（5）规则”变成了法律，同时保留了14个客户的客户数量限制，但明确规定，私募基金在美国的投资者也计入客户数量。此外，还规定了管理资产的最高限额为2 500万美

---

① 除非符合其他豁免条件。

② “外国私募顾问”由《1940年投资顾问法》第202（a）（30）条定义为满足以下条件的投资顾问：（1）在美国没有营业地；（2）服务的客户和私募基金投资者总数少于15人；（3）管理美国客户和私募基金投资者资产总额少于2 500万美元（或其他SEC规定的更高限额）；（4）既不公开描述自己为投资顾问，也不为任何注册投资公司和商业发展公司提供服务。

元（美国境内的客户和私募基金投资者）。以上要求将使得大量外国管理人必须向 SEC 注册。

（四）对特定注册商品交易顾问的豁免

法案第 403（4）条规定，在 CFTC 注册的商品交易顾问免于向 SEC 注册，但同时规定，如果在法案颁布后，该顾问的业务变为“主要”提供与证券有关的服务，则该顾问仍需向 SEC 注册。

（五）对小企业投资公司顾问的豁免

法案第 403（5）条规定，只服务于特定小企业投资公司及其特定附属企业（商业发展公司除外）的投资顾问免于向 SEC 注册。

（六）对风险投资基金顾问的豁免

法案第 407 条规定，只服务于一个或数个“风险投资基金”（由 SEC 定义）的投资顾问免于向 SEC 注册。但该顾问仍须按 SEC 从公共利益和投资者保护出发制定的要求保存记录并提供报告。

（七）管理资产小于 1.5 亿美元的私募基金管理人的豁免

法案第 408 条规定，只服务于私募基金且在美国的管理资产少于 1.5 亿美元的投资管理人免于注册。同样，该顾问仍需按 SEC 要求保存记录和提供报告。

法案原参院版本仅规定了对冲基金管理人的注册要求，对私募股权基金和风险投资基金不论其管理资产的大小都予以豁免。最终生效的法案则采纳了更严格的规定，将各种私募基金同等对待。

（八）中型私募基金管理人的注册和检查

法案第 408 条规定 SEC 根据《1940 年投资顾问法》第 203 条在制定关于“中型”私募基金管理人规则时考虑基金的大小、治理结构和投资策略以决定其是否构成系统性风险，并根据其构成系统风险的程度对其作出注册和检查规定。法案没有对“中型”私募基金进行定义，也不清楚该“中型”是否对应于第 408 条规定的 1.5 亿美元的门槛或第 410 条规定的 1 亿美元门槛。

（九）家庭办公室的豁免

法案第 409 条对《1940 年投资顾问法》第 202（a）（11）条的“投资顾问”定义增加了“家庭办公室”的例外。SEC 将对“家庭办公室”作出具体定义，且该定义必须（1）与法案生效前 SEC 对家庭办公室进行豁免的政策相一致；（2）充分考虑家庭办公室的不同组织、管理和雇佣结构和安排。

（十）中型投资顾问

根据《1940 年投资顾问法》第 203A(a)(1)条，管理资产至少2 500万美元以上或管理注册投资公司的投资顾问须向 SEC 注册、受 SEC 条例管辖。SEC 有权通过规则上调该门槛，并通过颁布“203A－1(a)条规则”将门槛提高到了 3 000 万美元。法案第 410 条在《1940 年投资顾问法》第 203A 条中增加了关于“中型投资顾问”的规定：

中型投资顾问为满足以下条件的投资顾问：（1）在其主要办公地点和营业地点所在州必须注册为投资顾问；（2）一旦注册将受到州监管当局的监管；（3）管理资产在《1940 年投资顾问法》第 203A（a)(1）条规定的门槛（目前为 3 000 万美元）和 1 亿美元（或 SEC 规定的更高数额）之间。

该中型投资顾问只有在满足以下两个条件之一的情况下才需向 SEC 注册：（1）该顾问服务于注册投资公司或商业发展公司，或（2）若不向 SEC 注册，该顾问须向 15 个州或更多的州注册。

二、对投资顾问的信息披露与报告要求

（一）新的信息与报告要求

法案第 404 条对私募基金投资顾问规定了有关信息真实性、报告和披露的强制性要求。该条款修订了《1940 年投资顾问法》第 204 条，要求私募基金投资顾问保持特定记录和报告并接受 SEC 的检查，同时授权 SEC 根据公共利益或 FSOC 评估系统性风险的需要，要求私募基金投资顾问保留并向 SEC 或 FSOC 提交由其管理的私募基金的资料。第 204 条同时授权 SEC 可以要求私募基金投资顾问提交额外报告，并规定了私募基金投资顾问保留私募基金资料的期限。

私募基金投资顾问必须保留的资料具体包括以下内容：

1. 管理资产的数额，持有资产的类型，交易和投资的仓位；
2. 杠杆的使用（包括表外的杠杆）；
3. 对手方信用风险敞口；
4. 估值政策和实践；
5. 任何使特定投资者获得更优惠条款的附函（side letter）和其他安排；
6. 交易实践；
7. 其他 SEC 经与 FSOC 协商后认为对公共利益和投资者保护，或对系

统性风险评估必要和适当的其他信息。SEC 可以根据私募基金的类型和规模的不同对私募投资顾问提出不同的报告要求。

《1940 年投资顾问法》中新增加的第 204（b）条还要求 SEC 对注册投资顾问按照 SEC 的规定保存的私募基金记录进行定期检查，并授权 SEC 基于公众利益或系统性风险评估的需要，不定期地对以上记录进行特别检查。

（二）信息共享和保密

由法案第 404 条修订的《1940 年投资顾问法》第 204（b）条同时规定，SEC 必须与 FSOC 共享信息，按照 FSOC 评估系统性风险的要求向其提供由私募基金投资顾问提交的全部报告、文件、记录和信息。

法案对私募基金的信息规定了严格的保密要求。FSOC 必须按 SEC 同样的标准对以上信息保密。SEC 除下述情况外，一般情况下均须对以上信息保密（即不得被强制要求披露）：在与国会达成保密协议后按国会的要求披露，或者按照联邦机构或 SRO 在其各自职权范围内的要求披露，或在联邦政府或 SEC 所提起的诉讼中按照法院命令进行披露。获得以上信息的联邦机构和 SRO 也应遵守保密要求，国会也必须签署保密协定。此外，提交给 SEC、FSOC 以及任何其他联邦部门、机构或 SRO 的以上信息均豁免于《信息自由法案》（Freedom of Information Act，FOIA）对政府信息公开的要求。新增加的第 204（b）条还对特定专有信息（proprietary information）提供了额外保护，这些专有信息包括投资和交易策略、分析和研究方法、交易数据、包含知识产权的计算机软件和硬件，以及任何被 SEC 认定的专有信息。以上专有信息与在 SEC 检查中获得的监管信息一样受到《1940 年投资顾问法》第 210（b）条不得公开披露规定的严格保护。

此外，法案第 919I 条为《1940 年投资顾问法》第 210 条增设了（d）款，规定 SEC 在进行监测、风险评估或采取其他监管行动中获得的记录和信息不得被强制披露（包括以这些记录和信息为基础的衍生信息），但以上国会、联邦机构和法院命令要求披露的除外。

（三）国会报告

法案第 404 条规定，SEC 必须每年度向国会报告其使用本条规定的信息来监测市场以保护投资者和市场健全的情况。

三、其他适用于投资顾问的修订、规则制定和研究

（一）扩大了 SEC 的规则制定权

法案第四章第 406 条修订了《1940 年投资顾问法》中的第 211(a)条，授权 SEC 制定必要与恰当的规则以履行其职权，特别是允许 SEC 对《1940 年投资顾问法》中涉及的技术、交易和其他术语进行界定。但 SEC 不得在与反欺诈有关的“客户”定义中包含投资于私募基金的投资者。① 这一规定与现有的法律相一致，即对一般投资者的保护高于对合格投资者的保护。

法案第 406 条还要求，SEC 和 CFTC 在与 FSOC 协商后，在法案颁布后的 12 个月内，共同规定在这两个监管机构同时注册的投资顾问依据《1940 年投资顾问法》第 204(b)条的要求向 SEC 和 CFTC 提交报告的格式和内容。②

（二）托管规则（Custody Rules）

法案第四章第 411 条为《1940 年投资顾问法》增加了关于客户资产托管的第 223 条，授权 SEC 制定规则，要求注册投资顾问采取措施保护其保管的客户资产的安全，包括通过独立公共会计师对资产进行核实。

法案第 412 条要求总审计长对以下事项进行研究：（1）当前 SEC 在《1940 年投资顾问法》下的“规则 204－2”和“规则 206(4)－2”中有关投资顾问代管客户资金和证券资产的规定的合规成本；2. 如果废止“规则 206(4)－2(b)(6)”③ 所增加的额外合规成本。总审计长应在法案颁布后

① 根据《1940 年投资顾问法》制定的“203(b)(3)-1 规则”给出了对投资顾问的“客户”的定义，但该规则的目的仅在于使得投资顾问能够确定满足该法第 203(b)(3)条中数目限制要求的客户的数量。该法案第 206(1)条和第 206(2)条的反欺诈规定被解释为投资顾问对客户忠诚和注意义务的法律来源。

② 《1940 年投资顾问法》中的第 203（b）（6）条对已在 CFTC 注册且其主要业务不是投资顾问的“商品交易顾问”（commodity trading adviser）提供了注册豁免，条件是不得向投资公司或商业开发公司（business development company）提供投资顾问服务。如上所述，法案第 403 条对为私募基金提供投资顾问服务的注册商品交易顾问提供了注册豁免，但如果其主要顾问服务变得与证券业相关则该豁免就将被取消。为厘清管辖权，法案第 414 条特别为《1940 年投资顾问法》增加了第 224 条，规定《1940 年投资顾问法》的任何规定都没有免除任何人在《1936 年商品交易法》下的任何义务，或影响该法规定的 CFTC 或任何私人的权力或救济的可获得性。

③ “规则 206(4)-2(b)(6)”规定，如果行使托管的“关系人”（related person）在运营上是独立的，则不需要对客户资金和有价证券进行独立核算。

的3年内向国会银行委员会提交报告。

此外，法案第929Q条还对《1940年投资顾问法》的第204条进行了修订，新增了第204（d）条，规定SEC有权根据公共利益或保护投资者的需要对托管或使用客户证券、存款或财产的人关于该托管或使用的记录进行任何定期或不定期的检查。同时，SEC也有权要求此人提交任何其他有关信息和文件。①

（三）职业行为准则

法案第913条要求SEC对适用于向零售客户提供个性化投资咨询的经纪商—自营商和投资顾问的现有注意义务标准的有效性进行研究，并要求该研究在法案颁布6个月内完成并向国会银行委员会报告。法案第913条授权SEC基于研究结果制定相应规则以解决发现的问题和不足。

法案第913条同时修订了《1940年投资顾问法》的第211条，明确规定SEC有权规定向零售客户②（以及SEC规定的其他客户）提供个性化投资顾问服务的经纪商—自营商和投资顾问的行为准则，必须从客户的最佳利益出发，而不是经纪商—自营商和投资顾问的利益出发。新增加的第211（g）条进一步要求，任何重大利益冲突都应充分披露，客户有权准许。此外，第211（g）条要求，任何此类规则所确立的职业行为准则都至少应和《1940年投资顾问法》第206（1）、（2）条对提供个性化证券投资顾问服务的投资顾问规定的标准同样严格。类似地，SEC在根据第211（g）条制定规则时，不得将投资于已与投资顾问签署了投资顾问合同的私募基金的投资者列入“客户”的定义（即对一般投资者保护严于对合格投资者的保护）。第211（g）条进一步规定，佣金和费用的收取并不自动构成对经纪商—自营商和投资顾问的职业行为准则的违反。

新增加的第211（h）条要求SEC改善投资者与经纪商—自营商或投资顾问合同的主要条款（包括任何重大利益冲突）的披露。如SEC认为经纪商—自营商或投资顾问的某些销售活动、利益冲突和薪酬计划有悖于公共利益和对投资者的保护，SEC可对上述行为进行检查，并酌情制定规则禁止或限制有关行为。

法案第913条还为《1940年投资顾问法》第211条增加了新的（i）

① 法案第929Q条对《1940年投资公司法》的第31条也加入了类似的条款。

② 此条中的“零售客户”指（1）收到经纪商—自营商或投资顾问的个性化投资顾问服务；（2）该投资顾问主要是服务于个人、家族或家庭的目的的自然人或自然人的法定代理人。

款，规定SEC对违反投资顾问职业行为准则的执法权不仅包括《1940年投资顾问法》的有关授权，还包括《1934年证券交易法》授予SEC对向零售客户提供个性化投资顾问服务的经纪商—自营商的执法权。该规定的目的是提高执法的一致性，即SEC在以上两部不同法律下对类似违法行为的执法和处罚应该一致。

（四）对《1940年投资顾问法》第205条不适用于州注册投资顾问的澄清

《1940年投资顾问法》第205（a）条对投资顾问（根据《1940年投资顾问法》第203（b）条得到注册豁免的除外）缔结或履行含有以下内容的合同的能力作出了限制：（1）投资顾问的薪酬以客户资金的资本利得或增值的一个比例为基础；（2）不提供准许客户转让合同的权利；（3）在投资顾问为合伙人的情况下，不要求投资顾问告知客户合伙成员的变化。法案第928条废除了根据《1940年投资顾问法》第203（b）条豁免注册的投资顾问免于第205（a）条管辖的例外，代之以第205（a）条适用于任何“已在或被要求在SEC注册”的投资顾问。这一修订的目的是要澄清第205（a）条的限制措施不适用于州注册的投资顾问。法案第928条同时废除了投资顾问必须使用信件或其他州际商业工具才受到第205条管辖的规定。

（五）对“合格投资者”标准进行调整

法案第413条规定SEC应对其“合格投资者”标准进行调整，要求任何自然人（或与其配偶合并计算）的净资产在100万美元以上，且不包括其主要住宅的价值。该标准在法案颁布之日起及随后的四年内有效。法案颁布一年后，SEC应对“合格投资者”的定义进行审查，并制定规则对其定义进行调整，但不得修改或调整以上100万美元的门槛。法案颁布四年后以及此后每四年一次，SEC应对“合格投资者”的整个定义进行审查，并可根据“投资者保护、公共利益和经济情况”对定义进行调整（但门槛不得低于100万美元）。

（六）对“合格客户”（Qualified Client）标准进行通胀调整

在《1940年投资顾问法》205-3规则中，SEC规定了为《1940年投资顾问法》第205（a）（1）条中“合格客户”（如SEC规则中定义的）提供服务的投资顾问的薪酬安排不受上述第205（a）条的限制，即允许投资顾问对特定客户收取业绩薪酬（performance-based fees）。法案第418条修订了《1940年投资顾问法》第205（e）条，要求SEC在法案颁布一年内，并于此后定期对界定“合格客户”的数量指标进行通胀调整。照此规定，当前用来界定“合格客户”的75万美元管理资产（asset under management）和150万美元净资产的数量指标将在法案颁布一年内进行通胀调整，并在此后每5年调整一次（调整应四舍五入到10万美元的整数倍）。

（七）协助及教唆（aiding and abetting）的管辖：域外法权

法案第929N条为《1940年投资顾问法》增加了新的第209（f）条，确立了“协助及教唆”的罪名，即任何明知（knowingly）或重大疏忽（recklessly）地协助、教唆、指导、指挥、引诱、促成违反《1940年投资顾问法》或根据《1940年投资顾问法》制定的规则、条例或命令的人，应被视为与主犯同罪。

法案第929P条还授予SEC在《1940年投资顾问法》下对反欺诈指控的域外管辖权。

（八）强制仲裁条款

法案第921条修订了《1940年投资顾问法》中的第205条，授权SEC对投资顾问及其客户之间的协议中有关联邦证券法律和行业自律组织规则下产生的争议的事先强制仲裁条款（mandatory pre - dispute arbitration clauses）的使用进行限制。

（九）加强对投资顾问的检查的研究

法案第914条要求SEC对是否有必要加强针对投资顾问的检查和执法资源进行研究。SEC应在法案颁布后的180天内将研究报告提交国会银行委员会，并根据研究结果对其相关规则进行修订。

（十）对私募基金行业自律组织的研究

法案第416条指定GAO对组建SRO对私募基金进行监管的可行性进行研究，并在法案颁布后的1年内将研究报告提交国会银行委员会。

（十一）对卖空的研究

如前所述，法案第417条规定，在法案颁布1年内，SEC必须就以下事项进行研究并向国会提交报告：（1）要求公开实时，或仅向SEC和FINRA报告公开发行证券的卖空仓位的可行性和成本收益分析；（2）对上市公司同意对其股票交易标注“空头”、“做市商卖空”、“买入”、“做市买入”或“多头”，并通过汇总记录（Consolidated Tape）实时报告的试点进行可行性和成本收益分析。在法案颁布两年内，SEC必须完成对近期规则变化后卖空情况以及卖空股票交割失败以及卖空交易后第四天的股票交付情况的研究，并与有关市场改进的建议一起提交国会。

四、生效日期

除非另有规定，法案第四章列明的修订内容在法案颁布 1 年后生效。但是，在生效日期之前任何投资顾问也可根据 SEC 的有关规定自愿到 SEC 进行注册。只有要求 SEC 和 GAO 进行规则制定和研究的规定在法案颁布之日即生效。

第三节　公司治理

一、管理层薪酬

法案第九章 E 节（Subtitle E）名为《问责与管理层薪酬》（Accountability and Executive Compensation），内容主要为从公司治理层面加强对管理层薪酬的管理和问责。具体内容包括了与管理层薪酬相关的若干措施，这些薪酬措施大多与参议院版本包含的内容类似。最重大的变化包括允许每 3 年（原提议为 1 年）进行一次无约束力的股东对管理层薪酬的投票（即所谓“对薪酬发言的投票”（say－on－pay vote）），要求股东在对公司并购进行投票时对所谓的“金色降落伞”（golden parachute）[①] 进行非约束性股东投票，并要求机构投资者公开其“对薪酬发言的投票”和对“金色降落伞”投票的内容。

（一）对管理层薪酬的非约束性股东投票（即“对薪酬发言的投票”）

法案第 951 条为《1934 年证券交易法》增加了第 14A 条，规定在法案颁布 6 个月后举行的股东年度会议或其他会议上，公司必须向其股东提供非约束性投票以批准按照 SEC 规则披露的指定管理人员（named executive officers）[②] 薪酬。此外，股东还应在法案颁布 6 个月后的第一次股东会议上，以及此后至少每 6 年一次另行进行非约束性投票，以决定“对薪酬发言的投票”是否应该每 1 年、2 年或 3 年举行。与法案的参议院版本类似，以上股东投票对发行人及其董事会都是非约束性的，也未对诚信义务作出

---

① “金色降落伞”是指在企业控制权发生变化时支付给指定管理人员的薪酬。

② “指定管理人员”是指根据 SEC 的“S－K 条例”的第 402 条的规定必须披露薪酬的 CEO、CFO 和三位其他薪酬最高的管理层人员。

任何增加或改变。且该非约束性投票不影响股东根据《1934 年证券交易法》下的“14a－8 规则”提出与管理层薪酬有关的动议。同时，如下所述，法案第 957 条还禁止经纪商在未收到受益所有人（beneficial owner）指令的情况下行使自由裁量权进行“对薪酬发言的投票”。此外，与参议院版本不同，法案要求有《1934 年证券交易法》第 13（f）条呈报义务的机构投资管理人至少每年一次呈报其“对薪酬发言的投票”记录。法案第 951 条又展示了对以上要求的灵活性，授权 SEC 豁免某家或某类发行人“对薪酬发言的投票”的义务，并指引 SEC 考虑该要求是否对小型发行人造成过度负担。

（二）商业并购中对“金色降落伞”的非约束性股东投票

法案第 951 条同时规定，在法案颁布六个月后的任何为批准企业并购而举行的股东会议上，发行人必须在其要求股东准许或赋予代理投票权的材料中描述“金色降落伞”安排的主要条款、总额和支付条件，并为股东提供对“金色降落伞”的非约束性投票。类似地，该股东投票是非约束性的且不会创造或改变诚信义务，有《1934 年证券交易法》第 13（f）条呈报义务的机构投资管理人必须至少每年度报告其“金色降落伞”投票记录，授权 SEC 豁免某家或某类发行人对“金色降落伞”的投票义务，并指引 SEC 考虑该要求是否对小型发行人造成过度负担。

（三）薪酬委员会的独立性

法案第 952 条为《1934 年证券交易法》增加了新的第 10C 条，要求 SEC 在法案颁布 1 年内制定规则，要求全国性证券交易所禁止任何不满足薪酬委员会独立性要求的发行人的股票上市交易，同时 SEC 的规则应为不符合要求的公司提供合理的整治机会。

SEC 的规则要求全国性证券交易所在对独立性进行定义时应考虑（1）董事薪酬的来源，包括发行人支付给董事的任何咨询、顾问或其他补偿费用；（2）该董事是否与发行人、发行人的子公司，或者发行人子公司的关联机构相关联①。

法案为以上独立性要求设置了一些例外，即不适用于以下实体：

① 法案第 952 条的两条独立性因素与《1934 年证券交易法》第 10A（m）条关于审计委员会成员独立性的因素类似，但后者更严格，即任何这些因素都会否决审计委员会成员的独立性。法案第 952 条的语言似乎更具灵活性，但据此制定的规则应比目前纽约证券交易所和纳斯达克交易所对薪酬委员会的独立性要求更严格。尤其是现有的规则并不自动使得“关联人”不具有独立性，但法案第 952 条明确规定必须考虑“关联”因素。

（1）“被控制的公司”——上市公司50%的投票权由某一个人、集团或其他发行人所持有；

（2）每年向股东披露其不设独立薪酬委员会原因的外国私募发行人；

（3）有限合伙公司；

（4）在破产程序中的公司；

（5）根据《1940年投资公司法》登记的开放式投资管理公司；

（6）仅公开发行债券而不发行股票的公司。

此外，SEC规则还应允许全国性证券交易所豁免某一类发行人的薪酬委员会独立性要求，特别要考虑对小型发行人的潜在影响。

《1934年证券交易法》新增的第10C条还要求SEC和证券交易所针对上市公司（被控制公司除外）使用薪酬顾问、律师和其他顾问制定额外的程序和披露要求：

1. 薪酬委员会必须有权聘用咨询师、律师和顾问，并有资金支付相关费用。对咨询师、律师和顾问的独立性不作要求，但薪酬委员会必须在做出选聘决定前考虑可能影响独立性的因素。SEC将界定这些需要考虑的因素，包括咨询师、律师或顾问与薪酬委员会成员之间的商业和个人关系，以及咨询师、律师和顾问的雇主和发行人之间的关系。与参议院版本不同，法案第952条特别指出这些因素必须在不同类别的咨询师、律师或其他顾问的竞争性方面是中立的，并保持薪酬委员会选聘这些成员提供服务的能力。薪酬委员会必须对咨询师、律师或顾问薪酬工作的任命、付酬和监督直接负责。

2. 发行人在法案颁布1年之后任何股东会议上向股东提交的代理投票或准许请求的资料（proxy or consent solicitation materials）必须披露：薪酬委员会是否选聘或获取了薪酬顾问的服务，薪酬顾问的工作是否产生了利益冲突，以及利益冲突的性质以及解决的方式。2009年12月，SEC制定了薪酬委员会和管理层使用的薪酬顾问的新披露要求，包括关于薪酬顾问为发行人提供的其他服务的披露；目前尚不清楚在新的第10C条下有什么额外的披露要求。

法案要求以上规则必须在法案颁布后的360天内制订完成，同时要求SEC对薪酬顾问的使用和使用效果进行研究和审查，并在法案颁布后的两年内将结论提交国会。

（四）管理层薪酬披露

法案第953条修订了《1934年证券交易法》第14条，要求SEC规定发行人在其股东年会的委托声明书或同意征求材料中，根据SEC制定的“S－K条例”第402条规定的披露要求对管理层薪酬安排进行清晰描述，包括实际支付的管理层薪酬和发行人的财务效益之间的关系（可用图表形式描述）。以上财务效益应考虑发行人的股票和红利以及任何分配的价值变化。由于当前SEC规定的薪酬讨论和分析已经包括对上述事项的讨论，尚不清楚该条要求多少额外的信息披露。

法案第953条还要求SEC修订“S－K条例”第402条，要求进行以下披露：

1. 除发行人CEO（或任何同等职务的人员）之外的全部雇员年度总薪酬的中间值；

2. 发行人的CEO（或任何同等职务的人员）的年度总薪酬；

3. 上述两项的比例。

“总薪酬”应根据法案颁布前有效的“S－K条例”第402条的规定计算。以上规定目的在于促进公司内部薪酬的公平性。

（五）受益所有权（beneficial ownership）及短线收益（short－swing profit）报告制度

法案第929R条修订了《1934年证券交易法》中的第13（d）条（受益所有权申报）和第16（a）条（短线收益申报），授权SEC对以下事项建立少于10天的呈报期限：（1）需要进行第13（d）条受益所有权首次申报的收购；（2）受益所有人、高级职员或董事需要进行的第16（a）条短线收益申报。第929R条还删除了如下内容：（1）第13（d）条和第13（g）条关于受益所有权报告须提交给证券的发行人以及每一公开交易的交易所的要求；（2）第16（a）条关于短线收益申报须提交挂牌交易该股票的全国性股票交易所的要求。

（六）薪酬钩回（claw－back）机制

法案第954条为《1934年证券交易法》新增了第10D条，要求SEC制定规则，规定全国性证券交易所禁止未采取和实施“薪酬钩回”政策的发行人的上市。SEC规则应要求发行人实行以下政策：

1. 若发行人由于对证券法下的财务报告规定有重大违反而必须重编财务报表，发行人应从现任或前任高管收回过去3年中根据错误财务报表获得的超过其应付薪酬部分的业绩薪酬（包括股票期权）；

2. 披露发行人以公开财务报表为基础的业绩薪酬的政策。

（七）关于雇员及董事套期保值的披露

法案第955条修订了《1934年证券交易法》中的第14条，增加了新的条款，要求SEC制定规则要求发行人在其股东年会的委托声明书或同意征求材料中披露发行人的雇员或董事（或其指派人）是否被允许购买用于对冲或抵销被作为薪酬的或由其直接、间接持有的发行人股票市场价值降低的金融工具（包括预付款可变的期货合同、权益掉期、利率期权或外汇基金）。

法案第955条并不要求对套期保值交易本身作出披露，仅要求披露发行人在这方面的政策（在很多情况下可能已按“S－K条例”第402（b）（2）（xiii）条的要求进行了披露，且《1934年证券交易法》第16（a）条已规定了对董事和高管对冲交易的披露）。

（八）受监管实体的“过高薪酬”

法案第956条要求对以下受监管实体（资产少于10亿美元的实体除外）加强业绩薪酬安排的报告和监管：

1. 存款机构和存款机构控股公司；
2. 注册经纪商—自营商；
3. 注册投资顾问；
4. 信用社；
5. 房利美、房地美；
6. 任何其他被相关监管者共同确定为应纳入监管范围的金融机构。

在法案颁布后的9个月内，相关监管者（美联储、OCC、FDIC、NCUA、SEC、FHFA）必须共同制定条例或指引要求以上机构向监管者披露任何业绩薪酬安排的内容以确定其薪酬结构是否向高层管理者、雇员、董事或主要股东支付了“过高薪酬、酬金或福利”，或可能导致该实体的重大财务损失。法案第956条具体说明不需要呈报个人的实际薪酬。相关监管者还须共同制定条例或指引，禁止鼓励以上实体过度冒险的薪酬安排。

法案并未对“过高薪酬”或“业绩激励薪酬安排”（incentive－based compensation arrangements）作出定义，因此应当会在具体规则中由监管机构进行定义。但法案明确要求监管机构确立的薪酬标准应与《联邦存款保险法案》确立的标准相当，并考虑进《联邦存款保险法案》第39（c）条规定的薪酬标准（包括对个人合并的现金和非现金福利以及机构财务状况的考虑）。

二、股东投票权

法案第九章第 E 节和第 G 节对与股东投票有关的联邦投票代理规则增设了新的规则和披露要求。法案在第 E 节和第 G 节与参议院版本有几处重要不同。最突出的是法案没有强制所有美国上市公司在董事选举中遵守多数通过规则。因此，董事选举的标准将继续受各州公司法的管辖。

（一）代理投票权使用

法案第 971 条修订了《1934 年证券交易法》中的第 14（a）条，授权 SEC 制定规则允许股东利用公司代理投票的请求资料推荐董事人选。此处对代理投票权使用做的是授权性规定，而不是强制性规定。同时，也没有具体规定股份的持有门槛或期限。SEC 也有权酌情就以上要求对小型发行人进行豁免。

（二）董事会主席和 CEO 结构的披露

法案第 972 条要求 SEC 在法案颁布后的 180 天内发布规则，要求发行人在送达投资者的年度投票代理书中披露发行人董事会主席和 CEO 职位合一或分设的原因。SEC 已经通过了代理投票规则的修订，要求发行人披露其采取的董事会领导架构的原因，包括是否分设董事会主席和 CEO。目前尚不清楚法案第 972 条是否在当前规则以外要求额外的披露。

（三）证券经纪商投票权

法案第 957 条修订了《1934 年证券交易法》的第 6（b）条，在欲在 SEC 注册为全国性证券交易所的证券交易所必须满足的条件中规定了对证券经纪商投票权的要求。证券交易所必须禁止不是注册证券受益所有人的会员在未收到受益所有人授权的情况下对如下事项进行投票：

1. 董事会成员的选举（与 2009 年修订后的纽约证交所的规则一致）；
2. 管理层薪酬事项；
3. 其他 SEC 确认的“重要事项”。

法案规定的此条不适用于注册投资公司的无争议的董事选举，这与当前纽约证券交易所的规定也相一致。

法案第 957 条只适用于以上重大事项的股东投票，而保留了由全国性证券交易所决定针对其他股东投票事项是否也应禁止非受益所有人会员授权进行代理投票。法案第 957 条带来的主要变化是禁止经纪商对管理层薪酬的相关动议进行没有受益所有人明确指示的投票，如“对管理层薪酬发言的投票”，或对上述“金色降落伞”的无约束力的投票等。目前，“对管理层薪酬发言”的投票被认为是一项常规事项，经纪商在未收到指令的情况下也可以进行投票。

第四节 证券化改革

法案第九章第 D 节试图解决被广泛指责的贷款发放机构未尽尽职调查和其他贷款评估之责，导致不良贷款泛滥并被整体打包出售给缺乏警惕的购买者的问题。

法案设定了资产支持证券的贷款发放机构（originator）和证券化机构“风险自留”（skin in the game）的要求，并为鼓励更好的承销、风险评估、风险管理及披露制定了新的要求。

一、“风险自留”规则

法案第九章第 D 节中的核心条款是为《1934 年证券交易法》新增的第 15G 条。新增的第 15G 条要求“联邦银行监管机构”（OCC、美联储和 FDIC）和 SEC 在法案颁布后的 270 天内联合制定条例，要求证券化机构在通过发行资产支持证券（ABS）而转移或销售给第三方的资产中的“一部分”信用风险中保留一定经济利益。对于住房抵押贷款的规则制定还要有住房和城市发展部（Department of Housing and Urban Development，HUD）部长与 FHFA 共同参与。FSOC 协调以上机构联合制定规则，具体规定证券化机构和贷款发放机构之间的风险分担。第 941 条首先对几个关键概念作出了定义：

1. “证券化机构”的定义

此术语不仅包括 ABS 发行者，还包括任何通过“直接或间接地（包括通过关联企业）向发行者销售、转移资产”组织和发起 ABS 交易的人。

2. ABS 的定义

法案将“ABS”定义为“以任何可自我变现(self-liquidating)的金融资产（包括贷款、租约、抵押贷款或担保、未担保的应收款项）作担保的固定收益或其他证券，证券持有者主要从该资产所产生的现金流中获得收益”。这一定义还列举了五个例子：（1）贷款抵押支持凭证（collateralized mortgage obligations）；（2）债务抵押证券（CDOs）；（3）债券抵押证券（collateralized bond obligations）；（4）ABS 的债务抵押证券（CDOs of ABS）；（5）债务抵押证券的债务抵押证券（CDO 的平方）。此定义也包括任何被 SEC 根据规则确认为属于 ABS 的其他证券。该定义明确排除了“由母公司或其控制的公司持有的金融子公司发行的证券，若该证券未被或不被母公司控制的实体持有”。

3. “发起人”的定义

发起人是指任何通过贷款（extension of credit）或其他方式创造为 ABS 提供担保的金融资产并将资产直接或间接出售给证券化机构的主体。

（一）最低标准

法案将“风险自留”的具体要求授权前面描述的各监管机构共同制定，同时新增的第 15G 条明确规定了这些规则的最低标准，包括：

1. 证券化机构必须保留通过发行 ABS 的方式转移、出售、转让的任何资产至少 5% 的信用风险，除非所有担保 ABS 的资产属于“合格的住房抵押贷款”① 资产。如下所述，5% 的风险自留要求存在某些例外，其中包括发起人符合承销标准。法案明确以上规则适用于作为证券化机构的投保存款机构。

2. 第 15G 条特别排除了对仅以“合格的住房抵押贷款”（但不是一般的住房抵押贷款）担保的 ABS 的风险留存要求。

3. 条例必须规定风险留存的允许形式和最短期限，并明确禁止证券化机构直接、间接地对冲或转移要求留存的有关资产的信贷风险。

4. 条例必须规定“按照联邦银行监管机构和 SEC 的决定”通过在证券化机构和发起人之间配置风险留存要求来规定“风险分担”。言外之意是，适用于发起人的风险留存可以为零。在作出决定时，以上规则制定机构必须按照要求发起人留存的风险比例相应地减少适用于证券化机构的风险留存比例，还必须考虑（1）出售给证券化机构的资产是否在条款、条件和特征上反映低信贷风险；（2）二级市场的活动是否激励了不审慎的发起；（3）风险留存要求对消费者和企业以合理条款（不得包括将信用风险转移给第三方）获得信贷的潜在冲击。

---

① “合格的住房抵押贷款”这一术语将由联邦银行管理机构、SEC、HUD 和 FHFA 联合颁布的条例进行定义。法案规定，这一定义应考虑某些承销和产品特征（法案中详述了几点），这些特征显示以贷款的历史业绩数据计算的违约风险较低。此外，这一定义不应比由法案修订后的《诚实借贷法》（Truth in Lending Act）第 129C（c）（2）条中的“合格抵押贷款”的定义更宽泛。“合格的住房抵押贷款”的定义必须排除用其他 ABS 份额担保的 ABS。SEC 须要求依赖“合格的住房抵押贷款”豁免的 ABS 发行者保证其内部控制的有效性，以确保所有为 ABS 提供担保的资产是“合格的住房抵押贷款”。

5. 根据本条制定的条例还应设立不同资产类别并对证券化机构对应不同资产类别设立不同规则。这些资产类别包括住房抵押贷款、商业房产抵押贷款、商业贷款、汽车贷款，以及其他由监管机构决定设立的类别。对以上设立的每一个资产类别，根据本条制定的条例必须规定由联邦银行监管机构设立的承销标准，详述能显示贷款低信用风险的条款、条件和特征。若发起人满足以上承销标准，风险留存可低于5%。

6. 从公众利益和投资者保护出发，条例可对任何证券化作出全部或部分的豁免。

7. 条例也可全部或部分地豁免对由美国或美国政府部门（但不包括房利美和房地美）发行或担保的资产的证券化，或享受《1933 年证券法》第3（a）（2）条注册豁免的美国各州、州与属地的政府分支机构或公共机构发行或担保的资产支持证券，或依据修订后的《1986 年国内税收法案》（Internal Revenue Code of 1986）第150（d）（2）条定义为“合格的学生贷款偿债债券”（qualified scholarship funding bond）[①] 的证券。

8. 法案明确规定了商业房产抵押贷款风险留存的特别要求。根据本条制定的条例必须对商业房产抵押贷款风险留存允许的类型、形式和数额作出规定，并可酌情包括以下内容：（1）留存风险的数额或百分比要求；（2）对第三方购买者所谓“第一损失仓位”[②]（first - loss position）的留存（该第三方购买者特别购买了该仓位，持有充足的财务资源覆盖损失，在发行 ABS 之前对全部个体资产做了尽职调查，且满足与证券化机构同样的风险留存标准）；（3）联邦银行业监管机构和 SEC 对承销标准和控制措施作出充分性确认；（4）提供充足的陈述、保证和其他执行措施。

9. 法案还要求对 CDOs、由 CDOs 担保的证券和由其他资产支持证券担保的相似证券的风险留存制定标准。

在设立了以上最低标准之外，法案第 941 条同时授权规则制定机构对特定类型机构、资产的风险留存要求以及禁止对冲的规定进行豁免、例外处理和调整，条件是这些豁免、例外和调整必须有助于证券化机构和发起

① 是由州政府发起，专门持有合格学生贷款的非营利公司发行的资产支持证券，其利息收入可按美国国内税法的规定从总收入中扣除，从而获得税收优惠。

② “第一损失仓位”为资产支持证券中，由于背后资产价值缩水或被银行强制拍卖而第一承受损失的仓位，并由于高风险而具有高收益。

人高标准的承销和恰当的风险管理，改善消费者和企业以合理条件获得信贷的能力，或符合公共利益和对投资者的保护。

此外，法案还明确对以下资产作出了第15G条下的豁免：（1）由农场信贷局（Farm Credit Administration）（包括联邦农业抵押贷款公司）监管的机构所创设、保险、担保或购买的任何贷款或其他金融资产；（2）由美国或美国政府部门（但不包括房利美、房地美和联邦住房贷款银行）保险或担保的任何住房、多户家庭或保健设施的抵押贷款资产或直接或间接基于这些资产的证券化活动。

对于以住房抵押贷款支持的ABS，风险留存规则在《联邦公报》公布一年后生效，对所有其他类别的ABS资产则在规则公布两年后生效。

对是投保存款机构的证券化机构，有关联邦银行监管机构负责以上规则的执行。对非投保存款机构的证券化机构，则由SEC负责以上规则的执行。法案未对针对发起人的执行权作出规定。

二、ABS报告和披露义务

法案第942条还修订了《1933年证券法》第7条和《1934年证券交易法》第15（d）条，增加了新的ABS报告和披露义务。

（一）ABS的报告

法案第942条修订了《1934年证券交易法》第15（d）条，废除了《1934年证券交易法》对由少于300人所持有的ABS备案要求的豁免，同时授权SEC对不同的ABS类别作出不同的暂停或终止的规定。

（二）ABS的披露

法案第942条修订了《1933年证券法》第7条，要求SEC制定规则，要求每一个ABS发行人就每一份额（tranche）或每一证券种类披露该证券背后支持资产的信息。SEC应对ABS的发行人提供数据的格式设立标准，以便于对相似资产等级的证券数据进行比较。SEC的规则还应至少要求ABS的发行人披露供投资者独立进行尽职调查所必需的资产层面的数据，包括：（1）与贷款经纪人或发行人有关的具有独特标识作用的数据；（2）证券支持资产的经纪人或发起人薪酬的性质和程度；（3）此类资产的发行人及证券化机构留存的风险量。

三、对ABS发售的监管

法案对ABS发售的规定分散在不同条款，具体如下。

（一）陈述和保证

法案第 943 条要求 SEC 对 ABS 市场中陈述和保证的使用作出规定，要求每个“全国认可的统计评级机构”（Nationally Recognized Statistical Rating Organization，NRSRO）在证券评级报告中包含以下内容：（1）面向投资者的陈述和保证及执行机制；（2）与相似证券发行中的陈述和保证及执行机制的差异。

（二）“承销缺陷”的披露

法案第 943 条还要求 SEC 规定，证券化机构“披露证券化机构汇总的横跨所有信托的实现或未实现的回购请求，以使得投资者可以确认有明显承销缺陷的资产发起人”。

（三）尽职调查服务的披露

法案第 932 条规定，ABS 的发行商和承销商必须公开披露其获得的第三方尽职调查报告的发现和结论。任何由发行商、承销商和 NRSRO 聘用的第三方尽职调查服务提供者必须以 SEC 规定的格式向 NRSRO 提交书面认证，保证其对数据、文档和其他对 NRSRO 作出精确评级所必要的信息进行了完整的审查。该认证应由 NRSRO 按 SEC 的规定公布。

（四）废除《1933 年证券法》下有关豁免交易的规定

法案第 944 条废除了《1933 年证券法》第 4（5）条对某些抵押贷款支持证券的注册豁免（交易涉及直接由公寓、住宅或商业用房及土地构成的房地产上的第一抵押权（first lien）为担保的本票（promissory note）的发售）。

（五）尽职调查分析和披露

法案第 945 条修订了《1933 年证券法》第 7 条，要求 SEC 制定规则，要求 ABS 发行人进行基础资产的审查并披露审查的情况。

（六）禁止利益冲突

法案第 621 条为《1933 年证券法》新增了第 27B 条，为 ABS 或合成 ABS（synthetic ABS）的所有承销商、配售代理人（placement agent）、初始购买者或发起人（包括其关联人和子公司）作出了防止利益冲突的规定。该条禁止任何上述人员在 ABS 首次销售结束后 1 年内参与任何有投资者参与的可能涉及或导致重大利益冲突的交易。以上禁止规定不适用于（1）与由 ABS 的承销、配售、初始购买以及发起导致的仓位和持有相关的减轻风险的对冲活动，假设这些活动旨在减少从事对冲的人与其在 ABS 交易中的角色相关的具体风险；（2）与为该 ABS 善意做市或向其提供流动性的承诺相一致的 ABS 的购买或出售。SEC 必须在法案颁布后的 270 天内制定以上禁止利益冲突的规则。

四、有关风险留存的研究

法案第 941 条规定美联储应与 OCC、OTS、FDIC 和 SEC 协商，对法案的风险留存要求对按照新增的《1934 年证券交易法》第 15G（c）（2）条设立的各 ABS 类别和财务会计标准委员会（Financial Accounting Standards Board，FASB）颁布的《财务会计报表》（Financial Accounting Statements）第 166 条和第 167 条的联合影响进行研究。报告必须在法案颁布后的 90 天内提交给国会，内容包括有关消除对 ABS 市场负面影响及新信贷可获得性的立法和监管建议。因为执行资产分类和信贷风险留存要求的规则在法案颁布后的 270 天才生效，以上报告极有可能在规则颁布前就提交。

法案第 946 条还要求 FSOC 研究信贷风险留存的宏观经济影响，将重点放在与稳定房地产市场相关的潜在有利影响上。研究内容包括：（1）风险留存对房地产价格泡沫的影响分析，包括评估该规定若数年前生效会在多大程度上减少房地产市场的损失；（2）研究根据地区和全国市场条件来调整风险留存比例以最小化房地产泡沫的可行性；（3）调整发起抵押贷款要求的类似分析；（4）评估上述调整应由独立监管机构作出，还是以程式化和透明的方式作出；（5）评估上述调整应独立作出还是与货币政策协调；（6）对落实性立法的建议。此报告应在法案颁布后的 180 天内完成并向国会提交。

第五节　信用评级机构

未能准确揭示结构性金融产品风险的信用评级体系被广泛认为是本次金融危机的重要推手。随着评级缺陷的暴露，评级机构对结构性产品进行了广泛的评级下调，导致市场的进一步恶化。在对评级体系缺陷的检讨中，内控不足、发行方付费模式带来的利益冲突、透明度缺失以及缺乏对评级结果的问责机制等成为需要立法改进的主要方面。此外，美国相关法律和条例对使用 NRSRO 评级的规定导致了对评级的过度依赖和过度信任。法案力图对以上各方面的缺陷进行矫正。

这是美国历史上第一次对评级机构进行系统的法律规范，国会作出这一决策时基于以下发现：第一，信用评级具有系统重要性并受到个人和机构投资者以及监管机构的广泛依赖，因此包括 NRSROs 在内的信用评级机构的活动和表现成为全国性的公共利益事项，因为评级机构对资本形成、投资者信心以及美国经济的有效运转具有核心作用。第二，评级机构在债券市场起着重要的“守门员”作用，其角色与证券分析师和审计师类似，因而应进行类似的监督和问责。第三，由于评级机构为客户提供评估性和分析性服务，与其他金融领域的“守门员”相同，其业务在本质上属于商业性质，也应受到与审计师、证券分析师和投资银行同样的责任标准和监管约束。第四，由于在结构性产品评级中存在的利益冲突，法案须明确授权 SEC 加强监督。第五，本次危机中对结构性产品的不准确评级导致金融机构和投资者在风险管理上的失误，并进而对美国和世界经济的健康构成负面冲击。因此，必须加强对评级机构的问责。

法案第九章第 C 节扩展了《1933 年证券法》下对信用评级机构的私人诉权，改善了对信用评级机构的监管，并取消了一些法律中关于评级使用的规定。此外，第 C 节还对信用评级机构的公司治理、内部控制、评级透明度、利益冲突等作出了规定。尽管大多数条款仅适用于 NRSROs，一些责任性条款适用于所有信用评级机构，无论其是否在 SEC 注册。另外，第 C 节中一些有关信息披露的条款适用于使用第三方尽职调查报告的资产抵押证券的发行商和承销商。

法案暂未采用参议院版本中关于评级机构的最重要条款之一的第 939D 条。该条规定 SEC 新设自律性机构——中央信用评级机构委员会（Credit Rating Agency Board），将结构性金融产品的发行商提出的初次评级要求分配到具体评级机构。法案要求 SEC 研究替代现行“发行人付费”和“用户付费”模式的替代性评级体系的可行性，并在法案颁布后 24 个月之内向国会提交报告。除非 SEC 决定替代性评级体系能够更好地服务于公共利益和投资者保护，否则 SEC 将执行参议院版本第 939D 条的规定。

一、强化信用评级机构的法律责任

法案第九章第 C 节为信用评级机构规定了更严格的责任标准。

（一）对私人负有的责任和主观状态（state of mind）

《1934 年证券交易法》第 15E（m）条规定，NRSROs 对按照 SEC 制定的 NRSRO 规则进行的报告和披露免于私人诉权。法案第 933（a）条取消了这一对评级机构的保护性条款，要求信用评级机构作出的声明应与注册会计师事务所、证券分析师作出的声明一样适用《1934 年证券交易法》中有关执行和处罚的条款。信用评级机构不得享受《1934 年证券交易法》第 21E 条提供的对前瞻性报告（forward – looking statements）的避风港（safe harbor）保护，即评级机构的报告不属于前瞻性报告。SEC 应根据需要制定实施细则。另外，法案第 933（b）条对《1934 年证券交易法》第 21D（b）（2）条进行了修订，降低了对信用评级机构或其控制人就有关证券评级提起证券欺诈集团诉讼的起诉标准（pleading standard）。根据新标准，要满足有关主观状态的要求，原告只需提供足够的事实以推论评级机构在明知或重大疏忽的情况下没有对其赖以进行评级的事实进行合理的调查或证实。众议院版本对此设定的是重大过失（gross negligence）的责任标准。

（二）专家责任（Expert Liability）

基于众议院的提议，两院协商会议中为法案增加了第 939G 条，废止了《1933 年证券法》下的“436（g）规则”。该规则使得 NRSROs 可以有效规避《1933 年证券法》第 11 条关于专家应对证券注册书中的重大错误陈述或遗漏负法律责任的规定。《1933 年证券法》第 7 条要求注册人（registrant）与证券注册说明书（registration statement）一起提交一份“被指名为准备或证明了注册书中的任何部分，或指名为准备或证明了与注册书一起使用的报告或估值”的专家书面同意意见。“436（g）规则”则规定，由 NRSROs 作出的有关证券的评级不被视为“《1933 年证券法》第 7 条和第 11 条含义里的人准备或证明的证券注册说明书的一部分”。因此，注册人就不必将 NRSRO 的专家书面同意意见与证券注册说明书一起提交，NRSROs 也因此规避了作为专家的潜在责任风险。

“436（g）规则”废止后，注册人为在注册说明书中包含 NRSRO 的信用评级，就必须与注册说明书一起提交该 NRSRO 的专家书面同意意见，NRSRO 也将因此为重大错误陈述或遗漏承担《1933 年证券法》第 11 条规定的专家责任。与 SEC 近期提出的要求注册人披露在证券注册发售中使用的信用评级的建议相结合，这将显著增加 NRSROs 的法律风险，可能造成证券发行中信用评级使用和证券发行方式的重大改变（如更多地使用“144A 规则”规定的私募发行）。

此外，以上要 NRSROs 承担专家责任的规定可能受到基于宪法第一修正案的挑战。美国已有法院判例将特定信用评级报告视同与公共关注有关的陈述，因此享有宪法第一修正案的更严格保护。①

法案第932条修订了《1934年证券交易法》第15E条，规定NRSROs就此前已被要求提交的某些文件（如财务报表、对注册说明书的修订等）向SEC备案。将提交改为备案使得备案方承担了《1934年证券交易法》第18条有关虚假和误导性陈述的责任风险。

根据《1934年证券交易法》第15E（d）条，SEC有权对NRSROs的某些违法行为采取通报批评（censure）、限制业务、暂停或取消注册资格等措施。法案第932条扩大了SEC在第15E（d）条下的处罚权，授权SEC对任何与，或寻求与，或在违法行为发生时与NRSRO有关联的个人进行处罚。法案第932条还将NRSRO或其关联人对违反证券法的、受其管理的其他人未尽合理监督之责的行为列入以上第15E（d）条必须惩处的违法行为清单。

此外，SEC在履行通知和听证程序之后，如认为某个NRSRO不具备作出可靠评级所必要的资金和管理资源，有权暂停或取消NRSRO对某些类别或子类别证券的注册评级资格。

二、对信用评级机构的监管

法案第932条在SEC设立信用评级办公室，负责执行与NRSRO有关的SEC规则，提高信用评级的准确性，并确保信用评级免受利益冲突的影响。信用评级办公室的一个基本职能是对每一个NRSRO进行年度检查。年度检查的内容包括NRSRO对其自身的政策、程序和评级方法合规情况的审查，利益冲突的管理，道德准则的执行，公司治理与内控制度，指定合规官的行为，投诉的处理，对离职人员的管理政策等。所有相关检查的结果和NRSROs对于检查的反馈情况都将由SEC在年度报告中公开。

三、对信用评级机构的公司的治理要求

法案第932条要求每一个NRSRO设立董事会，董事会至少有半数以上的独立董事，而且至少有一名独立董事是NRSRO评级的用户。NRSRO母公司的董事会在特定情况下也须满足这一要求。对特定小型NRSROs，

---

① 见 *In re Enron Corp. Securities, Derivative & ERISA Litigation*, 511 F. Supp. 2d 742, 825 (S. D. Tex. 2005)（判定在全国范围公布的有关"一个世界500强公司的信用"的报告属于"公众关注的事项"，因而受到基于宪法第一修正案的更高保护）。

法案设立了豁免。董事会的职责包括对信贷评级的政策及程序进行监督、解决利益冲突、实施内部控制和确定员工薪酬。

每个 NRSRO 必须建立一个负责执行和遵守信用评级政策、程序和方法的内控管理体系，并做好该内控体系的维护、运作和记录保存。每个 NRSRO 的 CEO 都必须在向 SEC 提交的年度报告中证明其内控制度的有效性。

法案第九章第 C 节还扩大了 NRSROs 的指定合规官的职责，禁止其参与信用评级的决策、评级方法或评级模型的研发、市场销售，或薪酬水平的制定（合规官下属的薪酬除外）。一些小型的 NRSROs 对于上述禁止可以享有一定的豁免。指定合规官的薪酬不能与 NRSROs 的业绩挂钩，其薪酬安排必须保证合规官判断的独立性。合规官要向 NRSROs 提交有关 NRSRO 遵守证券法及有关的内控制度的年度合规报告，并提交 SEC 备案。

四、利益冲突

法案第九章第 C 节中设定了相应条款，旨在限制信用评级中的利益冲突。具体如下。

（一）追溯义务

法案第 932 条规定，NRSROs 必须对以下利益冲突进行审查：被评级机构或被评级证券或货币市场工具的发行人、承销商或发起人的雇员，在对有关信用评级采取任何行动的前一年内被 NRSRO 雇佣并以任何形式参与了评级结果的确定。每个 NRSRO 必须建立、维护和执行恰当的政策和程序以确定该员工的任何利益冲突是否影响有关信用评级，并在必要时根据 SEC 的规定修改相关评级。

SEC 必须至少每年，或在出现重大修订时，对 NRSRO 的利益冲突政策和道德准则进行审查，以确保最有效地消除利益冲突。

（二）公开报告

每个 NRSRO 必须向 SEC 报告前 5 年中任何关联人被（在雇佣开始前 12 个月内）接受该 NRSRO 评级服务的相关实体雇佣的情况。该报告将由 SEC 公开。该报告要求仅适用于参与对该实体评级的高级管理人员。

（三）销售和市场推广

SEC 必须制定规则防止 NRSRO 的销售和市场推广行为对其评级决策的影响（某些小型 NRSRO 能够享有豁免）。如某个 NRSRO 违反了上述规则，在履行了通知和听证程序后，SEC 有权暂停或取消该 NRSRO 的注册资格。

（四）咨询和顾问服务的禁止

根据法案第939H条的语言，国会认为（it is the sense of Congress）SEC应行使《1934年证券交易法》第15E（h）（2）（B）条规定的规则制定权，防止由NRSRO雇员向证券发行商提供与信用评级无关的相关服务（包括顾问、咨询及其他服务）而引起的不当利益冲突。不清楚该语言是否具有强制执行力。

五、信息披露规则

法案第九章第C节的内容还包括旨在提高信用评级及其方法透明度的信息披露要求。大部分信息披露要求是针对NRSROs的，但也有部分信息披露要求针对的是资产支持证券的发行商和承销商。

（一）发行商和承销商的信息披露要求

资产支持证券的发行商和承销商必须公开披露其获得的第三方尽职调查报告中的调查结果和结论。不清楚该披露要求是否仅限于从NRSRO获得评级的情况。由NRSROs、发行商或承销商聘用的任何第三方尽职调查提供商必须按SEC规定的格式向NRSROs提交书面证明，保证其对NRSROs作出准确评级所必需的数据、文件及其他信息已进行了彻底的审查。NRSROs将公开披露这一书面保证。

（二）NRSROs的信息披露要求

每个NRSRO必须以可比的格式公开披露每一类型被评级的债务人、证券和货币市场工具的评级历史记录。每个NRSRO必须在发布评级时包含一个申明，确认评级的全过程未受其他商业活动影响、评级完全基于被评级工具本身的事实、评级是对于被评工具风险和事实的独立判断。此外，每个NRSRO必须建立书面的政策和程序，清楚界定和披露其所使用的信用评级符号的含义，这些信用评级符号必须在使用上保持一致性（每个NRSRO可以使用自己的评级符号）。

如前文所述，法案第943条要求SEC制定关于在ABS市场中使用陈述和保证的规则，要求每个NRSRO在信用评级报告中描述向投资者作出的陈述、保证和执行机制，以及与类似证券发行中的陈述、保证和执行机制的区别。

每个NRSRO还须按照SEC规则的要求为每个信用评级附带表格，用于披露有关数据和假设的大量定性和定量信息。这些信息包括评级程序和方法背后的假设、评级的潜在限制（包括未被评级覆盖的风险）、背后数据的可靠性、利益冲突、第三方尽职调查服务的使用情况及相关发现，以及包括违约、波动性和敏感度矩阵的数量信息。

六、评级方法和实践

根据法案第932条的要求，SEC必须制定规则，要求NRSRO确保其信用评级与NRSRO的政策一致并按照经NRSRO董事会批准的程序和方法（包括定性、定量的数据和模型）作出。法案第936条要求NRSRO的信用评级分析师满足必要的培训、经验及能力方面的标准，并通过相关证券评级知识的考试。

法案第935条要求每个NRSRO在作出评级时，应考虑发行商或承销商以外的他人提供的、NRSRO认为可信的并会对评级结果发生重大影响的信息。根据法案第934条，如果某个NRSRO从第三方收到他认为可信的信息，指控待评级证券的发行商有重大违法，该NRSRO必须通知相关执法部门或监管部门。

任何有关评级、监控程序或方法的改变必须在应用上前后一致，NRSRO必须公开披露上述变化的理由。另外，法案第932条要求NRSRO向信用评级用户通知如下事项：

（1）每一个评级所使用的程序或方法；

（2）每一个评级所使用的程序或方法的任何重大变化（及这种变化对于当前的评级可能产生的影响）；

（3）在每一个评级所使用的程序或方法中发现的重大错误。

七、“FD条例”对信用评级机构的适用

“FD条例”（即所谓“公平披露条例”）允许发行商或其代理人仅出于确定或监测信用评级的目的，向NRSRO或其他对其作出评级的信用评级机构披露重大非公开信息，但无须公开披露。法案第939B要求SEC在法案颁布90天内修改“FD条例”取消这一适用于所有主要业务为信用评级的机构的上述豁免。尽管根据“FD条例”，理论上在评级机构明确承诺保密的条件下，向信用评级机构作出的披露能够继续得到豁免。但上述第五部分关于评级背后定性和定量信息披露的强制要求可能使得这一豁免实际上无法获得。因此，发行商在“FD条例”下向信用评级机构披露的信息也将同时向社会公众披露。

八、废除联邦法律中有关信用评级的规定

法案第939条废除了大量法律中有关信用评级的规定，并将在法案颁布2年后生效。在许多情况下，监管机构必须创设新的信誉度标准来代替现存的NRSRO评级标准，且每个联邦监管机构都必须对其条例和规则中关于信用评级机构的有关规定进行审查。受法案影响的具体法律如下。

（一）《联邦存款保险法》

除一些例外外，《联邦存款保险法》第28（d）条禁止储蓄协会购买或持有未被至少一家NRSRO评为投资级的公司债券。

法案废除了这项评级要求，取而代之以将该禁止性规定适用于没有“满足FDIC设定的信誉度（Creditworthiness）标准”的证券。此外，将《联邦存款保险法》第7（b）（1）（E）（ⅰ）条关于确定存款机构损失风险信息来源的非排他性名单中的“信用评级机构”替换为“信用分析师”。

（二）《1864年全国银行法》（National Bank Act of 1864）

目前，排除一些例外情况外，《1864年全国银行法》第24（a）条准许属于前50家最大投保银行的全国性银行在满足一系列条件的情况下拥有金融子公司，其中的条件之一就是该银行至少发行过一次由NRSRO作出较高评级的合格债券。属于第51~100家最大投保银行的全国性银行只要满足由财政部和美联储制定的其他可比标准，也可以具有上述资格。此外，如果全国性银行在收购金融子公司后不再满足上述要求，那么在其重新满足上述要求前，该全国性银行将不得收购该子公司额外的股本。这些规则同样适用于州联储成员银行。

法案废除了NRSRO的评级标准，以及上述有关第一个50家和第二个50家最大全国性银行之间的区别。修订后的规定为，属于前100家最大投保银行的全国性银行或州联储成员银行在收购金融子公司（或收购子公司额外股本）前，必须至少发行过一次满足由财政部和美联储联合制定的信誉度标准的合格债券。

（三）《1934年证券交易法》

目前，根据《1934年证券交易法》对于“住房抵押贷款相关证券”（mortgage related security）和“小企业相关证券”（small business related security）的定义，某证券只有在满足NRSRO最低评级标准的情况下才有资格成为上述两种证券之一。

法案废除了这些评级标准，代之以必须满足由SEC规定的信誉度标准

的规定。

（四）《1940 年投资公司法》

目前，《1940 年投资公司法》第 6（a）（5）条对不从事发行可赎回证券的由州监管的投资公司提供了豁免，条件之一是该公司在以下两者之外没有购买由另一个投资公司或其他豁免实体发行的证券：（1）由至少一家 NRSRO 评为投资级的债券；（2）由至少将 65% 的资产投资于该投资级证券（或相似资质证券）的注册开放式投资公司发行的证券。

法案将以上评级标准替换为由 SEC 规定的信誉度标准。

（五）《1992 年联邦住房企业金融安全与稳健法案》（Federal Housing Enterprises Financial Safety and Soundness Act of 1992）

目前，《美国法典》（U. S. Code）第 22 章第 4519 条准许 FHFA 主任与任何 NRSRO 订立合同对房利美、房地美和联邦住房贷款银行的信用等级进行审查。

法案删除了上述条款中关于 NRSRO 的规定，准许 FHFA 主任与任何实体订立合约进行上述信用审查。

（六）世界银行的法律规定

目前，《美国法典》第 22 章第 286hh 条要求财政部部长指示国际复兴开发银行（International Bank for Reconstruction and Development，IBRD）的美国执行董事，支持“利用市场化项目减少主权债务和促进可持续经济发展”，并只有在不影响 IBRD 的信用评级的情况下，才可以进行以债务减免和转换为目的的贷款。

法案将以上法案中 IBRD 的“信用评级”替换为“信誉度”。

九、信用评级的研究和规则制定

（一）SEC 有关指派的信用评级的研究和规则制定

如前所述，法案的参议院版本第 939D 条试图修订《1934 年证券交易法》第 15E 条，对发行商获得对结构性金融产品的初始评级的方式作出重大改变，禁止发行商直接选择 NRSRO 对结构性金融产品进行初始评级。初始评级必须由中央信用评级机构委员会从一组事先通过资格审查的 NRSROs 中指派一家 NRSRO 来作出。这一集中分派模式的目标是减少在“发行商付费”模式下信用评级中的利益冲突。法案要求 SEC 研究结构性金融产品评级中现有的“发行商付费”、“用户付费”模式及其存在的利益冲突，以及实行由公共或私人实体或市场自律组织指派评级机构为结构性金融产品评级的替代模式的可行性。这项研究还须审视有关 NRSRO 的费用和激励机制、道德风险、涉及的宪法问题，以及用来确定信用评级准确性的指标范围。在法案颁布后的 24 个月之内，SEC 必须向国会报告研究成果及建议。除非 SEC 认为替代性模式能够更好地服务于公共利益和投资者保护，否则，到时 SEC 必须执行第 939D 条设立的评级模式。

（二）其他与 NRSROs 相关的研究

法案第 939 条还要求 SEC 研究利益冲突及其对 NRSRO 评级的影响，要求 GAO 研究对 NRSROs 的替代性薪酬体制以培育独立性以及独立的评级分析师专业组织。法案第 939 条要求每个联邦监管机构审查其发布的要求对证券或货币市场工具进行信用评级的规定并代之以恰当信誉度标准的规定。

另外，法案第 939 条要求 SEC 研究标准化信用评级术语的可行性和必要性，以便能从评级结果对应到违约概率和预期损失的标准范围。这项研究还须考虑对评估评级结果的市场压力条件进行标准化，并要求建立在评级结果和标准化的市场压力条件下违约概率和预期损失范围的数量化对应关系。

第六节　市政证券监管

为更好地保护市政证券的投资者，法案授权市政证券规则制定委员会（Municipal Securities Rulemaking Board，MSRB）对市政顾问（municipal advisor）行使监管权，同时为增加该委员会的独立性，规定委员会大多数成员必须独立于市政证券市场参与者。法案还要求进行若干项研究，包括是否废除所谓的“Tower 修正案”（该修正案豁免市政证券发行人提交披露文件）。

一、市政顾问的登记和监管

法案第九章第 H 节的内容是有关市政证券的监管改革。法案第 975 条规定，市政顾问应根据《1934 年证券交易法》第 15B 条的规定注册；“市政顾问”对其服务的市政实体负有诚信责任；市政顾问须对欺诈、欺骗或操纵市场等行为承担法律责任。法案第 975 条将市政顾问定义为就市政证券衍生工具或投资策略或市政证券发行向市政实体提供咨询或代理的人或向市政实体进行推销的人。但不包括经纪商—自营商或提供承销服务的市政证券自营商，根据《1940 年投资顾问法》注册的投资顾问及提供投资顾问服务的关联人、根据《1936 年商品交易法》注册的商品交易顾问及提供互换顾问服务的关联人、提供法律服务的律师，以及提供工程咨询服务的工程师。

法案第 975 条还作出了如下规定：

1. 将 MSRB 的 15 人委员会的人员构成改为 8 名公共代表（public representatives），由独立于市政证券经纪商、自营商或市政顾问的人组成；7 名受监管代表（regulated representatives），由与经纪商—自营商、市政证券自营商或市政顾问有关联的人组成。公共代表的人数在任何时候都应超过受监管代表的人数。法案未对独立性作出定义，而是要求 MSRB 为其公共代表建立恰当的独立性要求。MSRB 的每个成员要具备市政证券市场的丰富知识。

2. 要求 MSRB 修改和完善其规则，使得市政顾问作为一类新的市场主体接受其监管。

3. 扩大 MSRB 的规则制定权（目前已涵盖所有市政证券交易行为），以覆盖经纪商—自营商、市政证券自营商和市政顾问向（或代表）市政实体或“义务人”（obligated person，即为市政证券提供全部或部分担保的人）提供的顾问服务。

4. 要求 MSRB 制定条款和条件（terms and conditions），对经纪商—自营商、市政证券自营商在承销期内向关联账户或市政证券自营商销售或禁止销售新发行的市政证券作出规范。

5. 规定 MSRB 可以会同或代表其他联邦金融监管机构或 SRO，建立信息系统并对提交系统的信息收取合理费用。

6. 允许 MSRB 在根据 MSRB 规则采取的执法和检查行动中向 SEC 或其他注册证券协会提供协助。

7. 扩大《1934 年证券交易法》第 17 条有关记录保存的要求，以覆盖与全国性证券交易所和经纪商—自营商与市政顾问相关的交易。

法案第 975 条已于 2010 年 10 月 1 日生效。

二、有关披露、市场和监管问题的研究

法案第 976 条、第 977 条和第 978 条规定要进行以下研究：

（一）市政证券发行人的披露

由 GAO 负责对市政证券发行人的披露要求进行研究，具体包括(1)市

政证券发行人和公司证券发行人披露要求的比较；（2）对有关要求对发行人和投资人带来的成本和收益作出额外的财务披露；（3）与市政证券发行人披露要求相关的建议，包括是否应废除《1934 年证券交易法》第 15B（d）条中对 SEC 和 MSRB 不得对市政证券发行提出披露要求的规定。此份研究报告应在法案颁布后的 24 个月内向国会提交。

（二）市政证券市场

由 GAO 负责对市政证券市场作出研究，分析（1）交易机制、交易执行的质量、市场透明度、交易报告、价格发现、清算结算和信用增强机制；（2）市场和投资者的需求以及近期创新的影响；（3）对改善透明度、效率、公平性和流动性方面的建议；（4）衍生工具在市政证券市场的潜在使用。GAO 应在法案颁布后的 18 个月内向国会银行委员会提交报告，且 SEC 应在 GAO 报告提交后 180 天内提交一份反馈报告，说明其根据 GAO 报告提出的建议已采取了哪些行动。

（三）政府会计准则委员会（Government Accounting Standards Board，GASB）的角色

由 SEC 对 GASB 在市政证券市场上的角色和重要性进行研究，包括 GASB 的经费水平和经费提供方式。SEC 应在法案颁布后的 180 天内向国会银行委员会报告。

三、GASB 的经费来源

法案第 978 条对《1933 年证券法》第 19 条作出修订，增加了关于 GASB 经费的条款。SEC 有权要求根据《1934 年证券交易法》注册的全国性证券协会（如 FINRA）设立合理的会计支持费，并制定分配、费率和收费的规则，为 GASB 的年度预算提供充足资金。按以上规则收取的费用将被用来支持 GASB 建立对州和地方政府适用的作为公认会计原则的财务会计和报告标准。该规定不得被理解为对州或地方政府建立会计和财务报告标准的权力构成损害或限制。

四、设立市政证券办公室

法案第 979 条规定在 SEC 设立市政证券办公室，负责执行与市政证券有关的 SEC 规则，并就规则制定和执法行动与 MSRB 协作。市政证券办公室的负责人向 SEC 主席负责。

第七节 上市公司审计监督委员会

一、PCAOB 职权的扩大

法案显著扩大了上市公司审计监督委员会（Public Company Accounting Oversight Board，PCAOB）的角色和职能。法案第 981 条授权 PCAOB 在满足以下两项要求时，与对该上市公司有管辖权的外国审计监管当局共享与公共会计师事务所有关的信息：（1）PCAOB 决定该信息共享对于实现《2002 年萨班斯—奥克斯莱法案》（Sarbanes - Oxley Act of 2002）的目标或保护投资者是恰当和必要的；（2）外国审计监管当局保证对以上信息保密，包括提供相关证据证明其保密能力。

法案第 982 条授权 PCAOB 在获得 SEC 的批准后，制定对经纪商—自营商的审计师进行检查的规则。目前，PCAOB 的检查范围仅限于发行人的审计师。法案第 982 条同时要求被检查的经纪商—自营商的审计师在 PCAOB 注册登记。每个经纪商—自营商应每年向 PCAOB 交纳年度审计支持费，年度审计支持费按该经纪商—自营商的净资本占所有经纪商—自营商的净资本的比例计算收取。PCAOB 也可将对相关经纪商—自营商的调查转给有管辖权的自律组织。

二、与外国同行审计信息提供和交换范围的扩大

法案第 929J 条对《2002 年萨班斯—奥克斯莱法案》进行了修订，规定如果一家美国注册公共会计师事务所依赖了外国公共会计师事务所的实质性服务，或该外国公共会计师事务所发布了审计报告，进行了审计工作或开展了中期审查，SEC 或 PCAOB 有权要求该外国公共会计师事务所提供其审计工作底稿和其他与该审计或中期审查相关的文件。同样地，任何一家美国注册公共会计师事务所，如在发布审计报告、进行审计或开展中期审查中依赖了外国公共会计师事务所的工作，也须按 SEC 或 PCAOB 的要求提供该外国公共会计师事务所的工作底稿和文件，且必须与该外国公共会计师事务所达成提供这些文件的协议。

此外，任何为美国注册公共会计师事务所提供服务的外国公共会计师事务所必须向相关美国注册公共会计师事务所提供无法撤销的确认和委托书，指定该美国注册公共会计师事务所为接收 SEC 和 PCAOB 要求和传票

的代理人。相对应地，如果一外国公共会计师事务所为美国注册公共会计师事务所履行其审计或中期审查职责提供了重要服务，也须在美国指定接收传票的代理人。

第八节　SEC的管理与经费改革

一、管理改革

法案第九章第F节对SEC的管理作出了一系列改革，具体内容如下。

（一）对内部监督控制的报告和认证

法案第961条要求SEC须在每个财政年度结束后的90天内向国会银行委员会就对在SEC注册机构的检查、执法调查和对公司金融证券备案的审查提交年度报告。此外，该报告必须包括以下内容：

1. 对截至每个财政年度末的SEC内部监督控制体系有效性，以及针对执行上述检查、调查和审查的SEC职员的内部程序的有效性；

2. 一份由SEC的执法部、公司金融部和合规检查办公室负责人签署的证明，证明SEC有充足的内部监督控制能力来开展上述检查、调查和审查；

3. 对总审计长关于SEC开展此类检查、调查和审查的内部监督控制架构和程序的充分性和有效性的审查报告的摘要。由于总审计长的该项报告每三年才提供一次，因此，该摘要应为对最近一次审查报告的摘要。

（二）每三年一次的人事管理报告

法案第962条要求GAO每三年向国会银行委员会提交一份报告，对SEC的人事管理质量进行评估。评估的具体内容如下：

1. 管理者的有效性以及提拔到管理职位的标准；

2. 上述提拔标准的公平性；

3. 专业人员的能力和提高员工能力的办法；

4. 内部沟通的效率以及改善内部沟通的努力；

5. 人员流动情况和人员编制的合理性；

6. SEC对于未能履行职责的员工所采取的措施和在怎样的条件下会向员工发出解聘通知；

7. 总审计长认为恰当的其他关于SEC管理的因素。

GAO提交上述报告的同时也会提出一些相关建议。SEC须在GAO提交报告后的90天内向国会银行委员会报告其针对GAO报告采取的措施。

（三）年度财务控制审计

法案第963条要求SEC每个财政年度结束后的6个月内向国会报告：SEC财务报告的内控结构和流程及其评估。总审计长也必须在每个财政年度结束后的6个月内就同样内容向国会报告。上述规定（由参议院版本提出）在一定程度是对参议院将SEC转变成一个自筹经费机构的计划的回应。这些规定对于那些不再依靠财政拨款的机构尤其重要，因为这些机构在收入短缺的时候可能不再需要依靠财政拨款的增加。尽管法案没有采纳关于SEC自筹经费的提议，但却保留了其向国会提交上述报告的要求，加强了对SEC的财务监督。

（四）对全国性证券业协会监管的定期报告

法案第964条规定，GAO要在法案颁布后的2年内（以及此后每3年）向国会银行委员会提交报告，评估SEC对注册全国性证券业协会（如FINRA）的监管。报告内容包括SEC对此类协会治理结构的监管，如对利益冲突的识别和管理、协会实施的检查及其检查人员的专业水平、协会管理层的薪酬水平、协会提供的仲裁服务、协会对其成员广告宣传的审查、与州证券管理机构就投资者保护相关事项的合作、协会履行其职责的有效性以及公平对待投资者和协会成员等。

（五）合规检查人员

法案第965条对《1934年证券交易法》第4条进行了修订，规定SEC的交易和市场部、投资管理部拥有各自的合规检查队伍，对部门各自负责监管的机构进行合规检查。这些合规检查人员将直接向各自部门的负责人汇报。该规定的效果似乎是要对SEC的合规检查办公室进行重组。

（六）为SEC的员工设立提出建议的保密热线

法案第966条在《1934年证券交易法》中新增了第4C条，要求SEC总督察长（inspector general）设立保密热线来接收员工提出的关于提高SEC工作效率和有效性的建议，同时也接收员工对于浪费、欺诈、不当行为和管理不善等问题的举报。SEC总督察长必须每年向国会报告收到的建议及举报情况。

（七）SEC机构研究及改革

法案第967条要求SEC聘请一名独立顾问，检查SEC的内部运作、结构、经费和SEC全面改革的必要性，以及SEC与SROs和其他受SEC监督的与证券监管和投资者保护相关的组织之间的关系以及 SEC 对这些组织的依赖，并向 SEC 和国会报告。具体来说，该顾问必须对以下问题进行研究：

1. 裁减多余部门的可能性以及内部沟通机制的改进；

2. 建立清晰的指挥系统结构（特别是针对执行审查与合规检查）的必要性；

3. 市场上的高频交易和其他技术进步所带来的影响，以及 SEC 对此的监控能力；

4. SEC 的招聘权、工作制度以及人事政策；

5. SEC 对 SROs 的监管和依赖，并且调整 SEC 对 SROs 的依赖对于提升证券市场的效率和有效管理是否必要。

SEC 必须在法案颁布后的 90 天内聘请该顾问，并且该顾问必须在被聘请后的 150 天内向 SEC 和国会提交其报告。在该顾问提交报告后的两年中，SEC 必须每半年向国会银行委员会提交报告说明其对该顾问报告建议的实施情况。

（八）SEC“旋转门”（revolving door）

法案第 968 条要求 GAO 对 SEC“旋转门”问题进行研究，即研究那些离开 SEC 后到接受 SEC 监管的金融机构工作的人员的有关问题。该项研究必须

1. 关注此类人员的数量以及这些离职员工的数量是否已造成执行的低效率；

2. 审查 SEC 的内部控制以确保员工在任职期间不会协助金融机构违反或规避 SEC 的规则或规章；

3. 决定是否需要加强对相关人员离职后行为的约束。

GAO 须在法案颁布后 1 年内向国会住房和城市事务委员会、国会银行委员会提交报告以说明其研究结果。

（九）精简后的 SEC 聘用权（Streamlined SEC hiring authority）

联邦法律已经赋予 SEC 对会计人员、经济学家和证券合规检查人员的精简后的聘用权力。法案第 929G 条又将 SEC 的上述权力扩大至任何需要涉及金融和资本市场形成或监管、金融市场结构或监督，以及信息技术专业知识的岗位。

二、SEC 的经费改革

参议院提出的法案希望 SEC 能够成为一个自筹经费的机构。这就要求必须允许 SEC 可以使用其收取的费用，而不再依赖于年度财政拨款。事实上，这样的改革将会大幅提高 SEC 的可用资金。但法案并没有作出这样的规定，而是在某些方面对 SEC 的年度财政拨款流程进行了修改。尤其是根据《1933 年证券法》和《1934 年证券交易法》的相关条款所征收的申请费将根据国会的拨款而进行调整，而不是按照现行法律要求根据 SEC 的成本估算进行调整。

此外，法案第 991 条对《1934 年证券交易法》第 4 条进行了修订，增加了第（i）款：允许在财政部设立“SEC 准备金”。SEC 收取的注册费将被存入该准备金。该准备金在每一个财政年度可收取最高 5 000 万美元的费用，且余额不得超过 1 亿美元。SEC 认为必要时，可以使用该准备金，但每个财政年度的使用金额不得超过 1 亿美元。该修订自 2011 年 10 月 1 日起生效。

法案在《1934 年证券交易法》第 31 条中新增了第（m）项，内容是关于建立 SEC 的预算提交流程，并将于 2012 年生效。该项规定 SEC 在将其预算需求提交总统的同时也要提交一份副本给国会。该变动似乎是为了防止总统暗中削减 SEC 提交的预算需求。

法案同时还对《1934 年证券交易法》第 35 条进行了修订，规定除了其他划拨给 SEC 的款项之外，每年还将划拨给 SEC 一笔特殊款项，其数额在 2011 年为 13 亿美元，2012 年为 15 亿美元，2013 年为 17.5 亿美元，2014 年为 20 亿美元，2015 年为 22.5 亿美元。

第九节　证券投资者保护以及相关改革

一、经纪商—自营商的行为准则

在美国金融监管改革中，一个被广泛讨论的话题就是经纪商—自营商与投资顾问是否应适用同样的行为准则，以及该准则是否属于信托责任（fiduciary）类型的准则。参议院版本曾要求 SEC 对这一问题进行研究。

法案第 913 条也提出了同样的研究要求，本节第六点将对此专门说明。法案第 913 条还授权 SEC 制定相关规则，解决经纪商—自营商和投资顾问以及他们的关联人向零售顾客提供个性化证券投资建议时需要尽到的注意义务，以保护公众利益和零售顾客（以及SEC规定的其他顾客）的利益。在制定规则时，SEC需要对法案第913条要求进行的研究的调查结果、结论和建议予以考虑。

在这一方面，法案第913条修改了《1934年证券交易法》第15条，明确规定SEC可以制定规则，要求所有经纪商—自营商在为零售顾客（以及SEC规定的其他顾客）提供个性化证券投资建议时的行为准则与《1940年投资顾问法》第211条中投资顾问的行为准则相同。在法案为《1934年证券交易法》新增的第15（k）条中明确规定，从证券销售中收取的佣金或其他薪酬本身并不违反适用于经纪商—自营商的行为准则。同时，在提供了个性化的证券投资建议后，经纪商—自营商对顾客并不继续承担注意或忠诚义务。此外，《1934年证券交易法》的第15（k）条规定，如果经纪商—自营商仅仅销售自营（proprietary）的产品或其他范围有限的产品，SEC可以要求经纪商—自营商告知每一位零售顾客并取得每位零售顾客的同意或确认。但是仅仅销售自营产品或范围有限的产品本身不能认为违反了SEC可能设定的任何行为准则。

法案为《1934年证券交易法》第15条新增了第(l)款，要求SEC采取措施方便投资者获得有关他们与经纪商—自营商、投资顾问关系条款（包括重大利益冲突）的简要披露。该款同时要求SEC对经纪商—自营商、投资顾问的某些与公众利益和投资者保护相冲突的销售实践、利益冲突和薪酬计划进行检查并制定相应的规则。

法案还为《1934年证券交易法》第15条新增了第（m）款，要求SEC对违反经纪商—自营商的行为准则和违反投资顾问的行为准则采取的执法行为具有一致性。具体来说，SEC根据《1934年证券交易法》对经纪商—自营商（在向零售顾客提供个性化证券投资建议时）违反行为准则的行为的执法权与根据《1940年投资顾问法》对投资顾问类似违法行为的执法权相同，同时SEC也对违反两种行为准则（适用于经纪商—自营商的行为准则和适用于投资顾问的行为准则）的人采取的起诉和制裁措施的程度也要一致。

二、SEC投资者顾问委员会和投资者保护办公室

（一）投资者顾问委员会

法案第911条为《1934年证券交易法》新增了第39条，在SEC设立投资者顾问委员会，负责向SEC就如下事项提出建议：监管重点、关于对

证券产品、交易策略和收费结构的监管以及披露有效性的问题、投资者权益保护行动和提升投资者信心以及证券市场完整性的行动。投资者顾问委员会还负责在合适的情况下向 SEC 提交调查结果和建议书，包括有关立法方面的修改建议。投资者顾问委员会组成如下：

（1）投资者权益保护人（the Investor Advocate）；

（2）一名州证券监管机构代表；

（3）一名“老年人利益”代表；

（4）由 SEC 任命、熟悉投资和决策、正直并代表以下两方面利益的人：(A)股权和债权的个人投资者（包括共同基金投资者），以及(B)机构投资者（包括养老基金和注册投资公司），人数在 10 ~ 20 名。

投资者顾问委员会成员任期四年。各成员可以从他们中间选任主席、副主席、秘书和助理秘书，但是委员会主席和副主席不得被证券发行人所聘用。前述被选任的人员任期三年。

投资者顾问委员会每年至少会晤两次。SEC 必须公布投资者顾问委员会提交的任何调查结果或建议，并同时告知 SEC 针对该调查结果或建议采取的行动。

法案第 912 条对《1933 年证券法》的第 19 条作了修改，规定了在考虑制定任何新规则或新计划，或评估现有的规则或计划时，SEC 有权开展“投资者测试”——从投资者或者其他公众收集信息、与之交流，开展 SEC 认为符合公众利益或有利于投资者保护的“临时投资者测试计划”（temporary investor testing programs），并在必要时咨询学者或顾问。

（二）投资者保护办公室

法案第 915 条修改了《1934 年证券交易法》第 4 条，在 SEC 设立投资者保护办公室。投资者权益保护人由 SEC 主席任命并直接向 SEC 主席负责。投资者权益保护人应当有保护证券投资者利益的经验，承担以下与保护投资者有关的职能：

（1）协助零售投资者解决其与 SEC 或 SROs 之间产生的重大问题；

（2）确定投资者将从 SEC 或 SROs 的规则变动中获益；

（3）确定投资者与金融服务提供者和投资产品之间存在的问题；

（4）分析 SEC 和 SROs 拟制定的规则对投资者的潜在影响；

（5）提出有关立法、行政或人事方面的建议，以解决已发现的任何涉及投资者保护的问题。

投资者权益保护人须就其目标和活动直接向国会银行委员会提交年度

报告，且无须 SEC 或 SEC 的任何非投资者权益保护人员的事先审查。报告内容应包括 SEC 和 SROs 对投资者权益保护人在一定期间内发现的问题所作出的回应。

法案第 919D 条对《1934 年证券交易法》进行了修改，新增第 4（g）（8）条，要求首位投资者权益保护人在其任职 180 天内任命一名专员（ombudsman），直接对投资者权益保护人负责，并作为 SEC 与任何零售投资者之间的联系人帮助解决零售投资者与 SEC 或 SROs 之间出现的问题。专员还负责审查相关政策和程序并提出建议，鼓励公众向投资者权益保护人告知有关证券法合规方面的问题。专员还应在年中就其上年的工作内容以及有效性评估向投资者权益保护人提交报告。投资者权益保护人应将专员的报告纳入自己向国会银行委员会提交的报告之中。

三、对举报者的激励和保护

法案第 922 条对《1934 年证券交易法》进行了修改，新增第 21F 条。该条旨在激励和保护举报者。这些举报者自愿向 SEC 提供原始的、独立获得的涉及违反证券法律的信息。法案在美国财政部下设立了一个“证券交易委员会投资者保护基金”（Securities and Exchange Commission Investor Protection Fund），用来奖励符合一定条件的举报者：其提供的信息导致了证券法下一次成功的民事或刑事强制措施，处罚金额超过 100 万美元。举报者可获得处罚金额 10% ~30% 的奖励，具体数额由 SEC 基于一些标准来确定，比如，举报者提供的信息的重要性以及阻止相关违法行为对 SEC 的意义，但是 SEC 在确定奖励金额时不得考虑证券交易委员会投资者保护基金的余额。证券交易委员会投资者保护基金将从处罚的金额中获得资金。但是，举报者提供的信息如果是在根据证券法对财务报表进行审计的过程中获取的，那么举报者不能因此获得奖励。

法案第 922 条还为举报者创设了私人诉权（private right of action），规定，如果举报者的雇主对举报者采取解雇、降级、暂停职务、威胁、骚扰或歧视等措施，举报者可以起诉该雇主。该条款还对《美国法典》第 18 章第 1514A 条作了修改，包括延长起诉期限和提供由陪审团参加的审判，以利于保护举报者。

此外，法案第 922 条还将保护范围扩大到受聘于 NRSRO 的举报者，允许举报者在受到歧视的情形下提起民事诉讼。

现行法律对作为举报者的上市公司雇员的保护有所不同。法案第 929A

条修改了《2002年萨班斯—奥克斯莱法案》第806（a）条，明确将上市公司（包括其子公司和关联人）的雇员纳入现行的举报者保护中。

法案授权SEC发布有关举报者计划（whistleblower program）的实施细则。根据法案第924条，SEC必须（1）在SEC内设立一个独立的办公室实施举报者计划，（2）在法案生效之日起270天内发布实施细则。根据法案第922条，SEC还应在每个财政年度的10月30日之前向国会银行委员会提交有关举报者计划的报告。此外，SEC的督察长必须对举报者的保护情况进行调研，调研内容包括，最终发布的举报者计划实施细则是否清楚、容易使用，评估SEC对举报者提供的信息作出的反应，以及奖励金额的上下限是否足以吸引举报者前来举报。该调研报告必须在法案生效之日起30个月内提交给国会银行委员会。SEC内设的负责实施举报者保护计划的办公室也必须向国会银行委员会提交年度报告。

四、对反欺诈和其他责任标准的修改及强制执行事宜

（一）反欺诈条款适用范围扩大

法案的第929L条对《1934年证券交易法》的一些条款作了修改，扩大了反欺诈条款的适用范围，包括

（1）对第9条和第10（a）（1）条的修改，前面第七章第十一点对此已有描述；

（2）对第9（b）条（涉及期权）的修改，明确将场外期权交易涵盖在内；

（3）对第9（c）条（涉及期权的背书和履约担保）的修改，明确将所有经纪商—自营商涵盖在内，而不仅仅是全国性证券交易所的会员；

（4）对第15（c）（1）（A）条的修改，删除了对被禁止行为必须与场外交易有关的要求。

（二）联邦证券法反欺诈条款的域外适用

法案第929P条扩大了美国司法部或SEC根据《1933年证券法》、《1934年证券交易法》以及《1940年投资顾问法》的反欺诈条款提起的诉讼的域外管辖权。根据《1933年证券法》和《1934年证券交易法》，扩大的范围包括“发生在美国境内对违法行为有重大推动作用的行为，即使该证券交易发生在国外并且只涉及外国投资者”以及“发生在美国境外但对美国国内有可预见的重大影响的行为”。法案第929P条对《1940年投资顾问法》也作了相应的修改。

这个规定并未推翻美国最高法院最近在 Morrison v. National Australia Bank，No. 08－1191（2010 年 6 月 24 日）中作出的决定：《1934 年证券交易法》第 10（b）条并未赋予“外国原告就在外国交易所交易证券的不当行为起诉外国被告和美国被告”的私人诉权。但是，正如在本节第六点将要谈到的，法案第 929Y 条要求 SEC 研究是否应允许该私人诉权的存在。

（三）有关证券欺诈违法行为诉讼时效的延长

法案第 1079A（b）条在《美国法典》第 18 编第 213 章新增了第 3301 条，将对证券欺诈违法行为的诉讼时效（statute of limitations）从违法行为之日起延长至 6 年。从增加第 3301 条的目的来看，证券欺诈违法行为通常包括证券欺诈的刑事犯罪（《美国法典》第 1348 条对此做了定义）以及《1934 年证券交易法》、《1933 年证券法》、《1940 年投资顾问法》、《1940 年投资公司法》或《1939 年信托契约法》（Trust Indenture Act of 1939）下的故意违法行为。

（四）加强 SEC 针对帮助行为和教唆行为的执法权

法案加强了 SEC 针对帮助行为和教唆行为的执法权。法案第 929M 条为《1933 年证券法》第 15 条增加了第（b）款，规定明知或重大疏忽（knowingly or recklessly）地向违反了《1933 年证券法》或《1933 年证券法》相关规则的人提供重大帮助的任何人将被视为同等程度地违反了《1933 年证券法》或《1933 年证券法》的相关规则。此款扩大了 SEC 根据《1933 年证券法》第 20 条（b）款或（d）款提起民事诉讼的范围，可以追究相应的帮助和教唆责任。就 SEC 根据《1940 年投资公司法》第 42 条（d）款或（e）款提起的任何诉讼，法案第 929M 条在《1940 年投资公司法》第 48 条增加了几乎同样的表述。

法案第 929N 条也对《1940 年投资顾问法》作了类似的修改，本书第二节对此已有说明。

法案第 929O 条也将《1934 年证券交易法》第 20（e）条中帮助和教唆责任的适用范围扩大到了任何“明知或重大疏忽地”向违反了《1934 年证券交易法》或《1934 年证券交易法》相关规则的人提供重大帮助的人，而不仅仅限定在“明知”提供这类帮助的人。该条似乎是为了解决目前在联邦法院间出现的关于是否应包括“重大疏忽”行为而引发的争议。

（五）《1934 年证券交易法》下的控制人责任

法案第 929P 条修改了《1970 年 1934 年证券交易法》第 20（a）条，明确了 SEC 可以对控制人（control person）追究连带责任（joint and several liability）。

（六）违反证券法的人面临更广泛的从业禁令

法案第 925 条修改了《1934 年证券交易法》和《1940 年投资顾问法》，授权 SEC 禁止那些违反了《1934 年证券交易法》或《1940 年投资顾问法》的人从事与注册的证券实体有关的所有职业。注册的证券实体包括经纪商—自营商、投资顾问、市政证券交易商（municipal securities dealer）、市政顾问、转户代理人（transfer agent）或 NRSRO，而不仅仅限于那些与违法行为有关的特定注册证券实体。

（七）SEC 仍保留对前关联人员的强制执行起诉权力

法案第 929F 条修改了联邦证券法律的几个条款，明确 SEC（或 PCAOB）可以对之前与被监管实体（包括经纪商—自营商、政府证券经纪商或交易商、公共会计师事务所（public accounting firms）以及投资公司）有关联的人员提起强制执行诉讼，以防该人员因为在 SEC（或 PCAOB）提起诉讼时已脱离了与被监管实体的关联关系而逃避处罚或逃避其他附带性禁止（collateral bar）。

（八）SEC 的救济权力得到加强

法案第 929P 条修改了《1933 年证券法》、《1934 年证券交易法》和《1940 年投资顾问法》，赋予 SEC 在执行禁止程序（cease and desist proceedings）时进行民事处罚的权力。

（九）为 SEC 检查、视察和强制执行设定了截止期限

法案第 929U 条为《1934 年证券交易法》增加了第 4E 条，为 SEC 人员完成强制执行调查与合规检查和视察设定了截止日期。SEC 人员须在向某人发出"威尔斯通知"[1]（Wells notice）之日起 180 天内决定对该人提起诉讼或者告知 SEC 的强制执行部门主管不准备提起诉讼的决定。但是，如果 SEC 的强制执行部门主管（或主管指定的人）认为该强制执行调查太复杂，180 天不足以作出决定时，他可以在通知 SEC 主席后将截止日期再延

① 威尔斯通知（Wells notice）是指美国 SEC 向某人或某公司发出的调查通知书，表明 SEC 将对其采取执法行动。收到威尔斯通知的个人或公司可以提供相关信息为相关行为辩解，证明不应对其采取执法行动。

长 180 天。如果经 SEC 批准，截止日期还可以在第二个 180 天的基础上再延长一个或多个额外的 180 天。法案第 929U 条并未提出违反截止日期的规定将会面临怎样的后果。

同样地，SEC 人员须在完成现场合规检查之日或者收到被检查实体提供的所有记录之日这两者中较晚的一个日期起 180 天内书面通知被监管实体检查或视察已经结束，没有发现违法、违规行为或者要求被监管实体对违法、违规行为予以改正。但是，如果负责合规检查的部门主管认为该检查太复杂，180 天不足以作出决定时，部门主管可在告知 SEC 主席后将截止日期再延长 180 天。同样，法案第 929U 条也未提出违反截止日期的规定将会面临怎样的后果。

（十）对强制仲裁条款的禁止

法案第 921 条修改了《1934 年证券交易法》和《1940 年投资顾问法》，授权 SEC 禁止任何经纪商—自营商、市政证券交易商或投资顾问同他们的顾客之间就联邦证券法律或任何 SRO 的规则下发生的纠纷使用事前强制仲裁条款（pre – dispute arbitration clause）。SEC 也有权对这类条款的使用设置条件或予以限制。

（十一）SEC 的传票可在全国范围内送达

法案第 929E 条修改了《1933 年证券法》、《1934 年证券交易法》、《1940 年投资公司法》和《1940 年投资顾问法》，明确规定在由 SEC 在联邦地区法院提起的任何诉讼中，有关强制证人出庭、提供文件或有形物的传票可以送达美国的任何一个地方，并且还规定《联邦民事诉讼程序规则》（Federal Rules of Civil Procedure）的第 45（c）（3）（A）（ⅱ）条规则（该规则规定，如果一个传票要求一个非诉讼参与方从其居住的地方、被聘用的地方或通常亲自做交易的地方旅行超过 100 英里，那么发出传票的法庭可以根据非诉讼参与方及时的申请撤销该传票）对这类传票不适用。

（十二）与其他监管机关共享特权信息的权力

法案第 929K 条修改了《1934 年证券交易法》，允许 SEC 与美国监管者和外国监管者（包括执法部门在内）共享特权信息（privileged information），但是并不放弃适用于该信息的任何特权。如果外国证券监管机关或外国执法部门善意地告知 SEC 共享的信息是特权信息，SEC 就不得被强迫披露该特权信息。

五、其他条款

（一）证券投资者保护公司改革

法案第929C条将SIPC向财政部借款的最高限额从10亿美元提高到25亿美元。

法案第929H条修改了《1970年证券投资者保护法》（Securities Investor Protection Act of 1970，SIPA），提高了每位顾客的取现标准上限（standard maximum cash advance），该上限将会考虑通货膨胀因素。

法案第929V条修改了SIPA，将SIPC每位成员支付的最小评估费从150美元提高到该成员证券业务总年收入的0.02%，将SIPA下违反禁止性规定的最高处罚额度从5万美元提高到25万美元。如果任何人在明知是虚假陈述、有意欺骗或伤害他人的情况下做了虚假陈述，而且该人或他人为SIPC成员或者其中任何一人或账户受SIPC或SIPA的保护或符合保护的标准，那么该人应对其造成的伤害负责并被处以最高金额为25万美元的罚金或被施以最高5年的监禁。任何对SIPA下的民事诉讼有管辖权的法院有权发布临时或最终禁令，防止或制止上述违法行为的发生。

（二）报告已作废的证券信息

《1934年证券交易法》第17（f）(1）条要求证券业的各参与者向SEC或财政部部长（在政府证券的情况下）报告有关丢失的、伪造的或被盗的证券信息，并可就这类证券进行查询。法案第929D条对此进行了修改，将已作废的证券（cancelled securities）纳入这一报告范围内。

（三）与失踪的证券持有人有关的义务

法案第929W条修改了《1934年证券交易法》第17A条，要求SEC修改有关转户代理人寻找失踪的证券持有人（missing security holder）的义务的规定。具体地说，SEC被要求将相关规定的适用范围扩大到经纪商和交易商，并规定

（1）要求支付代理人（paying agent）向每位失踪的证券持有人发出书面通知，告知已向该证券持有人送去一张支票，该支票尚未兑付（除非该支票金额低于25美元）。该书面通知应在支票送出后7个月内发出；

（2）明确前述要求对州的充公法律没有效力。

在该规定下，如果送给一个证券持有人的支票在以下较早的日期前尚未兑付，那么这个证券持有人就被认定为是失踪的证券持有人：支付代理人按照通常的安排寄送下一张支票时，或者这张尚未兑付的支票被寄送已

有6个月。这里的支付代理人包括任何发行人、转户代理人、经纪商、交易商、投资顾问、契约受托人、托管人或任何接受发行人对证券的付款并将款项分发给证券持有人的人。

SEC须在法案颁布之日起1年内实施以上修订。

六、研究

(一)对适用于经纪商—自营商和投资顾问的注意义务的研究

如前所述,法案第913条保留了参议院版本的内容,要求SEC对目前经纪商—自营商和投资顾问以及他们的关联方在为零售顾客提供个性化证券投资建议时需要尽到的注意义务进行有效性评估。这些注意义务是由SEC、一个全国性证券协会(比如FINRA)以及其他联邦和州的法律和当局规定的。这里零售顾客是指从经纪商—自营商或投资顾问接受有关证券的个性化投资建议并将该建议主要用于个人、家人或家庭目的的自然人或其法定代理人。研究主要会考虑与前述注意义务的有效性评估有关的一些具体问题,以及采取统一标准的成本和收益。研究还将考虑零售顾客理解监管差异的能力,以及与相关监管者实施注意义务标准有关的事项。

SEC必须自法案颁布之日起6个月内向国会银行委员会提交研究报告,并在准备该报告时征求公众意见。法案还授权SEC就上述事项制定规则。

(二)对投资者金融知识以及共同基金广告宣传的研究

法案第917条要求SEC对零售投资者的金融知识进行研究,包括零售顾客作出投资决策所需要的最有用的和最相关的信息、改善对费用和利益冲突的披露以及现行最有效的私人和公共投资者教育方法。自法案颁布之日起2年内SEC要向国会银行委员会提交一份报告。

法案第918条要求GAO自法案颁布之日起18个月内向国会银行委员会提交一份有关共同基金广告宣传的研究报告,确认以下事项:

(1)有关开放式投资公司广告宣传的现行监管要求和提议中的监管要求;

(2)目前开放式投资公司股份的市场营销情况,包括使用以往业绩数据、已经合并的基金,以及扶持基金(incubator funds)的情况;

(3)这种广告宣传对顾客的影响;以及

(4)有关在共同基金广告宣传中加强投资者保护的建议,以及投资者在购买共同基金份额等投资决策时可能需要的额外信息。

（三）对证券公司研究职能与投资银行职能之间潜在利益冲突的研究

2003 年 SEC 与其他一些监管者与几家证券公司达成过一个和解协议，以解决同一家证券公司内部研究职能与投资银行职能之间的利益冲突。法案第 919A 条要求 GAO 开展一项新的调研，确认并检查同一家公司内研究职能与投资银行职能之间可能存在的潜在利益冲突。GAO 在调研中要考虑是否有必要将 2003 年和解协议中的要求制度化并永久地适用于证券公司。比如，研究部门与投行部门之间的物理隔离和内部防火墙制度、对研究对象范围的决策（coverage decisions）以及其他独立性措施（许多这些和解协议条款，或大量类似的措施，已经被写入 SRO 的规则中）。法案要求 GAO 在开展调研时，要与 SEC、州检察长和其他州证券官员、FINRA、投资者权益保护人、经纪商—自营商、零售投资者与机构投资者以及学者进行磋商。GAO 应自法案颁布之日起 18 个月内向国会银行委员会提交调研报告。

（四）对投资者了解投资顾问与经纪商—自营商的渠道的研究

法案第 919B 条要求 SEC 研究如何改善投资者了解投资顾问、经纪商—自营商及关联人注册信息的渠道，确认其他应当公开的额外信息并就这些研究内容提出相关建议。SEC 必须自法案颁布之日起 6 个月内完成该研究报告并在报告完成之日起 18 个月内就报告中的建议制定实施细则。

（五）对金融理财师和使用金融业头衔的研究

法案第 919C 条要求 GAO 就以下事项进行研究：州和联邦在保护投资者和顾客免受金融顾问头衔（financial designations）误导方面的监管有效性、对金融理财师（financial planners）的监管以及这些监管上的空白。在研究的过程中，GAO 应考虑以下因素：现有的监管是否为金融理财师提出了充分的职业标准要求；在保险和证券等其他金融产品的销售中金融理财师给投资者和其他顾客可能带来的风险；投资者和其他顾客对作为金融理财师所需的资质和注意义务的理解能力；对金融理财师的监管和职业监测是否能保护顾客。GAO 须在法案颁布 180 天内向国会银行委员会和参议院老年问题特别委员会提交调研报告。

（六）对私人诉权的域外效力的研究

如前所述，美国最高法院最近在 Morrison v. National Australia Bank, No. 08 – 1191（2010 年 6 月 24 日）中作出决定，认为《1934 年证券交易法》第 10（b）条并未赋予“外国原告由于在外国交易所交易证券的不当行为起诉外国被告和美国被告”的私人诉权。法案第929P条赋予了美国司法部或SEC根据《1933年证券法》、《1934年证券交易法》以及《1940年投资顾问法》的反欺诈条款提起诉讼的域外管辖权，但并没有赋予私人同等诉权。法案第929Y条要求SEC研究《1934年证券交易法》的反欺诈条款下私人诉权的范围应扩大到何种程度来涵盖“发生在美国境内对违法行为有重大推动作用的行为，即使该证券交易发生在国外并且只涉及外国投资者”以及“发生在美国境外但对美国国内有可预见的重大影响的行为”。此外，研究还应对以下几点进行分析：

（1）这种私人诉权的范围，包括是否应扩展到所有的私人主体，还是只包括机构投资者；

（2）这种私人诉权对国际礼让（international comity）的影响；

（3）将这种私人诉权范围扩大至跨国证券欺诈的经济成本和收益；

（4）是否应当采纳一种相对较窄的域外标准。

SEC应当自法案颁布之日起18个月内向国会银行委员会提交一份研究报告并提出相关建议。

（七）对有关帮助行为和教唆行为的私人诉权的研究

法案并未采纳参众两院合议协商时曾有过的一个修正案。该修正案若生效，将推翻美国最高法院在Stoneridge Investment Partners, LLC v. Scientific Atlanta, Inc. et al., No. 06－43（2008年1月15日）中的决定。在Stoneridge案中，最高法院重申了其在Central Bank of Denver, N. A. v. First Interstate Bank of Denver, N. A., No. 92－854（2004年4月19日）中的决定，即《1934年证券交易法》第10（b）条并未对上市公司欺诈中的帮助和教唆行为追究责任，并明确原告不能对那些未被投资者依赖的欺诈行为或陈述的次级行为人（secondary actors）追究责任。相反，法案第929Z条要求GAO研究允许对那些帮助或教唆违反证券法律的人进行私人起诉的影响。在可行的情况下，研究必须包括以下事项：

（1）审查次级行为人在公司证券发行中的作用；

（2）2008年1月14日后法院对联邦证券法律下次级行为人的责任范围的解释；以及

（3）《1995年美国私人证券诉讼法》规定的诉讼类型。

GAO必须自法案颁布之日起1年内向国会报告其调查结果。

第十节　其他改革

一、金融督察长委员会

法案第989E条设立了金融督察长委员会（Council of Inspectors General on Financial Oversight），该委员会由财政部（其督察长担任主席）、美联储、CFTC、HUD、FDIC、FHFA、NCUA、SEC和有毒资产救助计划（TARP）的督察长组成。设立金融督察长委员会的目的主要是方便信息共享及各成员之间的工作交流，同时重点关注可能适用于更广泛金融领域的问题以及改进金融监督的措施。该督察长委员会将至少每季度召开一次会议，并向国会提交年度报告。该年度报告将包含与各成员已完成和正在进行的工作的有关信息及建议（尤其是可适用于更广泛金融领域的问题），以及金融督察长委员会对所有成员意见的总结（重点关注改进金融监督所应采取的措施）。同时授权金融督察长委员会成立一个专门的工作组来对其工作的有效性及内部运营进行评估①。

根据法案第1505条，GAO必须在法案颁布后1年内发布一份报告，报告须对总统任命的督察长和指定联邦机构的督察长（《1978年督察长法》（Inspectors General Act of 1978）第8G条对这些术语有定义）的相对独立性、有效性、专业水平以及法案对《1978年督察长法》的修订（包括法案第989E条）对独立性的影响进行评估。该报告将提交国会相关委员会。

二、《2002年萨班斯—奥克斯莱法案》第404（b）条的豁免

法案第989G条对《2002年萨班斯—奥克斯莱法案》中的第404条进行了修订，规定《2002年萨班斯—奥克斯莱法案》第404（b）条不再适用于非快速申报者和小型申报公司，即这些公司不再需要提供由上市公司的外部审计师出具的关于发行人对财务报告内部控制的证明文件。法案要求SEC研究如何降低市值在7 500万美元（该金额是非快速申报者的标准上限）至2.5亿美元的公司遵守或降低《2002年萨班斯—奥克斯莱法案》

① 法案还对《1978年督察长法》作出了一些技术性的改革，如有关督察长被免职的程序规定等。

第404（b）条的合规负担，以及按《2002年萨班斯—奥克斯莱法案》第404（b）条完全豁免是否会鼓励企业在美国交易所进行首次公开发行股票。SEC必须在法案颁布后9个月内向国会提交一份关于这项研究的报告。

法案第989I条要求GAO对修订《2002年萨班斯—奥克斯莱法案》第404条所产生的影响进行研究，并在法案颁布后3年内向国会银行委员会提交关于这项研究的报告。该报告尤其应对《2002年萨班斯—奥克斯莱法案》第404（b）条的豁免是否会对财务报告重述的频率、资本成本及投资者对财务报告完整性的信心产生影响进行分析。

三、对国际货币基金组织发放的可能无法全额偿还的贷款的异议

法案第1501条对《布雷顿森林协议法案》（Bretton Woods Agreements Act）进行了修订，规定美国财政部部长应要求美国在国际货币基金组织（IMF）的执行董事，在IMF执行董事委员会召开会议前，对IMF向任何符合下列条件的某个国家提供贷款的提议进行评估：一是该国的公债超过其国内生产总值，二是该国不符合国际开发协会（国际开发协会负责为世界上最贫困的国家提供援助）的援助条件。如果该执行董事认为该笔贷款可能无法得到全额偿还，那么财政部部长必须命令该执行董事利用美国的发言权及投票权来反对该项贷款提议。

法案第1501条同时也规定，在IMF通过一项美国认为可能无法全额收回的贷款决议后30天内及在相关被批准计划的期间内的每个年度，财政部部长必须向参议院银行、住房和城市事务委员会及众议院金融服务委员会、外交关系委员会提交一份对这些贷款全额偿还的可能性进行评估的报告，内容包括（1）借款国当前的债务情况，其中包括其期限结构、是否包含固定利率或浮动利率、是否与指数挂钩，以及债权人信息；（2）可能会影响借款国还款能力的外部缺陷及内部缺陷；（3）借款国的债务管理策略。

四、"偿还法案"：减少对不良资产救助计划的授权

法案第十三章的"偿还法案"对《2008年紧急经济稳定法案》（the Emergency Economic Stabilization Act of 2008，EESA）进行了修订，将EESA第115（a）条中对TARP购买权限的最高额降低为4 750亿美元。此外，法案第十三章还终止了EESA框架内2010年6月25日前尚未启动的所有项目和方案，并且规定在计算是否已经达到4 750亿美元最高限额时，在

EESA 框架内的救助返还款项不得用于抵销之前的购买金额。“偿还法案”同时还要求财政部部长每 6 个月向国会提交一份报告，说明根据 EESA 第 106 条为减少债务所收到并转移到一般基金的具体金额。

“偿还法案”同时还要求财政部出售房利美、房地美和联邦住房贷款银行的债务和有价证券所获得的资金要全部用于弥补赤字，禁止用于抵销其他增加的支出或者弥补减少的收入。同样地，从房利美和房地美获得的任何与《2008 年住房与经济复苏法案》（Housing and Economic Recovery Act of 2008）第 1117 条批准或执行的项目或活动有关的费用和评估款项、在《2009 年美国复苏和再投资法案》（American Recovery and Reinvestment Act of 2009）下提供给某个州但被拒绝接受的资金以及其他在该法案下未指定用途的资金也都必须只能被用于削减赤字。

法案第 1305 条同时还要求 FHFA 署长向国会提交一份关于继续支持和维护美国的房地产业并同时保证美国纳税人不会遭受不必要损失的计划报告。不过，法案并没有明确提交该报告的具体时限。

第五章
衍生品监管改革

法案第七章名为《2010年华尔街透明度和问责法案》（Wall Street Transparency and Accountability Act of 2010）。该章的内容主要以美国参议院农业委员会主席林肯（Blanche Lincoln）提出的加强对场外衍生品市场监管的法律案为基础。该章为SEC和CFTC对场外衍生品市场、产品和参与方实施全面监管增加了大量新的授权，提出了一系列新的要求。

第一节　华尔街透明度和问责

一、监管权概览

总体上，CFTC对互换（swaps）、互换交易商（swap dealer）和主要互换参与方行使监管权，SEC则对证券基准互换（security-based swaps）、证券基准互换交易商以及主要证券基准互换参与方行使监管权。在新的监管框架下，互换交易商、证券基准互换交易商、主要互换参与方和主要证券基准互换参与方（合称“互换市场参与方”）一般来说必须在中央交易所或受监管的场所进行交易，并通过受监管的清算所进行清算。互换市场参与方要受到有关审慎监管机构、CFTC或SEC规定的资本金和保证金要求的约束，并遵守有关商业行为准则。法案第七章还要求CFTC和SEC联合或各自制定落实本法案规定的大量规则。在制定场外衍生品市场的监管规则时，法案要求CFTC和SEC以及有关审慎监管机构尽量互相协商、协调，并规定在监管规则出现冲突时，CFTC和SEC可以在华盛顿特区联邦上诉法院挑战对方的规则。

此外，法案第七章授权以下审慎监管机构对特定互换市场参与方规定资本金和保证金要求并执行有关审慎标准（包括风险管理要求）：

• 美联储对以下互换市场参与方行使审慎监管权：联储成员银行的州牌照分支机构；外国银行的州牌照分支机构；不运营投保存款分支机构的外国银行；在《1913 年联邦储备法案》第 25A 条下运营的组织或根据《1913 年联邦储备法案》第 225 条与美联储达成协议的组织；任何银行控股公司；任何被视作银行控股公司的外国银行及其特定子公司；以及法案颁布一年后的任何 SLHC 及其特定子公司；

• FDIC 对下述互换市场参与方行使审慎监管权：不是联储成员银行或州储蓄协会会员的州牌照银行；

• OCC 对下述互换市场参与方行使审慎监管权：全国性银行、外国银行的联邦牌照分支机构，以及联邦储蓄协会；

• 农场信贷局（Farm Credit Administration）对下述互换市场参与方行使审慎监管权：根据《1971 年农场信贷法案》（Farm Credit Act of 1971）设立的机构；

• FHFA 对下述互换市场参与方行使审慎监管权：《1992 年联邦住房企业金融安全与稳健法案》第 1303 条项下的受监管实体。

对某些实体，特别是外国银行的美国分支机构而言，"审慎监管者"定义的适用性有不完全明确之处，需要监管机构进一步明确。此外，一些互换市场参与方受到有关审慎监管机构和 SEC 或 CFTC 的重复监管①。法案第七章将许多重大问题留待 CFTC 和 SEC 制定具体规则解决，包括若干决定谁将被纳入新监管框架的定义问题。但明确的是，第七章将对活跃于场外衍生品市场的金融机构带来严格的监管。

二、定义和注册规定

（一）组合保证金

法案第 713 条修改了《1936 年商品交易法》和《1934 年证券交易法》，规定 CFTC 和 SEC 对衍生品仓位的组合保证金（portfolio margining）制定一致的规定，并对类似产品适用类似规则。

---

① 例如，法案第 761 条规定《1934 年证券交易法》对"交易商"（dealer）的定义不包括与合格合约参与者（eligible contract participant）达成证券基准互换的人。这一规定似乎是为了豁免该类交易商在《1934 年证券交易法》第 15（a）条有关注册要求。但第 761 条没有对"经纪商"的定义做类似处理，导致为他人从事证券基准互换交易的交易商可能被当做第 15（a）条有关"经纪商"受到监管。

（二）互换和证券基准互换

1. 定义

法案第七章规定，CFTC 和 SEC 有权对互换和证券基准互换进行定义和监管。“互换”的定义为任何以基础金融产品或与金融产品有关的事件的发生为基础的协议、合约或交易，包括利率互换、外汇互换、信用违约掉期（CDS）以及商品互换。

“证券基准互换”的定义为基于以下基础的协议、合约或交易：（1）一个狭窄基础的证券指数（narrow - based security index），包括该指数的权益或价值；（2）一个单独的证券或贷款，包括其任何权益或价值；（3）与狭窄基础的证券指数中的单个证券发行者或多个证券发行者有关的事件的发生，而这些事件直接影响到该发行者的财务报表、财务状况或金融债务。

狭窄基础的证券指数必须只有 9 个或更少的成分证券，并满足特定的权重和其他要求。如果基础证券为豁免证券，如政府证券或市政证券，则以该类证券为基础的协议、合约或交易将被排除在“证券基准互换”的定义之外，除非该协议、合约或交易具有购买期权、出售期权或其他期权的特征，或被业界普遍认为是以上期权。混合互换（mixed swaps）被当做证券基准互换监管，具体规则由 CFTC 和 SEC 联合制定。混合互换指一个同时基于一个或多个权益或其他利率、货币、商品、债务工具、指数、数量衡或其他金融或经济利益或任何财产（单个证券或狭窄基础的证券指数除外）的价值，或基于与潜在金融、经济或商业后果有关的事件的发生或程度（与单个证券发行者或狭窄基础证券指数中证券发行者有关的、直接影响其财务报表、财务状况或金融债务的事件）的证券基准互换。

法案修订了《1933 年证券法》和《1934 年证券交易法》中关于证券的定义以包括证券基准互换。该修订使证券基准互换受到《1933 年证券法》有关注册规定以及两个证券法下有关反欺诈规定的管辖。对注册经纪商—交易商而言，还受到《1934 年证券交易法》有关保证金、资本金和记录保留等规定的管辖。这一修订使得原本不受监管的许多活动落入 SEC 的监管范围。例如，由于贷款被包括在证券基准互换的定义内，某些贷款和贷款份额（loan participations）将受到 SEC 监管。

另一方面，股权互换（equity swaps）和股权指数互换（equity index swaps）被法案定义为“互换”从而受到 CFTC 管辖。这似乎与证券基准互换的定义不尽一致，但法案没有澄清股权互换和证券基准互换之间的区别。因此，任何在股权互换或股权指数互换方面做市或持有重要仓位的市场参与方将被 CFTC 而不是 SEC 监管。

“互换”的定义中不包括非金融商品以实物交割的远期合约（如果交易各方计划（intend）以实物交割的话）。但是如同法案第七章多处地方一样，尚不清楚“计划”本身如何解释。例如，如果各方在一开始就计划实物交割，但随后情况发生变化，不清楚这一远期合约的性质是否发生了变化。

目前对“互换”的定义还包括外汇远期与掉期，同时规定财政部部长有权对其豁免法案第七章的监管要求。但法案第七章又规定豁免的外汇远期和掉期要向互换库（swap repository）报告并受到商业行为准则的管辖。此外，这些被豁免的外汇远期和掉期还受到《1936 年商品交易法》反欺诈和反操纵规定的管辖。

在决定是否将外汇远期或掉期从“互换”定义中排除时，财政部部长必须考虑具体的标准并向国会提交报告以解释为什么此类远期和掉期与其他远期和掉期不同，并说明支持该豁免的客观差异。其中，财政部部长要特别说明外汇远期和掉期的交易和交割是否会产生系统性风险，是否降低透明度或威胁美国金融稳定，这些工具是否已受到与法案第七章类似的监管，在相关市场银行监管机构对参与方监管的充分程度，以及其支付结算体系是否充分。

2. 证券基准互换的注册

法案第 768 条修订了《1933 年证券法》中的有关部分，规定除非已有效注册，否则不得向任何非合格合约参与方买卖或提出买卖证券基准互换。与此前相比，该条将大量证券基准互换交易置于 SEC 注册规定之下，是一个重大变化。该条规定，《1933 年证券法》中的注册规定适用于证券基准互换，且不论《1933 年证券法》第 3、4 条的豁免是否适用。因此，与非合格合约参与方进行的证券基准互换交易将受到比一般证券更严格的注册要求，即使原本可以豁免的私募配售（private placement）也需要注册。与此相一致，《1933 年证券法》中对“买”“卖”的定义进行了修订以包括对证券基准互换的履行（execution），到期前终止、转让（assignment）、交换或其他类似的转移（transfer）或转让（conveyance），或互换下权利或义务的消灭。

如果证券基准互换的提出方或代表是基准证券的发行方或其关联人或

承销商，则该证券基准互换也受到《1933年证券法》注册规定的管辖。但不清楚《1933年证券法》第3、4条的豁免在此是否适用。

3. 对作为保险合约的证券基准互换的监管豁免

法案第767条禁止任何州对作为保险合约的证券基准互换进行监管。该规定是针对一些州威胁将CDS之类的证券基准互换当做保险合约适用州法进行监管而制定的，在一定程度上消除了市场中的一些不确定性。

4. 稳定价值合约

法案第719条规定，CFTC、SEC与美国劳工部、财政部和州监管机构协商后联合研究稳定价值合约[①]（Stable Value Contracts）是否落入法案第七章定义的“互换”。如果答案是肯定的，CFTC和SEC须联合决定将其从“互换”定义中豁免是否符合公共利益。在该决定作出前，法案第七章不适用于稳定价值合约。

（三）互换交易商、证券基准互换交易商、主要互换参与方、主要证券基准互换参与方

1. 互换交易商和证券基准互换交易商

根据法案第721条，互换交易商的定义为（1）作为互换交易商出现；（2）在互换市场做市；（3）在日常经营中为自有账户与对手方定期达成互换；（4）从事的业务使其在行业中被普遍认为是互换市场的交易商或做市商。

法案第761条为证券基准互换交易商做出了类似定义。互换交易商必须在CFTC注册，证券基准互换交易商则须在SEC注册。证券基准互换交易商的定义不包括单独进入证券基准互换或以信托身份进入互换但不以此为日常业务的人。法案要求CFTC和SEC在法案颁布1年内制定互换市场参与方注册的具体规则。

投保存款机构在与客户发生贷款关系时提出与客户达成互换的情况下，该投保存款机构不应被视为互换交易商。但对证券基准互换交易商没有规定类似的投保存款机构例外，且如前所述，证券基准互换包括贷款及其利息。一个人可以被指定为“一种类型或一个类别或种类的互换或证券基准互换”的交易商，但不是别的类型、类别或种类的交易商。法案还授

① 稳定价值合约是指在到期日前对合约或账面价值提供计入利息（crediting interest rate）和流动性担保的任何合约、协议或交易，由银行、保险公司或其他受州或联邦监管的金融机构提供给任何个人或作为雇员福利计划可选投资的混合基金（commingled fund）、合格薪酬延迟计划、《1986年国内税收法典》（Internal Revenue Code of 1986）第403（b）条规定的计划或合格学费计划。

权监管机构将只与其客户或代理其客户从事极少数量互换或证券基准互换交易的人排除在市场参与方之外。

2. 主要互换参与方和主要证券基准互换参与方

法案将“主要互换参与方”（Major Swap Participant，MSP）定义为符合以下描述之一的非互换交易商：（1）在任何互换类别持有CFTC认定的重大互换仓位（对冲商业风险或雇员福利计划为对冲计划运营风险而持有的仓位除外）；（2）有重大对手方风险敞口，该风险敞口可能对美国银行体系或金融市场的稳定造成严重不利影响；（3）不受联邦银行业监管机构资本金规定管辖的金融实体，杠杆率很高且在任何主要互换类别里有重大持仓。法案对“主要证券基准互换参与方”（Major Security - Based Swap Participant，MSSP）作了类似定义。法案规定，所有MSPs和MSSPs都必须分别到CFTC和SEC注册。

在定义“重大仓位”时，监管机构须采用一个“对有效监测、管理和监督系统重要性或能够显著影响美国金融体系的实体是审慎的”门槛。还必须考虑市场参与方在未交割和已交割互换中的相对仓位，并可以考虑为防范对手方风险而设立的担保物的质量和价值。法案从MSP的定义中排除了“90%以上主要业务为产品销售融资或租赁融资，且其产品90%以上由母公司或母公司的其他子公司制造的实体，该实体使用衍生品用于对冲与利率和外汇风险有关的商业风险”。但对MSSP没有规定类似的例外。

与对互换交易商的处理一样，一个人可能在某些类别的互换或证券基准互换中被指定为MSP或MSSP，但在其他类别中则不是。因此，一家大型制造商可能在特定互换或证券基准互换中被归为MSP或MSSP并受到法案有关规定的监管。法案赋予了监管机构较大的自由裁量权定义“互换交易商”、“证券基准互换交易商”、MSP和MSSP，并有权决定最终使用方是否是MSP或MSSP从而受到新规则的监管。例如，法案对“对冲商业风险”的例外规定没有指明是否指运营和资产负债表对冲，因此，不清楚这些活动是否会被监管者当做商业性风险的对冲。但从事非商业类的对冲并保有重大互换仓位的机构，如对冲基金，将被视作MSP并受到新规则监管。此外，CFTC主席Gary Gensler还表示，包括主要原油生产企业在内的大型商业制造商可能被当做互换交易商或MSP。

三、互换推出规则

法案第716条还包含了所谓的“互换推出规则”，或“林肯推出规定”

（Lincoln push－out provision）（得名于该规则的提案人——参议院布兰切·林肯）。该规则的实质是禁止向互换交易商或 MSP（此处统称“互换实体”（swap entities））与互换业务有关的业务提供联邦救助①，包括联邦存款保险和美联储再贴现窗口。这些业务包括互换交易商或 MSP 提供的贷款或担保，以及与互换交易商或 MSP 达成的损失或利润分成安排。“林肯推出规定”不适用于投保存款机构从事与其业务直接有关的风险对冲。同时，该规定明确允许投保存款机构从事与利率、货币或其他允许全国性银行投资的资产（包括投资级的 CDS②）有关的互换。但是，在农产品、未交割商品和大部分金属与能源商品领域，银行必须将其互换业务转移到有独立资本金的附属机构。但法案未明确规定未投保的银行业机构，如外国银行的美国分支机构，是否允许从事以上允许的互换业务。如果这些机构受到了联邦救助，则可能不允许他们从事以上业务。但理论上说，外国银行或未接受联邦救助的关联人仍可以从事这些业务。

禁止投保存款机构从事的业务可以由受联储监管的银行的关联人从事，但该关联人必须遵守《1913 年联邦储备法案》第 23A 条和第 23B 条以及 SEC、CFTC 和美联储的其他规定。

如果 FSOC 认为某种互换具有系统性风险，则 FSOC 有权否决向任何互换实体提供联邦救助。由于互换业务而进入破产管理或资不抵债的互换实体要遵守转移或终止互换业务的有关法律规定，不得使用纳税人资金使互换实体免于破产管理。林肯推出规定将在法案颁布两年后生效，且不适用于这两年过渡期结束前进行的互换交易。

四、清算、交易和报告要求

（一）清算要求

法案第七章规定，如果（1）该清算机构提供互换和证券基准互换的清算；（2）CFTC 或 SEC 要求该互换或证券基准互换必须进行清算，互换和证券基准互换必须通过受监管的清算机构清算。衍生品清算组织（De-

① 此处的“联邦救助”指任何联储信贷工具或再贴现窗口的任何预付款，但这些工具或窗口不是《1913 年联邦储备法案》第 13（3）（A）条中的广泛适用的计划或工具，也不是 FDIC 为以下目的提供的保险或担保：（A）向任何互换实体提供贷款、购买股票、股份权益或债务；（B）购买任何互换实体资产；（C）担保任何互换实体的债务；（D）与任何互换实体达成救助安排（包括税收豁免）、损失分担或利润分成。

② 全部 CDSs 必须通过衍生品清算组织（DCO）清算。

rivatives Clearing Organization，DCO）和清算所必须分别在 CFTC 和 SEC 注册。此外，法案还授权 SEC 制定规则“以防范逃避强制清算规定”。所有 DCOs 和清算所必须为双边或通过非关联的交易所、互换交易机构（swap execution facility，SEF）或证券基准互换交易机构（security - based swap execution facility，SSEF）进行的互换交易提供清算服务。CFTC 在给予 30 天公共评论期后，有权在衡量法案规定的一系列因素（包括对减轻系统性风险的影响）后动态决定何种互换需要清算，即使没有 DCO 提出特定互换的清算要求。此外，DCOs 必须向 CFTC 提交它们想提供清算服务的互换种类，CFTC 对哪些互换必须清算要给予明确的答复。如果对某一互换的清算会威胁到清算机构的财务健康，CFTC 则不得要求提供该清算。

对于证券基准互换，法案要求 SEC 对每一证券基准互换，或任何证券基准互换的种类进行动态审查，以决定对该种类是否必须进行清算，并要考虑法案列出的五项因素（包括对减轻系统性风险的影响）。同样地，如果 SEC 认为，对某一证券基准互换种类的清算会影响到清算机构的财务健康，则 SEC 不得要求清算所对此种类提供清算。清算所必须向 SEC 提交其计划清算的证券基准互换种类，SEC 然后决定该种类是否必须清算。在法案颁布之日列入清算所清算名单的证券基准互换种类将被视作已向 SEC 提交。

如果交易的一方不是金融实体，互换的目的是对冲商业风险，并通知了 CFTC 或 SEC 其如何履行与达成未交割互换有关的财务义务，该交易就可从强制清算要求豁免。此外，法案授权 CFTC 和 SEC 对资产小于 100 亿美元的小型银行、储蓄协会、农场信贷体系机构和信用社进行证券基准互换的强制清算要求进行豁免。此外，非金融最终使用方的非金融关联人可以对冲非金融最终使用方的商业风险，但该关联人必须不是互换市场参与方、商品集合、《1940 年投资公司法》第 3（c）（1）条和第 3（c）（7）条中豁免注册的投资公司，或资产大于 500 亿美元的银行控股公司。

（二）交易要求

所有必须被清算的互换和证券基准互换都必须在受监管的交易所、SEF 或 SSEF 交易，除非（1）没有交易所、SEF 或 SSEF 愿意对该互换或证券基准互换挂牌；或（2）该证券基准互换符合强制清算要求的某些例外规定。SEF 或 SSEF 为一个交易系统或交易平台，该系统或平台通过接受其他参与方的买卖标价使得多个参与方能够进行互换交易，但不是全国性证券交易所。SEF 或 SSEF 只能组织不易被操纵的互换交易。但法案没有指明监管机构如何认定一种交易为“易被操纵”的。

免除清算要求的非金融最终使用方也同时免于以上交易要求。若由于以上第（1）种原因而无法达成的互换，对手方还是需要遵守 CFTC 或 SEC 规定的记录保存和报告要求。

（三）报告要求

法案规定 CFTC 或 SEC 必须制定 SEFs 或 SSEFs 的信息披露要求，将有关价格、交易量和其他互换交易数据及时公开披露，并授权两个监管机构规定有关信息披露要求以便利价格发现。对不受强制清算要求且未被清算的互换的公开披露要注意不披露任何人的商业交易和市场仓位。以上报告要求必须包含以下规定：（1）确保披露的信息不披露参与方身份；（2）明确大额互换或证券基准互换（大笔交易）的定义标准；（3）明确报告大额交易的合适时滞；以及（4）考虑公开披露是否会显著减少市场流动性。互换交易的各方及其代理人负责按要求提交有关交易报告。

法案还就以上报告和清算要求规定了若干过渡性措施。例如，在法案颁布之后达成的互换和证券基准互换须在以下两个时间中更晚的那个时间内向互换库报告：（1）法案颁布 90 天后；（2）CFTC 或 SEC 规定的其他时间。法案颁布之前达成的互换可免于清算，但须遵守过渡性规则的要求。对法案颁布之前达成的、尚未过期的证券基准互换，必须在以下两个时间中更晚的那个时间内向互换库报告：（1）临时性最终规则颁布的 30 天后；（2）SEC 规定的其他时间。

不参加清算的全部互换和证券基准互换（包括其非金融最终用户）须向互换库或 CFTC 报告并由它们公开披露未交割互换的有关数据。在清算要求出台之前达成的互换不必参加清算，但必须向互换库、CFTC 或 SEC 报告。

（四）其他规定

1. 互换交易的公司内部批准要求

法案第七章规定上市公司要获得互换清算的豁免，或通过全国性交易所、SEF 或 SSEF 进行有关互换交易，必须事先获得董事会有关委员会的批准。法案没有要求按每一笔交易获得批准，但至少要按类别、类型或目的获得批准。

2. 记录保存规定

所有互换市场参与方必须保存以下记录：每日交易记录及全部有关记录（包括有关现金或远期交易）；有记录的通信，包括电子邮件、短信和电话录音；每个客户或对手方的每日交易记录；交易重建的全部审计记录。

五、资本金和保证金要求

法案规定CFTC在与有关审慎监管机构协商后，至少每年度对互换交易商和MSPs规定资本金要求以及初始保证金和动态保证金（variation margin）要求。这些要求的目的是确保互换交易商和MSPs的安全稳健，并须与他们持有的未交割互换有关的风险相对应。对于是银行的互换交易商和MSPs，CFTC必须与有关审慎监管机构共同协商，制定资本金和保证金要求。在制定过程中，CFTC和审慎监管机构须考虑互换交易商和MSPs的全部业务，包括不受强制监管的业务。因此，监管机构可以根据与一家美国实体的海外关联人的交易制定美国互换交易商和MSPs的资本金要求，也可以对一般被当做非金融最后使用方的机构制定资本金要求。

对证券基准互换交易商和MSSPs，法案规定了类似的要求。区别是在该机构存在审慎监管者的情况下，以审慎监管者（在与SEC协商后）为主，而不是与SEC联合，制定有关资本金和保证金要求。在不存在其他审慎监管机构的情况下，则由SEC单独制定有关要求。SEC、CFTC和有关审慎监管机构必须定期（至少每年）就以上规定进行会晤协商以保证各自规则的一致性。

若认为与保持有关互换市场的完整性和维护美国金融稳定的目标相一致，监管机构有权准许非现金担保品的使用。在有关衍生品市场改革的立法讨论中，许多市场参与方都认为保证金规定会对他们造成财务负担，因为目前他们普遍使用非现金担保品，如实物资产和信用证。非金融最终用户对此问题更加关注。在参众两院就法案最终文本的协商中，禁止非金融最终用户保证金的规定被删除，导致对使用保证金的忧虑。为回应这些忧虑，参议员多德和林肯在2010年6月30日给众议院议员弗兰克和众议院农业委员会主席皮特森（Peterson）的信中写道："法案未授权监管机构对使用互换对冲商业风险的受豁免的最终用户规定保证金要求……国会在本法案中明确说明保证金和资本金要求不适用于最终用户，监管机构也无权对最终用户的交易规定强制清算。"

对不交割的互换，互换交易商或MSP必须在交易开始时就通知对手方其有权要求对初始保证金（但不是动态保证金）进行隔离（segregation）保管。

在执行方面，如果受到其他审慎监管机构管辖，则该审慎监管机构全权负责资本金和保证金要求的执行。否则，SEC 或 CFTC 就是负责执行的主要部门。

尽管非金融最终用户进行了大量游说，最终颁布的法案并没有明确排除对既有互换或证券基准互换的保证金要求。因此，不清楚监管机构是否会对以上互换执行保证金要求。若执行此规定，无法满足保证金要求的市场参与方将不得不违约，进而可能对市场造成较大的不确定性。

六、期货的税收待遇

《1986 年国内税收法典》第 1256 条规定，在特定交易所交易的期货合约和期权合约的持有者须采取盯市（mark - to - market）原则，并将损益按四六开分别计入短期资本收益和长期资本收益。法案修订了《1986 年国内税收法典》第 1256 条，将利率互换、货币互换、基础互换（basis swap）、利率上限（interest rate cap）、利率下限（interest rate floor）、商品互换、股份互换、股票指数互换、信用违约掉期或类似协议排除在第 1256 条之外。该修订的效果是为在交易所或 SEF 进行期货而不是互换交易创造了税收激励。这些修订将在法案颁布后的税收年度生效。

七、合规、商业行为准则和利益冲突

（一）首席合规官

互换市场参与方以及其他一些互换和证券基准互换市场的实体必须设立首席合规官。首席合规官直接对董事会或 CEO 负责，其职责包括负责有关法规遵守，设立纠正违规的程序，向 CFTC 或 SEC 提交年度合规报告并保证报告的准确性。

（二）商业行为准则

法案第七章还对互换市场参与方规定了一系列商业行为准则，包括向作为对手方的非互换市场参与方的信息披露要求，如主要风险、重大利益冲突，及与互换交易有关的重要动机和交易的每日盯市。此外，互换市场交易方与非互换市场参与方交易对手的通信必须按公平交易和善意原则以公平、平衡的方式进行。

针对金融危机前大量公共机构、非营利组织和退休计划在缺乏有效顾问和信息高度不对称的情况下进行大量衍生品交易并遭受重大损失的情况，法案为推销衍生品的金融机构规定了特别义务以改善交易的公平性。法案第 731 条规定，若交易对手是联邦政府部门、州、州政府部门、市、郡、镇或其他政治单位、《1974 年雇员退休收入保障法案》（Employee Retirement Income Security Act of 1974，ERISA）第 3 条定义的雇员福利计划和政府养老计划，以及享受免税待遇的基金（以上统称“特殊实体”(Special Entities)），法案对互换市场参与方分两种情况规定了特殊的义务。第一种情况是当互换市场参与方作为投资顾问时，第二种情况是作为非投资顾问交易对手方。在第一种情况下，作为投资顾问的互换交易商必须从特殊实体的最佳利益（best interests）出发，并付出合理的努力从该特殊实体处得到必要的信息以做出该互换是否符合特殊实体“最佳利益”的合理判断。在第二种情况下，作为交易对手方的互换交易商必须遵守监管机构规定的义务并确保特殊实体获得了“独立代理人”（independent representative）的服务。该“独立代理人”必须（1）对评估交易及其风险有充足的经验；（2）法律没有否定其资格；（3）独立于 MSP 或 MSSP；（4）承诺服务于其代理的特殊实体的最佳利益；（5）做了有关披露；（6）向特殊实体提供了公平定价和交易合理性的书面陈述；（7）若与雇员福利计划有关，作为其 ERISA 定义的受托人。但在互换市场参与方不知交易对手以上身份，而且交易是由某特殊实体在交易所、SEF 或 SSEF 启动的情况下，则以上商业行为准则不适用。

（三）利益冲突

法案要求 CFTC 针对在互换清算和交易组织拥有股份的互换交易商和 MSPs 制定规避利益冲突的规则，包括对其在这些组织中的投票权和控制权作出数量限制。CFTC 还须制定规则限制资产大于 500 亿美元的银行、由美联储监管的非银行金融机构、互换交易商或 MSPs 在清算机构、DCOs、SEFs 和交易所的所有权。法案第七章也要求 SEC 制定与证券基准互换交易商和 MSSPs 有关的类似规则防范利益冲突。此外，互换市场参与方、期货佣金商（futures commission merchants）和介绍经纪商（introducing brokers）也须建立利益冲突防范制度，将提供清算服务的人员与定价、交易或监督清算服务的人员相分离。

八、仓位限制

法案第 737 条要求 CFTC 为在交易所、SEFs 交易的合约以及非中央交易但在相关市场起着重要价格发现作用的互换规定总的仓位限制。为减少过度投机和防范市场操纵，CFTC 还要对所有实物商品（能源、金属除外）制定当月（spot - month）、单月和全月的联合仓位限制，可能还包括善意对冲豁免。对豁免商品（主要为能源、金属），以上限制要在法案颁布 180 天后做出；对农业商品，以上限制要在法案颁布 270 天后做出。在制定以上限制的过程中，CFTC 必须尽量确保这些限制不会导致价格发现的功能转移到外国交易所。CFTC 还须为持有与期货或期权合约或商品“经济上同等”（economically equivalent）的互换的个人设置仓位限制。最后，CFTC 必须为以同样商品为基础的跨交易所、跨外国交易所的合约以及起到重要价格发现作用的互换设立单月总仓位。

对以上仓位限制，CFTC 有权对善意对冲交易进行豁免。善意对冲交易的定义为：对商业企业减少风险具有经济上的恰当性、且源自以下价值变动的实物对冲交易：（1）个人或法人拥有、生产、制造、处理或销售，或期待进行上述活动的资产；（2）个人或法人拥有或期待产生的债务；（3）个人或法人提供或购买，或期待提供或购买的服务。善意对冲者的对手方也同样享受善意对冲豁免。

该条款通过在市场参与方达到期货市场仓位上限时禁止其在场外市场建仓，显著扩大了 CFTC 限制机构整体组合规模的权力。

法案第 719 条同时规定，CFTC 必须与交易所协商，研究仓位限制对过度投机以及交易向海外转移的影响。该研究必须在以上仓位限制颁布 12 个月内向国会提交，并接受众议院农业委员会的听证。

法案第 763 条要求 SEC 在符合公共利益和对投资者保护必要的情况下，为证券基准互换的个体持仓规模（包括与对冲豁免有关）设置仓位限制。SEC 有权要求对不同的有关工具的持仓进行合并计算[①]。SEC 也可以要求 SROs 对证券基准互换设立仓位限制，包括总体仓位限制。此外，SEC 还有权制定规则，要求任何人就其持有的证券基准互换及相关工具向 SEC 报告其仓位。

九、资产隔离

法案第七章对在互换和证券基准互换交易中用作担保物的资产的隔离问题做出了一系列规定，以防止对担保品的滥用。除非已注册成为期货佣

---

① 具体来说，SEC 可以要求对以下工具的仓位进行合并计算：（1）任何证券基准互换以及作为该互换基准或与其相关的任何证券或贷款或任何证券或贷款的组合……以及与该证券或贷款或证券或贷款组合、指数有关的任一其他工具；或（2）任何证券基准互换以及（A）任何证券或证券组合、指数，其价格、收益率、价值或波动性或其中的任何利益作为该证券基准互换的重要条款的基础，以及（B）与以上（A）中相同证券或证券组合、指数有关的任何其他工具。

金商、经纪商、自营商或证券基准互换交易商，任何人都不得代表互换或证券基准互换客户接受货币、证券或财产（或取而代之以授信）用来为在清算所清算的互换或证券基准互换提供保证金、担保或质押。法案规定客户资产必须明确隔离，不得与期货佣金商、经纪商、自营商或证券基准互换交易商的自身资金相混合。对于不经清算所清算的互换和证券基准互换，法案第七章规定，（1）互换市场参与方必须通知对手方其有权要求用来为对手方债务提供保证、担保或抵押的资金或其他财产进行隔离；（2）若对手方提出上述隔离要求，隔离账户应在独立第三方保管人开设并被指定为对手方隔离账户；（3）若资金或财产未被隔离，互换市场参与方应按季度向对手方证明其与保证金和担保品规定有关的后台措施符合双方协议的规定。

十、域外问题

由于法案第七章对 CFTC 的广泛授权和衍生品市场的国际性，CFTC 将对与美国市场参与方交易的外国实体，或与美国实体交易或清算的外国实体拥有监管权。例如，若一家外国母公司为其美国互换交易商或 MSP 子公司的交易提供了担保，CFTC 在评估对子公司的资本金要求时可能对子公司和母公司担保人的情况都要加以考虑。如果该母公司担保人在其属地未收到审慎监管，则 CFTC 有权对该外国母公司制定资本金要求。另外，如果外国对手方与美国互换市场参与方达成一笔交易，CFTC 将对外国实体（甚至不是与美国对手方的交易）制定记录保存和报告要求。

此外，法案第 715 条规定，如果 CFTC 或 SEC 认定某国对互换市场的监管损害美国金融体系的稳定，CFTC 或 SEC 在与财政部协商后，有权禁止该国实体参与美国的互换业务。法案第 722 条规定，第七章的规定不适用于在美国之外从事证券基准互换交易的人，除非此人违反了 SEC 制定的防止逃避第七章监管的有关规则。

法案第 719 条规定，在法案颁布后 18 个月内，CFTC 和 SEC 必须联合向国会提交关于互换市场国际监管的报告，包括对清算所的国际监管，以及在哪些领域美国监管制度可与国际监管制度相一致。此外，CFTC 主席还须每两年向国会报告美国和海外衍生品市场情况，包括对其现状原因的评估、监管制度在管理系统性风险方面的有效性、报告时美国监管给市场参与方带来的成本，该成本与 2008 年 12 月监管成本的比较，以及可获得数据的质量。

十一、反欺诈和反市场操纵

（一）滥用性互换

法案第714条授权CFTC和SEC联合或单独发布关于何种互换对金融市场稳定造成损害并可进一步禁止这些滥用性互换（abusive swaps）。

（二）市场操纵

法案第753条修订了《1936年商品交易法》，为期货和衍生品市场中的市场操纵设立了所谓的“重大疏忽行为”（reckless conduct）标准。在现有市场操纵标准下，CFTC必须证明操纵市场的“故意”（specific intent）。不负责任标准只需证明有重大疏忽行为的存在，而不必再证明故意，与SEC、联邦能源监管委员会和联邦贸易委员会已采用的标准相一致。该修正案以参议员Maria Cantwell于2009年提出的《衍生品市场操纵防范法案》（Derivatives Market Manipulation Prevention Act）为基础，禁止市场操纵以及在互换交易中使用和报道虚假信息。CFTC将有权对违反《1936年商品交易法》反操纵规定的行为进行罚款和进行民事处罚并发布禁止令。此外，该修正案还对互换交易中的操纵或试图操纵行为设立了私人诉权。

（三）《1933年证券法》和《1934年证券交易法》中的反欺诈条款

法案将证券基准互换加入到了《1933年证券法》和《1934年证券交易法》中“证券”的定义中，使得两部法律中的反欺诈条款适用于证券基准互换。尽管如此，法案在有关反欺诈条款中试图将“证券基准互换协议”限于“重要条款基于证券、证券组合或证券指数的价格、收益率、价值或波动性”的互换协议。法案同时规定，在反欺诈方面，“证券基准互换协议”不包括任何“证券基准互换”。尚不清楚这些规定对涵盖了证券基准互换的“证券”定义有何影响。

法案第929L条显著扩大了《1934年证券交易法》第9条（禁止操纵证券价格）和第10（a）（1）条（对卖空的监管）的范围。目前，《1934年证券交易法》的这两条仅适用于交易所交易的证券。法案将这两条的适用范围扩大到任何证券，无论是否在全国性交易所交易[①]。因此，修改后的《1934年证券交易法》第9条和第10（a）（1）条将适用于场外市场。

法案第929X条进一步修订了《1934年证券交易法》第9条，禁止任

① 法案第929L条从《1934年证券交易法》第9条和第10（a）(1）条的限制中排除了政府证券。

何人直接或间接，单独或与他人共同，对任何证券（包括证券基准互换）进行操纵性卖空（a manipulative short sale），并要求 SEC 从公共利益和保护投资者的角度出发制定有关规则以确保出现违反以上规定时有恰当的私人诉权和救济渠道。

法案第 929X 条还要求每个注册经纪商或自营商通知客户有权选择不允许其已完成支付的证券被用来卖空。若一家经纪商或自营商在卖空中使用了客户证券，该经纪商或自营商必须通知客户其可能在借出客户证券过程中获得报酬。SEC 有权以规则形式规定这些通知的具体形式、内容、时间和送达方式。

十二、其他规定

（一）对州法的优先权

法案第 767 条规定了法案对所有与赌博合约或与证券基准互换有关的投机商有关的州法的优先权。但该优先权不适用于与非合格合约参与方达成的、不在交易所交易的证券基准互换。此外，法案第 767 条还对管辖证券基准互换报价、出售和分发的州法（除州反欺诈法外）具有优先权，并禁止州将证券基准互换当作保险进行监管。

（二）受益所有权报告

法案在几个重要方面修订了《1934 年证券交易法》第 13（d）（1）条、第 13（f）（1）条和第 13（g）（1）条（规定了任何注册的、有投票权的股票 5% 以上所有人的披露义务以及机构投资管理人的季度报告）。首先，法案第 766 条规定，可以通过购买或出售 SEC 定义的证券基准互换获得某一注册的股票类别的受益所有权（beneficial ownership）。此外，法案还为《1934 年证券交易法》增加了第 13（o）条，规定为了第 13 条和第 16 条（关于董事、官员和 10% 以上股东披露和短线收益收回的规定）的目的，只有 SEC 与有关审慎监管机构和财政部协商后，以规则形式决定通过买卖证券基准互换或某类别的证券基准互换获得的所有权与直接的所有权类似，且为实现第 13 条之目的需要将对证券基准互换或其类别的买卖视作获得了互换基础证券的受益所有权，某人才会被视作获得了证券基准互换基础证券的受益所有权。《1934 年证券交易法》第 13（d）条、第 13（g）条和第 16（a）条在计算受益所有权时已经计入了行使期权、认股权证（warrant）或其他权利 60 天内可收到的证券。新的第 13（o）条并未修改这一规定。

法案第929R条还进一步修改了《1934年证券交易法》第13（d）条和第16（a）条，授权SEC为首次报告第13（d）条项下受益所有权和第16（a）条项下成为受益所有人、官员或董事时首次报告受益所有权时设立不超过10天的报告时间。法案第929X条则修订了《1934年证券交易法》第13（f）条，要求SEC通过规则规定空仓仓位的月度披露，包括每个证券的名称、类别、CUSIP号和卖空总数。

（三）生效期

法案第七章将于以下两个时间的更晚时间生效：法案颁布360天后，或若某一条款规定了规则制定，在最终规则或条例颁布60天内。此外，为做好第七章生效的准备，CFTC和SEC可以按第七章的授权制定有关规则、条例或命令，组织研究并准备报告和建议，对市场参与方进行注册并豁免有关市场参与方、合约和交易。但这些行动不会在第七章生效前生效。

第六章
保险业监管改革

法案第五章“保险”共两部分，内容分别是“联邦保险办公室”和“非传统保险和再保险市场改革”。

第一节　联邦保险办公室

法案第五章第 A 节名为《2010 年联邦保险办公室法案》（Federal Insurance Office Act of 2010）。该节第 502 条规定，在财政部设立联邦保险办公室（Federal Insurance Office，FIO），办公室主任由财政部部长任命。具体内容如下。

一、FIO 的职责

根据法案第 502 条，除了医疗保险（其范围根据《联邦公共健康服务法案》（Public Health Service Act）中的定义由财政部部长商健康和人力服务部部长（Secretary of Health and Human Services）确定）、农作物保险（由《联邦农作物保险法》（Federal Crop Insurance Act）规定）以及作为国会参众两院协商会议中增加的一个例外情形，即长期护理保险（但是那些被包含在人寿保险或者年金保险里的长期护理保险将由 FIO 商健康和人力服务部部长负责）外，FIO 将负责履行与其他各种保险相关的职责。具体包括：

（1）对保险业进行全方位监测，包括识别那些可能导致保险业或美国金融体系系统性危机的保险监管问题或监管空白，并就主要的国际、国内保险业审慎性政策向财政部部长提出建议；

（2）建议 FSOC 指定一家保险公司，包括该保险公司①的关联人②，作为根据法案第一章应当受到美联储监管的非银行金融机构；

（3）协助财政部部长管理《2002 年恐怖主义风险保险法案》（Terrorism Risk Insurance Act of 2002）下的恐怖主义风险保险计划；

（4）就国际保险业审慎措施在联邦层面进行协调并制定联邦政策，包括协助财政部部长与外国政府或外国监管当局就覆盖协议（covered agreements）（该概念替代了参议院版本中的“有关审慎措施的国际保险协议”）进行谈判，并决定这些国际监管协议是否优先于州保险监管措施；

（5）就具有全国重要性的保险事项与国际重要性的保险审慎措施与各州（包括州保险监管机关）协商；

（6）履行财政部部长赋予的其他相关职责。

根据法案第一章的规定，FIO 主任将作为 FSOC 的非投票成员发挥顾问作用。此外，美联储将根据第一章规定，须就由美联储监管的非银行金融机构和其他公司开展压力测试与 FIO 协商。若要将一家保险公司或者其最大的美国子公司为保险公司的其他公司纳入法案第二章规定的破产清算程序，也须得到 FIO 的批准。

第五章第 A 节明确规定，有关设立 FIO 和认可覆盖协议的条款不能被理解为 FIO 或财政部对保险业具有一般监管权。FIO 主任应当在其认为合适的范围内，就履行其职责与州保险监管机关进行个别协商或联合协商。此外，财政部部长将对与医疗保险外的所有保险有关的主要国内、国际审慎政策向总统提出建议。

该节有三个方面值得特别关注：

（1）与外国政府或监管当局谈判“覆盖协议”以及当这些协议与州保险法发生冲突时，协议具有潜在的优先权（preemption）；

（2）由 FIO 为国会和总统准备有关保险和再保险行业的报告以及对这些行业进行监管的报告；

（3）FIO 从保险业和再保险业收集数据的权力。下文将一一述及这三个方面。作为国会参众两院合议委员会对法案协商的部分成果，有关“覆盖协议”和优先权的最终条款被修改得更接近于众议院的版本；向

① 保险公司在 A 节（除了数据收集条款外）是指任何从事保险业，包括再保险业的公司。

② 保险公司的关联人指任何控制该保险公司、被该保险公司控制或与该保险公司处于共同控制下的企业。

国会报告的范围被扩大；而 FIO 从保险公司收集信息的权力受到了一定限制。

二、覆盖协议和优先权

法案第 502 条授权财政部部长和美国贸易代表联合代表美国进行覆盖协议的谈判和签署。“覆盖协议”是指与一个或多个外国政府或监管当局就与保险业或再保险业相关的审慎性措施的承认达成的双边或多边协议。这些审慎性措施对保险或再保险的消费者提供的保护与州对保险或再保险监管提供的保护大致相当（substantially equivalent）。大致相当的标准曾在法案的众议院版本中使用但没有定义，后来在国会参众两院合议协商中加入了这个概念。该概念被定义为外国政府或监管当局的审慎性措施在消费者保护方面达到的效果与州保险监管在消费者保护方面达到的效果相似。在就覆盖协议谈判前、谈判中和签署前，财政部与美国贸易代表必须共同与国会相关委员会协商。一份覆盖协议将在其最终文本被提交给这些委员会 90 天后开始对美国生效。

第五章第 A 节规定，覆盖协议只有在以下情况下才对州制定的与保险或再保险审慎措施有关的或影响这些审慎措施的保险法律、条例、裁定或实践具有优先权：（1）FIO 主任认为这些措施导致一家受覆盖协议约束的、位于非美国管辖区的非美国保险公司获得的待遇低于一家位于该州、在该州取得营业执照或者获得在该州营业许可的美国保险公司①（a U. S. insurer domiciled, licensed, or otherwise admitted in that state），并且（2）FIO 主任认为这些措施与覆盖协议不一致。

---

① 这里将 U. S. insurer admitted in that state 翻译成“获得许可在该州营业的美国保险公司”，与前面 U. S. insurer domiciled, licensed 的区别在于“admitted”意味着这家保险公司获准在该州营业，取得执照，但是该保险公司并不必然位于该州，很可能在该州没有办公室。

此外，admitted insurer 与 non - admitted insurer 相对，二者的区别在于：admitted insurer 有营业执照，受到州保险监管机关的监管，其保单和费率往往需要保险监管机关审批，并且参加州的保险担保基金。在其偿付能力出现问题时，购买其保单的投保人可以获得保险担保基金的一定保护；而 non - admitted insurer 没有营业执照，承保的范围往往是传统的保险不能覆盖的范围，受到的监管不那么严格，其保单和费率更灵活，不参与州的保险担保基金。在其偿付能力出现问题时，购买其保单的投保人不能获得保险担保基金的保护。Non - admitted insurance 通常也称为 surplus lines insurance 或 excess and surplus lines insurance，主要是财产和意外保险。因其承保的范围往往是传统的保险不能覆盖的范围，故本书将 non - admitted insurance, surplus lines insurance（excess and surplus lines insurance）翻译为“非传统保险”，将 non - admitted insurer 翻译为“非传统保险公司”。

在确定覆盖协议对州的保险措施具有优先权之前，FIO 主任必须：

（1）就潜在的不一致或优先权通知相应的州和美国贸易代表并与他们协商；且

（2）在《联邦公报》发布通知，允许利益相关方发表意见并对这些意见予以考虑。

上述 FIO 主任对不一致和优先权的决定仅限于相关覆盖协议涉及的事项。此外，作为国会参众两院合议协商的结果，该决定还须在保险或再保险的消费者保护方面取得与州监管下大致相当的水平。在做出以上决定后，FIO 主任应将决定的结果以及不一致的程度通知相应的州，在决定生效前给予至少 30 天的合理期限，并通知国会相关委员会。在上述合理期限结束时，如果做出决定的原因仍然存在，那么该决定将生效。此时，FIO 主任还应在《联邦公报》上发布相关优先权生效的通知，并告知相应的州。美国适用于联邦机构的行政程序法和司法审查规定将同样适用于对 FIO 主任做出不一致决定的处理。不同的是，审查标准将采用重新审查标准（de novo standard of review），这点也是国会参众两院合议协商的结果。

如果覆盖协议对一个州的保险措施优先适用，那么任何州不得再实施该保险措施。但是，第五章第 A 节规定下列事项不得被覆盖协议优先适用：涉及费率、保险费、承保（underwriting）、销售行为、保险范围要求的州保险措施；州反垄断法对保险业的适用；或者涉及保险公司资本或偿付能力要求的州保险措施，但导致外国公司获得的待遇低于美国公司的资本或偿付能力规定除外。

第五章第 A 节并没有降低州保险法对一家美国（再保险）分出公司（a U. S. ceding insurer①）从一家外国非传统的再保险公司（a non - U. S. , nonadmitted reinsurer）获得的再保险所适用的担保要求（collateral requirements）（尽管根据第五章第 B 节规定，一个州对再保险的要求不再适用于位于另一个州的（再保险）分出公司，下文将专门提及）。但是，可以通过与外国政府或监管当局签署覆盖协议来对这些要求行使优先权或降低这些要求。

---

① 再保险也称分保，指原保险人将自己承担的部分或全部保险合同责任分给再保险人。在再保险交易中，分出业务的公司称为原保险人或分出公司（a ceding insurer）。

三、关于保险业和再保险业研究及监管的报告

法案要求 FIO 主任准备报告并提交国会相关委员会，并在某些情形下提交总统。在国会参众两院对法案最终文本的协商中，FIO 主任应当提交的报告范围扩大为如下几类：

（1）从 2011 年 9 月 30 日起，每年向总统和国会相关委员会提交一份年度报告，该报告主要内容是 FIO 就覆盖协议对任何不一致的州措施具有优先权而采取的任何行动；

（2）从 2011 年 9 月 30 日起，每年向总统和国会银行委员会提交一份关于保险业的年度报告，并包含相关委员会要求提交的任何其他信息或 FIO 主任认为有关的任何其他信息；

（3）在 2012 年 9 月 30 日之前，向国会银行委员会提交一份报告，该报告主要内容是全球再保险市场的范围和广度以及该市场在支持美国保险业方面发挥的关键作用；

（4）在 2013 年 1 月 1 日之前，向国会银行委员会提交一份报告，该报告主要内容是下文“再保险”部分中提到的再保险市场改革对各州保险监管机构获取辖内再保险信息的能力产生的影响，并应于 2015 年 1 月 1 日前对该报告进行更新。

此外，FIO 主任应当在法案颁布之日起 18 个月内，就美国保险监管体系的现代化和改进进行调研并向国会提交报告。准备该调研和报告时应当与州保险监管机关、消费者协会、行业代表和投保人代表以及其他相关组织或专家协商。调研和报告应当基于以下事项：

（1）关于保险业系统性风险的监管；

（2）资本金标准以及资本配置与负债之间的关系，包括与流动性和久期风险有关的标准；

（3）对保险产品和行为的消费者保护，包括存在的州监管空白；

（4）州保险监管的全国统一程度；

（5）对保险公司和关联人的并表监管；

（6）保险监管的国际协调。

调研和报告还应当考察其他一些事项，包括：

（1）对各种保险（医疗保险除外）进行联邦监管的成本和收益分析；

（2）在保留各州对其他保险的监管的同时，对某些保险进行联邦监管的可行性；

（3）联邦监管消除或最小化监管套利的能力；

（4）外国保险监管发展对潜在的联邦保险监管的可能影响；

（5）潜在的联邦监管为投保人提供“强有力”（robust）的消费者保护的能力；

（6）由联邦破产处置机构负责保险公司破产处置的潜在后果（包括对各州担保基金、投保人保护和优先权、独立账户和国际竞争力的影响）；

（7）其他 FIO 主任认为必要或合适的事项。

调研和报告必须包含 FIO 主任认为适合落实调研结果的立法、行政或监管建议。

四、要求提供和收集数据的权力

法案授权 FIO 从保险业和保险公司（包括再保险公司）以及它们的关联人收集数据（包括财务数据）、签署信息共享协议、分析和发布数据并发布与各种保险（医疗保险除外）有关的报告。FIO 可以要求保险公司或保险公司的关联人提交 FIO 合理要求的数据或信息。仅针对这些数据收集条款而言，“保险公司”是指任何被允许在一个或多个州承保或对风险进行再保险并出具合约或保单的主体。

前述数据收集的权力并不适用于规模在 FIO 设定的最低要求以下的任何保险公司或关联人。此外，在收集数据或信息前，FIO 必须先商各相关联邦机构和州保险监管机关（或当对象为保险公司的关联人时，商其他相关联邦监管机关或州监管机关）来确定要收集的这些信息是否能从这些机构或公共渠道及时获取。如果能够，那么就从这些渠道收集信息。如果不能，法案要求 FIO 在从保险公司或其关联人收集数据或信息时遵守《文书消减法案》（Paperwork Reduction Act）的规定。法案第五章第 A 节授权各相关联邦机构和州保险监管机关或其他联邦监管机关或州监管机关向 FIO 提供这些数据。第 A 节进一步规定，在该授权下向 FIO 提供非公开数据并不构成对这些数据在联邦法律或州法律下享有的特权的一种放弃。这些数据在提供给 FIO 后，仍将受到现存的法定保密条款或书面合同保密约定的保护，并且 FIO 可以与州保险监管机关签署包含有类似内容的信息共享协议。如果 FIO 主任以书面形式认为他或她要求提供的信息是用来履行 FIO 的职责并且 FIO 已与相应的监管机关或机构按上述要求进行了预先协商，那么 FIO 主任有权向保险公司或其关联人发出传票以获得相关信息。

第二节　非传统保险和再保险市场改革

法案第五章第 B 节名为《2010 年非传统保险和再保险市场改革法案》(Nonadmitted and Reinsurance Reform Act of 2010)。与先前参议院版本相比，除了在第一部分（与非传统保险有关的部分）将“再保险”定义为一家保险公司对原本由另一家保险公司承担的所有或部分风险的承受，以及通过第 B 节将“州”的定义扩展到波多黎各和其他特定地区外，第 B 节内容变动不大。第 B 节旨在提高非传统的财产和意外保险市场的效率、降低交易成本并改善消费者进入该市场的渠道，以及改革再保险市场监管。第 B 节通过以下措施实施改革：

（1）跨州提供的非传统保险仅仅受到被保人“母州”（home state）法定要求和监管要求的约束；

（2）提高全国保险监理官协会（National Association of Insurance Commissioners, NAIC）对非传统保险公司的资质要求，作为非传统保险市场(surplus lines marketplace）的标准；

（3）对州法律限制非传统保险经纪人（a surplus lines broker）从非传统保险从业者（a nonadmitted carrier）获得商业保险的能力进行限制；

（4）投保人不必再向两个或两个以上的州支付非传统保险的保费税(premium tax)；

（5）当（再保险的）分出公司住所地的州监管机关认可再保险的信用时，非住所地的州保险监管机关不得否认这种再保险的信用。

第 B 节条款一般在法案颁布之日起 12 月后生效。

一、非传统保险监管的一般规定

第 B 节第 522 条规定，非传统保险（由非传统保险公司承保的财产和意外保险）将仅仅受到被保人“母州”法律规定和监管规定的约束。此外，只有被保人的“母州”才可以要求非传统保险经纪人获得执照来销售、推销或洽谈非传统保险。如果被保人“母州”以外的州对向被保人销售、推销或洽谈的非传统保险有任何适用的法律、法规或措施，这些适用的法律、法规或措施都将不再适用。

根据法案第 527 条的定义，被保人的“母州”是指被保人的主要营业地；如果被保人是自然人，则指该自然人的主要居住地；如果被承保风险的100%在该州以外，那么“母州”是指得到被保人为保险合同缴纳的应纳税保险费占比最大的州。如果在一份非传统保险合同上有来自关联集团的两名或两名以上的成员为被保人，那么“母州”是指关联集团中缴纳了最大份额的保险费的成员所在的母州。

法案第522条还规定，上述要求并不会排除适用州的任何下列规定：关于将劳工补偿保险（workers' compensation insurance）交由非传统保险公司承保的限制性规定或将自助职工补偿计划的额外保险（excess insurance for self - funded workers' compensation plans）交由非传统保险公司承保的限制性规定。

为鼓励各州的保险部门参与NAIC的全国性保险商数据库（或者其他类似的全国性数据库），第B节第523条规定，除非各州对参与这类数据库作出规定，否则在法案颁布2年后各州不得再因为对非传统保险经纪商发放牌照而收取相关费用。

第B节第524条禁止各州对位于美国的非传统保险公司施加资质要求，除非符合NAIC《非传统保险示范法案》（Non - Admitted Insurance Model Act）第5A（2）条和第5C（2）（a）条的规定，第B节借此进一步提高了各州保险法规的统一程度。该示范法对最低资本和盈余（capital and surplus）要求①作了一般性规定。只有当该州采纳了“包括另一种全国统一资质要求在内的全国统一要求、形式和程序”时，该州才可以不须符合上述示范法案的规定。此外，NAIC的国际保险公司部门在“外国保险公司季度列表”（Quarterly Listing of Alien Insurers）中对位于美国以外的非传统保险公司进行了列举，任何州不得禁止非传统保险经纪人将非传统保险交由上述外国非传统保险公司承保。

为了方便商业购买者购买非传统保险，法案第525条规定，在下列条件被满足的情况下，州法律不得再要求非传统保险经纪人必须先调查传统

① 《示范法》第5A（2）条规定非传统保险承保人必须在其住所管辖地获得承保相应类型保险的许可；第5C（2）（a）条规定一名非传统保险人的资本和盈余至少等于下列两者中较大的一个值：州最低资本和余额要求，或1 500万美元。州监管机关可以豁免这个要求，但最低不得低于450万美元。

保险是否能满足客户的需求：（1）客户为“豁免商业购买者”①（exempt commercial purchaser），（2）经纪人告知豁免商业购买者该保险可能或者可能不能从传统保险市场获得，而传统保险市场因为受到更多的监管可以提供更好的保护，以及（3）豁免商业购买者书面要求该经纪人为其从非传统保险公司购买该保险。

根据法案第526条，总审计长必须对非传统保险市场进行调研。由于非传统保险条款颁布后，非传统保险市场将提供通常由传统保险市场提供的保险，总审计长的调研必须确定非传统保险条款的颁布对非传统保险市场规模和市场份额的影响。总审计长在开展调研时必须与NAIC协商，并在第B节规定生效之日起30个月内向国会银行委员会提交调研报告②。

二、对非传统保险市场征收的保险费税

第B节防止投保人就非传统保险支付多层州保险费税。第521条规定，只有被保人的“母州”可以要求缴纳有关非传统保险的保险费税。但是，各州可以通过签订契约，将支付给被保人“母州”的保险费税在各州之间进行分配。除非州际间的契约另有约定，契约将适用如下情形：（1）如果契约在第B节规定颁布之后第330天及之前通过，契约适用第B节规定颁布之日或之后要求缴纳的保险费税，或者（2）否则，就适用这个330天期间之后第一个1月1日（即2012年1月1日）或之后要求缴纳的保险费税。为了管理在各州之间的这种税收分配，被保人的“母州”可以要求非传统保险经纪人和独立获取非传统保险的被保人提交年度税收分配报

① “豁免商业购买者”是指在购买商业保险时，任何符合下列条件的人：（1）雇佣或聘请一个“合格的风险管理者”（另有定义）商谈保险，（2）在最近的12个月里已经支付了总额超过10万美元的全国性商业财产和意外保险费，以及（3）至少满足以下其中一个条件：（a）其净财富超过2 000万美元，（b）其年收入超过5 000万美元，（c）聘用了超过500名全职或相当于全职的单独受保员工，或者是一家聘用了1 000名以上员工的关联集团的成员，（d）为一家年度预算支出至少为3 000万美元的非营利性组织或公共机构，或者（e）人口超过50 000的市镇。上述这些金额每5年会根据通货膨胀的情况进行调整。

② 调研必须确定和分析在第B节规定生效日的18个月期间非传统保险市场在规模和市场份额方面的变化以及提供这种业务的保险公司和保险控股公司数量的变化；通常由传统保险市场提供的保险范围向非传统保险市场转移的程度；非传统保险市场在规模和市场份额上的变化所带来的影响；既提供传统保险又提供非传统保险的保险公司和保险控股公司所经历的传统保险与非传统保险业务量之间的转移程度；持有非传统保险单的个人数量变化程度，这种保单提供的保险范围种类以及该保险范围是否可从传统保险市场获得。

告，该报告应详细说明针对所在各州的财产、风险或风险暴露所缴纳的保险费用比例。第 B 节进一步规定，国会的意图是希望所有的州都能采取“全国统一的要求、形式和程序”，包括通过这种州际契约在一份非传统保单上享有利益的各州之间分配保险费税收。

三、再保险

第 B 节第 531 条规定如果再保险分出公司所在州（1）属于 NAIC 认证的州或对于财务偿付能力有着与 NAIC 认证相似的要求，以及（2）认可这种对保险公司分出风险提供再保险的信用，那么任何其他州不得否认这种再保险信用。此外，分出公司所在州以外的州所有的法律、法规或其他措施，除了有关保险公司或保险收入的税收或评估规定外，如果规定了以下内容，将不得适用：（1）限制或者取消分出公司或承保公司通过合同仲裁解决纠纷的权利，而这些合同条款并没有与《美国法典》第 9 章（“仲裁”）规定不一致的地方，（2）规定州的某个法律约束该再保险合同，（3）试图对与再保险合同约定条款不一致的方面予以强制执行，或（4）规定本州法律适用本州以外的分出公司的再保险合同。

第 B 节第 532 条进一步规定，如果再保险公司所在州属于 NAIC 认证的州或对于财务偿付能力有着与 NAIC 认证相似的要求，那么该州是唯一负有监管该再保险公司财务偿付能力职责的州。在这种情况下，任何其他州不得要求该再保险公司提供其所在地州要求提供的信息以外的财务信息。根据第 B 节第 533 条，“再保险公司”是指符合下列条件的保险公司：（1）主要从事再保险业务，（2）从净保费占比来看，没有从事显著的直接保险业务，以及（3）没有持续地从事推销直接保险业务。对再保险公司的认定由该公司所在地州的法律根据上述条件确定。

第七章
金融消费者保护

本章内容旨在保护金融服务消费者不受市场滥用行为的侵害。本章的“消费者”指个人或其代理人、受托人或代表。法案还拓展了中低收入者以及其他未完全融入金融主流的美国人可获得的金融服务范围。本章分三节介绍，第一节为根据《2010年消费者金融保护法案》（Consumer Financial Protection Act of 2010，CFPA）（即法案第十章）设立的消费者金融保护局；第二节为抵押贷款改革以及反掠夺性贷款法案；第三节为包括《2010年改善获取主流金融机构服务的途径法案》（Improving Access to Mainstream Financial Institution Act of 2010）和保护老年人的特别资助计划在内的其他金融消费者保护措施。

第一节　消费者金融保护局

法案第十章即CFPA创设了消费者金融保护局（Bureau of Consumer Financial Protection，BCFP），BCFP将承担大部分现由银行业监管机关和其他机构履行的消费者金融服务监管职能。具体内容如下。

一、独立性

在本次金融监管改革中，美国立法者就是否应设立一个独立的金融消费者保护机构进行了大量讨论。虽然CFPA将BCFP设在美联储内，但其治理结构的设计又使该局能作为自治机构独立履行职能。法案第1011条规定，BCFP的局长由美国总统任命，任命前美国总统必须听取参议院的建议并获得其同意。法案第1012条特别禁止美联储做以下任何事情：干预BCFP的任何事项；任命、指示或免除该局的任何官员或雇员；将该局或该局的任何职能与美联储的任何部门或任何联邦储备银行合并；审查、批准、推迟或阻止该局发布任何规则或命令；或要求该局任何官员将他或她的国会证词或其他提交给国会的意见交由美联储审查、批准或征求意见。此外，法案第 1017 条还要求美联储从联邦储备系统的收入中对 BCFP 进行季度拨付，作为 BCFP 的专门资金来源，该资金不受国会拨款委员会的审查。该条同时规定当 BCFP 认为联储系统的拨付不足以维持其运作时，可要求国会追加拨款。

二、职责

BCFP 的主要职责包括对“适用主体”（overed persons）遵守联邦消费者金融法律（federal consumer financial law）的监管以及发布有关这些法律的实施规则。这些关键术语定义如下：

（1）“适用主体”广义上包括任何提供“消费者金融产品或服务”的人以及任何关联服务提供者。

根据法案第 1002 条的定义，“金融产品或服务”包括提供和经纪融资和租赁（extending and brokering credit and leases）（其功能与融资相同）服务；不动产交割与评估（real estate settlement and appraisals）；吸收存款；传送资金（transmitting funds）；替顾客保管资金或任何金融工具；提供保值工具或支付工具；支票兑现与托收；为顾客提供支付与金融数据处理；提供金融顾问服务；债务催收；等等。“金融产品或服务”明确将保险业排除在外，保险业是指保险或对风险的再保险，包括为提供保险或再保险而有必要采取的行为以及代表该保险公司采取的相关行动，且金融产品或服务仅限于用于消费者的个人或家庭使用之目的。

（2）“联邦消费者金融法律”包括 CFPA 以及其他法案中列举的 18 部法律，包括《诚实借贷法》，《公平信贷机会法》（Equal Credit Opportunity Act），《1974 年不动产交割程序法》（Real Estate Settlement Procedures Act of 1974）以及《1975 年住房抵押贷款信息披露法》（Home Mortgage Disclosure Act of 1975）等。值得一提的是，《1977 年社区再投资法》不包括在内，对该法的合规检查与执行仍由联邦银行业监管机构负责。

CFPA 还特别赋予 BCFP 一些具体授权来保护特定消费者权益，具体包括：

A. 对“不公平、欺诈或滥用行为和实践”① 予以界定并有权采取行动来防止“适用主体”的前述行为；

B. 制定有关消费者金融产品信息披露的新规则并发布示范格式；

C. 要求“适用主体”应消费者请求向消费者提供有关金融产品的信息；以及

D. 制定有关“适用主体”（投保存款机构和信用社除外）的注册规定。

根据法案第 1036 条，BCFP 还有权禁止从事与下列情形有关的行为：推销、销售金融产品或强制执行某一消费者金融产品条款的行为，该行为违反了 CFPA 或者该局就不公平、滥用或欺诈行为与实践发布的相关规则；违反记录保存或报告要求的行为；以及“明知或重大疏忽”（knowingly or recklessly）地向他人就不公平、滥用或欺诈的行为或实践提供了实质帮助的行为。

三、监管对象

CFPA 规定了 BCFP 对三种类型的“适用主体”享有不同程度的直接监管权。

（一）非存款类适用主体

根据法案第 1024 条，非存款类“适用主体”是指任何开展下列业务的人或经纪人：消费者住房抵押贷款或相关的贷款变更业务（loan modification）或没收抵押品救济服务（foreclosure relief services），为消费者提供私人教育贷款或工资日贷款②（payday loans），或者“属于其他消费者金融产品或服务市场的一个较大参与者”。“较大参与者”的定义将由 BCFP 制定。如果 BCFP 发现任何人从事的与消费者金融产品或服务有关的行为给消费者带来不必要的风险时，该局也可以认定该人为“适用主体”。该局应定期检查该类主体并要求该类主体提交报告，并可以对该类主体提出注册登记和保存记录的要求。该局还对这类主体是否符合联邦消费者金融法律规定拥有排他性强制执行权，但是 FTC 除外。FTC 根据《联邦贸易委

① “滥用”并不是目前禁止不公平和欺诈行为与实践的联邦法律中使用的含义。CFPA 中“滥用”的含义广泛地包括了以下行为或实践：“实质性干扰”（materially interfere）消费者理解某个术语或条件的能力，或者利用消费者缺乏理解、不能保护他或她的利益或者依赖某个“覆盖主体”的这种“不合理的优势”。

② 工资日贷款是一种以工资发放日为到期日的小额、短期贷款。

员会法案》仍然保留对这些非存款类“适用主体”予以强制执行联邦消费者金融法律的权力。法案要求 BCFP 和 FTC 就强制执行行动进行协调并达成一致。

（二）总资产在 100 亿美元以上的投保存款机构和信用社

根据法案第 1025 条，第二类“适用主体”包括总资产在 100 亿美元以上的投保存款类机构和信用社以及这些机构的关联人。BCFP 拥有排他性的权力来检查这些机构是否符合消费者保护规定，并要求这些机构提交报告。为降低监管负担，BCFP 与这些机构的审慎监管机关应当对这些机构同时展开检查，除非这些机构要求分别检查。BCFP 对这些机构是否符合联邦消费者金融法律规定拥有主要的强制执行权力。联邦审慎监管机关可以建议 BCFP 开展强制执行行动，但是如果 BCFP 在收到建议之日起 120 天内不采取行动，联邦审慎监管机关可以自己单独行动。

（三）总资产在 100 亿美元以下的投保银行和信用社

根据法案第 1026 条，第三类“适用主体”包括总资产为 100 亿美元以下（包括 100 亿美元）的投保银行和信用社（与前述总资产超过 100 亿美元的机构不同，这类机构的关联人不包括在内）。联邦银行监管机关仍保留对这些机构是否符合联邦消费者金融法律规定的检查权和执行权。BCFP 没有直接检查这类机构的权力，但可以在“抽样的基础上”派人参与联邦审慎监管机关的检查行动。尽管 BCFP 可以要求这类机构提供报告，但是强制执行权仍由审慎监管机关排他性地行使。

四、监管的除外情形

根据法案第 1027 条、第 1029 条，CFPA 专门将一些特别群体排除在 BCFP 的监管范围之外。尤其是非金融产品或服务的批发商、零售商以及其他销售商不接受 BCFP 的监管，除非他们向任何顾客提供金融产品或服务或者他们受到某部由 BCFP 负责执行的联邦消费者金融法律的约束。如果批发商或零售商提供信用允许顾客购买非金融产品或服务而且债务不转移给第三方（除非违约）或没有收取信贷费用（not subject to a finance charge），那么这种信用的提供一般不属于 BCFP 的监管范围。但是 BCFP 有权监管这些批发商和零售商的应收账款买卖交易（accounts receivable sales transaction），对从事应收账款买卖交易的批发商或零售商也有一般监管权。这种监管权将对通过应收账款贴现①（factoring）融资的能力或意愿产生重大的影响。

对于那些在 SEC 或 CFTC 注册登记的人，比如经纪商—自营商和投资顾问，在注册范围内从事的活动不属于 BCFP 的监管范围。此外，房地产代理商和经纪商（real estate agents and brokers）、汽车交易商②（motor vehicle dealers）、活动房屋零售商（manufactured home retailers）、会计师和报税人（accountants and tax preparers）、律师（律师职业范围内的业务）（for activities engaged in as part of the practice of law）、州保险或证券监管机关监管的人，以及合格的退休计划或合格的延迟薪酬计划（qualified retirement or eligible deferred compensation plans）在满足某些条件的情况下，也通常不受 BCFP 监管（包括规则制定权、监督权或强制执行权）。当某一产品或服务与 BCFP 监管的产品相同或直接竞争时，CFTC 要在制定有关该产品或服务的规则时与 BCFP 协商，SEC 也要在可行的情况下与 BCFP 作类似的协商。但是多数在 SEC 或 CFTC 注册登记或被要求在 SEC 或 CFTC 注册登记的人通常被排除在 BCFP 的监管之外。最后，值得注意的是，BCFP 不得将“从事保险业务”定义为金融产品或服务。

此外，法案第 1061 条还专门规定，FTC 对其监管对象可以实施由 BCFP 制定的关于不公平、欺诈或滥用行为或实践的规则。同样地，BCFP 也可以对其监管对象实施由 FTC 制定的关于不公平或欺诈行为或实践的规则。除了 FTC 在《正当收债行为法案》（the Fair Debt Collection Practices Act）下的规则制定权和其他权力转由 BCFP 负责外，CFPA 明确地保留了 FTC 目前在消费者保护领域的监管权。

五、规则制定权以及审慎监管机关的参与

根据法案第 1022 条，BCFP 有权制定发布联邦消费者金融法律的实施规则并负责有关联邦消费者金融法律的执行。BCFP 也有权对某类“适用主体”或某类金融产品或服务进行豁免。

根据法案第 1023 条，BCFP 在制定相关规则时应与联邦审慎监管机关

① 应收账款贴现是指一方按一定折扣将应收账款的所有权转让给第三方（通常被称为 factor）以获得现金的一种金融交易。

② 法案授权美联储制定适用于（BCFP 监管权力之外的）汽车经销商的《电子资金转账法》（the Electronic Fund Transfer Act）实施细则，并要求美联储发布适用于这类经销商的《公平信贷机会法案》实施细则。

协商，但是这些审慎监管机关不能阻止或直接影响 BCFP 的规则制定，只能通过在 FSOC 获得三分之二多数来暂缓执行或驳回（stay or set aside）BCFP 制定的规则。FSOC 在组织投票前，还必须满足一系列其他要求，包括 FSOC 的每个成员机构须就 BCFP 起草的规则组织公众听证。此外，FSOC 采取这种行动还需要满足一个很高的标准，即 BCFP 起草的规则“将威胁美国银行系统的稳健或美国金融稳定”。总之，FSOC 需要满足大量的要求来暂缓执行或驳回 BCFP 制定的规则。因此，暂缓执行或驳回的程序很难真正启动，FSOC 很难对 BCFP 的规则进行审查和制约。

根据法案第 1100G 条，BCFP 制定的规则还须接受《1980 年监管灵活性法案》（Regulatory Flexibility Act of 1980）规定的额外审查，即审查这些规则对小企业（以及小型的非营利组织和地方政府实体）的影响，特别是规则可能给这些小企业带来的潜在的信贷成本。这些要求又可能会减缓 BCFP 在某些领域的规则制定①。

六、现行命令和协议的效力

根据法案第 1063 条，虽然相关机构的消费者保护职能转移给了 BCFP，但是由相关机构根据联邦消费者金融法律制定的命令、决定、决议、规则以及协议仍然有效并由先前这些机构（而不是 BCFP）负责实施。不过，对于那些总资产在 100 亿美元以上的投保存款机构和信用社以及这些机构的关联人，由转移消费者保护职能的机构或 BCFP 来实施相关适用的规定。

七、州法律被排除适用的情形

根据法案第 1041 条，当州法律与 CFPA 不一致时，CFPA 仅就不一致之处优先适用。法案第 1042 条授权州总检察长在商 BCFP 和相关审慎监管机关（若有）后，以州的名义提起民事诉讼要求强制实施 CFPA 或根据 CFPA 发布的规则。但如果提起的诉讼是针对全国性银行（national banks）和联邦储蓄协会（federal savings associations），那么州总检察长不得要求强制实施 CFPA 的条款，但可以要求强制实施 BCFP 根据 CFPA 发布的规则。

---

① 另外，美国环境保护局（Environmental Protection Agency）和职业安全与健康管理局（Occupational Safety and Health Administration）在制定规则的过程中也须符合这些要求，美国小企业管理局（Small Business Administration）按照法律规定介入这两个联邦机构的规则制定。

BCFP 可以作为一方参与州总检察长提起的这类诉讼。

法案第 1044 条对《1864 年全国银行法案》作了专门修改处理州的消费者金融法律被排除适用的情形。CFPA 允许在下列情形下排除适用州的消费者金融法律：（1）相比较该州的州立银行，全国性银行受到该州法律的歧视性待遇；（2）根据美国最高法院在 Barnett Bank v. Nelson, 517U. S. 25（1996）的决定中制定的排除适用标准，OCC（通过条例或命令）"根据具体情形"认为或者法院认为州法律"阻碍或严重干预"（prevents or significantly interferes）了全国性银行行使自身的权力；或（3）州法律被 CFPA 以外的联邦法律优先适用。

以上第二个排除适用的标准成为了激烈争论的焦点：首先，有人认为通过将 Barnett Bank 案中关于"阻碍或严重干预"的表述（参议院的版本中没有该表述）明确地写入法案，CFPA 会缩小 OCC 关于排除适用州法律的裁量权。此外，由 OCC"根据具体情形"来判断是否需要排除适用州法律将产生怎样的实际影响不明朗。CFPA 对这种"具体情形具体判断"的做法进行了定义，即 OCC 判断某一州的特定法律对"其适用的任何全国性银行"或"其他州与之大致相当的法律适用的任何全国性银行"所产生的效果。按照规定，OCC 会通过发布条例或命令的形式来做出排除适用州法律的决定，但是无论采取哪种方式，都应限定在州的特定法律以及那些与该特定法律"大致相当"的法律。OCC 必须就哪些州法律与 OCC 要排除适用的州法律"大致相当"与 BCFP 协商。此外，OCC 基于 Barnett Bank 案的标准做出的排除适用决定必须有相应的记录（包括"实质证据"（substantial evidence））的支持，否则该决定没有效力。这里有一个明确规定，即全国性银行在其所在地州的法律允许的情况下收取利息的权利，包括利息的含义，不因这些排除适用条款或《1864 年全国银行法案》的任何其他条款而改变或受到影响。

CFPA 对《1864 年全国银行法案》进行了修改，规定无论是《1864 年全国银行法案》还是《1913 年联邦储备法案》第 24 条（该条允许全国性银行发放不动产担保贷款（real estate - secured loans））都不得阻碍州的消费者金融法律适用于全国性银行的子公司和关联人（这些子公司和关联人不是全国性银行），就如同这些法律适用于其他主体一样——这一规定推翻了美国最高法院最近在 Watters v. Wachovia Bank, 550 U. S. 1（2007）中做出的决定。此外，无论是《1864 年全国银行法案》还是《1913 年联邦储备法案》第 24 条都不能被解读为排除了任何州法律对一家全国性银行的任何子公司、关联人或代理商的适用，或被解读为宣布这些适用于上述主体的州法律无效，或被解读为影响这些州法律对上述主体的适用。

此外，根据法案第1046条，对于影响联邦储蓄协会的州法律被排除适用的标准与那些适用于全国性银行的州法律被排除适用的标准相同。

八、现场检查标准

法案第1047条修订了《1864年全国银行法案》，专门规定根据联邦最高法院最近在Cuomo v. Clearing House Association, 557 U. S. _ （2009）中的决定，《1864年全国银行法案》中关于现场检查权的条款不得被理解为对州总检察长对全国性银行执行州相关法律的能力构成限制。从这条的表述来看，其意图似乎不是要赋予州总检察长新的权力，而是重申现有的联邦法律允许州总检察长提起这类诉讼。

法案第1047条也对《住房所有者贷款法案》中关于对联邦储蓄协会提起诉讼的内容作了同样的改动。

第二节 抵押贷款改革以及反掠夺性贷款法案

法案第十四章的名称为《抵押贷款改革以及反掠夺性贷款法案》(Mortgage Reform and Anti – Predatory Lending Act)。该章修改了发放、服务和管理有关住房抵押贷款的法律。该章为抵押贷款发放人设定了标准，并要求进行注册登记。该章还设定了发放某些住房抵押贷款的最低标准，为债权人设定了新的责任，禁止在住房抵押贷款中使用强制性事前仲裁条款，修改了“高成本”抵押贷款标准，设定了与委托保管账户有关的住房抵押贷款服务标准，并为住房评估设定了标准。法案第十四章还建立了住房顾问办公室（Office of Housing Counseling）提供与住房有关的咨询和相关服务，为业主紧急救济基金（Emergency Homeowner's Relief Fund）提供额外资助，扩大HUD的社区稳定计划（Neighborhood Stabilization Program），并建立了丧失抵押品赎回权的法律援助计划（foreclosure legal assistance program）。

一、住房抵押贷款发放标准

（一）住房抵押贷款发放人的注册登记与薪酬

法案第1402条修改了《诚实借贷法》，要求所有的抵押贷款发放人[①]（mortgage originators）应当符合一定资质，并在相关监管机关注册登记，获得执业牌照。法案第1402条还授权美联储制定相关规则，要求存款类机构建立并保持一套合理的程序以确保并监督它们符合注册登记要求。

法案第1403条修改了《诚实借贷法》，禁止所谓操纵性激励（steering incentives），即防止住房抵押贷款发放人的报酬根据住房抵押贷款的条款（而不是依据贷款的本金）来确定。该条款规定，只有消费者可以向抵押贷款发放人支付发放费用（origination fees）。除非抵押贷款发放人没有从消费者直接得到任何报酬，或除非美联储给予豁免，消费者以外的其他人才可以向抵押贷款发放人支付发放费用。法案第1403条以及第1405条还要求美联储发布相关规定，禁止抵押贷款发放人进行某些滥用性、欺诈性、掠夺性或不公平的放贷，并禁止抵押贷款发放人操纵消费者购买某些产品，比如消费者无力偿还的住房抵押贷款或者是具有掠夺性条款的住房抵押贷款。法案第1404条对上述违反《诚实借贷法》规定的行为设定了责任条款，并将最高责任限定为以下更大的数额：造成的实际损害或者抵押贷款发放人报酬的三倍。

（二）抵押贷款的最低标准

法案第1411条修改了《诚实借贷法》，为抵押贷款的发放（mortgage underwriting）设定了最低标准，要求债权人对一笔贷款的发放做出合理、善意的判断，认为借款人有能力偿还贷款以及相应的税费、保险费和评估费。该条款还列举了债权人做出上述判断需要经过的步骤，包括：在债权人知道或有理由知道多笔抵押贷款将由同一担保物担保时应考虑多笔贷款的效果，核实借款人的信用记录、收入、债务与收入的比例以及职业状况。此外，债权人必须使用一个能完全分期偿还贷款的偿还计划（a payment schedule that fully amortizes the loan）来确定消费者是否有能力偿还一笔浮动利率贷款。

---

① 除了一些例外情形，法案第1401条规定抵押贷款发放人包括为了报酬或收益提供以下服务的人：接受住房抵押贷款申请，帮助消费者获得或申请住房抵押贷款，或提供住房抵押贷款的条款或就这些条款进行谈判。

法案第 1412 条为符合法案第 1411 条贷款发放标准的"合格抵押贷款"（qualified mortgage）设置了安全港。结合法案第 1412 条和第 1414 条，合格抵押贷款通常是指一笔有详细书面说明的抵押贷款，该贷款的发放满足程序上的标准，该贷款没有"负摊还"（negative amortization）[①] 条款或"只付利息"（interest – only）[②] 条款，而且该贷款抵押物如果是第一抵押（first lien），那么该贷款的年利率（annual percentage rate，APR）一般不超过市场拆借平均利率（average prime offer rate）1.5 个百分点；或者如果该贷款抵押物属于次级抵押（subordinate lien），该贷款的年利率不超过市场拆借平均利率 3.5 个百分点。美联储有权修改"合格抵押贷款"的定义。

根据法案第 1414 条，那些有浮动利率和利率在一定标准下的贷款被排除在"合格抵押贷款"之外。不属于"合格抵押贷款"的贷款不得征收"提前还款罚款"（prepayment penalty）。如果债权人提供包含"提前还款罚款"的贷款产品，那么该债权人也必须提供不包含"提前还款罚款"的贷款产品。

（三）债权人的额外责任

法案第 1413 条规定，如果债权人违反了第 1403 条关于操纵性激励的禁止性规定或第 1411 条的抵押贷款发放标准，借款人可在债权人强制收回其住宅时要求扣除部分被求偿金额或进行相应的抵销。在这种情形下，《诚实借贷法》中向债权人主张权利的通常时效限制不适用。此外，法案第 1416 条将《诚实借贷法》下的民事处罚金额提高了一倍。

（四）禁止强制性事前仲裁条款

法案第 1414 条规定由一处主要住宅（principal residence）担保的住房抵押贷款或开放式消费者信贷计划（open – end consumer credit plan）不得在事前强制要求仲裁或使用其他非司法争议解决方式。但是，该条款并未禁止消费者同债权人或任何受让人在争议出现后同意采用仲裁或任何其他非司法方式作为争议解决方式。

（五）额外的通知义务和披露义务

法案第十四章为债权人规定了一些通知义务和披露义务。例如，法案

① 负摊还是指每月付款不足以支付到期的贷款利息，这些未支付的利息会被加到未偿还的贷款本金上。负摊还的危险在于贷款人最终的欠款额会远远超过最初的贷款额。

② "只付利息"条款是指在贷款最初的几年内只支付利息，之后再分期支付本金。通常只支付利息期间的付款比分期支付本金期间的付款要低得多。

第 1418 条规定债权人在一笔可调整利率抵押贷款的利率需要调整之日六个月前（或当利率将在贷款成立之日六个月内调整时，债权人应当在贷款成立之时）向借款人发出一份单独的书面通知，告知借款人新的利率如何确定以及新月供的大致额度。法案第 1420 条要求债权人在账单（billing statements）或账簿（coupon books）中告知以下信息：未偿还的本金余额、目前的利率、重新调整利率的日期、可能收取的任何提前偿还费用（any prepayment fee that may be charged）、迟延支付费用的说明、债权人的联系方式、合格的消费者顾问计划（certified consumer counseling programs）的名称和联系方式。

二、高成本抵押贷款

法案第十四章修改了《诚实借贷法》，创设了“高成本抵押贷款”的概念并对这种贷款规定了额外的要求。法案第 1431 条以定价上的特点为基础将“高成本抵押贷款”定义为：比如，对于抵押物属于第一抵押贷款（first mortgage），年利率超过市场拆借平均利率 6.5 个百分点以上（如果是个人住房，交易额低于 5 万美元，那么年利率超过市场拆借平均利率 8.5 个百分点以上）；对于抵押物属于次级抵押贷款或低级抵押贷款（subordinate or junior mortgage），年利率超过市场拆借平均利率 8.5 个百分点以上；所有的手续费用超过了交易总额的 5%（如果交易额低于 2 万美元，那么所有手续费用超过以下较小的一个数：交易总额的 8% 或 1 000 美元（或者是美联储规定的其他金额））；或者债权人在交易结束后 36 个月仍能收取提前还款费用或罚款，或债权人收取的提前还款费用或罚款超过提前偿还款项的 2%。

对高成本抵押贷款的限制包括：对气球式偿付[①]（balloon payments）的限制（法案第 1432 条）；发放贷款前必须事先获得住房主管部门批准的住房顾问的证明（证明消费者已经得到了相应的咨询）（法案第 1433 条）；对迟延支付费用的限制（法案第 1433 条）；禁止约定加速还贷条款，除非该加速还贷与支付违约有关或是根据合同的转售即还条款（due - on - sale

① 气球式偿付是一种比较特殊的贷款偿还方式，在最初的还款期间每期付款要比一般贷款低，但是在贷款尾期要支付一大笔贷款余额。按照法案第 1412 条的定义，尾期还款额将是前期还款额的两倍以上。这种贷款比普通的贷款利息高，因为大额尾付款作为本金的一部分一直在累积，一直在计息，直到最后才被结清。

clause)，或是因为对贷款文件某些其他条款（与偿还计划无关的条款）的实质违约（法案第 1433 条）；以及禁止对手续费用进行融资（法案第 1433 条）。

三、住房顾问办公室

法案第十四章第 D 节在 HUD 下设立住房顾问办公室。该办公室负责所有与买卖房屋咨询和出租房屋咨询有关的事宜，包括管理全国性的公共服务多媒体宣传来推广住房咨询、开发合适的教育项目并管理由州、地方和非营利组织为住房咨询服务提供的资助。

四、抵押贷款服务

（一）委托保管账户

法案第 1461 条规定，在一般情况下，债权人必须建立委托保管账户（escrow accounts），用于消费者在由主要住宅作为第一抵押物担保的信贷交易成立时支付有关税收、灾害保险和任何其他类似的周期性费用。但以下情形除外：债权人主要在农村地区或金融服务供给不足地区营业，与所有关联人发放的年度抵押贷款总额未超过美联储设定的限额，继续持有发放的抵押贷款（即没有通过证券化转移风险）并满足一定的资产规模要求。

法案第 1461 还规定，除非满足以下情形，不得要求债权人建立一个与交易有关的委托保管账户：（1）联邦法律或州法律要求建立该账户；（2）贷款由州政府或联邦政府的贷款机构或保险机构发放、担保或投保；或（3）交易由主要住宅作为第一抵押物担保而且债务本金不超过特定额度。除非抵押贷款终止，否则委托保管账户必须自贷款成立之日起保留至少 5 年直到借款人在抵押的住宅上拥有了足够的资产而无须再购买抵押贷款保险。

（二）强制性的灾害保险

法案第 1463 条规定，与联邦有关的抵押贷款服务提供者在获得强制性的灾害保险（force - placed hazard insurance）时必须有合理的理由证明借款人未履行购买财产保险的合同义务。法案明确规定了有关强制性灾害保险的通知要求以及终止情形。

五、评估活动

法案第 1471 条修改了《诚实借贷法》，规定债权人在未满足一定的评估要求前不得发放高风险的抵押贷款。评估要求包括对财产的实地考察。如果出售者在财产出售前 180 天内购买了该财产并以更高的价格转售，还需要对该财产进行第二次评估。

法案第 1472 条规定不得违反评估人的独立标准。违反评估人独立标准的行为包括强迫评估人以独立判断以外的其他因素作出评估；试图让评估人朝着目标价值作出评估；在评估人按照合同提供服务后不及时付款或威胁不及时付款。这些标准并不阻止当事方请求评估人考虑额外的因素：比如，其他价值相当的财产，或向评估人提供额外的细节或解释，或要求纠正评估报告中的错误。法案第 1472 条还禁止评估人对被评估财产有直接或间接的财务利益，并规定如果不动产交易中的当事方认为评估人违反了职业准则或卷入了不道德或非职业的行为中，当事人有义务向州的评估人认证与许可机构报告该情况。

六、资助项目

法案第 1496 条重新授权抵押贷款紧急救助计划（Emergency Mortgage Relief Program），并为业主紧急救助基金（Emergency Homeowner's Relief Fund）额外提供 10 亿美元资金，用来向那些失业的业主提供贷款，帮助他们偿还抵押贷款。法案第 1497 条为 HUD 的社区稳定计划（Neighborhood Stabilization Program）提供 10 亿美元的额外资助，使得州政府和当地政府能为购买或重新开发被丢弃的财产、丧失抵押品赎回权的财产（foreclosed properties）提供融资。法案第 1498 条要求 HUD 部长建立一个补助计划，为那些中低收入的业主和租户提供全方位的丧失抵押品赎回权的法律援助（foreclosure legal assistance）。根据法案第 1498 条，提供的资助不得被用于支持集团诉讼（class action litigation）。

第三节　其他金融消费者保护措施

一、对《电子资金转账法》的修改

CFPA 为《电子资金转账法》新增了两条内容。其中，新增的第 920

条（见法案第1075条）更有争议性。根据该条规定，美联储有权就支付卡发行商在电子借记交易中收取的转换费（interchange fees）制定规则，并有权要求这类收费必须合理且与发卡商在交易中的实际成本成比例（但允许交换费中含有防范欺诈的成本）。为此，美联储可以要求任何发卡商或支付卡网络提供相关的必要信息。那些（与其关联人的）合并资产在100亿美元以下的发卡商以及支付政府福利的借记卡或可充值的一般用途预付卡的交易费用可以不受以上转换费限额的限制。此外，美联储还有权制定相关规则监管支付卡网络收费，确保支付卡网络收费不得用于为发卡商的电子借记转账服务提供补贴以及不得用于规避该条及相关规则的限制性规定。

为促进支付市场的竞争，法案限制支付卡网络采取行动限制其他人为使用具有竞争性的网络或可替换的支付方式提供折扣或采取激励手段，并要求美联储发布相关规则禁止发卡商或支付卡网络对支付卡网络（电子借记交易可以通过支付卡网络处理）的数量做出限制或者禁止妨碍接受借记卡支付的一方选择电子借记转账路径。虽然法案基本上将实施《电子资金转账法》的执行权赋予了BCFP，但却将上述第920条下的规则制定权和执行权排他性地授予了美联储。

法案第1073条为《电子资金转账法》新增了第919条。该条要求美联储就汇款转账的信息披露、取消和退款政策以及发生错误时的解决方法制定规则。对于禁止转账机构知悉收款人收到金额的国家，该条还授权美联储就向这些国家汇款转账的接收制定规则。尽管法案将这些授权给美联储，但是根据法案的其他条款（法案第1061条、第1073条），这些权力将最终移交给BCFP。

二、改善消费者获取金融服务的途径

法案第十二章名称为《2010年改善获取主流金融机构服务的途径法案》，旨在鼓励向目前不能获得主流金融产品和服务的中低收入美国人提供金融产品和服务。

该章内容包括：

（1）授权财政部部长建立一个多年的资助（grant）、合作协议和金融机构协议计划以及其他计划或项目：（A）使得中低收入群体能在一家投保存款机构开立一个或多个账户，以满足他们的金融需求，以及（B）使得这类群体能以合理的条款获得账户服务。

参与上述计划的机构被限定在“合格机构”（eligible entities）的范围内，包括投保存款机构；《1986年国内税收法典》第501（c）（3）条规定的机构（即非营利组织）；社区开发金融机构；州、地方和部落的政府机构（state, local and tribal government entities）；以及上述这些机构的合伙或合资实体。

（2）授权财政部部长与合格机构建立一个长期示范计划，向消费者提供低成本的小额美元贷款，作为那些成本更高昂的小额美元贷款的替代选择。参议院版本使用了“工资日贷款”概念，而不是“成本更高昂的小额美元贷款”。相比较而言，法案似乎扩大了范围，但是“工资日贷款”应当属于财政部计划所针对的对象之一。

参与“小额美元贷款替代物”（small dollar loan alternative）计划的合格机构必须采取相应的措施保证向每一位获得贷款的消费者提供相关金融知识和教育，比如，咨询服务、教育课程或财富建设计划。

（3）法案修改了《1994年社区开发银行和金融机构法案》（The Community Development Banking and Financial Institutions Act of 1994），允许社区开发金融机构基金向社区开发金融机构提供资助，以支持小额美元贷款计划[①]，包括对贷款损失准备金提供资金支持。

授权财政部部长发布相关规定，管理法案第12章下的资助计划和项目。财政部部长必须向国会银行委员会提交报告，汇报当年根据法案规定开展的资助活动、资助的额度和可量化的结果。

三、保护老年人的特别资助计划

法案第989A条规定，BCFP下的金融教育办公室（the Office of Financial Literacy）必须制定一个向州和相关合格实体（州的证券委员会、保险委员会和消费者保护机构）提供资助的计划，保护年龄在62岁或以上的老年人，防止他们受到误导性或欺诈性金融产品销售或建议（包括误导性的金融业头衔）之害。法案授权自2011年到2015年的每个财政年度为该计划拨付大约800万美元的款项。

四、“两房”改革研究

法案第1491条反映了国会对房利美和房地美的看法，即这两家公司既

① 不超过2 500美元的消费者贷款并满足其他一些条件。

公又私的性质是脆弱的，必须对它们加以改革为住房抵押贷款市场的未来提供保障。对这些政府支持企业进行改革也是改善住房金融市场的基本要求。与此思路相一致，法案第 1074 条要求财政部部长向国会银行委员会提交一份报告，提出“两房”改革的方案和建议：结束对“两房”的破产保护（conservatorship），比如，进行终止清算、私有化、将它们的职能并入一家联邦机构，或者将它们分解成为小公司。研究报告还将对住房金融体系的诸多方面进行分析，包括联邦机构在支持该体系上的作用。

五、P2P 贷款监管研究

法案第 989F 条要求 GAO 对 P2P 贷款（person - to - person lending）进行研究，以确定最佳的联邦监管框架。GAO 应与联邦银行业监管机构、SEC、消费者团体、外部专家以及 P2P 贷款行业磋商。研究必须对以下事项进行审查：

（1）现行的监管框架；

（2）负责监督和管理这个市场的州监管机关和联邦监管机关；

（3）自法案颁布之日起已经完成或正在进行中的有关 P2P 贷款的政府研究报告或私人部门的研究报告；

（4）现行监管框架下的消费者隐私和数据保护、最低信用标准、反洗钱和风险管理以及是否需要额外的保护性措施；

（5）P2P 贷款的使用情况。

GAO 必须自法案颁布之日起 1 年内向国会银行委员会提交一份研究报告并提出可供选择的监管方案。

第八章
美联储体系改革

为了更好地发挥美联储作为中央银行在危机管理中的核心作用，改善美联储的问责制度和透明度，法案辟专章（第十一章《美联储体系的具体规定》（Federal Reserve System Provisions））对美联储改革作出了详细规定。具体内容如下。

第一节　美联储改革的具体规定

一、紧急贷款权

（一）实质内容

法案第1101条修订了《1913年联邦储备法案》著名的第13（3）条，即美联储在紧急情况下向个人、合伙企业或公司提供贷款的权力。修订后的第13（3）条禁止美联储向任何个人或机构提供紧急贷款，除非该贷款是通过“具有广泛适用性的项目或工具”（any program or facility with broad－based eligibility）提供的，并经过财政部部长的事先批准。如果一个项目或工具被设计成从某个具体企业的资产负债表上转移资产，或为了帮助某家具体企业逃避破产清算，则该项目或工具就不是“广泛适用”的。

法案要求美联储尽快与财政部部长协商制定紧急贷款的具体政策和程序，这些政策和程序必须确保美联储的任何紧急贷款项目或工具是为了向整个金融体系提供流动性，而不是为了救助某个具体的失败金融机构。同时要确保该紧急贷款有足够担保以保护纳税人不受损失，且该项目或工具将有序、及时终止。以上政策和程序还须要求联邦储备银行对贷款的担保物指定一个“可贷价值”（lendable value）以判断贷款是否有充足担保。如果联储银行根据本条规定向某企业提供了贷款，在贷款有效期内该企业又成为了根据法案第二章认定的具有系统性风险的企业，后来该联储银行的这笔贷款遭受了实际净损失（realized net loss），则联储银行对该净损失向该企业享有与法案第二章规定的财政部债权的同等优先权。此外，根据《1913 年联邦储备法案》第 13（3）条项下紧急贷款的无担保债权在破产程序中也享有优先权。

法案禁止美联储向资不抵债的借款人提供紧急贷款。美联储可以要求借款人提供有偿付能力的证明并在发生重大变化时对该证明及时更新。此处的资不抵债仅指借款人进入了联邦或州的破产程序或法案第二章的有序清算程序。

（二）向国会的报告要求

在美联储批准本条项下的紧急贷款或支持的 7 天内，美联储必须向国会银行委员会提交报告说明以下事项：提供该项援助的理由，被援助对象的身份，援助的日期、规模和形式，援助的核心条款（包括期限，担保物及价值，援助带来的利息、费用及其他收入或有价物，作为交换条件对援助对象雇员薪酬、红利分配及其他公司决策的要求，纳税人的预期成本等）。此外，在贷款或援助有效期内，美联储还须每 30 天书面更新以下事项：担保物价值，援助带来的利息、费用及其他收入或有价物，以及纳税人预期的或最终的成本。必要时，美联储主席可以要求为有关受援助方身份、借款数目、与援助有关的资产或担保品的识别信息保密。在此情况下，有关信息将只提供给国会银行委员会的主席和资深成员。

二、对美联储的审计

（一）对美联储贷款工具的审计

法案第 1102 条授权 GAO 对美联储根据《1913 年联邦储备法案》第 13（3）条批准的任何贷款项目和工具进行审计，包括对美联储、联储银行、美联储或联储银行设立的贷款工具、特殊目的工具或其他实体进行现场检查。同时授权 GAO 对联储公开市场操作或根据《1913 年联邦储备法案》第 11（s）条提供的任何贴现窗口预付款（discount window advance）进行审计。以上审计的目的仅限于评估（1）该工具的操作完整性、会计、财务报告和内部控制；（2）担保和质押政策的有效性；（3）该工具或有关交易是否有意偏向某一个或一些具体参与方；（4）有关使用、选择和向第三方承包商支付报酬的政策。

以上审计完成 90 天内，GAO 必须向国会提交报告，说明审计的内容以及采取任何行政或立法行动的建议。法案禁止 GAO 向国会或其他人披露被审计工具或操作的参与方的身份，或与有关工具和操作相关的资产或担保物的身份或识别信息。该对贷款工具的保密要求将在美联储或联储银行公开相关信息时失效，同时不适用于纽约联储银行之前设立的“Maiden Lane”系列特殊目的工具。

法案还对联储贷款工具规定了强制的信息公开要求：若为遵守以上保密要求对有关审计报告作了删节，最迟在美联储终止该贷款工具一年后，或该贷款工具不再发放贷款 2 年后（两个当中更早的那个时间），GAO 必须公开全部审计内容。对于有关公开市场操作或贴现窗口预支的保密要求也随着美联储按法案第 1103 条的要求公开相关信息而失效。

（二）对危机期间美联储紧急贷款项目的一次性审计

第 1109 条要求 GAO 对自 2007 年 12 月 1 日以来至法案颁布之日止美联储或联储银行通过一系列项目或工具提供的贷款或救助进行一次性审计。这些项目和工具包括：资产支持商业票据货币市场共同基金流动性工具（Asset – Backed Commercial Paper Money Market Mutual Fund Liquidity Facility）、期限资产支持证券贷款工具（Term Asset – Backed Securities Loan Facility）、主自营商工具（Primary Dealer Facility）、商业票据融资工具（Commercial Paper Funding Facility）、期限证券贷款工具（Term Securities Lending Facility）、期限拍卖工具（Term Auction Facility）、处女巷系列特殊目的工具（Maiden Lane，Maiden Lane II，Maiden Lane III）、机构抵押贷款支持证券项目（Agency Mortgage – Backed Securities program）、外币流动性互换工具（Foreign Currency Liquidity Swap Lines），以及其他根据法案第 13（3）条紧急贷款授权设立的项目。该一次性审计必须在法案颁布后 12 个月内完成并提交众议院议长、两院多数党和少数党领袖、国会银行委员会主席和资深成员，以及任何要求得到报告的国会议员。

审计的内容为评估贷款工具的运营完整性、会计、财务报告和内部控制，为减少有关联储银行和纳税人风险而设立的担保和质押政策的有效性，贷款工具是否不恰当地偏向某一方或数方，有关使用、选择和向第三方承包商支付报酬的政策，以及在有关工具或项目的设立和操作中是否存在利益冲突。

（三）对联邦储备系统治理结构的审计

法案第 1109 条同时要求 GAO 在法案颁布后 1 年内完成对联储系统治理结构的审计并向与（二）中规定的同样的名单提交报告。审计的内容包括（1）联储银行B类和C类董事的选任制度是否达到了《1913年联邦储备法案》第4条关于有效代表公众利益的要求；（2）由成员银行选举联储银行①董事是否构成实际的或潜在的利益冲突；（3）检查上述工具和项目的设立和操作以及每一家联储银行在其中的角色；（4）指出联储银行董事选任制度或联储银行治理的其他方面需要改革之处，以改善对公众的代表性，消除监管中的实际或潜在利益冲突，增加制定和执行货币政策的有用信息来源，或通过其他方式改善联储银行的有效性和效率。

法案还要求美联储不晚于2010年12月1日在其网站上公布与前面（二）中列举的工具和项目有关的如下内容：美联储或联储银行提供过救助的企业、个人、实体或外国央行的身份；救助的类型、价值、数目和日期；预期偿还的具体条款，包括期限、利率、担保物、对高管薪酬或红利的任何限制以及其他重要条款；以及设立这些项目和工具的具体理由。

（四）紧急金融稳定

法案第1105条规定FDIC必须根据FDIC和美联储在法案第1104条下做出的决定，在经济面临严重压力的时期创设广泛可获得的紧急金融稳定（Emergency Financial Stabilization）计划来担保有偿债能力的投保存款机构或存款类机构控股公司②（包括其关联人）的债务。这些担保不得包括以任何形式提供的资本。

FDIC设立以上项目的前提条件是FDIC和美联储根据法案第1104条认定存在需要使用以上项目的“流动性事件”（liquidity event）。“流动性事件”被定义为（1）金融市场参与者以下一般能力的超常或大范围降低：（A）不以不寻常的和重大的折扣出售金融资产；（B）在不大幅增加保证金（margin）的情况下用金融资产质押借款；或（2）金融市场参与者获得无担保贷款能力的超常或重大降低。

法案第1104条规定，财政部部长有权启动FDIC和美联储的上述认定程序。在程序上，“流动性事件”的认定需要FDIC和美联储双方机构各自董事会或理事会2/3多数的通过。书面认定须包括以下内容：证明“流动性事件”存在的证据的评估；如不采取措施，将对美国金融稳定或经济形

① 联储银行行使美联储的监管职权。

② 如《联邦存款保险法案》所定义，在本条款中指银行控股公司或SLHC。不包括仅控制一家豁免于《1956年银行控股公司法》下“银行”定义的投保银行（如一家产业银行（industrial bank））的公司。

势产生重大不利影响的判断；以及对需要 FDIC 担保项目以减轻以上重大不利影响的证据的评估。

财政部部长须保存以上决定的书面记录，总审计长则将对决定进行审计，包括决定的理由和采取的措施的影响，并向国会报告。财政部部长要通知国会银行委员会 FDIC 和美联储的决定，包括对决定理由的描述。该通知最晚不得超过两个日期中的更早日期：决定做出的 30 天，或担保数额最早由总统向国会通报之日。

法案第 1105 条规定，FDIC 在与财政部部长协商后制定紧急金融稳定计划下做出担保的具体政策和程序。FDIC 设立的担保项目的条款和条件及其设立均需获得财政部部长批准。财政部部长必须在与总统协商后决定 FDIC 在任何稳定项目下为债务提供担保的最大限额。

法案第 1105 条还规定了总统向国会提交关于 FDIC 建议的担保项目的报告，指明担保的限额并请求获得批准。只有在国会批准后，FDIC 才可出具担保。担保限额的上调也需经过同样的批准程序。法案同时规定了国会对总统报告的快速审查程序。

FDIC 须向紧急稳定计划的参与方收费以覆盖预计损失和管理费用。计划结束后，剩余的经费将缴国库。FDIC 有权从财政部借款用于计划的运转，但不得从存款保险基金借款。若收费不足以覆盖全部成本，FDIC 须向计划参与方征收特殊费用以覆盖缺口。

（五）FDIC 紧急救助

在法案第 1105 条规定了 FDIC 设立紧急金融稳定计划的权力后，法案第 1106 条对《联邦存款保险法案》做出了相应修订，取消了该法第 13（c）（4）（G）（ⅰ）条下 FDIC 向有偿债能力的存款机构或其有偿债能力的控股公司（或关联公司）提供普遍可获得的债务担保计划的规定。对 FDIC 在其他情况下的救助权增加了投保存款类子公司必须已进入破产管理程序的要求。这就去掉了 FDIC 以系统性风险为借口提供开放式银行救助的能力。FDIC 在系统性风险授权下采取的行动必须是为了 FDIC 已被任命为管理人的存款机构的有序关闭（winding down）而进行。

根据紧急金融稳定计划或《联邦存款保险法案》紧急系统性救助规定做出的担保如出现违约，FDIC 有权任命自己为违约方存款机构的管理人。若出现违约的是存款类机构控股公司或非投保存款机构，FDIC 可根据法案第二章规定的程序请求决定是否按有序清算机制对该公司进行破产清算。若违约 30 天后 FDIC 仍未被任命为管理人，FDIC 可以要求公司按普通破产程序申请破产，或代表公司提出非自愿破产申请。

三、美联储治理结构的改革

（一）美联储银行治理

为防止利益冲突，提高美联储独立性，法案第1107条修订了《1913年联邦储备法案》第4条，规定联储银行行长由银行的B类和C类董事任命，并获得美联储的同意，任期5年。B类和C类董事代表公众。代表联储银行的成员银行的A类董事将无权投票选举行长。但对于联储银行中最重要的纽约联储行长的任命，法案最终没有要求由总统任命、由参议院核准。

（二）监管政策

法案第1108条修订了《1913年联邦储备法案》第10条，为美联储增设了专职负责监管事务的副主席（Vice Chairman for Supervision），使美联储的副主席增为2人。监管副主席的职责为“向美联储提出有关受美联储监管的存款机构控股公司和其他金融机构的监管政策建议，并监督对这些机构的监管事务”。法案还规定监管副主席每半年向国会银行委员会报告美联储金融监管的“努力、活动、目标和计划”。

同时，法案第1108条明确禁止美联储委托联储银行制定对由美联储监管的存款机构控股公司和其他金融机构的监管政策。法案还明文禁止美联储委托联储银行行使其在法案第一章中的投票权，同时明确规定法案第一章中规定的美联储权力不得由任何联储银行行使（即任何联储银行无权参与法案第一章规定的系统性风险的认定和监管）。

法案还修订了《1913年联邦储备法案》的有关条款，明确规定美联储的职责之一是衡量、监测和减少美国金融稳定的风险。

术 语 表

英文	中文	缩写
Accredited Investor	合格投资者	
Act or Omission	作为或不作为	
Action for Restitution	要求退回原物的诉讼	
Actual Direct Compensatory Damages	实际发生的直接补偿性损失	
Affiliates	关联人	
Agency Mortgage – Backed Securities Program	机构抵押贷款支持证券项目	
Aiding and Abetting	协助及教唆	
All or Substantially All	全部或大部	
Alternative Net Capital Treatment	替代净资本处理	
American Recovery and Reinvestment Act of 2009	《2009 年美国复苏和再投资法案》	
Annual Percentage Rate	年利率	APR
Anti Fraud	反欺诈	
Anti Market Manipulation	反市场操纵	
Anti – Evasion	反逃逸	
Appropriate Federal Banking Agency	恰当联邦银行监管机构	
Arbitrary and Capricious	武断而多变	
Asset Backed Security	资产支持证券	ABS
Asset – Backed Commercial Paper Money Market Mutual Fund Liquidity Facility	资产支持商业票据货币市场共同基金流动性工具	
Assignment	转让	
Assume	继承	
Avoidable Transfers	可撤销转让	
Balloon Payments	气球式偿付	
Bank Holding Company	银行控股公司	
Bank Holding Company Act of 1956	《1956 年银行控股公司法》	
Banking Act of 1933	《1933 年银行法》	

续表

英文	中文	缩写
Bank Merger Act	《银行合并法案》	
Banking Entity	银行实体	
Bankruptcy Code（即 Title 11 of the United States Code）	《破产法》（即《美国法典》第 11 章）	
Basis Swap	利息基准互换	
Beneficial Ownership	受益所有权	
Best Interests	最佳利益	
Board of Governors of the Federal Reserve System	美国联邦储备系统管理委员会（美联储）	FRB
Bretton Woods Agreements Act	《布雷顿森林协议法案》	
Broad – Based Eligibility	广泛适用性	
Broker – Dealer	经纪商—自营商	
Brokered Deposits	经纪存款	
Bureau of Consumer Financial Protection	消费者金融保护局	BCFP
Buy – to – Cover	做市买入	
$CDOs^2$	债务抵押证券的债务抵押证券	
Cease – and – Desist Order	禁止令	
Ceding Insurer	（再保险的）原保险人或分出公司	
Class Action	集团诉讼	
Claw – Back	薪酬钩回	
Clayton Act	《克莱顿法案》	
Collateral	担保品	
Collateralized Bond Obligations	债券抵押证券	
Collateralized Debt Obligations	债务抵押证券	CDOs
Collateralized Debt Obligations of Asset Backed Security	ABS 的债务抵押证券	CDOs of ABS
Collateralized Mortgage Obligations	贷款抵押支持凭证	
Collins Amendment	科林斯修正案	
Commercial Paper Funding Facility	商业票据融资工具	
Commodity Exchange Act of 1936	《1936 年商品交易法》	

续表

英文	中文	缩写
Commodity Futures Trading Commission	商品与期货交易委员会	CFTC
Commodity Pool Operator	商品集合运营商	
Commodity Trading Advisor	商品交易顾问	
Community Development Banking and Financial Institution Act of 1994	《1994 年社区开发银行和金融机构法案》	
Community Reinvestment Act of 1977	《1977 年社区再投资法》	
Comptroller General	总审计长	
Concentration Limit	集中度限制	
Conservatorship	破产保护	
Consolidated Assets	并表资产	
Consumer Financial Protection Act of 2010	《2010 年消费者金融保护法案》	CFPA
Contingent Capital	应急资本	
Control Person	控制人	
Convertible Debt Instruments	可转债工具	
Conveyance	转让	
Core Deposits	核心存款	
Council of Inspectors General on Financial Oversight	金融督察长委员会	
Counter – Cyclical Capital Buffer	逆周期资本缓冲	
Covered Agreement	覆盖协议	
Covered Financial Company	所适用金融公司	
Covered Person	适用主体	
Covered Transaction	所适用交易	
Credit Card Bank	信用卡银行	
Credit Default Swap	信贷违约掉期	CDS
Credit Exposure	信用敞口	
Credit Rating Agency Board	信用评级机构委员会	
Custody Rules	托管规则	
De Minimis Investment	最低投资	
De Novo Standard of Review	重新审查标准	
Dealer	自营商	
Debanking	去银行化	

续表

英文	中文	缩写
Debt to Equity Ratio	债务对股本比	
Default	违约	
Department of Housing and Urban Development	住房和城市发展部	HUD
Depository Institution	存款类机构	
Depository Institution Holding Companies	存款类机构控股公司	
Depository Institutions Management Interlocks Act	《存款类机构管理层互相兼职法》	
Derivatives Exchange	衍生品交易所	
Derivatives Clearing Organization	衍生品清算组织	DCO
Derivatives Market Manipulation Prevention Act	《衍生品市场操纵防范法案》	
Designated Activity	指定业务	
Designated Clearing Entity	指定清算机构	
Designated Financial Market Utility	指定金融基础设施	
Discount Window	贴现窗口	
Dodd – Frank Wall Street Reform and Consumer Protection Act	《多德—弗兰克华尔街改革与消费者保护法案》	法案
Due – on – Sale Clause	转售即还条款	
Economically Equivalent	经济上同等	
Edge Act and Agreement Corporations	“艾奇法案公司”和“协议公司”	
Electronic Fund Transfer Act	《电子资金转账法》	
Emergency Economic Stabilization Act of 2008	《2008 年紧急经济稳定法案》	EESA
Emergency Financial Stabilization	紧急金融稳定	
Emergency Homeowner's Relief Fund	业主紧急救助基金	
Emergency Mortgage Relief Program	抵押贷款紧急救助计划	
Emerging Threats	正在形成的威胁	
Employee Retirement Income Security Act of 1974	《1974 年雇员退休收入保障法案》	ERISA
Enforcement	执行	
Enhancing Financial Institution Safety and Soundness Act of 2010	《2010 年加强金融机构安全与稳健法案》	

续表

英文	中文	缩写
Equal Credit Opportunity Act	《公平信贷机会法案》	
Equity Index Swaps	股权指数互换	
Equity Swaps	股权互换	
Escrow Accounts	委托保管账户	
Execution	履行	
Executory Contracts	待履行合约	
Exempt Commercial Purchaser	豁免商业购买者	
Farm Credit Act of 1971	《1971 年农场信贷法案》	
Farm Credit Administration	农场信贷局	
Farm Credit System Institution	农场信贷体系机构	
Federal Agricultural Mortgage Corporation	联邦农业抵押贷款公司	
Federal Consumer Financial Law	联邦消费者金融法律	
Federal Credit Union Act	《联邦信用社法案》	
Federal Deposit Insurance Act	《联邦存款保险法案》	FDI Act
Federal Deposit Insurance Corporation	联邦存款保险公司	FDIC
Federal Home Loan Bank	联邦住房贷款银行	FHLB
Federal Home Loan Mortgage Corporation	联邦住房贷款抵押贷款公司（即房地美）	Freddie Mac
Federal Housing Enterprises Financial Safety and Soundness Act of 1992	《1992 年联邦住房企业金融安全与稳健法案》	
Federal Housing Finance Agency	联邦住房金融局	FHFA
Federal Insurance Office	联邦保险办公室	FIO
Federal National Mortgage Association	联邦全国抵押贷款协会（即房利美）	Fannie Mae
Federal Register	联邦公报	
Federal Reserve Act of 1913	《1913 年联邦储备法案》	
Federal Reserve Wire Network	联邦大额支付结算系统	Fedwire
Federal Savings Associations	联邦储蓄协会	
Federal Trade Commission	联邦贸易委员会	FTC
Felony	重罪	
Fiduciary	受托人	

续表

英文	中文	缩写
Financial Accounting Standards Board	财务会计标准委员会	FASB
Financial Accounting Statements	财务会计报表	
Financial in Nature	金融属性	
Financial Industry Regulatory Authority	美国金融业监管局	FINRA
Financial Market Utilities	金融基础设施	FMUs
Financial Research Fund	金融研究基金	
Financial Service Modernization Act of 1999	《1999 年金融服务现代化法案》	
Financial Stability Act of 2010	《2010 年金融稳定法案》	
Financial Stability Oversight Council	金融稳定监督委员会	FSOC
First Lien	第一留置权	
First Mortgage	第一抵押权	
First – Loss Position	首次亏损头寸	
Force – Placed Hazard Insurance	强制性的灾害保险	
Foreign Currency Liquidity Swap Lines	外币流动性互换工具	
Foreign Exchange Swap	外汇互换	FES
Foreign Private Advisers	外国私募顾问	
Foreign Private Issuer	外国私募发行人	
Form ADV	ADV 表格	
Fraudulent Transfers	欺诈性转让	
Freedom of Information Act	《信息自由法案》	
Functionally Regulated	功能监管	
Futures Commission Merchant	期货佣金商	
Glass – Steagall Act	《格拉斯—斯蒂格尔法案》	
Golden Parachute	金色降落伞	
Government Accountability Office	政府问责办公室	GAO
Government Accounting Standards Board	政府会计准则委员会	GASB
Government National Mortgage Association	政府全国抵押贷款协会	Ginnie Mae
Grave Threat	严重威胁	
Hedge Fund	对冲基金	
High – Risk Assets	高风险资产	

续表

英文	中文	缩写
High – Risk Trading Strategies	高风险交易策略	
Home Mortgage Disclosure Act of 1975	《1975 年住房抵押贷款信息披露法案》	
Home Owners' Loan Act	《住房所有者贷款法案》	
Hotel California	"加州旅馆"	
Housing and Economic Recovery Act of 2008	《2008 年住房与经济复苏法案》	
Hybrid Capital Instruments	混合资本工具	
Illiquid Funds	缺乏流动性基金	
Imminent Risk of Substantial Harm	迫在眉睫的重大损害危险	
Improving Access to Mainstream Financial Institution Act of 2010	《2010 年改善获取主流金融机构服务的途径法案》	
Incentive – Based Compensation Arrangements	业绩激励薪酬安排	
Incidental Thereto	从属于	
Included Activities	覆盖业务	
Independent Representative	独立代理人	
Industrial Bank	产业银行	
Inspectors General Act of 1978	《1978 年督察长法》	
Insured Depository Institutions	投保存款机构	
Interchange Fees	转换费	
Interest Rate Cap	利率上限	
Interest Rate Floor	利率下限	
Interest Rate Swap	利率互换	IRS
Intermediate Holding Company	中间控股公司	
Internal Financial Activities	内部财务活动	
Internal Revenue Code of 1986	《1986 年国内税收法典》	
International Bank for Reconstruction and Development	国际复兴开发银行	IBRD
International Banking Act of 1978	《1978 年国际银行法典》	
Introducing Broker	介绍经纪	
Investment Advisers Act of 1940	《1940 年投资顾问法》	
Investment Company Act of 1940	《1940 年投资公司法》	

续表

英文	中文	缩写
Investor Advocate	投资者权益保护人	
Ipso Facto Clause	事实本身条款	
Joint and Several Liability	连带责任	
Knowingly or Recklessly	明知或重大疏忽地	
Lendable Value	可贷价值	
Leverage ratio	杠杆率	
Liquidity	流动性	
Liquidity Event	流动性事件	
Loan Participations	贷款份额	
Long	多头	
Major Security – Based Swap Participant	主要证券基准互换参与方	MSSP
Major Swap Participant	主要互换参与方	MSP
Management Interlocks	管理层互相兼职	
Managing Member	管理成员	
Mandatory Pre – Dispute Arbitration Clauses	事先强制仲裁条款	
Manipulative Short Sale	操纵性卖空	
Market Maker	做市商	
Mark – to – Market	盯市	
Material Conflict of Interest	重大利益冲突	
Misdemeanor	轻罪	
Mixed Swaps	混合互换	
Mortgage Reform and Anti – Predatory Lending Act	《抵押贷款改革以及反掠夺性贷款法案》	
Mortgage Related Security	住房抵押贷款相关证券	
Municipal Securities Rulemaking Board	市政证券规则制定委员会	MSRB
Mutual Holding Companies	互助机构控股公司	
Mutuality	互惠性	
Narrow – Based Security Index	狭窄基础的证券指数	
National Association of Insurance Commissioners	全国保险监理官协会	NAIC
National Bank Act of 1864	《1864 年全国银行法案》	

续表

英文	中文	缩写
National Credit Union Administration	全国信用社管理局	NCUA
National Information Center	全国信息中心	
Nationally Recognized Statistical Rating Organization	全国认可的统计评级机构	NRSRO
Negative Amortization	负摊还	
Neighborhood Stabilization Program	社区稳定计划	
Net Equity Claims	股权净额	
Nonadmitted and Reinsurance Reform Act of 2010	2010 年非传统保险和再保险市场改革法案	
Nonadmitted Insurance/Surplus Lines Insurance	非传统保险	
Nonadmitted Insurer	非传统保险公司	
Nonadmitted Insurance Model Act	非传统保险示范法案	
Nonbank Financial Company Supervised by the Board of Governors	由美联储监管的非银行金融机构	
Normal Course of Business	正常运营中	
Off Balance Sheet Asset	表外资产	
Office of Financial Literacy	金融教育办公室	
Office of Financial Research	金融研究办公室	OFR
Office of Housing Counseling	住房顾问办公室	OHC
Office of the Comptroller of the Currency	货币监理署	OCC
Office of Thrift Supervision	储贷监理署	OTS
Orderly Liquidation Authority	有序清算权	OLA
Orderly Liquidation Fund	有序清算基金	OLF
Originator	发放机构	
Paperwork Reduction Act	《文书消减法案》	
Payday Loans	工资日贷款	
Payment, Clearing, and Settlement Supervision Act of 2010	《2010 年支付、清算、结算监管法案》	
Permitted Activities	允许业务	
Person – to – Person Lending	P2P 贷款	
Portfolio Margining	投资组合保证金	
Position Data	持仓数据	
Post – Receivership Transactions	破产管理发生后的交易	
Predominantly Engaged	主要从事	

续表

英文	中文	缩写
Preemption	优先权（法律适用）	
Preferences	优先权（破产法）	
Preferential Transfers	优先转让	
Preferred Stock	优先股	
Prepayment Penalty	提前还款罚款	
Primary Dealer Facility	主自营商工具	
Prime Broker	主经纪商	
Priority	优先序	
Private Equity Fund	私募股权基金	
Private Fund Investment Advisers Registration Act of 2010	《2010 年私募基金投资顾问注册法》	
Private Placement	私募配售	
Private Right of Action	私人诉权	
Privileged Information	特权信息	
Promissory Note	本票	
Prompt Corrective Action	快速纠正行动	
Proprietary Information	专有信息	
Proprietary Trading	自营交易	
Prudential Regulator	审慎监管者	
Public Company Accounting Oversight Board	上市公司审计监督委员会	PCAOB
Qualified Client	合格客户	
Qualified Financial Contracts	合格金融合同	QFCs
Qualified Mortgage	合格抵押贷款	
Qualified Thrift Lender	合格储蓄贷款人	
Real Estate Settlement Procedures Act of 1974	《1974 年不动产交割程序法案》	
Realized Net Loss	实际净损失	
Receiver	破产管理人	
Registration Statement	证券注册说明书	
Regulation	条例	
Regulation Y	《Y 条例》	

续表

英文	中文	缩写
Regulatory Flexibility Act of 1980	《1980 年监管灵活性法案》	
Regulatory Order	监管命令	
Resolution Plans	清盘计划	
Retail Investor	零售投资人	
Revolving Door	旋转门	
Risk Matrix	风险矩阵	
Risk – Based Capital	风险资本	
Risk – Weighted Assets	风险权重资产	
Rule	规则	
Rule – Making	规则制定	
Sarbanes – Oxley Act of 2002	《2002 年萨班斯—奥克斯莱法案》	《萨班斯法案》
Savings and Loan Holding Companies	储贷控股公司	SLHCs
Savings and Loan Holding Company Act	《储贷控股公司法》	
Say – on – Pay Vote	对薪酬发言的投票	
SEC reporting companies	SEC 呈报公司	
Secretary of Health and Human Service	健康和人力服务部部长	
Securities Act of 1933	《1933 年证券法》	
Securities and Exchange Commission	证券交易委员会	SEC
Securities and Exchange Commission Investor Protection Fund	证券交易委员会投资者保护基金	
Securities Exchange Act of 1934	《1934 年证券交易法》	
Securities Holding Company	证券控股公司	
Securities Investor Protection Act of 1970	《1970 年证券投资者保护法》	
Securities Investor Protection Corporation	证券投资者保护公司	SIPC
Securities Lending	证券借贷	
Security Interest	担保物权	
Security – Based Swap Execution Facility	证券基准互换交易机构	SSEF
Security – Based Swaps	证券基准互换	
Segregation	隔离	
Self – Liquidating	自我变现	
Self – Regulatory Organizations	自律组织	SROs

续表

英文	中文	缩写
Serious Adverse Effects	严重负面影响	
Setoff	抵销	
Shadow Banking System	影子银行体系	
Short Sale	卖空	
Short – Swing Profit	短线收益	
Significant Supervisory Matter	重大监管事项	
Skin in the Game	风险自留	
Small Business Investment Company	小企业投资公司	
Source of Financial Strength	财务力量源泉	
Source of Strength	力量源泉	
Special Entities	特殊实体	
Specific Intent	故意	
Sponsor	发起人	
Stable Value Contracts	稳定价值合约	
State Savings Associations	州储蓄协会	
Statute of Limitations	诉讼时效	
Stay	暂缓执行	
Subordinate or Junior Mortgage	抵押物属于次级或低级抵押的贷款	
Subordinated Debt	次级债券	
Supervised Securities Holding Company	受监管的证券控股公司	
Supervisory Agency	主要监管机构	
Swap Data Repositories	掉期资料库	
Swap Entities	互换实体	
Swap Execution Facility	互换交易机构	SEF
Swaps Push – Out Rule（Lincoln Push – Out Provision）	互换推出规则（林肯推出规定）	
Synthetic ABS	合成 ABS	
Systemic Risk	系统性风险	
Systemically Important Financial Institutions	系统重要性金融机构	SIFIs

续表

英文	中文	缩写
Term Asset - Backed Securities Loan Facility	期限资产支持证券贷款工具	
Term Auction Facility	期限拍卖工具	
Term Securities Lending Facility	期限证券贷款工具	
Terms and Conditions	条款和条件	
Terrorism Risk Insurance Act of 2002	《2002 年恐怖主义风险保险法案》	
Total Consolidated Basis	完全并表基础	
Trading Account	交易账户	
Tranche	份额	
Transfer Agent	过户代理人	
Troubled Asset Relief Program	有毒资产救助计划	TARP
Trust	信托	
Trust Bank	信托银行	
Trust Preferred Securities	信托优先证券	
Trustee	受托人	
Truth in Lending Act	《诚实借贷法》	
Unitary Savings and Loan Holding Companies	单位储贷控股公司	Unitary SLHCs
Variation Margin	动态保证金	
Venture Capital Investments	创业投资	
Vice Chairman for Supervision	负责监管事务的副主席	
Volcker Rule	沃尔克规则	
Wall Street Transparency and Accountability Act of 2010	《2010 年华尔街透明度和问责法案》	
Warrant	认股权证	
Wells Notice	威尔斯通知	
Whistleblower Program	举报者计划	
Winding Down	关闭	
Workers' Compensation Insurance	劳工补偿保险	
Writ of Certiorari	复审	

附录

《多德—弗兰克华尔街改革与消费者保护法案》实施计划

2010年7月21日奥巴马总统正式签署了《多德—弗兰克华尔街改革与消费者保护法案》(以下简称法案)。按照法案的要求，有关监管机构在法案颁布后需要制定大量的实施细则。由于其中许多规则需要多家监管机构联合制定，根据统计，包括重复计算的规则在内需制定的规则共400项(若排除重复计算，需要制定的规则为243项)。此外，法案规定须完成87项相关研究。根据美国达维律师事务所的跟踪，截至2011年第二季度，法案要求的400项规则制定中应完成41项，已完成38项，但另有26项错过了法定期限。从目前的进展情况看，法案要求的大量截止日期为2011年7月的规则将无法按期颁布（详见附件)。

造成法案规则制定延误的原因主要有两方面：一是由于人手和资源的限制，大量的公众意见难以及时处理。2011年4月，CFTC将所有衍生品规则的征求意见期延长了一个月；6月，CFTC与SEC发布通知，延迟出台将于7月16日生效的大量与互换市场有关的规则。二是来自华尔街和国会的抵制。虽然法案已颁布并生效，但法案在许多方面的实际执行力，如高管薪酬、消费者金融保护和衍生品透明度等，均在很大程度上取决于具体规则。因此，华尔街游说势力已把重点放在影响和阻挠规则制定上。比如，借记卡转换费的规则以及抵押贷款中的“风险自留”规则均受到了阻挠。在最近的一场有关衍生品的听证会上，一些最大的衍生品市场参与者(受一小拨银行控制）辩称政府应当为重新改写衍生品合同提供更多的时间。据统计，28.3%的规则制定要在2011年第三季度完成，且大多与场外衍生品有关。

美国财政部部长盖特纳最近称，反对改革的势力正在通过阻止监管机构获得足够的人力和资源来影响规则制定。马里兰大学法律教授和CFTC前官员 Michael Greenberger 认为，有人试图通过拖延来阻挠金融监管改革。八九个月与24个月的时间差别将会给法案的实施带来巨大影响。

金融机构则认为，延长规则的制定时间是必要的，因为在此之前从来没有像现在这样需要在短时间内制定那么多规则。脚步放慢一些可能会带来更好的结果。

放慢规则制定的要求有的可能是合理的，有的则可能是别有用心地在消磨时间。由于2012年大选在即，如大选前许多新规尚未生效，则届时新上台的官员就可能在某些改革上后退。

另外，按照法案的要求，政府部门和监管机构还需要提交大量的研究报告，为日后的立法和规则制定做准备。据达维律师事务所统计，在87份研究报告中，大部分的期限为法案颁布之日起6个月、12个月、18个月或者24个月。到2011年6月底，已经完成26份研究报告，有2份研究报告未按期完成。在这87份研究报告中，GAO需要完成31份研究报告，其余的56份研究报告由其他政府部门和监管机构完成，而这些机构同时还要制定大量规则（详见附件）。比如，SEC就要负责完成18项研究，其中16项分别在2011年和2012年到期。可以想象，美国金融改革法案的全面实施还有很长的路要走。

附件：法案规则制定进度图

附件：法案规则制定进度图（来源：美国达维律师事务所）

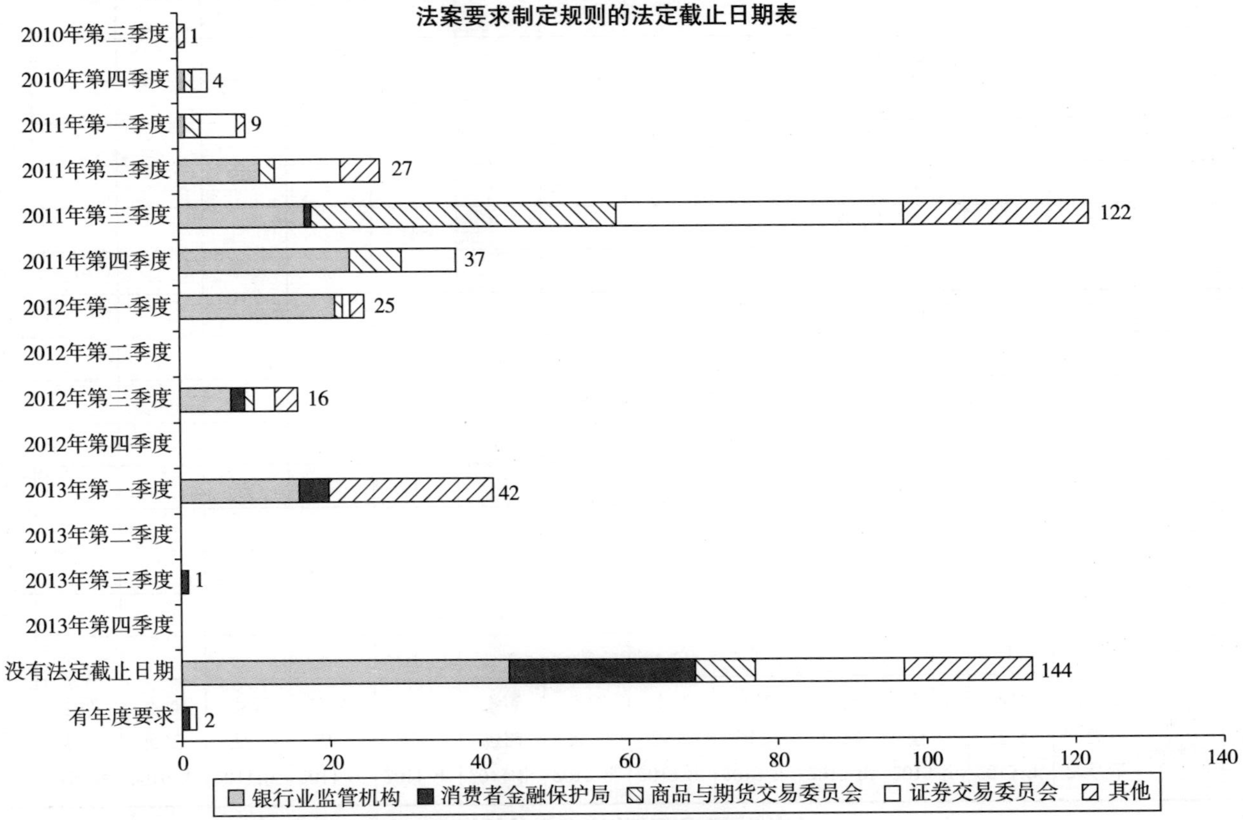

说明：根据法案的规定，多家机构需要联合制定相关规则，所以有的规则被重复计算。

法案要求制定规则的法定截止日期表

机构名称	2010 年第三季度	2010 年第四季度	2011 年第一季度	2011 年第二季度	2011 年第三季度	2011 年第四季度	2012 年第一季度	2012 年第二季度	2012 年第三季度	2012 年第四季度	2013 年第一季度	2013 年第三季度	没有法定截止日期	有年度要求	总计
CFPB					1				2		4	1	25	1	34
CFTC		1	2	2	42	7	1		1				8		64
DAG											1				1
DVA											1				1
FCA					4										4
FED		1	1	5	7	9	13		3		10		17		66
FDIC				3	5	7	5		2		3		21		46
FFIEC											1				1
FHFA				2	3		1		1		3		2		12
FSOC							1		1				1		3
FTC					1								2		3
HUD				1							10				11
MSRB													1		1
NCUA				1	4						3		5		13
OCC				3	5	7	3		2		3		6		29
OFR													1		1
OTS				1											1

续表

机构名称	2010 年第三季度	2010 年第四季度	2011 年第一季度	2011 年第二季度	2011 年第三季度	2011 年第四季度	2012 年第一季度	2012 年第二季度	2012 年第三季度	2012 年第四季度	2013 年第一季度	2013 年第三季度	没有法定截止日期	有年度要求	总计
PCAOB													1		1
RHS											1				1
SEC		2	5	9	50	7	1		3				20	1	98
TREAS	1								1		2		4		8
USDC			1												1
总计	1	4	9	27	122	37	25	0	16	0	42	1	114	2	400

说明：根据法案的规定，多家机构需要联合制定相关规则，所以有的规则被重复计算。如果将重复计算的排除，需要制定的规则总数大概为 243 件。

注：CFPB = Consumer Financial Protection Bureau，消费者金融保护局

CFTC = Commodity Futures Trading Commission，商品与期货交易委员会

DAG = Department of Agriculture，农业部

DVA = Department of Veterans Affairs，退伍军人事务部

FCA = Farm Credit Administration，农场信贷局

FED = Federal Reserve，美联储

FDIC = Federal Deposit Insurance Corporation，联邦存款保险公司

FFIEC = Federal Financial Institutions Examination Council，联邦金融机构检查委员会

FHFA = Federal Housing Finance Agency，联邦住房金融署

FSOC = Financial Stability Oversight Council，金融稳定监督委员会

FTC = Federal Trade Commission，联邦贸易委员会

HUD = Department of Housing and Urban Development，住房和城市发展部

MSRB = Municipal Securities Rulemaking Board，市政证券规则制定委员会

NCUA = National Credit Union Association，全国信用社管理局

OCC = Office of the Comptroller of the Currency，货币监理署

OFR = Office of Financial Research，金融研究办公室

OTS = Office of Thrift Supervision，储贷监理署

PCAOB = Public Company Accounting Oversight Board，上市公司审计监督委员会

RHS = Rural Housing Service，农村住房服务局

SEC = Securities and Exchange Commission，证券交易委员会

TREAS = Department of the Treasury，财政部

USDC = U. S. District Court for the District of Columbia，华盛顿特区联邦地区法院

规则制定月度进展情况

截至2011年6月1日

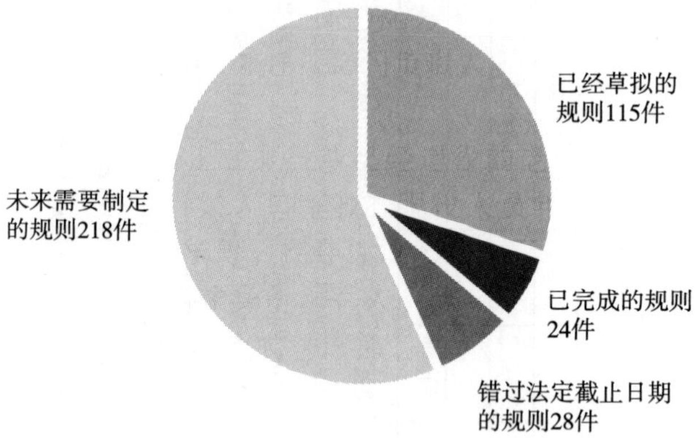

截至2011年7月1日

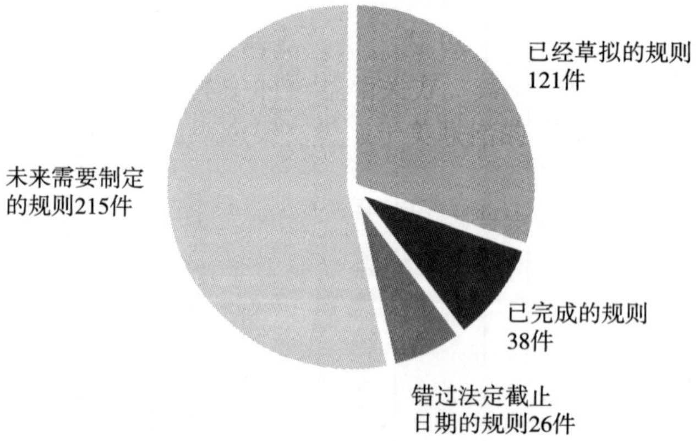

说明：1. “错过法定截止日期的规则”是指截止日期已到但还没有完成的规则。

2. 错过了截止日期但是已经完成的规则被计入“已完成的规则”，不属于“错过法定截止日期的规则”。

3. 错过了截止日期但是已经草拟的规则仍被计入“错过法定截止日期的规则”，不属于“已经草拟的规则”。

4. “未来需要制定的规则”是指截止日期未到、既没有草拟又没有完成的规则。

各机构制定规则的进展情况

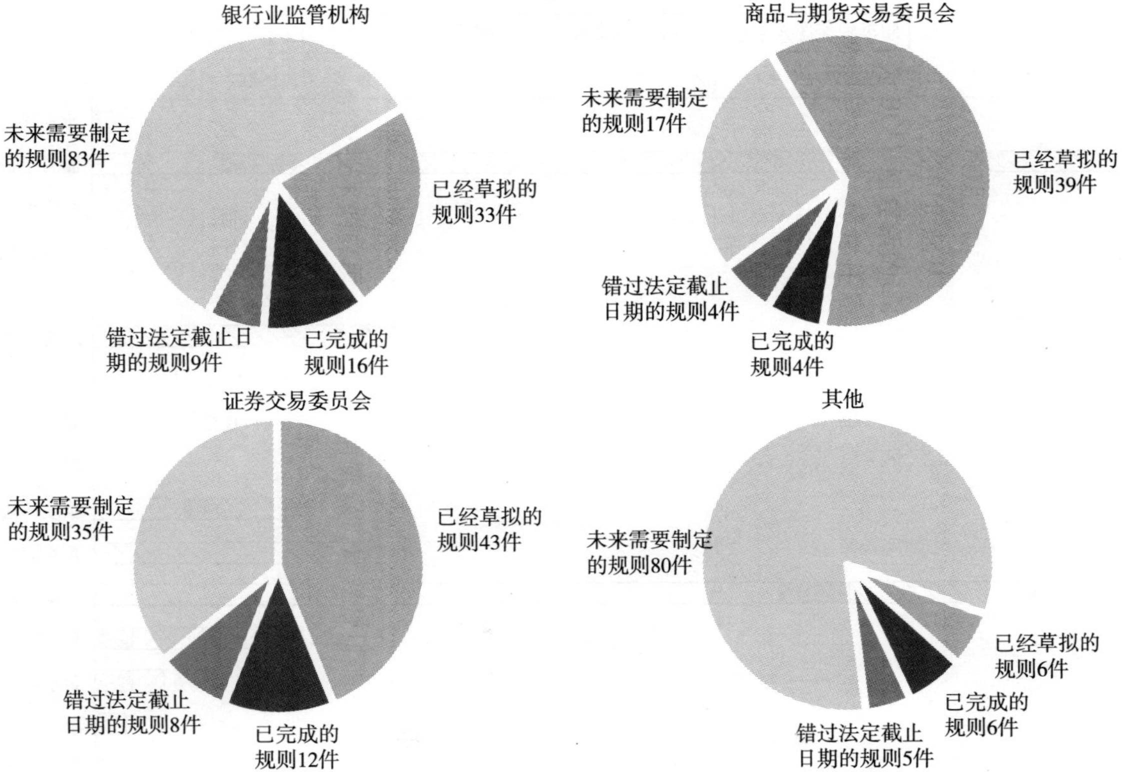

说明：1. 银行业监管机构包括美联储、联邦存款保险公司和货币监理署。
2. 对“未来需要制定的规则”、“已经草拟的规则”、“错过法定截止日期的规则”和“已完成的规则”的说明请见“规则制定月度进展情况”。

目前规则制定进展情况

截至2011年7月1日

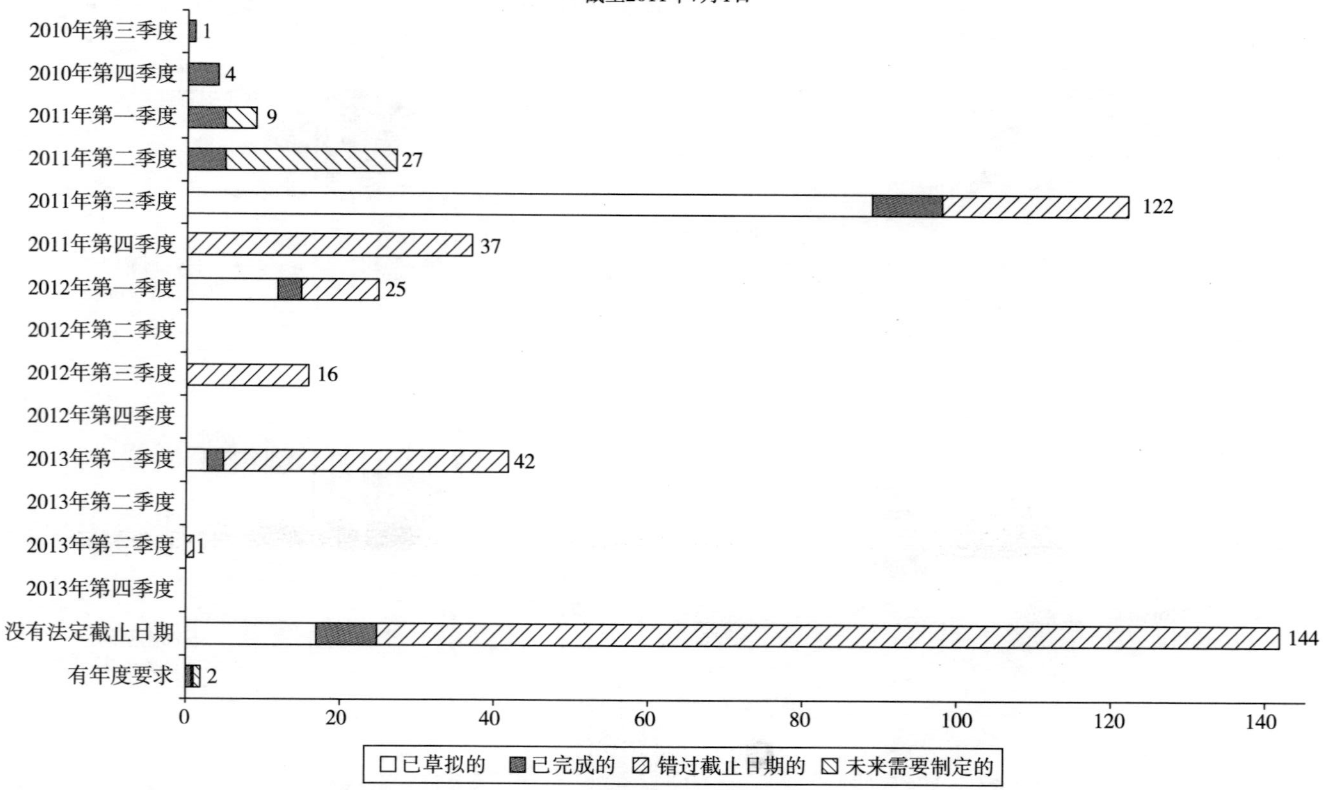

说明：1. 根据法案的规定，多家机构需要联合制定相关规则，所以有的规则被重复计算。
2. 对“已草拟的”、“已完成的”、“错过截止日期的”和“未来需要制定的”的说明请见“规则制定月度进展情况”。

法案要求提交研究报告的法定截止日期表

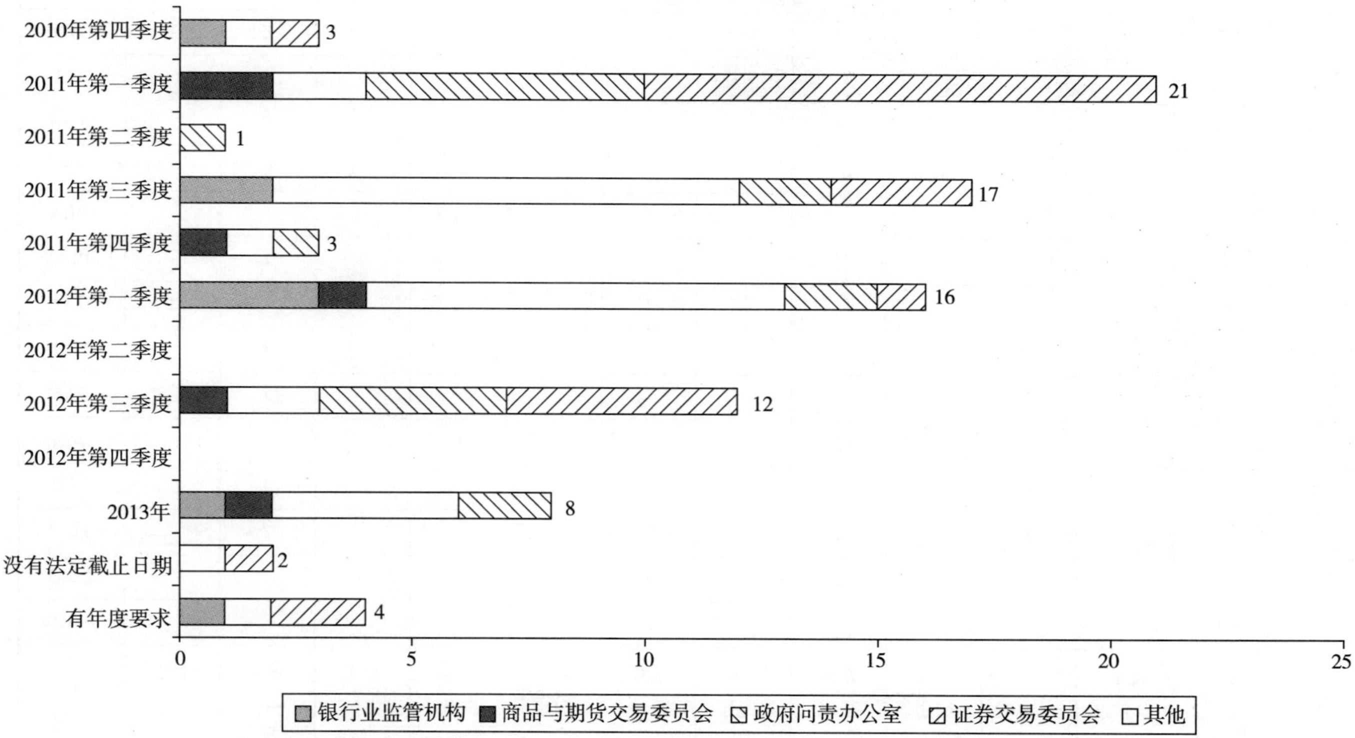

说明：根据法案的规定，多家机构需要联合提交研究报告，所以有的研究报告被重复计算。

法案要求提交研究报告的法定截止日期表

机构名称	2010年第四季度	2011年第一季度	2011年第二季度	2011年第三季度	2011年第四季度	2012年第一季度	2012年第二季度	2012年第三季度	2012年第四季度	2013年	没有法定截止日期	有年度要求	总计
AOUSC												1	1
CFPB				1				2			1		4
CFTC		2			1	1		1		1			6
DAG		1											1
EDU								1					1
EIA		1											1
EPA		1											1
FED	1			1		1				1		1	5
FERC		1											1
FDIC				1		1							2
FIO						1							1
FSOC		3		1				1				1	6
FTC		1											1
GAO	1	2		10	1	9		2		4	1	1	31
HUD	1	1		1				1					4
OCC						1							1

续表

机构名称	2010年第四季度	2011年第一季度	2011年第二季度	2011年第三季度	2011年第四季度	2012年第一季度	2012年第二季度	2012年第三季度	2012年第四季度	2013年	没有法定截止日期	有年度要求	总计
SEC		6	1	2	1	2		4		2			18
TREAS		2											2
总计	3	21	1	17	3	16	0	12	0	8	2	4	87

注：AOUSC = Administrative Office of the United States Courts，美国联邦法院行政管理办公室

FDIC = Federal Deposit Insurance Corporation，联邦存款保险公司

CFPB = Consumer Financial Protection Bureau，消费者金融保护局

FIO = Federal Insurance Office，联邦保险办公室

CFTC = Commodity Futures Trading Commission，商品与期货交易委员会

FSOC = Financial Stability Oversight Council，金融稳定监督委员会

DAG = Department of Agriculture，农业部

FTC = Federal Trade Commission，联邦贸易委员会

EDU = Department of Education，教育部

FTC = Federal Trade Commission，联邦贸易委员会

EIA = EnergyInformation Administration，能源信息管理局

GAO = Government Accountability Office，政府问责办公室

EPA = Environmental Protection Agency，环境保护署

OCC = Office of the Comptroller of the Currency，货币监理署

FED = Federal Reserve，美联储

SEC = Securities and Exchange Commission，证券交易委员会

FERC = Federal Energy Regulatory Commission，联邦能源监管委员会

TREAS = Department of the Treasury，财政部

目前研究报告进展情况

截至2011年7月1日

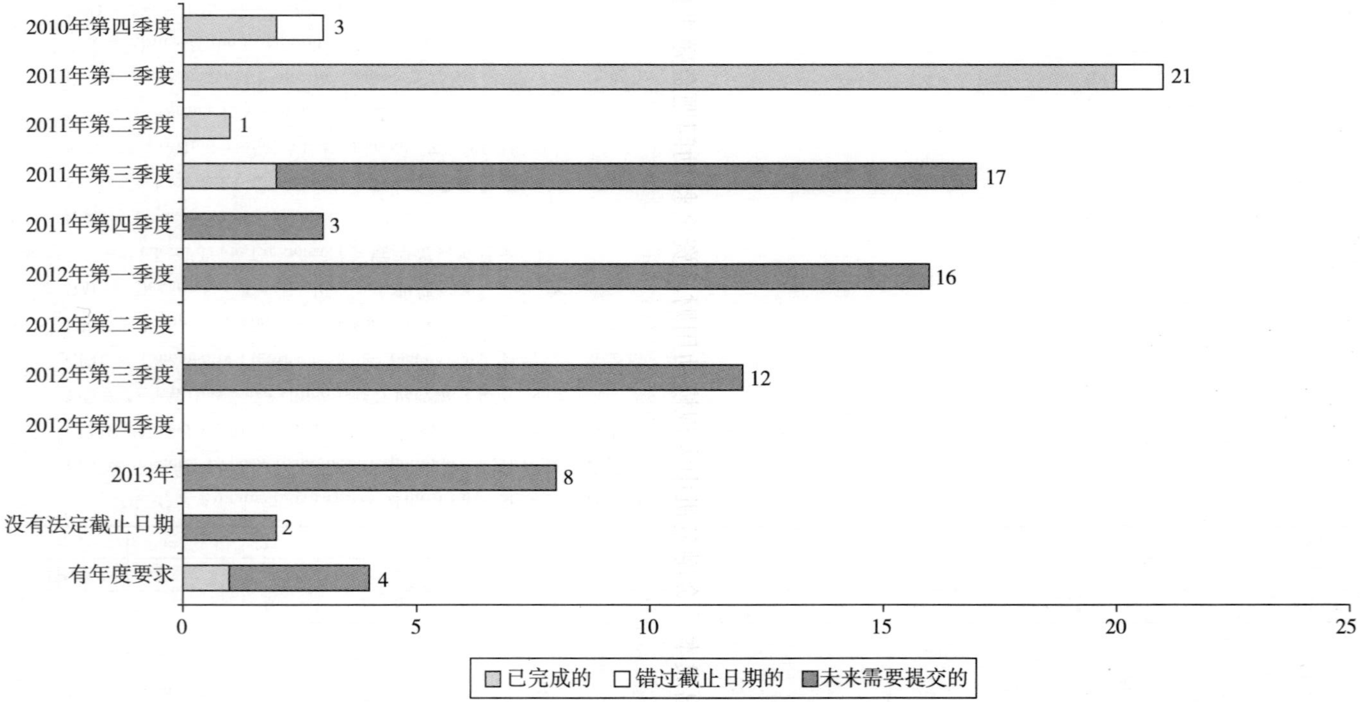

说明：1. 根据法案的规定，多家机构需要联合提交研究报告，所以有的研究报告被重复计算。

2. 对“已完成的”、“错过截止日期的”和“未来需要提交的”的说明请参见“规则制定月度进展情况”。

美国金融监管改革立法的初步评估

美国《多德—弗兰克华尔街改革和消费者保护法案》(以下简称法案)，作为大萧条以来美国最重大的金融监管改革立法，将对美国金融业、美国经济，乃至世界金融和经济产生重要而深远的影响。因为法案有待美联储等机构在接下来的两三年内通过制定规则加以落实，在这些规则出台前尚难以对法案所产生的影响作出全面评价。以下仅根据法案本身的内容作出初步分析。

一、影响范围

法案的影响范围包括美国金融体系的全部参与者。

首先包括消费者、投资者和纳税人。金融消费者在选择抵押贷款等金融产品和服务时将得到更彻底、公平的信息披露和更有效的保护。通过改善公司治理、提高透明度、规范评级，投资者也将得到更好保护。由于法案针对大型金融机构设立了专门的有序退出机制，并由这些金融机构本身支付退出成本，金融危机中大规模动用财政资金救助问题金融机构的情况将不再重复。因此，纳税人利益也将获得更好保障。

其次包括金融服务的提供者。法案要求对金融机构实施更严格的监管(比如更高的资本金要求、沃尔克规则、限制银行的衍生品交易等)，总体上将有利于防范金融机构过度冒险，使金融机构的经营更加安全、稳健。但是，法案也可能使金融机构丧失了一些短期盈利机会。

法案从整体上弥补了金融危机暴露出来的监管漏洞，全面加强了监管的薄弱环节。除沃尔克规则和新的衍生品规则对银行高风险业务的限制外，法案对原本就受到监管的中小型金融机构的影响相对较小。大型复杂金融机构将受到美联储更严格的统一并表监管。原来不受监管的“影子银行体系”（如各种结构融资工具、对冲基金、私募基金、抵押贷款经纪公司等）将首次受到监管。

二、经济影响

法案对美国金融监管体制作出的一系列改革，总体上有助于减少金融风险，维护金融稳定，因而也有利于美国经济的稳定和可持续增长。

美国在金融危机中蒙受了巨大损失。法案对美国金融监管体系的改进正是为了防止灾难的重演。虽然任何一部立法都不可能从根本上消除经济周期性波动和金融不稳定，但法案对监管体系的改善将显著提高美国抵御金融风险、应对金融危机的能力。正如大萧条时期的立法为美国带来了半个世纪的金融稳定一样，法案也可能为美国金融带来一个较长的稳定期。法案主要内容的经济影响如下：

首先，对规模巨大的场外衍生品市场实行全面监管将提高美国市场的透明度，降低风险，从而有利于吸引外资和提高美国的竞争力。法案要求衍生品交易通过交易所和中央清算机构进行，并对资本金、头寸、披露等作出了规定。这些都会降低交易成本和系统性风险，有利于提高金融和经济的运转效率、促进衍生品市场的稳健发展。

其次，沃尔克规则限制银行和银行控股公司从事自营交易、发起或拥有对冲基金和私募股权基金。沃尔克规则通过防止银行机构的过度冒险来降低金融体系风险，保护纳税人利益，也减轻了金融机构的利益冲突。此外，受到联邦救助体系保护的金融机构能以较低成本从市场上融得资金。沃尔克规则能够防止金融机构将由纳税人补贴的低成本资金转而运用于高风险领域。当然，由于具体实施规则尚未推出且有漫长的实施过渡期，沃尔克规则到实施时是否会大打折扣尚未可知。可以预计华尔街游说集团必定会尽量争取一个对自己有利的沃尔克规则的实施版本。

第三，法案在美联储之下设立消费者金融保护局（BCFP），将有利于消除监管套利，创造平等的竞争环境，也能更好地保护金融消费者。美国政府通过对金融危机的系统检讨，认为消费者保护的缺失、次贷等问题金融产品泛滥是危机的直接导火索。因此，金融消费者权益保护被放在了空前重要的位置。对金融机构经营行为（business conduct）的监管与消费者保护实际上是一枚硬币的两面。BCFP 要求金融机构为消费者提供简单、有效、及时的信息披露，让消费者有充足的信息选择符合自己需要的金融产品和服务。BCFP 集中行使原来由 7 家不同监管机构行使的金融消费者保护职责，将能有效消除监管套利。今后不论是银行、信用社、抵押贷款经纪商、学生贷款机构，还是任何其他非银行金融机构提供的金融产品和服务，都将受到 BCFP 规则的制约。如果早有 BCFP 的存在，欺诈性的次贷也许就难以泛滥成灾到引发金融危机。但作为一个全新的机构，BCFP 的有效性还有待时间的检验。

第四，针对“大而不能倒”问题，法案从几个方面作出了预防。一是美联储通过加强监管（包括在必要时拆分对金融稳定构成严重威胁的大型复杂金融机构），增加了成为“大而不能倒”机构的成本。二是由美联储对所有大型复杂金融机构，包括本来不受严格监管的大型非银行金融机构实行并表监管，并对这些机构制定更严格的审慎监管标准，防止过度冒险。三是为系统重要性非银行金融机构（包括经纪商—自营商和银行控股公司）设立专门的有序退出机制，以解决雷曼破产时美国政府无有效手段应对的问题。大型金融机构处置成本将由这些机构自己承担，无须纳税人埋单。因此，法案为有效解决困扰美国金融体系的“大而不能倒”问题建立了制度基础。但是，一个重要的缺憾是法案未能建立基于风险的、对系统重要性金融机构的事先收费制度。显然，事先收取与风险匹配的费用有利于这些机构内化其系统外部性。可惜的是，在既得利益集团的强力反对下，该项制度未能建立。同时，在危机中幸免于难的大型金融机构在政府救助和一系列由政府主导的对失败金融机构的收购后，变得更加“大而不能倒”。而法案最终也没有采纳拆分大型金融机构的建议。从这个意义上说，危机之后，美国金融体系的“大而不能倒”问题变得更加突出，这也为未来留下了一个最大的风险隐患。同时，有序清算机制将适用于银行的FDIC行政破产机制与传统的司法破产机制相结合，对进入有序清算程序的系统重要性金融机构进行强制清算，并赋予了包括FDIC在内的行政机构在决定受偿顺序和是否取消衍生品合约上很大的自由裁量权，为这个新的破产机制是否能有效运行带来了新的不确定性和道德风险。由于未对金融体系的“大而不能倒”问题进行彻底的结构性改革，美国对未来系统性风险的预防和处置将更加依赖于政府和大型金融机构形成的新的伙伴关系，以及技术层面的政府监管的有效性。作为一个全新的机构，法案设立的FSOC由多家联邦政府部门和监管机构组成，其有效性尚未得到验证。美联储作为危机后美国金融监管体系的核心，将承担最重要的监管职能。其成功与否，将在很大程度上决定下一场危机来临的时间和严重程度。

三、金融监管改革的成本收益分析

理论上，改革的收益可由降低和减少未来金融危机的严重程度和频率所避免的福利损失的期望值折现来衡量。实践中，具体的量化测量取决于一系列假设。历史上金融危机的成本极其高昂，既有现期产出的巨大损失，又有对未来产出的长远影响。例如，据IMF估算，一场典型的系统性危机7年后，产出仍比危机前低10%。因此，即使金融监管改革仅略微降低了未来金融危机发生的可能性，或减轻了其严重程度，潜在的收益也是巨大的。同时，如果金融体系和经济体系更加稳定，还会有未来长期的福利改善；而且这种福利改善不局限于金融部门，而将惠及整个经济和全体国民。另外，主要经济体金融和经济稳定性的改善，还会产生正的溢出效应，提高全球经济和其他国家人民的福利。

在成本方面，除了金融机构尤其是大型金融机构可能需要承担比过去更高的监管成本外，更严格的监管也可能导致金融机构净资产收益率比2007年顶峰时有所降低（有报道称最大的银行2013年利润可能缩水5%至20%）。但需要指出的是，这些估算是基于静态假设，忽略了金融机构应对监管规则变化主动进行的动态调整、创新和新的市场机会。同时，以2007年的峰值为基准进行比较也缺乏科学性。从历史上看，包括大萧条在内的历次美国金融监管改革并没有导致美国金融业综合竞争力和长期利润率的下降。相反，每一次监管改革后，美国金融机构都围绕新的监管规则进行了主动调整和创新，发掘了新的利润增长点，在新一轮优胜劣汰后实现了金融业整体的更大发展。

综合而言，尽管存在种种缺陷，美国金融监管改革通过加强和改善金融市场的监管制度基础和金融生态环境，有利于在今后一个较长的时期内更好地维护金融稳定、促进金融发展。从理论上分析，法案给美国金融业、美国经济和世界经济带来的长期潜在收益应远远大于短期一些金融机构所需承担的成本。但这些理论上的分析建立在法案核心条款得到有效实施的假设基础上。如果华尔街势力成功影响了法案实施条例和规则的制定，从而使得法案的实际效果大打折扣，则以上概念性分析结果将受到重大影响。

四、对外国金融机构的影响

（一）系统性风险监管包括外国金融机构

法案将在美国拥有分支机构的外国银行当做银行控股公司看待并适用相关条款。因此，我国在美国开设了分支机构的银行都将受到法案的管辖。其中，如果FSOC认为有必要，外国银行可由美联储制定并执行更严格的监管标准。但法案没有说明500亿美元总资产的门槛是否只计入外国金融机构在美国国内的资产，还是外国金融机构在全球的并表资产。如果是后者，则我国若干大型国有商业银行将符合受美联储监管的总资产要求。同时，法案也没有明确规定美联储对系统重要性机构的“更严格”的监管标准是只适用于外国银行在美国分支机构，还是可跨境适用于外国银行总行。按美国最高法院的最新判例，除非法律明确规定，否则美国国内法不能跨境适用[①]。法案具体如何适用于外国金融机构目前尚不明确，需待具体监管规则出台后方可评价。但据法案规定，在决定适用美联储更严格审慎监管标准时，FSOC 与美联储须考虑如下因素：

外国银行或非银行金融机构在美国的资产、负债、表外资产的规模和性质；作为美国信贷和流动性来源的重要性；国民待遇原则与平等竞争机会原则；外国银行控股公司在母国是否受到与美国类似标准的并表监管。

这意味着美联储在对我国银行适用相关监管标准前，可能会主动与我国监管部门协商。同时，在我国银行在美国分支机构规模尚未大到成为美国重要的“信贷和流动性来源”的情况下，我国银行机构被美联储纳入其系统性风险监管框架的可能性不大。

（二）外国金融机构在美国分支机构的终止与设立

如果认为外国金融机构的母国没有建立系统性风险防范制度或在建立制度方面没有取得积极进展，美联储有权关闭对美国构成系统性风险的外国金融机构在美国的分支机构。美联储在批准外国金融机构在美国设立分支机构时将运用相同标准。SEC 也将使用同样标准关闭外国金融机构在美国注册设立的经纪商—自营商。这意味着美国监管当局可能在特定情况下运用法案的相关内容向外国政府施压，要求后者进行相应的金融监管改革，否则可能关闭相关外国金融机构在美国的分支机构或拒绝其准入。这些规定和未来的实际运用是否与世界贸易组织规则和美国在世界贸易组织的义务相一致，还值得进一步关注和研究。

（三）外国银行向美国监管当局的报告

FSOC 有权要求在美国有分支机构的外国银行控股公司（包括我国有关银行在内）提交报告和数据。但法案同时规定 FSOC 必须尽量通过美国财政部下设的金融研究办公室向外国监管当局搜集有关报告和数据。因此，美国监管当局可能据此要求我国金融监管部门提供我国在美国金融机构母公司的相关报告和数据。

（四）对外国金融机构的拆分

法案授权美联储在 FSOC 批准的情况下拆分对美国金融稳定构成“严重威胁”的金融机构。美联储可根据法案授权制定针对外国金融机构的拆

① *Morrison v. Nat'l Austl. Bank Ltd.*, 561 U.S. _, No. 08-1191, slip op. (June 24, 2010).

分规则，但需要考虑以下因素：国民待遇、竞争机会平等，以及母国是否对该金融机构实施与美国类似标准的并表监管。拆分应仅限于外国金融机构在美国资产，且必须满足对美国金融稳定构成“严重威胁”的要求。鉴于我国金融机构在美国开展业务的时间不长，范围有限，该部分规定目前应对我国金融机构影响不大。

美联储监管之责缘何扩大

历史上，美国每一次重大的金融危机都会带来金融监管体制的重大变革。例如，19 世纪末至 20 世纪初的一系列金融恐慌导致了美联储的建立；20 世纪 30 年代的大萧条则催生了美国现代金融监管的框架，为美国半个世纪的金融稳定奠定了制度基础。但是，长期的稳定和繁荣使人们忘记了危机的教训，对金融监管的态度也逐渐发生了扭转：监管不再是市场有效运作的必要条件，而成了繁荣的障碍。在此背景下，美国开始了金融去监管化。分业经营的界限被模糊乃至最终废除，不受监管的“影子银行体系”迅速崛起，各种复杂金融产品大规模涌向市场和家庭，风险开始向全球蔓延、累积。20 世纪 80 年代以来的去监管化，表面上带来了空前的繁荣，背后却积聚了巨大的风险。在这次国际金融危机前，美国的金融风险曾经集中爆发过三次：第一次是 20 世纪 80 年代末的储贷危机；第二次是 1998 年著名对冲基金“长期资本管理公司”的倒闭；第三次是 2002 年以“安然事件”为代表的一系列华尔街丑闻。这三次爆发都不同程度引起了美国金融监管的局部微调，但均没有从体制层面彻底扭转金融去监管化的潮流，金融监管与金融创新越来越脱节。

2008 年以来，美国遭遇了自大萧条以来最严重的金融危机。这次国际金融危机是 20 世纪 80 年代以来自由市场成为西方意识形态主流，金融领域长期去监管化、放松监管背景下金融风险的总爆发。痛定思痛之后，美国自 2009 年 6 月开始、历时一年有余，对现存金融监管体系进行了自大萧条以来最重大的改革。在 6 月 30 日和 7 月 15 日美国众议院、参议院分别表决通过后，奥巴马总统于 7 月 21 日正式签署了《多德—弗兰克华尔街改革与消费者保护法案》（以下简称法案）。法案对美国金融监管体系进行了大幅调整和加强，同时也显著扭转了金融领域去监管化的主流思潮，在政府与市场的关系中重新找到了平衡。法案在加强监管的主题下，大幅扩充了美联储的监管职权，确立了美联储在美国系统性风险管理和金融监管框架中的核心地位。

一、法案对美联储职责的调整

法案对美联储的职责进行了一系列重要调整，不但没有像一些人主张的那样剥夺美联储金融监管权，反而全面加强了美联储的这些职权。改革之后的美联储地位空前提高，职权空前扩大：在金融监管领域，美联储被明确赋予维护金融稳定的宏观审慎监管权；同时，美联储原有的对金融机构的审慎监管权得到进一步强化和扩大；原来分散在各金融监管机构的消费者权益保护职责由美联储下设的消费金融保护局统一行使。值得注意的是，近期英国推出的金融监管改革方案也明确提出废除独立的金融监管机构 FSA，将其监管职能并入英格兰银行。显然，20 世纪 90 年代英国将中央银行与金融监管职能彻底分离的试验没能通过金融危机的检验。危机后美、英两国不约而同地扩大或恢复中央银行监管权力，这一后危机时代国际金融监管领域的最新动态值得我们关注和深思。以下介绍法案对美联储职责的主要调整，并在第二部分对这些变化的原因进行分析。

（一）宏观审慎监管

法案的第一章名为“金融稳定”，即宏观审慎监管。该章要解决的是这次金融危机暴露出来的最大问题——系统性风险防范。为防范和减轻未来金融危机的冲击，法案第一章首先设立了以财政部部长为首、美联储及其他联邦金融监管机构组成的金融稳定监督委员会。金融稳定监督委员会的职责为识别大型、相互关联的银行控股公司、非银行金融机构以及金融市场以外的影响美国金融稳定的风险；促进市场纪律、消除道德风险；应对美国金融稳定的潜在威胁。金融稳定监督委员会可以建议美联储对系统重要性金融机构实施更严格的审慎监管；可以以 2/3 多数将对美国金融稳定构成威胁的非银行金融机构交由美联储监管。

美联储可以自行或根据金融稳定监督委员会的要求，对大型复杂金融机构制定并实施与其潜在风险相适应的更严格的审慎监管标准（包括更严格的资本、杠杆率、流动性、风险管理、信用敞口等要求），并定期进行压力测试。美联储有权要求非银行金融机构以中间控股公司的形式经营金融业务，并对其关联交易作出限制。美联储还要与金融稳定监督委员会、联邦存款保险公司联合制定规则，要求金融机构对早期金融风险采取补救措施。同时，法案第一章还要求银行控股公司、非银行金融公司、储贷机构控股公司执行与参加联邦存款保险的存款类金融机构同样的杠杆率和风险资本要求。

美联储对所有系统重要性机构（包括非银行金融机构）及其子公司拥有检查权和执行权，并对这些机构的重大收购活动行使批准权。

同时，美联储有权在获得金融稳定监督委员会 2/3 多数批准的情况下，限制或拆分对美国金融稳定构成严重威胁的大型复杂金融机构。受过美国政府“有毒资产援助计划”救助的大型银行控股公司不能通过分离其控股的银行逃避美联储监管。

（二）并表监管

法案第三章废除了储贷监理署，将其职能分别并入三家机构：美联储接收对储贷控股公司的监管，货币监理署接收对联邦储蓄协会的监管，FDIC 则接收对州储蓄协会的监管。美联储原有的监管职能得到完整保留，继续对州联储成员银行和并表资产小于 500 亿美元的银行控股公司进行监管。原有将这一部分监管权移交给 FDIC 的提议没有被采纳。改革后，美联储对金融机构的并表监管权力得到了空前扩大，其监管对象包括：资产规模 500 亿美元以上的银行控股公司、金融控股公司、非银行金融机构、外国银行；原本就受美联储监管的州成员银行、外国银行、500 亿美元以下的银行控股公司和金融控股公司；以及新接收的储贷控股公司。同时，法案还要求美联储对受其监管的、总资产大于 500 亿美元的银行控股公司、储贷控股公司、外国银行以及非银行金融机构收取监管费。

法案第六章名为《2010 年银行、储贷机构控股公司以及存款类机构监管改善法案》。该章的核心为加强美联储的检查和监管权力。法案第 604 条废除了美国《1999 年金融服务现代化法案》关于美联储对银行控股公司子公司监管权的限制。新的法案规定，美联储不仅对控股公司层面实施并表监管（包括对控股公司制定逆周期资本金要求），还有权对接受具体功能监管机构监管的子公司实施直接监管，包括对由 SEC 和 CFTC 监管的证券、期货业子公司的监管。针对银行控股公司、储贷控股公司子公司的监管手段包括：检查、报告、执行、制定审慎规则、采取限制措施等。也就是说，美国的主要银行和非银行金融机构将受到美联储和其他联邦功能监管机构的双重监管。

法案第 619 条即为著名的沃尔克规则。该规则禁止银行实体①（banking entity）从事自营交易以及拥有对冲基金和私募股权基金的股份②。沃尔克规则的目的是防止受到美联储最后贷款人保护和联邦救助的金融机构过

① 受沃尔克规则管辖的银行业机构包括（1）参加联邦存款保险的存款机构；（2）任何控制参保存款机构的公司；（3）在《1978 年国际银行法》中被当做银行控股公司的公司（即在美国有分支机构的外国银行或控制外国银行的公司）；（4）以上机构的关联公司或子公司。

② 银行业机构可拥有基金不超过 3% 的份额，且其拥有的所有基金的总份额不超过银行一级资本的 3%。

度冒险，威胁金融稳定、损害纳税人利益。法案要求金融稳定监督委员会在法案通过六个月内完成对沃尔克规则的研究并提出实施建议。在金融稳定监督委员会完成以上研究 9 个月内，联邦银行业监管机构、SEC 以及 CFTC 必须参考金融稳定监督委员会的建议制定沃尔克规则的实施细则。其中，对参加联邦存款保险的存款类机构的实施细则由美联储会同其他银行监管机构共同制定；美联储负责制定对银行控股公司、被当做银行控股公司的外国银行机构及其控股公司、由美联储监管的非银行金融机构及其子公司的实施细则。

（三）对支付结算系统的监管

法案第八章规定系统重要性的支付、清算、结算活动以及相应的金融基础设施（FMUs）即支付结算系统等由美联储监管。美联储将针对这些活动和 FMUs 制定相应的风险管理标准，包括：资本金、保证金和抵押品要求；参与方与对手方违约风险控制；清算和结算的时间要求等。指定 FMUs 在改变规则、程序或操作并对其性质和风险造成重大影响时必须提前向美联储报告。美联储单独或由相应金融监管机构负责这些风险管理标准的检查和执行。美联储可授权联储分行为特定 FMUs 开设账户、提供服务。美联储还可在特定情况下为 FMUs 提供最后贷款人支持。

（四）消费者权益保护

法案第十章名为《2010 年消费者金融保护法案》，以整整一章的篇幅详细规定在美联储之下设立相对独立的消费者金融保护局，统一行使目前由不同金融监管机构分散行使的金融消费者权益保护职责。消费者金融保护局监管整个消费金融服务市场，有权根据联邦法律制定金融消费者保护规则，并负责其检查和实施。总资产 100 亿美元以上的存款类金融机构及其关联机构，以及从事消费者房产抵押贷款、教育贷款、工资日贷款和消费金融服务市场的“较大参与方”（larger participants）都将由消费者金融保护局直接监管。总资产 100 亿美元及以下的存款类金融机构也受消费者金融保护局管辖，但对这些机构的检查和执行主要由各自的功能监管机构负责。保险机构、在 SEC 注册的交易商—自营商、投资顾问，以及在 CFTC 注册的机构不受消费者金融保护局管辖。

（五）其他调整

1. 美联储紧急贷款

法案第十一章修订了《1913 年联邦储备法案》第 13（3）条，即关于美联储在紧急情况下向个人、合伙企业、公司提供紧急贷款的规定。修订后的第 13（3）条要求美联储不得向任何个体和机构提供紧急贷款，除非通过“广泛适用性的项目或工具”，并获得财政部部长的事先批准。如一项紧急贷款被设计成从某个具体企业的资产负债表上移走资产，或帮助某一具体企业避免破产或规避法案规定的“大而不能倒”机构的处置程序，即为非“广泛适用”而不会得到批准。美联储必须尽快制定实施规则，以保证任何联邦紧急贷款是向整个金融体系提供流动性，而不是拯救某一家正在倒闭的金融机构，同时还要确保该紧急贷款有充足的担保物以避免纳税人遭受损失。法案规定美联储紧急贷款在破产处置中享有优先受偿权。

2. 美联储治理改革

法案第十一章对美联储体系的治理结构作出了改革。其中，法案第 1108 条规定美联储设立专职的“监管副主席”（vice chairman for supervision），负责扩大后的美联储监管事务，并每半年向国会银行委员会报告。美联储不得委托联储分行制定监管政策，也不得委托联储分行代行美联储在金融稳定监督委员会的职权。法案修订了《1913 年联邦储备法案》明确赋予美联储管理美国金融稳定的职责。此外，为防止与被监管金融机构的利益冲突，法案第 1107 条还规定联储分行主席只能由代表公众的董事选举产生，代表成员银行股东的董事不得参与选举。

二、扩大美联储监管职权的原因

以上对法案相关内容的梳理表明，美联储监管职权通过这次金融监管改革获得了空前扩大。危机前，美联储与其他监管机构的监管不力和宏观政策失误被广泛认为是导致这次国际金融危机的重要原因。因此，美联储和其他监管机构一样，对金融危机负有不可推卸的责任。这也是为什么以多德为代表的一些国会议员曾要求剥夺美联储的监管权力，让美联储专注于货币政策和宏观经济管理。但是，最终的法案不但没有对美联储原有的监管权力进行任何削弱，反而在原来基础上极大地加强和扩充了美联储的监管权。为什么？要理解法案的来龙去脉，必须认真梳理美国国会的立法记录（legislative record）。这些立法记录是研究美国立法真意和背后逻辑的原始和权威资料。美国参议院围绕金融监管改革立法，共举办了 79 次听证会（hearings），听取了政府官员、学者、专家、业界与公众代表在内的大量证词（testimony）。听证会的核心内容即为金融监管和消费者保护。以下就从这两个方面总结法案相关立法内容背后的原因。

（一）加强美联储监管权力的原因

通过对相关立法记录的梳理，发现包括多德在内的国会议员在奥巴马政府、美联储和其他专家的强力说服下，最终形成了加强美联储监管权的多数意见。

美联储未尽到防止危机之责，不是因为监管权分散了其中央银行主业，而是因为危机前美联储的监管职权太狭隘，主要限于对银行控股公司和联储成员银行的监管，无权管理系统性风险、维护金融稳定。引发危机的和危机中倒闭的大多数问题金融机构处于美联储监管职权之外（如贝尔斯登、雷曼由 SEC 监管，Washington Mutual 和 Countrywide 由 OTS 监管）。因此，解决监管缺失之道恰恰是扩大美联储的监管职权，使其覆盖全部系统重要性金融机构。

但是，为什么要由美联储，而不是其他监管机构（如 OCC）来行使扩大了的金融监管权？这主要有两方面原因：第一，有效的金融监管和宏观审慎管理需要对宏观经济分析、金融市场和支付体系有深刻的理解。作为中央银行，美联储在这些领域拥有无与伦比的优势。第二，金融监管权有助于美联储更好地履行中央银行职责：首先，金融监管有助于美联储管理危机；其次，金融监管使得美联储能够更好地评估受援助金融机构的状况和抵押品价值，从而可以更好地行使最后贷款人职责；再次，金融监管使得美联储能够获得金融机构和金融市场的第一手信息，有助于货币政策的制定和执行。

1. 金融监管需要美联储独特的专业优势

这次金融危机给我们带来了两个教训：一是所有系统重要性的金融机构必须接受强有力的并表监管；二是这种监管除考虑传统微观层面的安全稳健风险（safety and soundness risks）外，还要考虑宏观审慎风险（macro-prudential risks）。

这次危机中垮台的许多大型金融机构，如 AIG、Washington Mutual、Countrywide、贝尔斯登、雷曼，都是由各自的功能监管者（州保险监管机构、OTS、SEC 等）进行并表监管，监管的综合性和完整性远不如美联储对银行控股公司的监管。此外，影子银行体系，包括不受监管的抵押贷款经纪商（mortgage broker）、结构投资工具（structured investment vehicle）、其他资产支持票据工具（asset - backed commercial paper conduit）、证券贷出机构（securities lender）等从事大量的金融活动却完全不受监管。美联储自身对银行控股公司的监管也存在严重不足。比如，美联储只对银行控股公司的银行业子公司实施审慎监管，而这种监管和对非银行子公司的监管均严重依赖具体的功能监管机构，后者则只关注微观审慎风险。没有一家监管机构有权监管系统性风险，造成了巨大的监管漏洞。因此，在传统的安全和稳健之外，金融监管必须关注宏观审慎风险。

美联储由于其独特的专业优势，最适宜从事并表监管和宏观审慎监管。从事微观审慎监管要求传统的银行监管技能，包括对银行的现场和非现场检查。作为美国主要联邦银行业监管机构之一，美联储对不同种类的银行（包括各联储成员银行、银行控股公司、外国银行在美分支机构）实施审慎监管，在传统银行监管领域积累了丰富经验。

在传统银行监管能力之外，宏观审慎监管还要求深厚的宏观经济知识，包括宏观经济分析和预测，以及对货币市场、证券市场、外汇市场和其他金融市场的深刻理解。这些专长对设计不同的压力测试情景、及时发现和应对体系性风险都是必不可少的。首先，作为货币政策的制定者，美联储在宏观经济分析方面拥有不容置疑的优势。其次，通过执行货币政策，为美国财政部、外国政府和外国中央银行执行各种金融交易，美联储天天都在和金融市场打交道，积累了丰富的金融市场知识。第三，宏观审慎管理还要求对支付结算体系有深刻认识，以理解金融机构与市场之间的复杂联系。美联储直接操作世界上最大的支付结算系统——联邦资金和证券转账系统（the Fedwire funds and securities transfer system），监管经济中关键支付结算系统的运作（包括全球最大证券存托机构之一的 DTC、全球最大的外汇结算银行 CLS 银行、主要政府证券清算银行等），并在国际支付结算系统委员会中承担领导责任。显然，在众多的政府机构中，只有美联储完全具备从事宏观审慎监管和并表金融监管的独特专业优势。

2. 金融监管有助于美联储更有效地履行中央银行职责

金融监管对履行传统中央银行职责的好处主要体现在三个领域：危机管理、作为最后贷款人向银行体系提供流动性和货币政策。

（1）危机管理

金融监管权对美联储的危机管理能力至为关键。金融监管带来的信息、专业知识和权威是美联储处置风险、维护金融稳定的基础。以下案例可以充分说明监管权对危机管理的必要性。

1987 年 10 月 19 日，美国股市崩盘造成市场的极度恐慌。由于交易所清算和结算的时间差，证券公司需要充足的银行信贷维持资本市场的正常运转。如果银行信贷干涸，资本市场将陷入瘫痪，经济必将遭受沉重打击。为有效防范这一严重风险，美联储立即公开宣布向银行机构提供流动性支持，美联储将作为“支持经济和金融体系的流动性源泉”（to serve as a source of liquidity to support the economic and financial system）。随即，美联储在各主要银行机构的现场检查人员迅速评估了各机构的资金压力和潜在信贷损失。在这些信息的帮助下，美联储官员通过既有监管渠道直接联系各主要银行的高管，要求他们使用联储贴现窗口提供的流动性向证券公司放贷。美联储的监管职权使得危机得到了有效管理，在关键时刻维持了系统重要性的股票、期货和期权交易所正常运转，成功地避免了一次更大的危机。

1990 年 2 月，著名投资银行 Drexel Burnham Lambert 的倒闭导致金融市场突然面临全面停顿的危险。由于母公司的倒闭，Drexel Burnham Lambert 财务健康的子公司（经纪商—自营商、政府证券自营商）突然陷入困境，无法出售名下证券获取流动性。美联储虽然不直接监管 Drexel Burnham Lambert，但监管向 Drexel Burnham Lambert 提供结算服务的银行和整个支付结算体系。因此，美联储能够迅速获取所需信息，制定了应急方案。由于美联储充分理解 Drexel Burnham Lambert 对手方和清算银行的潜在问题，对其有序处置成功避免了对金融市场的破坏性影响。

美国“9·11”恐怖袭击后，美联储通过其监管渠道要求金融机构提供所需信息和数据，使美联储得以及时、准确地评估一家大型金融机构遭受的损失和所需的恢复时间。美联储在第一时间派出监管人员到主要金融机构进行现场检查，为制定正确的应对方案提供了宝贵的第一手信息。美联储根据这些信息对金融机构遭受的损失、面临的困难、对政府证券市场的影响作出了准确评估，并采取果断措施迅速恢复了金融市场的正常运转。

自 2008 年的国际金融危机以来，美联储的金融监管权再次对危机管理作出了不可或缺的贡献。监管权不仅使美联储能够及时获得银行业、支付系统和资本市场的第一手信息，而且能够准确理解金融机构面临的压力、评估对金融市场和整体经济的影响。特别是通过监管获得的大量实时信息，使得美联储对银行机构流动性需求有及时、准确的了解，为制定有效的货币政策和贷款计划作出了关键贡献，避免了重蹈大萧条期间美联储严重政策失误的覆辙。

（2）最后贷款人

作为最后贷款人，美联储负责向存款类机构提供流动性。为履行最后贷款人职责，美联储必须评估申请联储贷款的金融机构的财务状况和抵押品价值。美联储对金融机构的审慎监管使其熟悉商业银行业务，并对商业银行的资产负债表有充分的了解，因此有能力对借款金融机构和抵押品作出客观的评估。显然，金融监管权能够帮助美联储更好地履行最后贷款人职责。另外，作为贷款提供者，美联储也理应对贷款的使用方进行必要的监督，以保证贷款安全。

（3）货币政策

实证研究表明，中央银行通过金融监管获得的信息能够显著提高宏观经济预测的准确性，进而改善货币政策的质量（Peek，Rosengren and Tootell，1999）。这是因为金融体系的健康状况既反映了经济的健康状况，也会直接影响经济的表现。中央银行的金融监管活动能够为其提供金融体系的第一手信息，因此有益于货币政策的制定。现实中，美联储公开市场委员会（FOMC）在货币政策制定中广泛使用了非公开的监管信息，提高了货币政策的质量。这些实证研究的结果有力反驳了货币政策与金融监管无关的观点。

金融监管对货币政策的好处在金融危机期间和金融困难之时尤为突出。比如，20世纪90年代，美联储通过日常监管了解到，商业银行在贷款损失的压力下普遍紧缩放贷。因此，美联储决定放松货币政策，抵销了银行惜贷的影响。这次金融危机以来，美联储的监管信息帮助FOMC准确了解信用市场的严重问题，使得美联储危机期间的货币政策更加及时、有力。例如，美联储使用监管获得的信息和数据测量不同情景下的信贷损失及其对银行体系健康、银行借贷行为和整体经济的影响，并将测算的结果运用到货币政策制定中，显著改善了货币政策的针对性和有效性。目前，已形成了联储监管人员参与FOMC货币政策会议的机制，实现了监管和货币政策制定的有效结合。此外，美联储作为监管者与国外监管机构的联系还为FOMC带来了外国银行健康状况的关键信息，使其能够评估来自国外的压力对美国金融体系可能的影响。

同理，监管信息对美联储评估刺激政策退出的时机和节奏也至为重要。决定何时退出、如何退出必须基于对金融机构、金融市场及实体经济的科学分析。例如，商业地产贷款的损失可能继续对一些社区银行和地区性银行造成不利影响。同时，经济的复苏可能改善其他银行和市场的状况。监管信息能够帮助货币政策制定者准确评估整体信贷状况和金融稳定情况，从而更好地把握政策退出的时机和节奏。

3. 美联储可否从其他金融监管机构获得所需信息

以上分析说明了监管信息的重要性。一个自然的问题是，美联储可否从其他监管机构获得履行中央银行职责所需的信息？如果建立了监管机构与美联储的信息共享机制，是否美联储就可以不再需要金融监管权了呢？答案是否定的。如果没有监管权，美联储及时获取信息和准确评估信息的能力必然大打折扣。

第一，美联储直接从事监管才能保证其队伍中有自己的专家熟悉商业银行的运营和金融工具的使用。这些知识对有效利用金融机构提供的信息非常必要，而且只能通过监管活动长期积累，不可能一夜生成。比如，如果没有商业银行业务和银行资产评估的专家，美联储就无法评价借款金融机构的状况和抵押品价值。随着危机中联储贷款期限的延长，这种能力更显重要。在有些情况下，美联储还派出监管专家进行现场检查以获取最新情况。这也是危机以来美联储发放的巨额再贷款（在 2009 年初高峰时超过 5 000 亿美元）未发生一笔损失的重要原因。

第二，从其他监管机构获取信息必然比从金融机构直接获得信息更慢、更费事。其他监管机构提供的信息可能缺乏时效性或完整性。这个问题在金融危机瞬息万变的情况下更加突出。此外，监管机构关注点与美联储关注点未必相符，导致美联储的信息需求难以得到满足。即使监管机构全力配合，美联储也需要详细解释自己的需要，并在收到信息后作出评估，再澄清自己的需要，提出进一步的信息要求。这些来回必然造成信息获取的延误。

第三，有直接获取信息的法定职权对应对金融危机具有关键作用。有些金融机构可能愿意向美联储自愿提供信息，其他金融机构则可能不愿意。例如，出现问题（特别是在早期）的金融机构高管可能想尽快解决或掩盖问题。金融机构也可能对其问题的系统重要性缺乏认识，从而选择隐藏问题。因此，美联储必须拥有要求金融机构向其提供信息的法定权力。

从国际经验看，这次危机带来的一个深刻变化就是加强中央银行的监管权力。这对 20 世纪 90 年代以来一些国家分离中央银行与监管职责的做法是一个根本逆转。对中央银行和监管职责分离最彻底的英国，通过认真反省北岩银行（Northern Rock）等危机教训，已提出要废除独立的金融监管部门 FSA，将金融监管的权力重新并入英格兰银行。在欧盟，欧洲中央银行已被明确授予了系统性风险的管理权。在大多数发达国家，中央银行或拥有重要的金融监管权，或负责金融稳定，或两者兼而有之。可见，加强中央银行的金融监管权，并赋予其宏观审慎管理的职责，已成为金融危机以来国际金融监管领域的最新趋势。

（二）将消费者金融保护局设于美联储的原因

美国国会通过大量听证，系统记录了美国金融监管当局在金融消费者权益保护领域的失败。这些失败不仅损害了消费者，也破坏了银行体系的安全和稳健。美国国会的多数意见认为，对金融消费者保护的失败是这次金融危机的重大诱因之一，因为危机正是由次贷这一向众多没有偿还能力的消费者出售的金融产品所引发。危机造成的损失是惊人的：800 万美国人失业，超过 700 万美国家庭失去住房，数百万美国家庭损失了总计达 13 万亿美元的资产。正如美国助理财政部部长 Michael Barr 在证词中所说，“今天的消费者保护制度刚刚经历了巨大的失败。虽然有明确的警告信号，这个制度也未能制止欺诈性的、难以负担的住房抵押贷款，未能防止剥削性的信用卡发放。它造成了数百万负责任的消费者失去了他们的房产、储蓄和尊严。它导致我们的金融体系几乎崩溃。我们不只是发生了一场金融危机。我们发生了一场消费者危机”。正是基于这一深刻认识，法案将金融消费者权益保护提到了前所未有的高度。

1. 现存制度的缺陷

美国对现有金融消费者保护体系进行了全面检讨和反思，认为现存制度存在三大缺陷：监管目标冲突、碎片化（fragmentation）、监管套利。

首先，在现有制度下，消费者保护主要由银行业审慎监管机构负责，导致监管目标的冲突。银行业审慎监管机构的主要目标是银行机构的安全和稳健，而不是消费者保护。正因为如此，消费者保护“在吸引监管者注意力方面总是难以与安全、稳健相竞争”。事实上，在履行消费者保护职责时，监管者更多考虑的是如何防止银行承担名誉和诉讼风险。也就是说，监管者评价的不是某一行为对消费者的影响，而是对银行的影响。监管者更多的是站在银行的角度，而不是消费者的角度来保护消费者，因此根本不可能保护好消费者。监管目标的冲突必然导致审慎监管者将银行的短期利润置于消费者权益之上。

其次，美国的金融消费者保护体系高度碎片化，损害了其有效性。共有 7 家监管机构分享金融消费者保护规则的制定和实施。正如 OCC 代理署署长 Gene Dodaro 在作证时所言，“美国金融监管结构的碎片化导致无法实现对消费者的充分保护，确保金融稳定”。碎片化监管也导致部门之间推诿责任，职权不清。

第三，碎片化监管必然产生监管套利。而对非存款类机构缺乏有效监管则形成了监管的“向底部赛跑”（race to the bottom）。即为了吸引更多的业务，金融机构竞相放松标准，并游说监管机构放松监管。

2. 在美联储下设消费者金融保护局

为克服以上缺陷，法案在美联储之下设立相对独立的消费者金融保护局。之所以如此设计，是因为美联储是金融稳定和宏观经济的管理部门，比其他功能监管机构更具有全局眼光和整体意识，较不容易被“监管捕获”，因而能够较少地仅站在金融机构的角度考虑问题。但为了防止对消费者保护的不当干涉，法案仍保证了消费者金融保护局的独立性（局长由总统直接任命，人事、业务、预算独立）。由独立的机构专司消费者保护，可以有效消除监管目标的冲突。同时，将分散于不同监管机构的金融消费者保护职能集中于一个机构，既彻底解决了监管碎片化问题，也明确了监管问责、消除了监管套利。

三、几点启示

从以上美国金融监管改革对美联储职责调整的内容和原因的分析，可以得出以下几点启示：

首先，国际金融危机的经验教训表明，金融监管既是维护金融稳定、实施宏观审慎监管的内在需要，又是管理金融危机的必然要求。金融危机以来，美、英等发达国家不约而同地扩充或恢复中央银行监管职权，反映了后危机时代国际金融监管领域的最新趋势。国际金融危机的经验表明，维护金融稳定，关键在预防。要实现对系统性风险的及时发现和预防，中央银行应当拥有适当的监管和检查权。

这次国际金融危机带来的惨痛教训之一，正是事前没有明确的系统性风险监管者，导致严重的监管缺失。痛定思痛之后，美、英等国纷纷修改或制定法律，明确中央银行作为系统性风险监管者的职责，并赋予其相应的手段。我国也应未雨绸缪，认真汲取国际金融危机教训，借鉴发达国家经验，从制度上建立、完善我国的系统性风险防范和应对机制。

其次，国际经验表明，金融监管权对有效履行中央银行最后贷款人和货币政策制定者的职责也至关重要。作为金融机构的最后贷款人，中央银行应该在事前对借款机构的财务状况、还款能力、抵押品价值进行评估，并对中央银行贷款的使用进行事中监督和事后评价。否则，不但不能保障中央银行再贷款的安全，还会纵容金融机构的过度冒险行为，导致金融体系巨大的道德风险。国际经验还表明，在一线金融监管中获得的对金融机构和金融体系的第一手信息能够显著提高货币政策的及时性、准确性和有效性。

第三，宏观审慎监管与微观审慎监管紧密相连、不可分割。微观审慎监管为宏观审慎监管提供了基础、保障和手段，宏观审慎监管则为微观审慎监管指明了方向。

第四，参考国际经验，积极研究建立我国的金融消费者保护制度。国际金融危机的经验充分说明了金融消费者权益保护对维护金融和宏观经济稳定、确保金融体系长期稳健运行的重要意义。基于金融消费者保护的极端重要性和不同于一般消费领域的特殊性，在我国金融消费领域侵权事件日益增多的背景下，应该未雨绸缪，积极主动地研究建立我国的金融消费者保护体系。

美国消费者金融保护局——工具、过渡和选择[①]

人们往往将这次金融改革与20世纪30年代的改革相比较。在那次改革中，诞生了今天我们所知道的大部分美国金融监管部门。由于《多德—弗兰克华尔街改革与消费者保护法案》（以下简称法案）中的大部分内容仍以美国总统罗斯福建立的框架为基础，常有人指责这部新法案缺乏野心。然而，这部法案却成功地开了先河：成立消费者金融保护局（BCFP）——一个监管消费金融市场的独立政府机构。

法案的第十章即《2010年消费者金融保护法案》，为这个新机构打下了基础。建立一个专注于消费金融的专门政府机构的创意在十几年来一直被政策制定者谈论，经历过20世纪90年代的有害的抵押贷款和之后在21世纪发生的住房泡沫之后，这个观点又重新回到了讨论的前台。金融危机之后，随着国会开始金融监管的立法改革，消费者权益保护的提倡者便努力使这个机构成为现实。经过近一年的讨论和协商，尽管业界极力反对，BCFP还是建立了。这个报告将讨论法案到底授权BCFP做什么，以及该局最初的雇员如何发挥最大作用。

一、职权

BCFP的职责简单明了：为所有类型的消费者开创一个公正、透明、有竞争力的参与金融市场、获得金融产品和金融服务的渠道。因此，必须做到以下方面：

（1）确保消费者及时、清楚地获得有关信息；

（2）禁止不公正的、欺诈的、侮辱性的和歧视性的商业行为；

（3）识别并标明过时的和繁琐的规则；

（4）促进透明、高效和有竞争力的消费者金融产品市场。

BCFP被授予一系列的职权来实现这些目标，包括若干比传统意义上的管理机构更为宽泛的程序。BCFP的主要职责是

---

① Tim Fernholz, New America Foundation。对于金融消费者或消费者金融，一直有Financial Consumer和Consumer Financial两种表述，前者多在美国使用，后者多在加拿大等其他国家采用，这实质仅是一种语言表述差异，没有实质的区别。在我国一般将Financial Consumer和Consumer Financial都统一译作“金融消费者”，在本文中，出于忠于原文的考虑，采取了“消费者金融”的译法。

（1）实施金融教育计划。BCFP 将发展和执行金融教育计划，使消费者能够更好地理解他们的选择。这方面已经有了一些先例：财政部已经开展了若干金融教育试点计划；各地的地方消费者保护机构也成功地直接向消费者提供了关于其权利的信息，尤其是针对那些没有从学校和家庭获得金融教育的人。金融教育也是通过消费者保护促进财富增长（阅读、反贫困）的使命的关键组成部分。

（2）对投诉的受理、调查和回应。BCFP 将开通受理消费者对金融产品进行投诉的电话热线和网站。在理想状态下，这些做法将不仅能够改善消费者在金融市场上的体验，而且也能够获得有关商业趋势和商业行为的重要数据。在受理投诉后，BCFP 必须作出回应，回应的内容包括对该投诉的答复和其所要求的违规金融机构对消费者关切的补偿。在处理投诉的过程中，所有被划入 BCFP 职权范围内的被投诉金融机构依法必须尽快向消费者和监管者作出答复。

（3）数据收集和公布。BCFP 的研究部将识别并收集与公共利益相关的消费者金融市场的重要信息，并将这些信息提供给商业机构、消费者和监管者作为决策的依据。例如，对银行如何收取超限费等不公正和不必要的服务费用的了解，促使了关于银行告知消费者有关透支保护程序的方式，以及禁止银行收取相关费用等新规定的出台。但是，对信用卡公司为增加收益向消费者收取类似不合理费用的情况，却了解很少。通过掌握更多关于这些做法的信息，商业机构和消费者将能够作出更精明的决策，监管者也将能够制定出类似限制超限费等更有效的消费者保护法案。

为此，BCFP 被授权可以向被监管者及其他监管部门收集信息。

（4）规则制定、监管和执行。BCFP 还承担在消费者金融市场领域的规则制定和执行等传统的监管职责。

以前，这些职责分散在不同的监管机构，BCFP 对这些职责进行了整合。理论上，这种更有效的监管将对金融产品和金融服务的提供带来深远影响。

（1）BCFP 监管多种市场主体。法案使得 BCFP 成为了所有消费者金融市场的首要监管者，并且赋予其获取需要的信息的所有权力；如果被监管机构没有遵守，他们可能面临着藐视法庭的起诉，并可能受到相应的处罚。

这次金融危机的重要教训之一是，独立的按揭贷款发放者和经纪人不是银行，未受监管，存在重大的监管漏洞。今后，他们将受到 BCFP 的监管。被纳入监管范围的还有提供教育贷款和工资日贷款的非银行机构。这将是它们首次受到联邦政府的监管。

BCFP 也监管从事消费信贷业务的传统银行。尽管 BCFP 有权对所有金融机构制定有关消费者金融的规则，但出于使小型机构不受过度管制影响的考虑，国会将 BCFP 直接行使职权的范围限制在资产大于 100 亿美元的银行和信用社。对其他机构的直接监管仍由原审慎监管部门进行，但必须遵守 BCFP 制定的规则。在这些监管部门进行检查时，BCFP 可以选择加入，但是不能直接对不受其监管的机构行使职权，除非消费者的投诉显示现有的审慎监管明显不足。

出于政策和政治的考虑国会同样将许多其他机构排除在 BCFP 的监管范围之外。例如，虽然可能在某些特定的销售活动中为消费者授信，批发商、零售商和其他主要销售非金融商品的销售者还是被排除在了 BCFP 的监管范围之外。假如经销商考虑出售或证券化其对消费者的债权、收费，或者刻意利用这种豁免来规避法律，这种豁免则无效。另外，法律还设定了一些其他形式上的豁免（如律师、会计师等）。

但是，有一个豁免可能存在问题，值得我们密切关注：国会选择完全豁免了直接向消费者提供贷款供其购买汽车的汽车经销商。如果从贷款的规模上看，汽车贷款市场要大于信用卡市场。因此，国会的这种做法可能使一些错误销售行为所带来的巨大风险，包括泛滥的证券化带来的风险，向汽车行业转移。不过，这一做法的潜在好处是一旦汽车销售商扮演了经纪人的角色，而不再是放贷人，他们的合同仍然会受到 BCFP 的监管。

（2）BCFP 拥有宽泛的规则制定权。对金融企业的行为实施监控是达到 BCFP 目标的重要方法。但是，有效的监管要求制定并实施针对放贷人行为的规则。在规则制定方面，BCFP 具有解释在消费者金融方面的联邦立法的职能，包括新制定的法案和以前制定的，从《诚实借贷法案》到《公平信贷机会法案》等众多的法律。在通常情况下，BCFP 也可以通过解释上述法律的方法制定新的规则。

在制定新的规则时，BCFP 需要考虑它们的成本和收益、它们对现有的机构和消费者的影响，以及其他监管部门的意见。当审慎监管者与 BCFP 的意见不一致时，他们的意见分歧必须包含在该规则的出版物之中，或者 BCFP 直接将这些有异议的部分排除在新规则规制的范围之外。

一旦 BCFP 出台了一个规则，除非其他监管者提出其不合法的异议，否则，这项规则都将被强制执行。根据法案，一个由不同监管机构的负责人以及美联储主席组成的金融稳定监督委员会负责系统性风险监测。如果其他监管机构反对 BCFP 的某项规则，他们就可以在该委员会上公开提出撤销这项规则的提案。但是，这一反对提案有着十分严格的标准限制，即其他监管者必须认为 BCFP 的某项规则“可能危及美国银行体系的安全和稳定，以及金融体系的稳定”。在收到提案后，金融稳定监督委员会有多达 9 天的时间去评估反对意见，并只有经 2/3 多数同意时，才可以推翻该规则。同时，这一决议还需要经过司法复核。

许多人认为，这项否决权是对 BCFP 最重要的直接限制之一，并担心它会影响到设立该保护局的初衷——创建一个单一的、负责任的金融消费者保护机构。然而，推翻一项规则的严格标准、公开的程序、2/3 多数同意都暗示着动用否决所需要的公关、时间和资源，这足以使这种否决极少成立。同时，由于法案十分清晰地设计了 BCFP 的专属管辖权（除了极少的职能需要与联邦贸易委员会共同履行），因此，对一项规则的否决程序不会是不同监管机构之间的地盘之争。但是，如果审慎监管者发现新规则可能与他们维护稳定和安全的职责相冲突，他们便可能会设法延迟 BCFP 新规则的执行，这就将会使监管者之间陷入关于该规则成本和收益的讨论之中。

BCFP 在规则制定权方面的另一个重要例外是其被禁止制定“高利贷限制”。也就是说，BCFP 不能为放贷人设定最高利率。在美国，20 世纪 70 年代以前，曾经普遍采用高利贷限制，以防止肆无忌惮的高利率。考虑到放贷人可以利用许多监管漏洞来规避法律，有观点就批评这项政策是在降低信贷的可获得性。BCFP 无权对最高利率进行限制将使其对某些有害行为（如工资日贷款）的执法更具有挑战性。不过，BCFP 仍然有其他工具去限制掠夺性商业行为。

（3）BCFP 的执行权。BCFP 可以通过民事或刑事诉讼的方式对被监管者强制执行监管规则；法案也将以欺诈或教唆等方式违反消费者金融规则的行为列为犯罪。同强制执行其规则一样，BCFP 也有权禁止不公正或欺诈性的活动。所谓不公正，是指金融机构能不合理地给消费者带来损害，并且不能给市场带来更大益处的商业行为。而所谓的欺诈性，是指极大地妨碍消费者对金融合同条款的判断力，或利用消费者对风险的误解及对金融机构的信任。

BCFP 还可以通过“披露模式”，影响各种金融产品的信息披露行为，即为金融产品信息披露设计一个清晰的、能够有效提供信息的模式。但是，BCFP 并不能命令银行将这些披露模式作为银行自身的交易规则。法案给这些机构提供了一个法律避风港，这样就可以鼓励担心监管负担的公司来适应政府认可的披露方式。另一方面，出于对住房贷款的关注，法案要求 BCFP 必须在其成立后的一年内，制定出有关抵押贷款的披露模式。

二、组织架构

虽然 BCFP 隶属于美联储，从法律上看是一个行政机构，但联邦官员却不得干涉其活动。对一些立法者而言，这种设计很是奇特。这些立法者认为，将其命名为“局”，通过将其设立在其他部门内来降低其影响，是一种向反对设立新机构的观点妥协。而支持者则力图在形式变化后保持其影响力不变：BCFP 独立的行政负责人经参议院同意后，由总统任命。BCFP 的预算开支将列入美联储的预算中。2011 年，其预算估计将占到美联储总开销的 10%，2013 年将达到 12%，在可预见的将来还将继续增长。对比来看，2008 年其预算开支是 2 600 万美元。

虽然 BCFP 局长对内设机构的设立有决定权，但以下几个部门由法律设立：

（一）研究部

设立这个部门旨在收集目前还不能得到的重要数据信息，如消费金融产品的市场、对过去金融服务不足的社区的信用获取、消费者对金融产品的实际成本收益和其公布信息的理解程度、消费者行为、所获金融服务不足的消费者的经历等，这些信息往往较难获得。通过向公众提供更多的数据，该部门还可以促进开展相关的学术研究。同时，该部门还通过研究各种数据间的内在关联性，将所有的从公众、研究、私人部门获得的信息整合在一起，提供一幅完整的市场图景。

这种数据信息对 BCFP 履行监管职责至关重要。例如，关于高额超限费影响的准确信息促使美联储制定了一项新的规则，禁止银行自动登记消费者的透支信息，或以给予消费者保护为前提要求消费者必须接受银行的要求。金融产品的信息收集得越多，越有助于制定出更公平、有效的规则。

该部门并不仅仅关注金融产品，还收集消费者金融行为信息，尤其是在当前对低收入、金融服务不足的社区的私人财产、其他金融服务，或者储蓄习惯的信息收集还十分粗略的背景下。把握消费者在金融市场上的行为方式将有助于监管机构确保他们的措施能满足消费者的需求。例如，如果研究发现存在对工资日贷款的依赖，BCFP 知道应着力保护消费者免受这种掠夺性贷款的干扰，并提高短期信用贷款的可获得性。此外，要求充分披露金融合同的信息，也需要掌握哪些是消费者作出有效决定所必须依赖的信息。

当焦点集中于 BCFP 有能力通过规则制定和执行来提升消费者的市场地位时，许多消费者权益的提倡者相信从该机构获得信息将在探讨消费金融产品时发挥重要作用。

（二）投诉部

根据政府权威人士和联邦贸易委员会透露，BCFP 另一个关键的进步是和州政府、联邦贸易委员会合作，提供免费的电话专线和网站以及记录消费者投诉的数据库，便于收集、监控消费者的投诉。该部门将给研究部门提供大量市场信息，保证了最新的金融产品，尤其是有害产品能尽快得到监管机构的关注。理论上讲，该部门还代表消费者要求金融机构对其商业行为负责。投诉部门将成为 BCFP 与公众交流互动的平台，这就要求赋予其更大的执行权。

（三）金融教育部

作为另外一个并不起眼但极有潜力改进金融消费市场的部门，金融教育部承担了教育金融消费者的职能，以促使他们在金融消费活动中作出更正确的决策。该部将启动全国性的金融咨询项目、增强对信用产品的理解、为未获银行服务的客户提供存款和贷款服务、为消费者创造长期的财富增值战略。

（四）社区事务部

该部门承担了为金融服务不足的社区收集相关信息并进行联络的职责，如少数族裔、低收入家庭、移民、未获银行服务的客户。联邦存款保险公司的研究表明，接近于 8% 的美国人没有得到服务，包括近 1/5 的黑人和西语裔家庭。有证据表明，将被金融服务边缘化的人纳入主流金融服务之中有助于积累资产，消除贫困，使整个地区获得真正的实惠，从而最大限度地发展经济，而不是仅有益于那些方便能从银行借到资金的人。这种努力能帮助识别那些阻碍特定地区获得金融服务的产品或行为，从而使 BCFP 可以有针对性地制定规则并实施监管。

（五）公平信贷部

该部门将在《2010 年消费者金融保护法案》和《公平信贷机会法案》的授权下，行使促进公平信贷的职能，防止信贷歧视，保证同等的信贷机会。该部门拥有应付各个领域中的掠夺性放贷人的各种手段，特别是其能够与司法部进行更紧密的合作。专心于创造公平的信贷环境，BCFP 有能力收集来自于市场、股票投资人、消费者的信息，能够显著增强监管者在辨别和限制经济歧视、价格歧视方面的能力。为了显示国会对该部门的重视程度，BCFP 的一位副局长兼任该部门负责人。

（六）军人事务部

该部门致力于为那些正在服役或已经退役的老兵提供各种各样 BCFP 的服务。出于各种原因，如人口基数、服役人员年轻化、行动部署的约束、服役工作对健康的要求等。掠夺性放贷人在军人家庭中大有市场。由于他们在美国生活中的特殊身份，军人受到特别的立法保护，如利率限定。基于这个原因，国防部是成立该部门的关键支持者。BCFP 将在近年保护军人的政策施行过程中获取经验，并使更多的群体获益。

（七）老年人金融保护部

与军人事务部相似，该部门主要关注老年人的金融服务问题。相比较而言，老年人更容易成为金融欺诈的牺牲品。法案同样要求一位 BCFP 副局长为该部门负责人，再一次显示了国会对此的重视。

（八）消费者咨询委员会

BCFP 将成立一个外部咨询委员会，为 BCFP 的履职提供建议和咨询。其成员来自于金融消费群体中的利益相关方。其中，至少有 6 人由地区联储的主席任命。该机构的组织架构类似于美联储的货币政策执行委员会。

（九）其他部门

BCFP 很有可能还包括经济部、首席经济学家、总顾问部、立法事务部（以便与立法机构更有效地沟通）等，此外，还设立公共事务部以提升 BCFP 的形象，同时向媒体提供信息。

三、选择和过渡期

BCFP 不是一夜之间就可以完全成立的，其筹备职权被暂时授予财政部部长和他属下一个团队。基于《2010 年消费者金融保护法案》和其他 20 多部现有的法律，他们负责将现有的七个监管部门之中的职能整合在一起，并雇佣新的职员，制定新机构最初的政策措施。挑选的这些职员不仅是用来填补机构中的空缺，灌输一种卓越的和富有使命感的文化，更是成为一个成功的监管者的关键，这就意味着必须挑选素质高并具有奉献精神的职员。

财政部部长已经宣布，2011 年 7 月 21 日将是“转换日”。届时，新机构将正式成立，并任命一名经参议院确认的局长。在此之前，财政部部长和他的团队有权限设立新机构，而不是运行该机构。因此，当前最紧要的工作是在新机构成立运转前，做好基础准备工作。

2007 年，一位哈佛法律教授 Elizabeth Warren 在期刊中发表文章，主张要设立一个消费者保护部门，为此后的讨论定了调。现今，机构设置已从培育期转向成熟期。作为白宫和财政部的双聘顾问，Elizabeth Warren 负责筹备小组，已经担负起从其他监管部门挑选职员和官员充实到 BCFP 的职责，并为 BCFP 组建新的部门，确定最初的公共基调和监管战略。

过渡期后，第一位常任局长将面临如何明确最初的工作重点。BCFP 的首要行动有可能是制定抵押贷款的披露规则，这也是应对此次金融危机的需要和遵照法案要求的首要任务。但是，一般来说，能预见到首任局长会强调能立刻见效的工作。为确立自己的合法地位，BCFP 需要立即调查公众的投诉，开展规则方面的讨论，对金融企业进行检查，并逐步强化上述措施。BCFP 的声誉将取决于它能否有效与消费者、企业和其他监管部门进行接触。同时，建立起早期的工作模式对 BCFP 的未来发展也是非常重要的。

由于一切都是全新的开始，BCFP 具有可以从头做起的先天优势。确切地说，是可以从今天开始就把技术放在其开展工作的中心地位。BCFP 与消费者的联系，尤其是通过投诉办公室与消费者进行的联系，需要采用互联网络或其他一些技术手段使得终端用户感觉更舒适，也使得收集信息更为便捷。信息技术的应用也会对金融消费保护局在规则制定过程中增加透明度产生影响，使得立法信息更容易被公众获得并理解。同时，信息技术的应用还可以方便 BCFP 同外部行政机构、公司、利益相关方保持互动交流。一个开放的、便于理解的公共参与平台也有助于建立公众对 BCFP 的尊重与信心。

首任局长还将为 BCFP 和其他监管部门的关系定下基调。由于它是唯一独立的、非审慎监管者，同时，业界长期培育了审慎监管与消费者保护之间的假冲突，为 BCFP 定位是一项很微妙的工作。因此，BCFP 必须在作为消费者代言人和与其他监管者相互配合之间找到平衡，特别是在新的金融稳定监督委员会会议上建立起有效的工作模式。这也同样适用于联邦贸易委员会，它还依然保留着对某些领域消费者投诉的管辖权，并且也有与 BCFP 保持密切关系的需求。

四、另一个难题：新的联邦法优先原则

关于州与联邦层级的金融监管者之间的关系引发过广泛的争论。许多分析金融危机成因的研究表明，之前地方监管者已预见到掠夺性的商业行为助推了房地产泡沫，但是，他们并不能对此采取行动，因为根据联邦法优先的原则，这些属于联邦金融监管机构的职权，而拥有这种职权的机构恰恰又采取了放任的态度。

至少在消费者保护领域，将会出现一些变化：现在，有一种努力是，通过法律赋予各个州的监管者对法律的强制执行权，为消费者提供比联邦法律更多的保护。各州的监管者对州银行也将可以利用民事诉讼来强制实施 BCFP 制定的规则。

更广泛地说，现存的银行合同还可以继续依照原有的标准存在，但是在以后，如果州的消费者保护立法对全国性银行有歧视，或者这些法律达不到 Barnett 标准就将优先适用联邦法。Barnett 标准来源于 1996 年最高法院的一个判例，即在州法显著影响干扰的经营活动时，将优先适用联邦法。

在此标准下，银行将逐一申请免除适用州法，这将迫使他们公开其担忧。根据银行要求豁免的请求，法院、BCFP 和货币监理署作为全国性银行的监管者，判断在此标准之下是否应当优先适用联邦法。新的透明度规定将使得这些意见广为知晓并得以充分讨论。

五、结论

成立 BCFP 是美国近年来的特例：一个为应对危机而迅速设立的全新政府机构，获得总统的授权，并具有独一无二的技术、数据和公众支持优势。不过，将这些可能的优势变为现实是一个具有里程碑意义的管理上的挑战，这不仅仅是因为华盛顿好争吵的政治环境，也是由于业界并不习惯一个将消费者导向作为优先考虑的监管者。但是，消费信贷市场对实体经济的稳定、每个家庭财富的增长以及改善子女成长环境方面的重大意义十分明显，必须加以监管。监管这个在很大程度上未被监管或监管不足的领域是一个巨大的任务，但是，BCFP 被赋予的权力为完成这项工作创造了条件。

附件

BCFP 的报告

BCFP 必须向国会、公众和其他政府部门提交重要报告和研究报告。

1. 向国会的年度报告

BCFP 的局长每年需要向国会提交年度报告，对美国消费者金融市场作一个宏观的评论，包括：有关消费者的重大问题、对 BCFP 预算的解释、上一年度该局出台的规则和命令的清单、对消费金融产品的投诉的分析、对州消费者金融保护机构工作的评估、《公平信贷机会法案》的成效、金融市场中的少数族裔和妇女参与等。

2. 关于强制性事前争议仲裁的报告

许多信用卡协议约定纠纷必须通过第三方仲裁解决，这对信用卡公司的熟知仲裁程序的律师来说是十分有利的，可以规避对消费者有利的诉讼程序。BCFP 将研究信用卡公司的这些做法，并按照公共利益的需要对其增加条件和限制，使信用卡公司和消费者之间的游戏规则能够公平。

3. 金融扫盲战略报告

每年，BCFP 的金融教育部都将向国会提交一个有关美国金融扫盲和 BCFP 在促进金融扫盲方面的作用的报告。这份报告将会大量引用研究部关于消费者行为的研究成果。

4. 关于反向抵押贷款交易的报告

反向抵押贷款是老年人以其房产作为抵押的贷款。消费者用其住房净资产交换现金，相当于卖掉了房屋但仍保留居住权。这种贷款也许对老年人是有用的，但其做法经常包含掠夺性。BCFP 必须研究这些交易，如果必要的话，通过制定规则来对这类交易加以规范和限制。

5. 对信用评分的研究和报告

BCFP 必须对消费者的信用评分和信用评分公司展开研究。当今社会，在申请工作和租房时，信用评分被用做判断一个人借款能力的依据。但是，由于信用评分程序的不透明，消费者明显处于信息劣势。虽然，法案已经规定消费者有权第一次免费获得信用评分，但这个报告还将分析这种信用评分制度的缺陷。

6. 关于典当行（当铺）的报告

在一些边缘的金融业务之中，典当作为临时性信用的来源，往往被认为是具有掠夺性的。BCFP 必须对主要是为了个人、家庭和生活目的进行典当交易的消费者进行研究，分析这些机构对消费信贷的影响。

中央银行在金融危机中的角色与作用兼答为何放弃雷曼而救助 AIG

2010 年 10 月 7 ~8 日，国际清算银行在巴塞尔召开中央银行法律专家会议，美联储、欧洲中央银行、英格兰银行、日本银行、印度中央银行等 27 个国家中央银行的法律负责人与会。会议针对中央银行在金融危机中的角色和作用进行了集中讨论。现将与会各国中央银行官员及专家学者的观点摘要介绍如下：

一、会议主要议题及各方观点概述

关于中央银行在金融危机中的角色：金融稳定和宏观审慎管理。与会者认为，最近的全球金融危机，充分说明了金融稳定应当成为各国中央银行的主要职能之一；而要维护金融稳定，就必须从防范系统性风险出发，赋予中央银行宏观审慎管理权。伦敦大学教授 Lastra 女士认为，金融监管机构的功能监管注重个体而非整体，很难避免“只见树木，不见森林”（A View of Each Individual ‘Tree’, Instead of the ‘Forest’）以及“监管俘获”（Regulatory Capture）等诸多体制性弊端。中央银行由于具有“银行的银行、政府的银行”以及货币政策决策者的独特地位，具有维护金融稳定的天然优势。她主张，无论当前各国的金融监管体制是否赋予中央银行微观层面的监管职能，中央银行都应当拥有宏观审慎管理权。这一职权不仅应覆盖传统上由其管理的机构和部门，还应当覆盖其他有系统重要性的机构和部门。纽联储执行副总裁 Thomas 先生认为，如果中央银行对金融稳定负有责任，它就必须考虑机构层面的问题，贝尔斯登、雷曼和 AIG 的教训充分表明了联储拥有管理权的重要性。与会者主张，宏观审慎管理的核心是中央银行从监管机关和金融机构获得持续的信息流并根据其自主裁量权迅速采取相应行动的职权。这一职权应以法律的形式加以确立。

关于中央银行对问题金融机构的救助：紧急流动性支持（Emergency Liquidity Assistance，ELA）和金融机构风险处置的特别机制（Special Resolution Regimes，SRR）。关于 ELA，会议讨论了如何区分流动性短缺和“偿付不能”（Insolvency），如何规定 ELA 的期限、担保和利息，是否需要进行信息披露以及中央银行提供 ELA 时的损失处理等几个方面的问题。与会者认为，虽然解决金融机构流动性问题是中央银行提供 ELA 的目的，但在法律层面明确流动性短缺和“偿付不能”的界限并不容易，在决策过程中，中央银行应当关注各利益相关方的意见。首先，考虑该机构恢复正常营业的可能性以及该机构是否具有系统重要性等因素；其次，ELA 应当是短期的、暂时性的救济手段，获得 ELA 支持的机构仍应当提供充分的担保，而中央银行对被救助机构提供的救助资金应当适用惩罚性的利率；第三，中央银行应当享有对 ELA 相关信息披露的豁免权或延期披露的权利。

对于我方最为关注的中央银行提供 ELA 的损失处理问题，Lastra 教授以及德国、智利等国中央银行的代表认为，由于 ELA 的期限较短，且多附加担保，中央银行在提供 ELA 时一般不会面临损失风险，但在被救助金融机构陷入偿付不能的境地时，中央银行就可能会有损失，也就需要相应的损失处理机制。可借鉴的做法包括：在法律层面赋予中央银行获得优先偿付的特殊地位；通过建立政府性基金来吸收中央银行的损失；由中央银行通过将担保物变现等方式自行处理自身的损失。

关于 SRR，会议肯定了金融危机背景下，通过法律途径创设 SRR 或修改现有的 SRR 对危机处置的重要意义。在讨论 SRR 的制度设计时，日本银行的代表提出了四项基本原则：处置措施应当较好地应对系统性风险；只在万不得已时才由中央银行提供处置资金；处置过程中尽量避免道德风险；救助措施不应影响中央银行的资产安全性。在具体制度层面，与会者主张，重组应当是 SRR 的首要目标，保障营业的持续性优先于救助法人；问题机构的优质资产应当被剥离，其余的则留给破产机制解决；SRR 应当有明确的触发机制（Trigger Mechanism），例如金融机构资本充足率及偿债能力等方面的变化；中央银行应有充分的处置权力和工具，特别是资产处置权；应明确处置过程中中央银行的损失处理机制；中央银行和监管者应当获得关于问题机构的持续信息流；等等。

二、我方在讨论中的主要观点

在会议中，我方简单介绍了中国人民银行在危机处置方面的一般做法，并就中央银行提供 ELA 和救助金融机构时应当遵循的基本原则进行了阐述。我方提出以下观点：

（1）在危机救助过程中，宜事先明确区分中央银行和问题金融机构的责任，特别是损失负担问题。一方面，为避免被救助金融机构产生道德风险，问题金融机构自身应当承担一定的救助成本。同时，还应建立问题金融机构股东和管理者的责任追究机制。另一方面，中央银行在救助金融机构时所产生损失的分担机制应当明确，如果中央银行自身的收益不足以弥补损失，可通过国家财政加以弥补。

（2）中央银行宜保持自身资产负债表的健康。中央银行在通过提供信贷、购买不良资产等方式对金融机构进行救助时，往往会导致自身资产负债表在规模和结构上发生变化，例如，由于投放流动性所导致的资产负债表的膨胀或持有一般情况下不会持有的金融资产等。这些变化可能影响到中央银行执行货币政策、维护金融稳定的能力。因此，中央银行应当随时关注自身资产负债表的变化并保持其健康。

（3）中央银行对问题金融机构的救助需考虑对货币政策造成的冲击。在此次金融危机中，美联储、英格兰银行等采取了“量化宽松”的货币政策，通过公开市场操作，用“创造”出来的货币借钱给金融机构，购买银行资产，从而达到为市场注入流动性、救助问题金融机构等目的。但是，“量化宽松”政策必然带来基础货币供应量的增加，从而强化通货膨胀预期。因此，通过“量化宽松”政策来救助问题金融机构的做法应当慎用。

附件：

1. 纽约联储银行执行副总裁兼总顾问 Thomas C. Baxter 在美国金融危机质询委员会就“雷曼案”所作的证词

2. Thomas C. Baxter 在众议院政府监管和改革委员会就 AIG 救助所作的证词

3. Thomas C. Baxter 等在国会监督委员会就纽约联储银行介入 AIG 事项的联合陈述

附件 1

纽约联储银行执行副总裁兼总顾问 Thomas C. Baxter 在美国金融危机质询委员会就“雷曼案”所作的证词

Angelides 主席，Thomas 副主席以及诸位委员：

感谢你们给我当面陈述的机会。我很荣幸在过去 15 年来担任纽约联储银行（以下简称纽联储）的总顾问。今天，我将向诸位说明发生在 2008 年、大萧条以来我国所面临的最严峻金融危机之中的一系列事件。正是这一系列事件，导致了雷曼兄弟公司（以下简称“雷曼”）的破产。

在危机中，联储的决策者需要在无法获得足够时间和完备信息的情况下，对一连串意想不到但后果严重的问题作出反应。今天我将要阐述其中的一个问题——雷曼问题——所涉及的各项事实。在 2008 年，我负责向联储的决策者们提供法律建议，因此，我将很乐意与委员会分享我对这一系列事件的回顾。我不会夸大自己的作用，事实上相关决策是由联储主席伯南克，联储理事会以及盖特纳总裁（译者注：原纽联储总裁，现美国财长）代表联储系统作出的。在我看来，这些决策是审慎而富有创造性的，同时也是正确的。

让我以一个经常被问到的问题开始：“为什么你们让雷曼倒闭？”人们提出这一问题是可以理解的，但无疑，问题的前提是错误的。联储并没有“让”雷曼倒闭，相反地，联储、财政部、证监会（SEC）以及其他有关机构都已经尽力救助它了：这不是为了这些机构自己的利益，而是为了那些可能被雷曼破产所带来的毁灭性影响伤害的家庭和商业机构的利益。虽然我们并未成功，但我们的努力是严肃且决定性的，而且我们已经非常接近成功了。

在今天的陈述中，我将用两个部分简要归纳联储为救助雷曼所采取的行动。在第一部分，我将阐述联储如何对雷曼稳定自身的努力进行监测，如何敦促雷曼的最高管理层去寻求解决其流动性和资本问题的长期方法。在第二部分，我将回顾我们怎样试图把雷曼从破产境地中解救出来，以及当我们的努力归于失败时，我们如何减轻雷曼倒闭对经济体系整体上的不利影响。

雷曼的衰落

纽联储不是雷曼的监管者。SEC 根据法律的明确规定，监管雷曼的经纪—自营业务。并且，正如 Mary Shapiro 主席在众议院金融服务委员会面前的证言所指出的，SEC 同时也对雷曼在一个被称为“联合监管对象计划”（CSE）的自愿项目下的控股母公司进行监管①。联储与雷曼的经纪—自营部门之间有商业联系，但是这些交易绝大部分是基于货币政策目的的回购合同，以及国债和机构债的买卖。

2008 年 3 月，由于联储对我国金融体系出现的问题作出了反应，联储与雷曼以及其他投行之间的业务联系得到了扩展：

第一，2008 年 3 月 11 日，联储公布了“定期证券借贷工具”（TSLF）。这一工具是为了解决与特定种类的抵押支持债券相联系的流动性问题而设计的，其原理是通过允许一级自营商从联储借入易于变现的特定种类证券来解决这一问题。一级自营商通过向联储质押其他不易变现的证券来为其证券借贷提供担保。这就使得一级自营商能够从市场获得急需的流动性。

第二，在该工具公布的同时，一个一级自营商，贝尔斯登，正在经历意想不到的流动性危机。2008 年 3 月 14 日星期五，纽联储从联储理事会获得了向贝尔斯登提供贷款的指令，获得贷款使其免于提交破产申请，并能在 3 月 15 日、16 日两个休息日继续营业。在这个周末，联储和财政部促成了 J. P. 摩根对贝尔斯登的收购要约。联储同时还创设了一个新的流动性工具来向一级自营商提供直接贷款，即“一级自营商信用工具”（PDCF）。PDCF 于 2008 年 3 月 17 日星期一启用，意图向陷于“贝尔斯登式”境况的一级自营商们提供流动性支持。雷曼也是其中之一。

我们无法确知，如果没有 TSLF 和 PDCF，雷曼将会如何。但是，我们有把握说，这些工具使市场得以冷静下来，并给了雷曼和其他公司更多的时间来梳理可能的选项并寻找潜在的问题解决方法。实际上，从贝尔斯登交易之日起，雷曼还有六个月的时间来为它的无数问题寻找长期的解决方法。当然，雷曼面临的挑战是非常严重的，其中包括资本不足、流动性匮乏以及市场信心低迷，其中任何一个即便对最健康经济体中的上市金融公司而

① Mary L. Shapiro，美国证监会主席，在美国众议院金融服务委员会前关于雷曼审查员报告的证言，2010 年 4 月 20 日。

言都可能是潜在的致命因素。不幸的是，雷曼要同时解决这三个问题。

随着 TSLF 和 PDCF 的引进，纽联储向其余的（除贝尔斯登外）四大投行（高盛、美林、摩根斯坦利和雷曼）分别派出了两人监测小组——这是此前从未有过类似的举动。我想要再次强调，我们并不想用我们的人来进行监管，也不试图取代 SEC 作为投行首要监管者的地位。恰恰相反，我们是这些潜在借款人的潜在贷款人，我们只想更好地了解我们的借款人。由于我们的监测行为可能被误解，Donald Kohn 在公开作证中阐述了我们的目的。他说，现场监测员有两个严格界定的目标：（1）保证联储向投行提供的贷款能够被偿还，以及（2）保证投行对联储的贷款不过度依赖，并继续改善自身的流动性头寸和财务能力①。联储的监测并不意味着承担更广泛的监管雷曼的责任。SEC 仍然是经纪—自营商及其母公司（包括雷曼及其母公司、雷曼控股）的监管者。

在此期间，雷曼显示出一些恢复的迹象。2008 年 6 月，它增加了资本金。但它的流动性状况仍然不容乐观。作为监测行动的一部分，纽联储与 SEC 一道进行了投资银行的流动性压力分析，这在某种程度上是出于对投行的信用可靠度进行评估的需要。同样地，作为对我们分析的回应，雷曼采取了措施并确实改善了自身的流动性。然而，纽联储绝不认为雷曼的流动性充分到能够抵御 9 月即将到来的、被雷曼前 CEO Richard Fuld 称做“完美风暴”的事件②。

相应地，正如媒体和 Anton Valukas 的报告所充分阐述的，从 2008 年 3 月到 9 月，雷曼的破产审查员和资深联邦官员（包括盖特纳总裁）都持续敦促雷曼为其流动性和资本金问题寻找切实可行的解决办法。雷曼的管理层也在寻找可能的收购方。他们与潜在的韩国买家进行了协商，并向沃伦·巴菲特求助。纽联储绝没有告诉雷曼说将会动用纳税人的钱来救助它，也绝没有让它按照这一前提来行事。雷曼前 CEO Richard S. Fuld 先生以及董事会主席 Thomas Cruikshank 已经明确表示他们不指望任何联邦救助③。这两个人都完全认识到雷曼是一个公众公司，需要对自身的财务状况负完全责任。

---

① Donald L. Kohn，联储理事会副主席，风险管理及其对系统性风险的启示，在美国参议院银行、住房和城市事务委员会证券、保险和投资分会前的证词，2008 年 6 月 19 日。

② Richard S. Fuld，Jr，在美国众议院金融服务委员会前的陈述，2010 年 4 月 20 日。

③ 众议院金融服务委员会关于雷曼兄弟公司破产审查员报告的听证记录，2008 年 4 月 20 日，第 136 ~ 153 页。

“雷曼周末”

2008 年 9 月在美国金融史上将具有划时代的意义，并因此为人们所铭记。雷曼提出破产申请就发生在这个月，但这一事件必须放在那一段黑暗时期的背景下进行分析。9 月 7 日，联邦住房金融局接管了“房利美”和“房地美”，而财政部则依据国会于 2008 年 7 月的授权，向这两个政府发起的机构提供可能的财务支持。尽管雷曼经常被认为是当月月末发生的系统性危机的始作俑者，但很明显“两房”的倒闭和其他的一些因素一起，导致了很多市场参与者为保障资产负债表的安全而开始抛售。对雷曼而言，风险暴露只是尚待解决的问题之一。市场相对方拒绝与雷曼进行交易的现象在 2008 年 9 月 8 日星期一集中爆发了。到 9 月 11 日星期四，这一现象仍在持续。很明显，雷曼遭遇了流动性危机——也就是说，它无法偿还到期债务。雷曼已经走上了不归路，摆在它面前的只有两个选择：破产或者某种形式的第三方救助。

2008 年 9 月 12 日，在星期五闭市之后，财政部与联储和 SEC 一道，在纽联储召集了一个主要金融机构 CEO 参加的会议。会议伊始，财政部部长保尔森就开诚布公地宣布，公共资金不会被用来救助雷曼。政府给了 CEO 们两项任务。第一，建议他们组成一个财团为雷曼的非流动性资产融资，从而为收购扫平道路。第二，作为备选，如果这些金融机构无法达成一个可行的救助计划，他们就应提出一个替代方案，来化解雷曼破产带来的不利影响：他们应当知道，周一早上雷曼就会破产。

正如贝尔斯登的例子所显示的那样，政府知道将不得不由第三方为雷曼的非流动性资产构成的投资组合融资，以使得雷曼有被收购的可能。在此情形下，借鉴了 1998 年救助长期资本管理公司的先例，政府安排了一个由私人银行组成的财团来提供此项融资。事实上，在艰苦的讨论和说服之后，这些私人银行同意了这一融资安排。到 9 月 14 日星期日，交易对手方已经同意为雷曼的非流动性资产提供大约 300 亿美元的融资，以便利救助行动的实施。尽管相关的结构性安排尚未成型，它很有可能是 Maiden Lane 有限责任公司在私人领域的翻版。该公司曾被用来吸收贝尔斯登公司的有毒资产。据此，这些银行本应向他们的特殊目的实体（SPV）提供 300 亿美元借款，而该 SPV 则应购买雷曼的大部分房地产相关资产。经过此番交易，对潜在的收购人而言，雷曼将更具吸引力。

为非流动性资产融资是救助的一个必要条件，但并非充分条件。正如盖特纳财长和其他人所指出的那样，这一计划不可或缺的一个环节是有意愿且有能力的收购方①。由于我们没有能提供必要担保来稳定雷曼的有意愿且有能力的收购方，这一计划终究失败了。为避免在这一点上产生误解，需要指出，无论谁——联储或者交易对手方——为收购雷曼的非流动性资产融资，这一结果都无可更改。

在星期五时，有两个可能收购雷曼的收购方：美洲银行和巴克莱银行。9 月 13 日星期六，美洲银行放弃了收购雷曼，并转而同美林达成了收购协议。巴克莱成为了唯一的候选。9 月 14 日星期日，在融资财团确定的同时，我们首次得知巴克莱无法提交一个对于完成收购来说至关重要的文件：从合并协议签署到雷曼关闭的期间内对雷曼交易债务的担保。

贝尔斯登的交易向我们证明了担保对救助成功的重要性。担保隐含了问题公司持续经营的能力以及维持其存续的价值所在。它通过向交易对手方在一个高度脆弱的时期（从合并协议到按协议关闭被合并机构）提供保护来实现这一点。没有此类担保的话，在股东表决未通过或者其他因素导致合并失败时，公司的债权人和交易对手方将会承担风险。因此，作为一个市场规律，担保是任何救助行动不可或缺的部分。

9 月 14 日星期日，我们获悉巴克莱银行无法在没有股东投票的情形下提供所需的担保。此类投票将至少持续数日，而且无法确定股东一定会投票支持这一交易。我本人和顾问一起研究了英国政府或其有权部门如 FSA 是否会对投票的要求进行豁免，以使担保得以提供，而使救助得以进行。我了解到，英国的有关部门并不能做出豁免决定。因此，巴克莱银行也就无法继续成为雷曼的潜在购买方。同时，也没有任何其他有足够规模和能力的公司有兴趣收购雷曼这样一家总资产多达 6 000 亿美元的公司。

很多人问，为什么当巴克莱银行的担保问题出现时，联储没有介入并为雷曼的交易债务提供担保。他们注意到，我们曾向 Maiden Lane 借款大约 290 亿美元来促成 J. P. 摩根收购贝尔斯登，我们也曾承诺向 AIG 借款 850 亿美元。

根据法律，纽联储无权提供我称之为“裸担保”的担保。“裸担保”没有相应的反担保，也没有数额限制，这将会使美国纳税人为雷曼的全部交易债务承担风险。正如伯南克主席所指出的，“联储过去在**其权限范围内**已经做了有助于重建我国金融稳定和经济繁荣的**每一件事**，并且在将来

① Timothy F. Geithner，财政部部长，在众议院金融服务委员会前的陈述，2010 年 4 月 20 日。

也会这么做"[①]。在此情形下，雷曼没有能力为联储的担保提供令联储满意的反担保，而联储的担保额是非常巨大的。正如事实所证明的那样，2008年10月2日，也即"雷曼周末"之后的几个星期，国会通过了EESA，该法案赋予了财政部提供担保的法定权力[②]。我再次强调，联储不论过去或现在，均无此项权力。

即便法律上允许，政府担保也会将纳税人置于极大的风险之中，因为它的交易确定性被弱化了。收购方——而非第三方——提供担保是非常重要的，因为这使得收购方有强烈的动机去完成该项交易并接管目标公司的控制权。例如，在贝尔斯登案例中，为达成与贝尔斯登的合并而提供了担保的J. P. 摩根，通过谈判争取到了一系列保证交易确定性的条款。此外，在2008年3～6月（即从同意合并到关闭被合并方的期间），由于J. P. 摩根的担保，贝尔斯登的交易对手仍在继续与其进行交易。

另一方面，在第三方提供担保的情形下，被收购方的境况改善时收购方会获益，但当被收购方的境况恶化时，对收购方不会产生任何负担。只有第三方会被套牢，而在此案中第三方就是纳税人。类似地，从被收购方的角度看，政府提供的无限担保会使其倾向于不被收购：由于已经有政府担保，股东可能否决收购案。

一些观察家问道，为什么我们可以在第一时间向AIG提供信用支持，但却不能支持雷曼？答案是，在AIG案例中，联储的借款有足够的担保支持。与促使巴克莱和雷曼合并所需的"裸担保"不同，我们于2008年9月16日承诺向AIG提供的信用被提供了全额反担保，担保物——AIG运作良好的保险零售业务——也令人满意。事实上，在9月16日相关款项向AIG支付之前，AIG向纽联储提供了股权证书，该证书仍作为担保物被存放在纽联储的保险箱内。这些股权全额担保了我们2008年9月16日借给AIG的每一分钱。截至今日，纽联储向AIG的授信仍在全额担保保护下。

类似地，联储为救助贝尔斯登而向Maiden Lane提供的借款也享有全额担保。担保的重要性在于它是保护纳税人的最后一道屏障。相反，对于"裸担保"的提供人来说，这样的保护并不存在。一旦被担保人无法偿债，

---

① Ben S. Bernanke，美联储主席，在美国国家记者联盟午餐会上的演讲，华盛顿特区，2009年2月18日（黑体字是陈述人自己加粗强调的）。

② 参见EESA第102（c）（4）条"对购买权的修正"（"第115条中规定的购买权应限于未偿付担保债权与问题资产保险融资基金余额之差"）。

担保人就应对债务负责。

9 月 16 日星期二，当对雷曼的收购已经不可能时，一个由市场参与者组成的工作组开始专注于寻找能最大限度弱化雷曼破产的负面影响的解决方案。他们得出结论，由 SEC、财政部和纽联储提出的替代方案是最好的选择。根据这一方案，雷曼的母公司应当提交《破产法》第 11 章项下的申请，但其经纪—自营子公司将继续运作。它的清算行，J. P. 摩根，将为继续运作提供日间融资，而联储则将为继续运作提供隔日融资。

联储提供的信用将由经纪—自营子公司提供的担保物全额担保，并将持续一段时间，直到经纪—自营子公司以有序的方式结束其业务——如此则能在某种程度上弱化雷曼破产对金融市场和经济的负面影响。一旦可对经纪—自营子公司进行有序清算，一项基于《证券投资者保护法案》的接管申请就会被提出。尽管这一替代方案总是需要雷曼的董事会来决定提出《破产法》第 11 章项下的申请，但这毕竟是他们而非我们的责任。9 月 15 日，雷曼董事会选择了将母公司按照《破产法》第 11 章的规定破产，而将雷曼的经纪—自营子公司持续经营，以便其可以有机会结束自身运作。

现在回头看由联储向雷曼控股公司贷款的假想方案，我们发现它并不具有可行性。截至 9 月 15 日星期一，市场对雷曼的信心已经完全崩溃，因此，联储的借款也只会“一去不回”。假如雷曼没有在 9 月 15 日申请破产，而是维持正常营业的话，债权人和交易对手方将会蜂拥而至，运用各种法律救济手段来保护它们的头寸，从而导致流动性危机蔓延到雷曼的所有机构中。

相对地，纽联储毅然决定继续向雷曼的经纪—自营子公司提供贷款，这是为了便利经纪—自营业务的有序关闭。当巴克莱银行于 9 月 16 日星期二携带一份收购几乎全部雷曼经纪—自营业务资产的要约重返谈判桌时，纽联储运用这项融资促成了特定经纪—自营业务从雷曼向巴克莱银行的移转。当纽约南区法院合议庭于周末批准该项收购之后，巴克莱银行立即掌管了这些业务。

尽管在雷曼破产过程中毫无真正的“有序”可言，纽联储对雷曼经纪—自营子公司的前瞻性融资避免了进一步的市场崩溃。雷曼故事的这一页很少为人提起，但值得人们注意。一个反例就是雷曼兄弟国际欧洲公司（LBIE）。它作为一家英国经纪—自营商，在问题发生后立即被接管。它的雇员在没有任何补偿的情况下被扫地出门，它自身也没有任何机会去平掉所持有的头寸。因此，它的交易对手方的头寸被冻结。由于雷曼的倒闭对资产价格产生了广泛影响，这导致了流动性问题和大量的市场风险暴露。

结论

在最后，我愿意就监管改革和我们必须使用的工具说几句话。在此前我提到了国会通过 EESA 增加的担保工具。除此之外，另一个重要的发展是《多德—弗兰克华尔街改革与消费者保护法案》，它提出了对雷曼这样具有系统重要性的公司进行更有效的、广泛的和统一的监管。这一监管要求更高水平的资本充足率和流动性，这也正是雷曼需要的灵丹妙药。具有系统重要性的非银行金融公司，如雷曼，有责任提交处置方案，这将有助于避免与雷曼在提交破产申请之后所遇到的问题相类似的问题。此外，如果类似雷曼的、具有系统重要性的公司需要被处置，《多德—弗兰克华尔街改革与消费者保护法案》还设计了一个新的处置程序来促进处置的有序性。

再次感谢今天能有向你们当面陈述的机会。我将乐于回答你们的问题。

附件 2

Thomas C. Baxter 在众议院政府监管和改革委员会就 AIG 救助所作的证词

Towns 主席、Issa 副主席、各位委员，早上好。感谢你们今天请我来作证。作为纽约联邦储备银行的总法律顾问，我很高兴有此机会来陈述联储为保持 AIG 的稳定所付出的努力，尤其是 2008 年 11 月，在处于自大萧条以来最严重的金融危机当中最危急的时刻，联储为解决 AIG 的特定问题合约所做的努力。我还会讲到在随后几个月里纽约联邦储备银行（以下简称“纽联储”）在 AIG（美国国际集团）的证券信息披露中所扮演的角色。联邦储备银行理事会（以下简称“理事会”）和纽联储为救助 AIG 所采取的一切行动都是为了避免由于 AIG 破产可能导致的严重灾难性后果的发生。

对 AIG 的救助

1. 背景

众所周知，在“房利美”和“房地美”被政府接管一周后，在雷曼兄弟公司倒闭的同时，在美国和全球金融市场面临的巨大压力下，AIG 出现了流动性危机。正是在此背景下，我们认识到 AIG 这个比雷曼兄弟公司更为庞大和复杂的公司一旦发生无序性倒闭会对金融市场稳定造成巨大冲击。在财政部的全力支持下，理事会于2008 年9 月 12 日决定救助 AIG 以避免其破产。

AIG 在财政部和联储向其警示流动性危机时是一个资产超过 1 万亿美元的公司。它是世界上最大的保险和金融服务公司之一，在全球 140 多个国家经营保险和金融业务，拥有超过 7 600 万的个人和企业客户。在美国，AIG 拥有约 3 000 万的商业、机构和个人客户。通过担保投资合同和保护“401（k）退休计划”参与者的产品，AIG 成为市政债券、养老金和其他公共和私人机构的主要的保险人。

依据净保险费计算，AIG 是美国最大的人寿和健康保险公司，同时也是第二大的财产和意外事故保险公司。在全球范围内，AIG 承保着超过 8 100万份寿险保单，面值为 1.9 万亿美元。同时，AIG 还为近 18 万家小型公司、非营利机构和其他公司实体提供保险。据估算，约 1/3 的美国人口，即 1.06 亿人供职的单位是 AIG 的被保险人。AIG 也是美国最大的固定年金保险合同保险人，还是最大的针对非营利性医疗保健组织、学校的退休计划服务的提供者，拥有超过 600 万个养老金账户。

AIG 也是金融衍生品市场的重要参与者，其主要通过旗下不受监管的金融产品部门（“AIG FP”）参与金融衍生品交易。AIG FP 的交易对象十分广泛，包括诸如美国养老金计划、稳定价值基金以及市政机构在内的许多全国和国际性的金融机构。

在 2008 年秋季的经济形势下，AIG 一旦破产，将会对我们的金融和经济造成灾难性的后果。许许多多的美国人民将积蓄投资于货币市场共同基金，而这些基金是 AIG 发行的约 200 亿美元商业票据的主要持有人。如果 AIG 破产，这些基金所遭受的损失将会使市场信心遭到毁灭性的打击，并会促使针对各种类型金融机构的挤兑潮的产生。对比一下雷曼兄弟，货币市场共同基金和其他投资者持有约 50 亿美元的雷曼兄弟公司的商业票据，雷曼的破产直接导致美国货币市场基金跌破其净资产，随即引发了针对多个货币市场基金的挤兑潮。

为 AIG 提供贷款和循环信贷额度以及与 AIG FP 存在衍生品合同或其他交易的全球商业银行和投资银行将遭受重大损失。这将导致金融系统的迅速崩溃，至少也将给房屋所有者和企业的可用信用额度带来极大影响。

一旦 AIG 破产，其下属的众多保险子公司极有可能被所在州及外国监管机构控制。如此，则众多美国投保人的利益将难以得到保障。国家和地方政府机构总计向 AIG 提供了超过 100 亿美元的贷款，在已经严重恶化的政府预算环境下，如果 AIG 破产，也会遭受重大损失。

AIG 还拥有约 380 亿美元的稳定价值保值合约。这些合约允许信托人和固定缴款养老基金经理管理因赎回而导致的资产负债错配。一旦 AIG 破产，那些通过“401（k）退休计划”购买此种保值合约来规避其稳定价值基金净值波动风险的劳动者将发现他们的资产面临极大风险。养老金计划也将被迫调低其资产价值，从而导致参与者的投资组合遭受严重损失。

总之，AIG，这个世界上最大的保险公司，之所以受到如此特别的援助是因为，一旦它倒闭将会给全美国带来巨大影响。正如联储副主席 Donald Kohn 所说：“因为现代经济对信贷流的依赖性，如果金融发生严重波动，将对实体经济在更大范围内造成更为严重的损害。因此，对金融业的公共救助绝非出于优先保护金融业界的经理、职员或者投资者的目的，而是为了防止金融状况的进一步恶化导致全面的经济衰退和大规模的失业。”

2. 对 AIG 提供的信贷

2008 年 9 月 16 日，理事会授权纽联储授予 AIG 850 亿美元的抵押信贷额度（“联储信贷”）。为此，AIG 将以其全部资产，包括其对旗下国内外的保险公司享有的所有者权益作为抵押。另外，作为附加补偿，AIG 将向代表财政部利益的信托发行可转换优先股，相当于其 78% 的流通股份。

作出向 AIG 提供贷款的决定是十分困难的，这是因为，为了解决美国所面临的系统性危机，联储必须向导致这场危机并处于风险最中心的私人企业提供援助。尽管如此，AIG 破产所带来的潜在的深远影响迫使决策者们最终作出了这一决定。AIG 一旦在 2008 年秋季破产，将造成许多个人、家庭和企业的严重损失，并严重动摇本已脆弱的金融市场的信心，加剧对金融机构的恐慌心理。上个月，伯南克（Bernanke）主席评论说，联储绝非为了自身的利益而救助 AIG，“因为救助行动将伤害联储自身，这是显而易见的。我们之所以救助 AIG，是因为除此之外我们将无法避免金融系统的灾难性崩溃。”

首批 850 亿美元的紧急联储信贷在短期内成功地稳定了 AIG 的局势，

然而，面对日益恶化的市场环境，AIG 的财务状况和资本结构仍然非常脆弱。迫于对流动性的急切需求，AIG 迅速而大量地从联储信贷中提取救援资金，使我们担心最终 AIG 的需求可能会远远超过信贷额度。信用评级机构进一步调低 AIG 信用等级的预期使得对其流动性问题的担心愈发强烈。因为一旦下调信用等级，受 AIG FP 业务的拖累，AIG 对流动性的需求将提高数十亿美元之巨。而如果不采取进一步行动，下调评级将是不可避免的。

2008 年 10 月初，理事会批准纽联储提供 378 亿美元的抵押信贷额度，以解决 AIG 的国内保险子公司的融券业务的流动性需求。此外，到 2008 年 10 月末，AIG 的四家关联公司以与其他参与者同样的条件加入到联储商业票据融资工具（CPFF）中。

尽管获得了额外的联储信贷工具，AIG 仍然面临巨大的流动性压力。这部分是由于其在融券业务中投资的住房抵押贷款支持证券（RMBS）遭受损失所引起的。2008 年 11 月，理事会授权纽联储采取进一步行动以减轻 AIG 的流动性压力。纽联储设立 Maiden Lane II，由其以市场价购买 RMBS，并允许 AIG 终止其融券业务。通过这项交易，为偿还 AIG 的融券交易所提供的 378 亿美元已完全得以收回。

AIG 的流动性压力还主要源于其信用违约掉期产品（CDS）的亏损风险。CDS 是 AIG FP 提供的众多金融衍生产品中的一种。它是一种未受监管的保单，保护证券的持有人免受证券违约的风险。AIG FP，CDS 的卖方，承诺当其承保的证券出现违约时，向其交易对手，即 CDS 的买方，进行赔偿。作为回报，其交易对手向 AIG FP 支付定期的保费。

在这种特定的 CDS 合约下，当相关证券（多级别债务抵押债券，multi - sector CDO）发生违约或 AIG 信用状况恶化，例如，当信用评级下调时，交易对手有权要求 AIG FP 提供现金抵押。这些现金抵押是当 AIG FP 违约时对交易对手方的担保。同时，AIG 也将担保 AIG FP 的履约行为，这使得无法将 AIG FP 的问题与 AIG 公司相分离。随着 2008 年 AIG 财务状况的恶化，并由于次贷危机愈演愈烈而导致 CDO 产品的价值大幅缩水，AIG FP 被迫向其交易对手方提供越来越多的抵押，现金的外流又导致 AIG 的流动性问题和信用等级进一步恶化，形成了一个恶性循环。

正如问题资产救助计划特别调查委员会（SIGTARP）提交的报告《限制向 AIG 交易对手付款之努力的影响因素》（SIGTARP - 10 - 003）所述，联储考虑了多种解决 AIG 因 CDS 风险造成的流动性枯竭问题的方案。而无论采用何种方案，一个无法回避的问题在于：联储必须于11月10日AIG公布财报前确定救助方案，因为一旦AIG公布其第三季度250亿美元的亏损，其信用评级随即将被下调。

第一种方案是让交易对手方保留其持有的多级别CDO和CDS对其提供的保护。但是，交易对手方应放弃要求追加现金抵押，而纽联储将担保AIG继续履行CDS合约。在此种方案中，纽联储不会持有相关CDO，但纽联储将通过担保的方式承担CDO进一步贬值给AIG交易对手方带来的风险。但是这种方案既不经济——纳税人将承担CDO贬值的风险，却不可能在其升值时获利，也不可行——联储无权提供这样的担保。

第二种方案是劝使AIG的交易对手方，通过解除CDS合约并将项下的CDO卖给特殊目的机构（SPV）的方式，分担一部分CDO贬值的风险。该特殊目的机构将由交易对手方、纽联储和AIG共同出资设立，其中优先保障纽联储的利益。纽联储担心交易对手方不会愿意解除CDS合约，因为如此一来，他们也要承担部分未经套期保值的CDO风险。这种方案同样是不可行的，因为该方案的实行需要与交易对手方进行复杂的谈判，难以尽快，即在11月10日前，达成协议以满足AIG紧迫的流动性需求。

第三种方案是设立Maiden Lane III。

3. Maiden Lane III

在2008年11月前的几个月里，AIG一直在努力地与其交易对手方进行谈判，以期解除CDS合约。但是谈判完全失败了。AIG的现金流已经枯竭，急需解除CDS合约。整个10月，当纽联储仔细权衡以期找到一种可行的解决方案时，AIG与交易对手方的谈判也一直在进行。纽联储最终决定参与到谈判中来。必须要特别留意的是，最晚在11月10日星期一，AIG公布财报的日子，至少要与8家最大的交易对手达成最终协议。

即将公布的财报显示，AIG在第三季度亏损约250亿美元。信用评级机构已经知会AIG，如果届时不能公布相应的解决流动性问题的方案，下调信用评级将不可避免。而评级下调将引发进一步的追加抵押，甚至合同的终止。到2008年11月6日，AIG已经提取了850亿美元联储信贷额度中的约610亿美元，只余下240亿美元以用于日常运作和交付现金抵押。然而，继续从联储信贷额度中借款并不是解决AIG所面临问题的办法。首先，继续借款会大大增加AIG的总体负债，这对信用评级而言是十分不利的。其次，剩余的240亿美元信贷额度也难以满足全部CDS合约项下的抵押要求及AIG的其他流动性需求。

在非常有限的时间里，必须至少与最大的 8 家交易对手达成协议。这 8 家交易对手代表着 AIG 公司大部分的 CDS 风险暴露。11 月 10 日的信用评级下调将很可能导致严重的恶性循环。除非联储准备大幅提高用于救助 AIG 的信贷额度，否则就只能让 AIG 申请破产。而这一措施转变不仅将引发原本极力避免的对美国乃至全球经济的种种损害后果，还将从根本上动摇公众对美国政府在这个异常脆弱的时期所采取的在更大范围内维护金融稳定的行动的信心。既然不能放任 AIG 破产，那么就必须找到一种解决办法，以遏止 CDS 合约下持续的抵押需求引起的流动性枯竭问题，保持 AIG 的稳定，同时保护纳税人的利益。Maiden Lane III 正是这一解决办法。

在这一背景下，理事会授权纽联储向 Maiden Lane III 提供 300 亿美元的信贷，以 AIG 的 CDS 合约承保的多级别 CDO 作担保。根据此项授权，纽联储贷给 Maiden Lane III 243 亿美元，加上 AIG 价值 50 亿美元的股权投资，用以从 AIG 的 16 家交易对手收购 CDO。当时，这些 CDO 的市值共计 296 亿美元，而其票面价值为 620 亿美元。作为同意终止 CDS 合约并将所涉 CDO 转让给 Maiden Lane III 的条件，AIG 的交易对手有权保留价值约 350 亿美元的 AIG 之前提供的抵押。这一结果使得交易对手实际上获得了其持有 CDO 的全部票面价值，Maiden Lane III 获得了全部的 CDO，而 AIG 得以解除 CDS 合约。

在 Maiden Lane III 中，联储的 243 亿美元抵押贷款优先于 AIG 的 50 亿美元股权投资得到保障。同时，纽联储将获得 Maiden Lane III 收益的 2/3。如此，则美国纳税人的利益得以保障——当资产亏损时可以受抵押的保护，当资产升值时可以分享收益。更重要的是，因为 Maiden Lane III 可以持有 CDO 直至其到期，这在很大程度上避免了市场价值波动和流动性需求的影响，从而有利于从这些 CDO 投资组合中获得最大的利益。

联储进行的此项交易包括了资产购置和 AIG 的 CDS 合约的终止。通过终止 CDS 合约，联储遏止了对 AIG 的现金抵押要求和由此导致的流动性枯竭。由此，联储避免了 AIG 信用评级降低与亏损的恶性循环及其对美国经济带来的威胁。

4. 取得 AIG 交易对手让步的谈判努力

一些人批评联储没有运用其监管权力从而以更低的价格收购 AIG 交易对手所持有的 CDO。这些批评忽视了几个关键因素：

首先，谈判的期限非常紧迫，如果在 11 月 10 日的最后期限前不能达成交易的话，该交易执行的风险和随之而来的损害将十分严重。如前所述，AIG 以比 Maiden Lane III 更为优厚的条件已经与其交易对手进行了相当长时间的谈判，但最终还是以失败告终。当联储参与到谈判中时，根据 AIG 的经历，我们认为在期限内谈判成功的可能性微乎其微。即便在最理想的状况下，交易对手也只会给出很小的折扣。在不能按期完成交易所带来的巨大风险和严重后果面前，继续花大量时间以获得微小的折扣是不合适的。从现在的角度看，认为纽联储当时应加大谈判力度迫使交易对手方降价以最大程度地保护纳税人的利益当然是更好的选择，但是继续给交易对手施加压力更可能使得我们无法在 11 月 10 日前达成协议。而考虑到这一结果对 AIG 和我们的经济所造成的严重后果，执行交易显然比继续谈判更为有利。

其次，在当时的环境下，联储几乎没有什么谈判筹码。谈判是在 2008 年 11 月进行的，当时距离联储决定救助 AIG 并向其注入数百亿美元资金已经过去了近两个月。联储已然采取实际行动救助 AIG，尤其是在当时更为严峻的经济形势下，交易对手方也有理由相信联储会继续执行这一决策。因此，如果我们威胁说——如此类谈判中的典型威胁——我们将取消救助行动并放任 AIG 破产，这无疑是毫无用处而且极为愚蠢的。另外，交易对手方拒绝降价还因为他们在合约项下的权益已然受到了良好的保障。在大多数情形下，他们所持有的 CDO 的市值，加上之前从 AIG 获得的 350 亿美元的抵押，将相当于甚至超过这些 CDO 的票面价值。因此，如果 AIG 违约，即便申请破产保护，交易对手方将获得全部的抵押和相关的 CDO（如果他们以市值出售 CDO，最终将获得全部票面价值）。

再次，即使我们有谈判筹码，如前所述，信用评级机构正严密的关注着显示 AIG 无法改善其财务状况的每一个信号。如果他们看到联储采取行动表示不会全力援助 AIG，尤其是威胁放任 AIG 破产，则 AIG 的信用评级将立即被下调并遭受不可逆转的毁灭，随之而来的就是我们的金融稳定乃至整个经济形势遭受严重损害。

有人提出，在缺乏有效谈判筹码的情况下，联储应当运用其监管权力来迫使受监管的交易对手方放弃合约权利或者作出让步，比如威胁运用监管权力惩罚交易对手或者给予其一定的好处。我们认为这是对监管权力的滥用。所谓联储应威胁对某一金融机构采取毫无根据的监管措施，或者给予其特别待遇以使其在商业交易中获利的说法，在我们看来，都是在滥用我们拥有的权力。这种行为可以使我们在谈判中具有讨价还价的能力，但这显然是违法的。

这种行为还会使各被监管机构受到不平等待遇。那些受到联储监管的金融机构将被迫作出让步，而不受联储监管的机构则不会让步。如此一来，受联储监管的国内银行机构得到的财产将比国外银行少。这违背了联储基本的平等待遇原则。

AIG 及其 8 家最大的交易对手在 11 月 10 日执行交易，另外的 8 家在随后的短时期内也执行了交易，联储实现了防止 AIG 倒闭的首要目标。作为次要目标，纳税人也得到了一个结构良好的机构，其拥有的抵押资产价值比贷款余额多出数十亿美元，并且当资产贬值时，其利益会得到保障，当资产升值时也会从中获益。更重要的是，超过60 亿美元的贷款已经得以偿还。

AIG 和联储在 2008 年秋季所面临的有关 CDS 合约的局势，充分证明了采取针对具有系统性意义的重要性非银行金融机构的新处置程序的紧迫性。如果当时有这样的程序，就可以用于接管 AIG。采取这样的措施，不仅将使 AIG 通过更有序的方式避免遭到损害，保护被保险人、客户和纳税人的利益，同时还将提供一套清晰而有效的机制，使得债权人和交易对手的权益受到合理的限制。

AIG 的证券信息披露

2008 年 11 月 25 日，Maiden Lane III 开始从 AIG FP 的交易对手方收购相关 CDO。根据美国证券交易委员会（SEC）的规定，因为 AIG 签订了“实质性的最终协议”（Material Definitive Agreement），它必须于 4 个工作日内向 SEC 递交“8 – k 表格”。11 月 24 日，AIG 的律师向纽联储的律师发送了一份“8 – k 表格”的草案并征求后者的意见。这一举动是有意义的：Maiden Lane III 是由纽联储设立、资助并控股的，AIG 想确保他们公开的文件的准确性。

对于一家上司公司而言，当一实质性的交易行为涉及另一家公司时，与其分享正在起草的相关证券文件是很平常的。无论另一家公司是否是上市公司，两家公司都想确保他们公开的文件是准确的。这里所描述的行为在大量的交易过程中是普遍存在的。

尽管 AIG 公司定期与纽联储进行磋商，但必须注意到 AIG 完全明白它对向 SEC 提交的文件负全责。事实上，双方的律师非常注意他们各自的角色。纽联储的律师，包括银行内的和外聘的律师事务所 Davis Polk & Ward-well LLP，都对文件的内容和时间提出了建议。对于这些建议，AIG 及其外聘的 Sullivan & Cromwell LLP 和 Weil Gotshal & Manges LLP 的法律顾问，接受了其中他们认为能够更精确地描述交易行为的部分。

AIG 于 2008 年 12 月 2 日，即 Maiden Lane III 收购了第一批的 CDO 之后，提交了第一份“8 - K 文件”。2008 年 12 月 18 日和 22 日，Maiden Lane III 购买了第二批 CDO。此外，Maiden Lane III 与 AIG 于 2008 年 11 月与最初的交易一同签订的差额协议（Shortfall Agreement）于 12 月 18 日被修改。这些都需要 AIG 于 2008 年 12 月 24 日前再提交一份“8 - K 文件”。同三周前第一份被公开披露文件一样，在 24 日文件提交前，双方的律师通过电子邮件进行了广泛的磋商。同样，纽联储的律师有两个目标：（1）协助 AIG，使其提交的文件准确并与第一份相一致；（2）合理地保护广大纳税人在 Maiden Lane III 中的利益。再一次地，在收到纽联储的意见后，AIG 通过其两家外聘律师事务所的帮助，以他们认为合法并合理的方式披露了信息。

在上述的实际背景下，我将对所谓纽联储对 AIG 施加压力使其在证券信息披露中隐瞒交易过程中的部分事实的说法给出解释。传言有四个方面，对此我将分别给予回应。

1. 对交易对手按票面价值进行支付的披露

我将首先对所谓纽联储要求 AIG 删除 12 月 24 日递交的第二份“8 - K 文件”中的“AIG FP 的交易对手得到了所售多级别 CDO 100% 的票面价值”的表述的说法作出解释。纽联储认为，文件应当以确切的数字表明交易对手方获得了几乎全部的票面价值，这会更为准确，并与之前提交的“8 - K 文件”相一致。拟定的“8 - K 文件”中列明了票面价值（160 亿美元）、向交易对手方支付的金额（67 亿美元）以及交易对手方得以保留之前获得的抵押（92 亿美元）。后两个金额的总数（159 亿美元）显示出交易对手方实际获得了几乎全部的票面价值（160 亿美元）。交易对手方实际得到的金额略略低于票面价值，因而说他们得到了 100% 的票面价值是不准确的（在第一份“8 - K 文件”中也没有此种表述）。因此，联储建议删除该表述。

这一修改是为了使文件更为准确，而不是为了掩盖交易对手获得了几乎全部票面价值的事实。纽联储的律师提出这一建议纯粹是为了使这些“8 - K 文件”的内容更为精确。实际上，在当时，市场完全了解，并且媒体也充分报道了交易对手方得到了几乎全部票面价值的这一事实。这无疑是证明这一修改行为并没有掩盖事实的最好证据。例如，Credit Suisse 在

2008 年 12 月 2 日，也就是记载着第一笔交易的“8 - K 文件”发布的当天，其分析师报告开篇就点明：“今晚，AIG 以票面价值终止了其 716 亿美元目标 CDO 风险中的 461 亿美元。”相似地，Fox - Pitt - Kelton 在第二天，2008 年 12 月 3 日，报道说：“随着 AIG 放弃其之前交付的 259 亿美元抵押，在这场交易中 AIG 的交易对手几乎获得了全部 461 亿美元的票面价值。”而就在一个月之前的 2008 年 11 月 12 日，刚刚宣布设立 Maiden Lane III 后，《华尔街日报》的一篇文章就指出：“参与谈判的银行方将允许 AIG 解除 CDS 合约，以获得全部的相当于持有证券票面价值的补偿。”2008 年 12 月 25 日，即第二份“8 - K 文件”提交的第二天，《华盛顿邮报》进一步报道说：“Maiden Lane III 最近向投资者们支付了 67 亿美元以收购其持有的证券。交易对手方还有权获得 AIG 之前提供的 90 亿美元的抵押。他们总共获得了相当于资产全部票面价值的补偿。”信息披露中载明了交易的确切数字，分析师和媒体也都迅速理解了其中的含义，这些事实充分表明在信息披露的过程中并没有隐瞒任何真相。

2. 对有关合成债务抵押债券（Synthetic CDO）的交易的披露

第二种说法是关于纽联储建议 AIG 在与 12 月 24 日的“8 - K 文件”同时发布的新闻稿中删除部分内容。该部分内容表明纽联储将与 AIG 进行补充交易以终止部分有关合成 CDO 的 CDS 合约。之所以提出这一修改建议，是因为当时纽联储和 Maiden Lane III 都没有表示过要收购合成 CDO 以终止该部分 CDS 合约。实际上，联储和 Maiden Lane III 都没有从任何交易对手方收购任何合成 CDO。因此，纽联储提出的修改意见并不是为了隐瞒事实，而是为了使信息披露更为准确，避免使人误以为纽联储作出了某种承诺，而其实当时并没有（实际上从来也没有）作出这种承诺。同时，这一修改也是为了避免市场产生错误的预期，即联储随后将给予 AIG 额外的援助。

3. 对 CDS 合约交易对手方的披露

再次，有人说 2008 年 11 月 AIG 原本计划披露 CDS 合约交易对手方的身份，但在纽联储的压力下被迫取消。事实并非如此。2008 年 12 月，当时的市场环境与今天完全不同。当时的市场非常的脆弱，AIG 担心，交易对手方，乃至其他的客户，一旦认为政府将披露原本机密的客户信息，某些情况下包括客户身份，将拒绝与 AIG 进行商业往来。如果发生这种情况，将导致 AIG 的业务遭受损失，同时其信用评级很可能被下调。这会使公众不再愿意与 AIG 进行交易，从而损害到纳税人在 AIG 的投资。

正因为如此，纽联储积极支持 AIG 向 SEC 申请不予披露其交易对手的身份。2009 年 3 月，应国会的公开 CDS 合约交易对手方身份的要求，并考虑到其决定结束 AIG FP 的金融衍生品业务，AIG 决定披露交易对手方的身份。联储对此表示赞同。事实上，交易对手方的身份在近 1 年前就已经被披露了。

4. 对在资产组合中识别每只 CDO 的信息的披露

最后一种说法是说纽联储不合理地要求 AIG 隐瞒了一些敏感的商业信息，包括证券的 CUSIP 码和等级，而这些信息能够用以识别 Maiden Lane III 的资产中每一只具体的证券。确实，纽联储不同意披露这些信息，但同样地，这是为了 Maiden Lane III 能够从其资产中获得最大的收益从而保障纳税人的利益。

Maiden Lane III 持有的证券资产代表着美国纳税人的切实利益。在 2009 年第三季度末，这些资产的市值比尚未偿还的贷款余额多出几十亿美元。同时，这些资产未来收益的 2/3 也归纽联储所有。纽联储的投资人员和外聘顾问都认为，一旦公布资产组合中每只证券的识别信息和 Maiden Lane III 的收购价格，这些证券的交易者将会利用这些信息获利。如此一来，则会妨碍 Maiden Lane III 以最高价卖出这些证券，从而损害纳税人的利益。特别是，正如 AIG 在向 SEC 提交的保密待遇申请中所述，这些资料中并没有包含其他对 AIG 的投资者而言非常重要的信息。经过长期而细致的沟通，2009 年 5 月 22 日，SEC 最终认定无须披露这些敏感商业信息。确切地说，只有这些敏感的针对每只证券的信息可以不被披露，从而没有包含在 AIG 的“8 - K 文件”中。

联储同样奉行委员会的透明原则并负有向公众说明真相的义务。这正是联储每周发布 Maiden Lane III 的资产业绩的原因所在。联储发布的这些信息能够有效地帮助纳税人对该项目的运作进行评估，同时不会影响最终使纳税人的利益得到完全的保障。而保障纳税人的利益正是我们追求的重要目标。此外，联储按月度发布充分透明的名为《信贷和流动性计划与资产负债表》的报告。该报告提供了关于 Maiden Lane III 和联储其他借贷项目的进一步的信息和分析，并能帮助纳税人客观地分析和评价联储作为纳税人资产管理者的表现，同时不会损害纳税人资产的预期收益。

再次感谢今天能有机会在此进行陈述。我将很乐意回答你们的问题。

附件 3

Thomas C. Baxter 等在国会监督委员会就纽约联储银行介入 AIG 事项的联合陈述

Warren 主席和委员会的成员们，感谢你们提供这样一个机会，让我们能够在这里对纽约联储银行介入 AIG（美国国际集团）的事项进行陈述。

一、借款给 AIG 的决定

在 2008 年 9 月 16 日的早上，联邦储备机构和财政部的决策者们意识到，作为世界上最大的保险和金融公司，AIG 正面临着一场潜在的致命流动性危机。AIG 的危机发生在房地产市场崩溃的过程中，此时“两房”被接管不过数周，而雷曼兄弟公司破产尚不足 24 小时。人们对金融系统的信心特别脆弱，金融公司正采取强烈的、非同寻常的措施来保护他们的资产负债表。被数百万美国人长时间视为安全投资的货币市场基金正在被大规模地抽离。这些资金的抽离，反过来也严重扰乱了作为美国经济一项重要资金来源的商业票据市场。证券化市场开始失灵，尤其是那些依赖由消费者贷款支持的票据。银行迅速缩减了它们的贷款。一场随时可能爆发的大恐慌已经开始并迅速蔓延；金融体系面临崩溃的威胁。

鉴于此时的情形，AIG 的破产申请将会引起灾难性的后果。联邦储备主席 Bernanke（伯南克）曾经这样描述：“这将会引起一场像 1930 年那样规模的全球性金融和经济大衰退，对生产、收入和就业都会带来毁灭性的影响。”由于那天早上（即 2008 年 9 月 16 日早上）的决定（即给 AIG 提供贷款），我们无法在现实中验证这些话了。

让我们来明确一下这些决策者们已经意识到的危险。决策者们知道，AIG 最大的债权人都是金融公司，而这些公司必将受到 AIG 破产申请的直接影响。但是，最严重的风险还不是对金融公司的直接损害，而是由于 AIG 破产而对数百万美国人产生的间接影响。

AIG 是世界上最大、最著名的保险公司之一，这意味着它的倒闭将会引起扩散性后果，当它在保险产业不断蔓延时，便会导致损失。投保人将会受到损害。刚刚遭受建设项目缺乏融资选择之不幸的市政当局，将会看到财务保障的消失。工人们将会看到，他们依照“401（k）退休计划”从

AIG购买的针对稳定价值基金贬值的保险也不复存在。将资金放在AIG担保投资合同中或功能类似于银行存款的担保投资合同的补助金计划也将会遭受巨大损失，这些损失必将会转嫁给退休人员，那些原来渴望成为退休者的人员也必将会改变想法。

同时，AIG破产所引起的间接影响并不止美国国内。AIG是全球性公司，在140多个国家的多个金融行业（既有保险业，也有银行业）都有经营活动。AIG破产申请带来的损害必然会从衣阿华州的农场扩展到旧金山的街道，继而扩展到世界其他遥远的角落。这样一个资产达亿万美元的金融集团无预定计划的、混乱的破产，将会成为全球性的灾难。

但这场灾难并未真正发生。

一年半之后，2008年9月16日，这个星期发生的席卷全世界的惊慌和恐惧会很容易被遗忘。但如果AIG破产，便会点燃恐惧，就像汽油点燃烈火一样。我们不要忘记联邦储备和财政官员们在陈述中重复过多次的话——我们没有必要的工具，比如说构建控制AIG倒闭损失的特别解决机制的法定权力。

我们也没有足够的时间。AIG需要立即获得流动资金。在介入的早期，当时我们对AIG知之甚少，但是我们明白，它需要数十亿美元，我们面临着两重选择，要么让AIG提起破产申请，要么为它提供流动资金。值得注意的是，这个选择交给了联储，因为国会赋予它在特殊和紧急情况下向类似于AIG的非银行机构提供贷款的职能。考虑到AIG在2008年9月16日的形势，以及在之前的日子里出现的情况，我们怎么能不根据法定职权予以贷款？

根据《1913年联邦储备法案》第13（3）条，联储理事会对纽约联邦储备银行授权，纽约联邦储备银行有权以全额担保贷款的方式向AIG提供流动资金。启动这项权力和贷款的决策从实质而言是正当的，但是却因为其所带来的后果（即拯救AIG而产生的道德风险）而变得困难。在决策作出的几小时里，联储接收了最初由私人银行组成的财团制作的条款清单。雷曼公司破产后，该财团便不再准备向AIG提供贷款。在9月16日晚上，我们向AIG预付140亿美元的全额担保贷款，并宣布了向AIG提供850亿美元循环信贷融资[1]（即 Fed Facility 联储信贷融资）的条款清单。

有人曾说为什么联储在9月16日之前没有看到AIG给金融系统带来的威胁。简短的回答是这样的，AIG拥有数以百计的管理者，而联储并不在此列。联储对公司没有监管权——对其资金、流动性没有监管力，对其管理运行也没有监管权。联储没有参与对AIG的监管。它没有法定权力这样做。这些角色和责任仍旧要归属于州保险监管机构，以及综合监管部门——美国储蓄机构监理局。在9月13日和14日周末，这些监管者们向我们保证，一个私人银行财团对AIG的流动性问题已经有了解决方案，而我们也没有任何依据来质疑这些保证。但是雷曼提起破产保护程序后，该财团含糊地表明，他们不再准备向AIG提供贷款。

AIG的情况和长期资本管理公司既有相同之处，也有不同的地方。在长期资本管理公司的情形中，联储联合了一家私人财团，该财团是长期资本管理公司的主要交易方，其同意拯救长期资本管理公司，财团以新股方式向其投资36亿美元，以此获得长期资本管理公司总资产组合中90%的股权份额和经营管理权。该交易方是在联储鼓励他们认清自身在救助长期资本管理公司中的利益之后作出这个决定的。该财团向长期资本管理公司投资是因为它的成员逐渐认识到联储的意见是正确的。几年过去了，当投资者连本带利收回了所有投资，他们逐渐明白，联储的意见是正确的。2008年9月的市场环境使得AIG的交易方处境困难，它们在雷曼倒闭后，发现自己在流动性方面也面临问题，这迫使他们不得不将现金保留在自己的资产负债表上，而不是借给AIG。另外，AIG史无前例的流动资金需求（总数将超过1 500亿美元）也是私营部门不能满足的。但是，这里有一点是非常相似的。我们相信我们会从AIG的收益和利润中收回我们所有的贷款，就像私人银行财团在长期资本管理公司一案中那样。

还有一些人会想，为什么雷曼破产了呢？为什么联邦储备机构要给AIG提供贷款阻止它的违约呢？这是因为AIG是完全不同的情况。AIG拥有足够的高质量的担保可使得联储通过有担保的借贷对其提供流动资金。9月16日，我们致力于提供流动性资金从而使AIG可以履行其义务，避免倒闭。需要明确的是，我们并非向AIG投资，我们只是在提供全额担保的

---

① 该项联储信贷融资是由AIG资产的实质部分作为担保的，包括公司的国内保险分支机构和国外保险分支机构具有所有权的财产。作为对这一信贷融资的补偿，AIG同意向一家代表财政部利益的信托公司发行可转换成79% AIG普通股的优先股。

贷款。我们并非对公司履行管理责任，我们只是公司的一个贷款人。最近公布的 Volukas 报告以一种详尽周全的方式表明，对雷曼有效的解决方案要求一个强有力的兼并方来提供其急需的资金，以此来保证它的正常持续运转。虽然联储和财政部官员几经努力为雷曼寻找到了那个兼并方，但最终没有像在 2008 年 3 月促成摩根大通收购贝尔斯登公司那样取得成功。

作为流动资金的提供者，我们并不想将我们对 AIG 的借款建立在让公司从其主要债权人那里取得某些让步的这一条件之上。要求 AIG 强迫某些债权人同意减少他们从 AIG 应得的款项作为我们提供贷款的条件，这只会导致失败。这种策略只会有损于我们为 AIG 提供所需流动资金的基本目标——使得 AIG 能够清偿债权人，保持消费者、管理者、交易方的信心，避免违约。违约将会引发 AIG 的破产，破产将带来所有的系统性风险。这种策略在一些主权债务重整中曾经使用过，但是它们只能在该种情形下使用，因为主权国家是不会破产的，只不过需要几个月的提前规划而已。

AIG 的哪些交易方要获得清偿？哪些又必须遭受实质性的损失？任何将我们的贷款附加条件的尝试都会在一段时间内引发更长远的不确定性，我们其中一个目标就是要稳定市场的参与者，而不确定性（同时很多人必然会认为这种做法具有偏袒性）不会实现这一点——它只能引发恐惧。这些附加条件是只适用于信用违约掉期呢，还是联邦政府可以决定适用于 AIG 其他合同呢？强制无担保优先债务的持有者要作出让步吗？更加重要的是，被强制打折扣的债权人可以简单地拒绝并宣布不履约吗？附条件的贷款只会加重 AIG 的违约风险，这是我们极力避免的，这一点在现实中我们也做到了。

违约风险可能会因为信用等级下调而提高，而信用等级下调则是在 AIG 努力迫使债权人作出让步时所必然到来的。AIG 无法履行其全部合同义务将会构成选择性的违约，这必然会使得等级下调。这种下调不仅会引发可能的合同终止以及对 AIG 金融产品公司的担保要求，而且还会对 AIG 的保险公司产生实质性的价值毁损。大型年金经销商将可能停止出售 AIG 的产品，代之以更高等级、更稳定的竞争者的产品。高端寿险的销售也会大规模下滑，而剩余产品销售的竞争力也会很脆弱。现存消费者中也会有越来越多的人撤出资金，放弃购买，这会使现金储备更加枯竭，对资产出售产生很大压力。由于信用等级下降，很多 AIG 的保险公司将无法开展新业务，各州和国外的保险监管机构将会在其各自管辖的范围内查封 AIG 保险公司的资产。附条件的借款并不能使 AIG 成为一个持续运营的公司，只会加速它的破产。

二、AIG 承受的持续压力

至 2008 年 9 月底，AIG 已经从联储信贷融资中获得 610 亿美元。短时间内我们可以通过向 AIG 提供其所需的流动资金来避免它的违约和破产，但有人认为，联储信贷融资长时间向 AIG 提供借款是无法持续的。该公司将继续承受较大的资金需求压力，需要从联储信贷融资中快速获得资金，而 AIG 的需求很可能会超出联储信贷融资的承受能力。持续的等级下降风险会带来更大的忧虑。除非联邦储备机构采取更多的措施，AIG 的等级下降被认为有很大的可能性，因为 AIG 需要从联储信贷融资获取的资金总量将超过评级机构的预期——评级机构认为 AIG 负担太多债务——而在 2008 年 11 月 10 日宣布的 AIG 预期的第三季度损失将远远超过分析家的估计。

正如副主席 Kohn 在 2009 年 3 月 5 日的陈述中所讨论的，在 2008 年 10 月初，美联储理事会又批准了一项额外信贷融资安排（additional credit facility）（证券借贷融资安排），允许纽约联邦储备银行向一些 AIG 国内保险分支机构提供高达 378 亿美元的贷款，以使它们有能力归还从证券借贷交易方那里获得的现金担保。另外，至 10 月底，4 家 AIG 分支机构以与其他参与者相同的期限和条件开始参加联储商业票据融资机制。商业票据融资机制允许通过特殊目的载体利用来自联储资金，直接从合格发行人那里购买三个月期限的无担保的和资产支持的商业票据。

尽管 AIG 已经加入联邦储备额外信用融资安排（additional credit facility），但面对着持续的不断增强的金融危机，AIG 依然是极其脆弱的。资产价值下降既会在资产负债表上产生实际损失，又使得 AIG 根据其信用保障合同的规定不得不增加对交易方的付款。不仅仅是其信贷违约掉期中的担保要求在加重 AIG 的流动性危机；AIG 同样面临它在房屋抵押贷款证券的损失所带来的严重流动资金压力，它的国内人寿保险公司将对房屋抵押贷款债券的投资作为它的证券借贷项目的一部分。这些因素损害了人们对 AIG 的市场信心，再次使其投资信用评级面临风险。

为了解决 AIG 混乱的债务负担，联储决定将房屋抵押贷款证券和担保债权凭证的风险从 AIG 的资产负债表中转移到 Maiden Lane Ⅱ 和 Maiden Lane Ⅲ的资产负债表中，以此减少 AIG 的债务。Maiden Lane Ⅱ 和 Maiden Lane Ⅲ通过支付给 AIG 特定贷款和认缴资本的现金收益来取得这些资产，此处的认缴资本是联储和 AIG 分别给予 Maiden Lane Ⅱ 和 Maiden Lane Ⅲ

的。2008 年 11 月 10 日，联储和财政部宣布，此次由政府提供财务支持的重整是要建立一个更加持久的资本结构，以解决流动资金问题，便利 AIG 执行其计划，以有序方式出售部分产业，加强市场稳定，保护美国政府和纳税人的利益。这项重整方案的细节已经成为财政部特别督察长对于不良资产救助计划检查的一项核心，同时也成为在国会多个委员会前陈述，包括盖特纳和托马斯·巴克斯特 2010 年 1 月 27 日在众议院监督和政府改革委员会面前的陈述的核心。

作为 2008 年 11 月重整项目的一部分，根据不良资产重整计划，财政部又向 AIG 新发行的高级优先股投资 400 亿美元。与此同时，联储也调整了联储信贷融资的条款，使之更加合理：联储信贷融资的到期日延伸至 5 年（至 2013 年），可提供的最高额度由 850 亿美元减至 600 亿美元，利率和托管费也降低了。联储信贷融资依然以 AIG 所有资产作为担保，该公司也要继续将资产出售所得用于支付该项融资安排之下的未付余额。

同时，联储理事会批准设立额外借贷融资安排（additional lending facility），该安排将对 AIG 证券借贷项目损失和流动资金外流提供长久的解决方案，从而排除了证券借贷融资（securities borrowing facility）的需要。根据新的安排，纽约联邦储备银行又通过有担保的无追索权的信贷向特殊目的的有限责任公司——Maiden Lane Ⅱ——投入近 195 亿美元，在该公司中，AIG 要承担 10 亿美元的第一损失责任。Maiden Lane Ⅱ 以市场价格购买 AIG 国内保险公司分支机构的房屋抵押贷款证券，票面价值为 393 亿美元。这一安排允许 AIG 结束其国内证券借贷项目，同时完全支付证券借贷融资下的所有债务，证券借贷融资便终止了。

联储还采取措施帮助解决 AIG 流动资金流失问题，这产生于担保要求以及由 AIG 金融产品公司关于多级别担保债权凭证上签订的信贷违约掉期合同。纽约联邦储备银行向另一家具有特殊目的的有限责任公司——Maiden Lane Ⅲ 提供 243 亿美元的有担保、无追索权的贷款。Maiden Lane Ⅲ 以市场价格从 AIG 金融产品公司信贷违约掉期交易对方那里用接近 620 亿美元的票面价值购买了多级别担保债务凭证，以此换取与交易方终止信贷违约掉期的协议。AIG 向 Maiden Lane Ⅲ 提供了 50 亿美元新股来吸收 Maiden Lane Ⅲ 持有的担保债权凭证将来可能发生的风险。联邦储备银行提供给 Maiden Lane Ⅱ 和 Maiden Lane Ⅲ 的贷款期限为 6 年，贷款以这两家所有资产作担保。

三、正在进行中的对 Maiden Lane Ⅱ 和 Maiden Lane Ⅲ 资产的投资管理

委员会曾要求我们讨论纽约联邦储备银行“放弃它在 AIG 中所持有资产的策略”。我们必须强调，纽约联邦储备银行从未决定要在 AIG 投资。我们不能进行这样的投资。我们的角色始终是一个贷款人，尽管我们这个贷款人重新调整了我们最初的联储信贷融资以适应 AIG 的情势变化。纽约联邦储备银行是 Maiden Lane Ⅱ 和 Maiden Lane Ⅲ 的管理成员，对这两家公司取得的房屋抵押贷款证券和担保债权凭证拥有管理权。BlackRock 金融管理公司是一个投资管理者，它作为纽约联邦储备银行的代理机构管理房屋抵押贷款证券和担保债权凭证。管理目标是使长期现金流最大化，以此向这两家公司支付纽约联邦储备银行的优先贷款（但一些特定费用，成本和储备金先于优先贷款予以偿付），同时制止将会扰乱一般金融市场状况的投资行为。由 Maiden Lane Ⅱ 和 Maiden Lane Ⅲ 产生的现金流的分配每月进行一次。

来自资产的现金收益可以单独投资于国库券或机构证券（这些证券拥有 1 年或少于 1 年的剩余到期日），美国“2a－7”政府货币市场基金由美国国库券和机构证券作担保的逆回购协议，以及以美元计价的存款。但是，在 Maiden Lane Ⅲ的案例中，可以取得更广泛的资产，作为在 Maiden Lane Ⅲ的资产组合中一项或多项担保债权凭证的投资清算组合的一部分。

Maiden Lane Ⅱ 和 Maiden Lane Ⅲ的资产继续产生实质性收益，这些收益按月向纽约联邦储备银行支付其对上述两个公司的优先贷款。实践中，纽约联邦储备银行可以指导它的投资管理者随时向市场出售 Maiden Lane Ⅱ 和 Maiden Lane Ⅲ的资产，但是价值最大化战略要求持有这些资产直到到期日，收取利息收入和当期本金。当前，任何一家有限责任公司持有资产直到到期日所预期的收入是大于公司对纽约联邦储备银行的债务的。截至 2010 年 5 月 20 日，纽约联邦储备银行对 Maiden Lane Ⅱ 的优先贷款结余是 149 亿美元（包括应付利息），而 Maiden Lane Ⅱ 的总资产价值是 158 亿美元。纽约联邦储备银行对 Maiden Lane Ⅲ的优先贷款结余是 166 亿美元（包括应付利息），而 Maiden Lane Ⅲ的总资产价值是 234 亿美元。总而言之，这两家公司已经向纽约联邦储备银行偿付将近 131 亿美元的贷款。根据这两家公司资产的表现，以及由我们投资顾问所做的预期分析，我们可以预计，来自两家公司资产的收益将会超过纽约联邦储备银行提供给

Maiden Lane Ⅱ和 Maiden Lane Ⅲ贷款的本金和利息。

我们希望收回对两家公司的贷款和联储信贷融资中的本金和利息。支付联储信贷融资所需的资金最终来源于 AIA（美国友邦保险公司）和 ALICO（美国人寿保险公司）交易的现金收益（这些现金是 AIG 在使 AIA 和 ALICO 交易的非现金销售收益货币化中产生的），一些特定非核心资产的剥离，以及来自于 AIG 核心经营业务的收益。我们的目标从来就不是赚钱，而是避免 AIG 违约和破产而产生的系统性后果，促进金融稳定。

四、结论

在联邦储备机构所做的一切事情中，我们按照两个目标行事：促进金融稳定，保护美国的纳税人。如果我们没有尽己所能来预防 AIG 的倒闭，金融危机会在实质上进一步恶化，更大的经济损害也会发生。作出贷款给 AIG 的决定是很困难的，因为解决系统性问题要求我们向一家非银行公司提供流动资金，而我们对这家管理层曾做出过糟糕经营决策的公司并无监管权。但我们对于 AIG 破产的后果的认识使得我们别无选择。

再次感谢各位给我们提供一个在大家面前陈述的机会，欢迎大家提问。

美国存款类金融机构监管演变

在美国联邦层面共有5家对存款类金融机构的监管者。各州还有各自的银行监管机构。对美国金融监管历史的回顾表明，这一独特的“碎片化”监管模式有其深刻的历史背景。美国建国初期集权与分权之争和其后的监管竞争形成了美国独特的“双层银行体制”。其联邦层面“五龙治水”的监管格局则是历史上为解决各次危机和不同问题而进行的多项立法改革和制度创新渐次累积而成，并不是统一制度设计的结果。这种历史形成的“碎片化”功能监管模式造成监管重复与监管空白并存，与当前全球化、高度融合的金融业发展现状严重不适应。其弱点在这次金融危机中被充分暴露。

尽管存在种种不合理之处，以上监管结构一经形成就产生了严重的路径依赖而难以被彻底改革。美国财政部曾于2008年发布了美国金融监管改革的蓝皮书，提出了摒弃传统功能监管模式，建立更加合理的目标监管模式的远期目标。即将金融监管体系按主要目标分为三大机构：负责宏观审慎监管的美联储、负责微观审慎监管的“金融审慎监管署”、负责金融消费者权益保护的“金融机构商业行为监管署”。由奥巴马政府推动的美国金融监管改革对危机暴露出来的主要监管漏洞进行了修补，但未能对美国金融监管体系进行彻底重构。通过加强美联储的宏观审慎管理职权，全面加强美联储对系统重要性金融机构的监管权，以及为美联储增加消费者权益保护职能，法案极大地加强了美联储在美国金融监管体系中的核心地位。

一、美国存款类金融机构监管历史沿革

历史对美国的金融法律体系产生过深刻影响。不了解美国金融监管史，就无法理解美国金融监管的今天，也就无法理解美国金融监管体系、尤其是存款类金融机构监管体系的鲜明特点。比如，为什么美国有着独特的“双层银行体制”（dual banking system），联邦和州之间进行银行牌照的竞争？为什么要对银行的投资和业务范围进行各种限制？为什么从事银行业务的机构五花八门，包括商业银行、储贷机构、信用社、货币市场基金？为什么美国的银行监管体系庞杂，呈现出“多龙治水”的格局？对历史的回顾，不仅有助于我们理解现状，更有助于我们展望未来。正如丘吉

尔所言，“往后看得越长，向前看得越远”（the longer you look back, the farther you can look forward）。

（一）简介

美国存款类机构的监管体系较为复杂、破碎。该体系的目的是确保被监管机构和整个银行系统的安全稳健，进而保护储蓄者和公众的利益。

存款机构必须取得特许牌照（charter）才可运营。在美国“双层银行体制”即双层牌照发放体制下，存款机构可以选择在联邦或州的层面注册。按侧重点的不同，存款机构也有一定灵活度选择不同类型的牌照，如基本商业银行牌照（basic commercial charter）、储贷牌照（thrift charter）、信用社牌照（credit union charter）或产业贷款公司牌照（industrial loan company charter）。“双层银行体制”和不同类型牌照的存在，使存款机构有空间选择最有利于自己的监管机构和监管规则。

联邦层面共有五个存款类监管机构：货币监理署（OCC）、美联储（The Board of Governors of the Federal Reserve System）、联邦存款保险公司（FDIC）、储贷监理署（The Office of Thrift Supervision）、全国信用社管理局（The National Credit Union Administration）。除了国家信用社管理局外，其他四个监管机构职能互有重合，管辖范围时有不清。在这个“碎片化”的监管框架下，存款机构面对着一个极其复杂的法规体系：联邦银行法、各州银行法、联邦和各州针对其他存款类机构的法律，以及不同监管机构发布的条例和规章。

（二）*存款机构监管的主要历程和立法概览*

美国存款机构及其监管的历史与美国国家整体的历史密不可分。对存款机构的监管既反映了美国丰富的历史和联邦传统，也反映了影响美国历史的不同政策取向之争和重要历史人物的不同观点之争。

1. 美国银行与第二美国银行

第一批联邦牌照银行（federally chartered banks）和州牌照银行（state - chartered banks）之间的斗争是美国历史上的重要一页。美国独立之初，财政羸弱、货币混乱。1787 年通过的联邦宪法授权联邦政府“铸币、管理本币和外币币值”（coin money, regulate the value thereof, and of foreign coin），同时禁止各州“铸币；发行信用票（即纸币）；[或] 使金银币外的任何东西作为偿付债务的工具”（coin money; emit bills of credit; [or] make any thing but gold and silver coin a tender in payment of debts）。但是，宪法对国会是否有权对银行或公司发放特许牌照（charter）保持了沉默。按照美国联邦政府权力仅限于宪法明确授权事项的原则，沉默即表示宪法没有授权。1790 年，费城、纽约、波士顿已经各有了一家州牌照银行，加上巴尔的摩即将开业的另一家州银行，全国共有 4 家银行。同年，美国首任财政部长汉密尔顿向国会提交了设立美国银行（Bank of the United States）的报告。该银行以英格兰银行为蓝本，私人所有，却行使重要的公共职能（如统一货币、改善公共财政、为社会积累生产性资本、帮助建设更加富强的国家等）。美国银行将由私人管理，但由政府监管以维护公众对其所发行的纸币的信心。汉密尔顿的主张遭到了麦迪逊、杰弗逊等主张限制政府权力的建国之父们的激烈反对。最终华盛顿力排众议，签署了法案。美国银行获得了巨大成功，特别是有效调节了这一时期美国的货币供给，在一定程度上行使了中央银行的职能。但由于其牌照有效期仅 20 年（1791～1811 年），国会在牌照到期时以一票之差拒绝重续，导致美国银行于 1811 年寿终正寝。

这一时期，随着美国银行的成功和货币的稳定，各州银行业也得到了很大发展。1811～1816 年，美国流通的纸币（bank notes）和商业贷款总量均翻了一番。但很快，随着英美战争的爆发，出现了信心危机和全国范围的银行挤兑，银行一方面停止兑付，另一方面乱发纸币。结果是商业和民众均蒙受重创。由于税收以纸币支付，联邦政府也损失惨重，政府债务出现大规模违约。在此背景下，再次兴办一家全国性银行的呼声再起。1816 年，国会授予了第二美国银行（Second Bank of the United States）20 年的牌照。

第二美国银行再次获得了巨大成功。20 年间，它在很大程度上演变成了一家现代意义上的中央银行：稳定了币值，维护了信贷市场稳定，改善了公共财政。同时通过鼓励各州银行保持充足的贵金属储备，成为了全国范围内银行的实际监管者。

尽管获得了极大成功，第二美国银行却难逃厄运。州银行、企业家、西部农场主和州政客在反对中央集权的名义下结成了强大的反对同盟。1832 年，安德鲁·杰克逊（Andrew Jackson）总统否决了国会通过的延续第二美国银行牌照的决定，美国银行于 1836 年再次寿终正寝。

虽然美国银行及其各地分支机构在其 19 世纪早期的存续期里是美国最主要的银行，数以百计的州银行也在这一时期纷纷诞生。许多州银行取得了各州议会发放的银行牌照，但也有许多银行按各州的公司法设立，未获州议会特许。19 世纪 30 年代，随着第二美国银行行将就木，州银行获得了更大的发展空间。由于许多州银行既缺乏基本的内部公司治理，又不受任何政府监管，其迅猛发展成为1837年金融恐慌的重要诱因。恐慌过后，以纽约为代表的一些州成立了州银行委员会（banking commissions），对州银行提出了正式的监管和准备金要求。直至美国内战，各州成为美国存款类银行牌照发放的唯一来源。

2. 自由银行时期：1836～1863年

1836年第二美国银行停业后至1863年，美国银行业出现了以下特点：一是自由开办银行，无须政府特许；二是银行完全由各州自己监管；三是没有中央银行（该问题直到1913年才解决）。这一时期被称做“自由银行时期”（the Free Banking Era），期间诞生了大量新银行。1797年，美国全国仅有24家银行。到“自由银行时期”开始仅一年后的1837年，银行总数猛增到712家。这一时期，银行的平均寿命仅5年。约一半的银行倒闭，其中，1/3是因为没有足够的贵金属储备来保证兑付自己发行的纸币。由于纸币发行极其混乱，不同的纸币由于其信用的不同而按面值的不同折扣率流通。比如，纽约州银行纸币的折扣率仅0.75%，密歇根纸币折扣率则达65%。由于金融混乱，这一时期美国的经济发展受到了较大阻碍。

3.《1864年全国银行法》（The National Bank Act of 1864）以及“双层银行体制”的确立

为大规模举债融资以打赢内战，以及为维护金融稳定，美国国会通过了《1863年全国货币法》（The National Currency Act of 1863），后经修订成为《1864年全国银行法》，由此确立了美国独特的“双层银行体制”。该法案创设了联邦银行牌照（federal bank charter），并成立了货币监理署作为全国性银行的发照和监管机构。该法案创设的全国性银行体系，本意是要统一货币，并最终取代州银行体系。为迫使州银行转变为全国银行，1865年，国会立法向州银行发行的纸币征收10%的惩罚性税收。虽然因此损失了铸币收入，州银行却通过大规模使用支票账户作为支付工具而成功规避了这一惩罚性税收的影响，形成了全国性银行与州银行并存的“双层银行体系”。

4.《1913年联邦储备法案》（The Federal Reserve Act of 1913）

《1864年全国银行法》统一了货币，并在一定程度上实现了对全国性银行的监管。但另一方面，美国仍然没有中央银行，无法调节货币供应、作为最后贷款人防止金融恐慌，并进而缓解宏观经济波动。结果，内战后的美国遭受了一系列严重流动性困难、挤兑和金融恐慌（1873年、1884

年、1890 年、1893 年、1907 年），其中 1907 年的恐慌尤为严重。J. P. 摩根为结束恐慌起了关键性作用。但是越来越多的人认识到，让整个金融体系的安全依赖于私人银行家在危机中的慷慨救援是危险的。在此背景下，美国国会设立了“国家货币委员会”（National Monetary Commission），透彻研究美国银行体系的问题和外国中央银行制度，在此基础上提出了创设“联邦储备协会”（Federal Reserve Association）的方案。按该方案，“联邦储备协会”是一个银行拥有、银行管理的辛迪加，职责包括调节货币供应，使货币与贵金属和政府证券脱钩，并作为银行体系的最后贷款人。威尔逊总统将货币改革立法放在其政府最优先的位置。在他的大力推动下，美国国会于 1913 年通过了《1913 年联邦储备法案》。

《1913 年联邦储备法案》创立的联邦储备系统从一开始就是各种方案妥协的产物。联储系统包括 12 家地区性联邦储备银行，如此设置的主要目的是为了减少华尔街的影响，增加中西部农业州的话语权。这些地区性联储以私营银行间清算和互相提供紧急贷款的清算所（bankers’clearing-house）为蓝本。每一家地区性联储相对独立；其股份由本地区的成员银行拥有，并由成员银行选举大部分董事。同时，在华盛顿设立美联储理事会（Board of Governors），作为联邦政府的一部分管理整个联储系统的运作，并拥有最终的决策权。可见，联储系统从制度安排上融合了分权、私营、政府控制等不同考虑。

联储系统最初的职责主要为向商业银行提供流动性支持，以防止挤兑和恐慌的发生。直到大萧条时期，国会才正式授权美联储制定和实施货币政策。《1913 年联邦储备法案》同时赋予了美联储对成员银行的监管权，并要求所有全国性银行加入联储系统，州银行则可选择加入。立法者自信地认为州银行会自愿选择加入，因为只有这样才能得到联储提供的支票清算、紧急贷款等好处。但事与愿违，由于加入联储必须满足额外的准备金和监管要求，大多数州银行选择了不加入。这一选择对美国银行体系的稳定造成了深远影响：大多数州银行由于没有中央银行最后贷款人的支持而面临更高的挤兑风险；同时由于全国性银行必须加入联储系统，许多银行不再选择全国性牌照。

5. 大萧条立法

在经历了第一次世界大战期间的短暂衰退和战后的通货膨胀后，美国经济在 20 世纪 20 年代强劲复苏。在此背景下，资金充足的美国银行开始扩张其贷款和证券业务。虽然这一时期银行体系总体健康，但在大萧条来临前美国银行业已暴露出一些弱点。由于许多州银行规模小、地域和资产分布集中，许多小银行开始倒闭。1921 年总计 501 家、占总数 1.6% 的银行倒闭；1926 年总计 956 家、占总数 3.4% 的银行倒闭。1929 年股市崩盘后，银行倒闭更是形成了狂潮：1930 年总计 1 345 家，1931 年总计 2 298 家，1932 年总计 1 456 家。公众对银行体系信心尽失，银行恐慌快速蔓延。各州纷纷宣布“银行假日”。这又进一步加剧了恐慌，导致恶性连锁反应。面对已经崩溃的银行体系，1933 年 3 月，新任总统罗斯福宣布全国性的“银行假日”，并在总统就职演说中宣布：“必须严格监管所有银行、信贷和投资；必须停止用别人的钱进行投机；必须提供充足但稳健的货币。”在当时的环境下，华尔街被广泛认为是罪魁祸首。与今天一样，国会银行委员会将华尔街大佬们传唤至华盛顿进行了一系列公开听证，将灾难归咎于证券公司的欺诈、股票操纵、自营交易、损公肥私等行为。听证会更是重点曝光了大银行附属证券公司带来的不安全放贷、投机和利益冲突。这些调查的结果自然引出了必须分离商业银行与投资银行的结论。

后来的研究证明，商业银行从事证券业务导致大萧条的结论是站不住脚的。比如，弗里德曼和施瓦茨发现，美联储在经济出现衰退时急剧紧缩货币供应、不向银行体系提供足够的流动性支持等货币政策方面的严重失误才是导致大萧条的主要原因。在他们看来，1933 年“银行假日”这一猛药比“疾病本身还糟糕”。乔治·本斯顿（George Benston）的研究表明，银行及其附属证券公司总体上比独立的证券公司经营更规范，承销的证券也更安全。不管原因如何，大萧条彻底扭转了美国的政治风向标，对自由市场实行广泛监管成为政治主流。国会在大萧条时期通过的一系列重要立法形成了今天美国存款类机构监管的法律和制度基础。

（1）《1933 年银行法》（The Banking Act of 1933）

即著名的《格拉斯—斯蒂格尔法案》（The Glass - Steagall Act）。该法案自颁布以来就成为美国银行法的核心。该法案主要包括五个方面内容：一是严格拆分商业银行与投资银行。《格拉斯—斯蒂格尔法案》禁止全国性银行从事除政府债券以外的证券发行和自营业务，禁止任何从事投资银行业务的机构接受存款，禁止联储成员银行与“主要从事”（engaged principally）证券业务的机构成为附属企业或拥有连锁的管理层（interlocking management）。二是设立联邦存款保险公司（FDIC），为银行机构提供存款保险以维护公众信心，防止挤兑。三是禁止银行为活期存款支付利息，并授权美联储对储蓄账户利率进行管制。这些对利率的管制成为后来著名的

“Q 条例”（Regulation Q）。表面上，管制利率的理由是为了遏制吸收存款方面的恶性竞争。实际上国会则有更现实的动机：为了吸引大银行参加存款保险。在大银行看来，参加存款保险是为小银行和管理不善的银行提供补贴。禁止向活期存款支付利息可以降低大银行的资金成本，从而可以用节约出来的资金购买存款保险。四是放松了对全国性银行设立分支机构的限制。五是授权美联储监管银行控股公司。银行控股公司为子银行行使投票权时必须获得美联储批准，并必须向后者充分披露它与子银行之间的各种交易。法案还对成员银行与附属企业的交易进行了限制。

《1933 年银行法》深刻影响了美国银行业的发展，对其功过至今褒贬不一。支持者认为该法有效限制了银行投机和利益冲突，消除了金融恐慌，减少了银行倒闭，防止了恶性竞争。批评者认为该法对商业银行和投资银行的分离保护了这两个行业各自的利益，使它们免于相互竞争；管制存款利率形成了政府为存款定价的价格卡特尔；存款保险以损害大银行利益为代价保护了风险更高的小银行。

（2）储贷业与信用社立法

储贷机构是吸收居民存款并以住房抵押贷款为主业的金融机构。至大萧条为止，各州是储贷机构发照和监管的主体。为更好地支持和监管储贷业，国会通过了《1932 年联邦住房贷款银行法案》（The Federal Home Loan Bank Act of 1932），创设了联邦住房贷款银行体系。该体系由 12 家合作制的地区性银行组成。这些地区性银行代表州牌照成员借款，由联邦住房贷款银行理事会（The Federal Home Loan Bank Board）监管。次年，《1933 年住房所有者贷款法案》授权理事会对联邦储贷机构发照并进行监管。

国会还于 1934 年通过了《联邦信用社法案》（The Federal Credit Union Act），创设了联邦信用社牌照。从此，信用社可以在美国各地设立。作为一种新产物，信用社最早于 20 世纪初以州牌照的形式设立，其特征是专注于某一群体或地域的储户（叫做“会员”），同时被这些会员以合作的形式拥有。

在商业银行和储贷领域，国会均创建了存款保险制度，并由相应的监管者监管，以确保参加存款保险的银行和储贷机构具备基本的安全运作条件。《1933 年银行法》设立了 FDIC 监管参加商业银行存款保险制度的机构，《1934 年全国住宅法》（The National Housing Act of 1934）则设立了联邦储贷保险公司（The Federal Savings and Loan Insurance Corporation）监管参加储贷存款保险的机构。这些存款保险机构的建立使得联邦层面的银行监管体系更趋复杂。

6. 稳定时期：1934 ~ 1980 年

1934 年后，美国银行体系进入了较长的稳定期。大萧条时期确立的银行监管框架直到 20 世纪 70 年代末都没有发生重要变化。这一时期的相对稳定主要归因于三个方面：

第一，大萧条时期的立法和政治上的调整具有很强的持久性。“Q 条例”降低了银行的资金成本，限制了存款竞争；分业经营抑制了行业间竞争，使证券公司获得了超过市场的回报；储贷机构获得了自己的监管者、存款保险者和最后贷款人。银行业各组成部分谁都没有动力破坏这个舒适而有利可图的制度安排。

第二，大萧条对银行业造成了难以磨灭的创伤，并从此形成了厌恶风险的文化。人们甚至把“银行家”定义为从不“第一次”尝试任何事物的人。直到 60 年代，许多银行仍不愿意员工加班，以免外面的人看见夜晚银行办公室的灯光而误以为银行陷入了困境。

第三，银行倒闭几乎绝迹。20 世纪 30 年代大规模的银行倒闭淘汰了管理最不善、最没有竞争力的银行。存款保险制度成功防止了银行挤兑。这一时期银行倒闭率不到 1‰，与新银行设立率几乎持平。商业银行数量稳定在13 000 ~ 14 000 家。

7.《1956 年银行控股公司法》（The Bank Holding Company Act of 1956）与《1967 年储贷控股公司法》（Savings and Loan Holding Company Act of 1967）

《格拉斯—斯蒂格尔法案》禁止商业银行与投资银行互相成为附属企业，但没有明确禁止商业银行与其他商业机构之间的关联。于是，许多非金融企业开始以控股公司的形式获得对商业银行的控制权。在此背景下，国会于 1956 年通过了《1956 年银行控股公司法》，明确禁止控制多个美国商业银行的银行控股公司从事除银行、银行管理、以子公司形式从事与银行业务“紧密相关”（closely related）的活动以外的其他业务。该法还规定，除州法允许外，银行控股公司不得跨州收购银行，同时授权美联储监管全部银行控股公司。1970 年的修订将该法适用范围扩大到只拥有一家银行的银行控股公司，并禁止商业银行将其产品和服务与其非银行附属公司的产品和服务进行“捆绑”（tying）。

银行控股公司必须严格遵守以上限制性规定。相比之下，储贷机构不受这些限制，因而开始享有不对等的竞争优势。针对这一问题，国会又于1967年制定了含有类似限制的《1967年储贷控股公司法》。不同的是，仅拥有一家储贷机构的储贷控股公司在从事其他商业活动时仍不受太多限制。

8. 稳定时期的结束：1980年至今

银行业的稳定期于20世纪70年代末结束。1980年至今，美国金融业经历了一轮，并正在经历着又一轮深刻的变革。由于本次金融危机以来的金融监管改革尚未完成，且另有专文叙述，本文的介绍截止于金融危机前。20世纪80年代以来的金融变革迫使人们重新审视银行监管的本质和目的。如果大萧条后的银行从来不做“第一次”，现在的银行则是处处敢为天下先。

（1）储贷危机与相关立法

20世纪七八十年代，宏观经济条件的变化和去管制化导致美国储贷机构遭受了重大损失，并由此引出了一系列新的立法。如前所述，《1933年银行法》及其相关修订授权美联储对存款利率进行管制。到20世纪60年代，对储贷机构的存款利率也进行了管制。恰在这一时期，美国通胀率开始上升，并于70年代进入加速上升期。1979年，美联储开始执行严厉的紧缩性政策，大幅上调基准利率至1980年的21%。在市场利率高企的情况下，大量储蓄资金需要寻找市场的回报；而刚刚兴起的货币市场基金既不受银行业的严格监管，又恰好提供了这种市场回报。于是，大量资金从银行机构流向货币市场基金，传统银行体系面临“金融脱媒”。

形势迫使国会通过了《1980年储蓄机构放松管制和货币控制法》(The Depository Institutions Deregulation and Monetary Control Act of 1980)，放松存款利率管制。利率管制放松后，储贷机构为保持盈利、吸引储户，必须为资产寻找更高的收益。与此相适应，国会又通过了《1982年噶恩·圣杰明存款机构法》(The Garn – St Germain Depository Institutions Act of 1982)，废除了许多对储贷机构业务和投资的限制，允许其从事商业地产等高风险业务。于是，储贷机构开始大规模投资于商场、办公楼，甚至垃圾债券、风力农场、石油开采等带投机色彩的高风险行业。欺诈和内部人不正当交易等使原本就不稳定的局势更加恶化。20世纪80年代末，大量高风险投资和监管不力相结合，导致数以百计的储贷机构倒闭。储贷危机最终导致美国政府付出了1 600亿美元的救助代价。

储贷危机带来了两项重要的法律变革：一是《1989年金融机构改革、

恢复与执行法案》(The Financial Institutions Reform, Recovery, and Enforcement Act of 1989)。该法案撤销了联邦储贷保险公司和联邦住房贷款银行理事会，取而代之以储贷监理署（Office of Thrift Supervision, OTS)。OTS 以货币监理署为蓝本，成为设在财政部内部的相对独立的机构。法案授权 OTS 为联邦储贷机构发照，并对联邦和大部分州储贷机构以及它们的控股公司进行监管。法案还在 FDIC 内部设立了专门的存款保险基金代替原来的联邦储贷保险公司，并成立了联邦住房金融理事会（Federal Housing Finance Board）来监管联邦住房贷款银行体系。法案同时设立“处置信托公司”（Resolution Trust Company, RTC）管理破产的银行和储贷机构资产。危机结束后，RTC 于 1995 年被并入储蓄协会保险基金（Savings Association Insurance Fund)。

1991 年，为填补危机中暴露出来的监管漏洞，国会通过了《联邦存款保险公司改进法案》(The Federal Deposit Insurance Corporation Improvement Act)。该法案设立了以资本金为基础的“快速纠正行动”（prompt corrective action 或 PCA）体系，严格规定在金融机构不能满足一系列测试时监管者应该采取何种措施，减少了监管者的自由裁量权。法案要求监管者规定资本金种类和基于风险的资本要求，并要求以最低成本处置破产银行和储贷机构。

1994 年，国会通过了《瑞格—尼尔州际银行和分支机构效率法案》(Riegle – Neal Interstate Banking and Branching Efficiency Act)，废除了对银行和分支机构进行跨州收购的限制，使银行在这一领域与储贷机构基本对等。

(2)《1999 年金融服务现代化法案》(Financial Services Modernization Act of 1999)

《格拉斯—斯蒂格尔法案》和《1956 年银行控股公司法》对商业银行和投资银行、银行和商业的严格分离数十年来引起了激烈的批评和辩论。《1999 年金融服务现代化法案》废除了分业经营的限制，允许银行控股公司以金融控股公司的形式从事包括商业银行、全部证券承销和自营、保险承销、私募股权投资在内的各种业务。为适应金融服务业的快速发展，法案允许金融控股公司的经营范围扩大到美联储和财政部经协商后认定为“金融属性”（financial in nature）或金融活动“附带的”（incidental)，以及美联储认定与金融活动“互补的”（complementary）业务。《1999 年金融服务现代化法案》授权银行合格“金融附属企业”从事类似业务，但禁止了某些自营业务。《1999 年金融服务现代化法案》规定，美联储负责监管金融控股公司，但其子公司则按业务分类（保险、期货、证券）主要由各自的功能监管机构监管。同时，《1999 年金融服务现代化法案》废除了只拥有一家储贷机构的储贷控股公司不受相关监管、可以与商业实体互相关联的规定，进一步促进了储贷机构与商业银行的同质化。

（三）“影子银行体系”的兴起、危机与改革

在传统银行监管体系之外兴起的“影子银行体系”，是近 30 年来美国金融业的最大变革。影子银行兴起的大背景是在长期的经济繁荣和金融稳定下，人们的风险偏好上升，对包括房产价格在内的经济前景的预期过度乐观。在此背景下，金融创新日益活跃。

银行业务的核心是接受储蓄者的存款，并将这些存款贷给借款人。而银行资产和负债期限与结构的不匹配是导致银行业内在不稳定的根本原因。大萧条时期确立的一系列制度安排，特别是中央银行最后贷款人制度和存款保险制度，正是为了从根本上消除银行体系的内在不稳定性。但是，这些制度安排又会造成巨大的道德风险。为防范银行过度冒险，就必须从业务范围、资本金、准备金等各个方面对银行实行审慎监管。在监管套利的驱使下，自 20 世纪 70 年代开始，大量资金从银行流向监管更宽松、资本金要求更低、消费者保护更不完善、更容易得到税收和会计处理方面好处的非银行金融领域。“影子银行体系”的规模迅速扩大。到金融危机前的鼎盛时期，其规模已可以与传统银行体系相媲美，资产总额达 8 万亿美元之巨。

“影子银行体系”由多种金融机构组成：快速成长的投资银行如雷曼、贝尔斯登，其资金来源主要依赖隔夜回购（overnight repurchase agreement 或 repo）等短期资金，并以资产和证券为担保物；资产支持票据（asset - backed commercial paper 或 ABCP）和结构性投资工具（structured investment vehicles 或 SIVs）被银行和金融机构广泛用做不同资产的融资工具。特殊金融公司（specialized finance companies）扩张到消费信贷和商业贷款领域。以上机构或工具的资金提供方则是机构投资者和货币市场基金。它们大量购买由各种资产抵押的票据、回购等短期融资工具。因此，从整体上看，“影子银行体系”面临着传统银行体系同样的内在不稳定性：其资产为较长期的金融资产，负债则为机构投资人和基金提供的、可随时拒绝延期的短期融资。货币市场基金本身也是典型的“影子银行”：它将投资者的资金集合起来投资于货币市场工具。其资产加权平均期限为 90 天，负债则为投资者认购的、可随时赎回的基金份额。与传统的银行挤兑一样，

这一期限错配产生的内在不稳定性导致了危机发生后投资者对“影子银行”的大规模“挤兑”和市场恐慌，最终酿成了这场体系性的金融危机。

检讨危机的起源，不难发现：现有的审慎监管仅适用于传统银行，无法覆盖近期兴起的、规模庞大的影子银行体系，从而留下了巨大的监管漏洞。这无疑是这场危机的重要起因。具体而言：

第一，美联储没有法律授权对银行控股公司以外但同样从事银行业务的主要金融机构规定并执行资本金要求；无权监管投资银行、AIG 之类的复杂金融机构，以及数以百计的与传统银行在抵押贷款、消费信贷、商业贷款等各领域展开竞争的非银行金融公司；

第二，美国证监会没有法律授权对投资银行在全部业务范围内，在并表基础上设定并执行资本金要求；

第三，OTS 虽然是 AIG 之类大型复杂金融机构在控股公司层面的监管者，但无权对它们进行并表监管；

第四，无一机构有权对由货币市场基金提供资金的融资市场积累的风险采取行动；

第五，无一机构有法定职权防范系统性风险，并采取措施制止监管套利。

总之，传统的功能监管体系已无法保障“影子银行体系”兴起后整个金融体系的安全与稳定。为解决以上缺陷，在奥巴马政府的推动下，美国国会正在以立法的形式对金融监管进行全面改革。毫无疑问，这将是大萧条以来金融监管领域的最重要变革。改革确立的新监管框架，将如大萧条时期建立的监管制度一样，对未来数十年美国乃至世界的金融发展产生深远影响。

二、美国存款类金融机构的主要类型和监管框架

（一）美国存款机构牌照的主要类型和业务

1. 商业银行

商业银行牌照最为公众熟悉。拥有该牌照的存款机构可以从事较大范围的银行和金融业务。设立全国性银行需要向美国货币监理署申请牌照。作为全国性银行牌照的唯一发放者，货币监理署在彻底审查申请并确认其满足各项法律和监管要求后发放牌照。各州的银行牌照发放过程也类似，包括申请、审查、按法律和监管标准作出决定等主要环节。

货币监理署是全国性银行的主要监管者。此外，全国性银行还必须获

得联邦存款保险，因此也受 FDIC 监管。全国性银行还必须成为联邦储备系统的成员。相比之下，州牌照银行可以选择是否成为联储成员以获得联储的支付和流动性支持。选择加入联储系统的州银行（即“州成员银行”(state member banks)）即选择了美联储作为其主要监管者，并必须购买联邦存款保险。

一般而言，任何接受零售存款（即存款额在 10 万美元以下）的商业银行在开业前必须获得联邦存款保险。州牌照银行，无论它们是不是联储成员银行，都拥有联邦存款保险，并因此受 FDIC 监管。对非联储成员的州牌照银行（即“州非成员银行”（state non - member banks)），FDIC 就是它们的主要监管者。

2. 银行控股公司和金融控股公司

《1956 年银行控股公司法》将银行控股公司定义为拥有或控制一家或多家美国商业银行的实体。虽然该法对“控制”的定义较为复杂并依赖于事实认定，一般而言，拥有一家银行 25% 或以上某一类别的有投票权的股票即构成“控制”。银行控股公司在美联储注册，由美联储监管。《1956 年银行控股公司法》将银行控股公司的业务范围限制在银行业，控制和管理银行以及与银行业“紧密关联”（closely related）的业务。

当银行控股公司满足了既定的资本和管理要求并向美联储提出申请，即可转为金融控股公司。如前所述，《1999 年金融服务现代化法案》修订了《1956 年银行控股公司法》，允许金融控股公司从事更加广泛的具有“金融属性”的业务，包括保险、证券承销和自营、私募股权投资等。作为银行控股公司的一个类别，金融控股公司也由美联储监管。

3. 储贷机构

历史上，储贷机构是以向居民提供住房抵押贷款为主业的存款机构。最初它们由各州发放牌照并监管。大萧条期间的立法设立了联邦储贷牌照、联邦监管机构和流动性安排，并设立了与商业银行类似的存款保险基金。20 世纪 80 年代，储贷危机暴露出对储贷机构监管过松的问题后，国会立法成立了 OTS 取代了原有监管机构，并将储贷存款保险基金并入了 FDIC。

随着储贷机构业务范围的扩张，为防止储贷机构过度偏离住宅抵押贷款这一主业，国会通过了《1987 年竞争平等银行法案》（The Competitive Equality Banking Act of 1987)，设立了“合格储贷放贷人”（Qualified Thrift Lender，QTL）测试。要满足 QTL 测试并保留储贷机构的一些特殊待遇，至少65%的资产必须是住房抵押贷款及有关投资。

4. 信用社

信用社是存款人所有的、享受免税待遇的金融机构，其提供的服务与商业银行类似，但范围更有限。比如，信用社通常为存款客户提供储蓄和支票账户、网上银行、信用卡。一般而言，信用社的存款客户仅限于该信用社的会员范围，如某一行业或某一社区。对信用社的法规要求一般比其他种类的存款机构更有限制性。比如，对信用社贷款利率的限制、贷款期限的限制、对商业客户贷款的限制、信用社投资主要限于政府与机构债券（agency securities）等安全性高的工具等。

5. 产业贷款公司

产业贷款公司（Industrial Loan Companies，ILCs）是可由商业企业拥有的金融机构。ILCs如具备以下三个条件之一，即可像商业银行一般运作而不受对银行控股公司的监管，并不必遵守分离银行业与商业的限制。这三个条件是总资产少于1亿美元，不接受活期存款，或自1987年以来控制权没有发生变化。

虽然不是银行控股公司，ILCs也参加联邦存款保险并受FDIC监管。ILCs还需遵守《1913年联邦储备法案》对银行与关联企业交易的限制。此外，ILCs还要由发牌照的州监管。犹他州、加州、内华达州是ILCs的主要牌照发放州。虽然最初ILCs以消费金融公司的形式出现，不得吸取存款，但随着发照州不断扩大ILCs的业务范围，今天的ILCs已和州商业银行类似。

（二）联邦监管机构

如前所述，联邦层面对存款机构的监管权分散在5家机构：货币监理署、储贷监理署、美联储、联邦存款保险公司、国家信用社管理局（NCUA）。这5家监管机构在职责和管辖权上多有重合。它们的创设均是美国国会对美国金融史上重要事件的立法反应。这些机构的经费均有独立来源，不依赖于联邦拨款。货币监理署、储贷监理署、国家信用社管理局的经费来源于被监管对象的缴费；FDIC的经费来源于存款保险缴费；美联储的经费则来自公开市场操作带来的收入和铸币收入（seigniorage income）。

1. 货币监理署

《1864年全国银行法》创设了全国银行体系，同时成立了美国最老的联邦银行监管机构——货币监理署。货币监理署设于财政部内部，负责对所有全国性银行和联邦许可的外资银行分支机构发放牌照并进行监管和检查。货币监理署署长由总统任命，参议院核准，任期5年。

货币监理署的监管范围包括诸如设立银行申请、业务活动、投资、社区发展在内的全国性银行运营的方方面面。其监管检查职权包括制定规则、法律解释、公司决策等，并对全国性银行进行现场检查。OCC 具有强有力的执行权，可以对违反法规或经营不稳健的全国性银行行使以下处罚：撤换高管和董事、与银行签订改变经营方式的协议、发布禁止令（cease and desist order），以及征收罚款。

2. 储贷监理署

储贷监理署对联邦发照的储贷机构的监管职能与货币监理署对全国性银行的监管职能类似。储贷监理署为联邦储贷机构发放牌照，对联邦和州储贷机构及其控股公司进行监管和检查（由 FDIC 监管的州储蓄银行除外）。与货币监理署类似，储贷监理署也是设在财政部内部的独立机构，受财政部长监督。总统任命储贷监理署署长，由参议院核准，任期 5 年。作为储贷机构的主要监管者，储贷监理署拥有包括规则制定、法律解释、公司决定在内的对储贷机构运营各方面的监管权。

3. 美联储

作为独立的美国中央银行，联邦储备系统由 12 家法定的地区性联邦储备银行组成。每一家地区性联储负责本辖区的中央银行事务。联储理事会位于华盛顿，由 7 名理事组成，负责管理整个联储系统。理事由总统任命，由参议院核准，任期 14 年。美联储的主要职责是制定并通过公开市场操作、准备金和再贴现三大工具执行货币和信贷政策。此外，美联储还拥有重要的监管和检查权。美联储是州成员银行的主要联邦监管者，是银行控股公司、金融控股公司的监管者，是在美外资银行的监管者，也是成员银行海外业务的监管者。

4. 联邦存款保险公司

联邦存款保险公司负责在《联邦存款保险法案》下管理联邦存款保险系统。联邦存款保险公司由五人董事会领导：总统任命包括董事长在内的三名董事，由参议院核准，任期 6 年；另两名董事一名由货币监理署署长担任，一名由储贷监理署署长担任。

联邦存款保险公司保险上限是每储户每存款机构 10 万美元，退休账户的上限则为 25 万美元。金融危机以来，一般储户存保上限已上调至 25 万美元，但会在 2014 年回到危机前水平。联邦存款保险公司监测存保基金的风险，并拥有相当广泛的执行权，比如调整保费、终止经营不稳健的参保机构的存款保险等。联邦存款保险公司还对全部参保机构拥有备份监管和检查权（backup regulatory and examination authority），同时它还是参保州非成员银行（insured state non－member banks）和州储蓄银行（state savings banks）的主要联邦监管机构。联邦存款保险公司在金融机构破产处置中扮演着关键角色，承担着作为参保存款机构接收人（receiver）和保护人（conservator）的职责。在"储蓄协会保险基金"并入联邦存款保险公司后，联邦存款保险公司还获得了对储贷机构、产业贷款公司的备份检查权。

5. 国家信用社管理局

国家信用社管理局是创设于1970年的独立联邦机构，对联邦信用社发放牌照并进行监管。同时，国家信用社管理局通过全国信用社份额保险基金（National Credit Union Share Insurance Fund）对联邦和州牌照的信用社提供存款保险。国家信用社管理局由三人理事会领导，理事和主席由总统任命，参议院核准，任期6年。

（三）监管过程

1. 控制与监管体系

存款机构监管的主要原则和工具可按主要政策目标分为几大类：维护金融稳定、确保参加联邦存款保险的存款机构的安全和稳健、维护金融体系的效率和竞争力，以及保护消费者。由于许多监管规定具有多目标性，具体监管原则和工具也常常互有交叉。比如，为维护银行体系效率和竞争力的一些最重要的监管原则包括对银行内部人贷款的限制、对银行业务重组和控制权变更的监管、对银行将服务与非银行产品捆绑的限制，以及对单个银行存款不得超过全国存款总额10%的规定等。这些规定制定的目的都是为了防止银行滥用经济权力，保障信贷的广泛可获得性。

2. 消费者保护

美联储在总体上行使针对存款机构的消费者保护职责（在某些领域其他监管机构亦有相应职责）。多年来，美国国会制定了多部保护金融消费者的法律（至本次金融危机前，美联储统计共有23部）。其中最重要的法律包括

《诚实借贷法案》：该法要求信用卡或住房抵押贷款的条款必须以"有意义"的形式披露，使消费者能够更方便、更明白地比较信贷条款；

《住房所有权和所有权权益保护法》（The Home Ownership and Equity Protection Act 或 HOEPA）：该法修订了《诚实借贷法案》以禁止住房抵押贷款中的不公平和欺诈行为；

《联邦贸易委员会法》（The Federal Trade Commission Act）：禁止影响商业的一切不公平和欺诈性行为和做法；

《公平信贷机会法案》（The Equal Credit Opportunity Act）：禁止信贷交易中的各种歧视；

《1974 年不动产交割程序法案》（The Real Estate Settlement Procedure Act of 1974）：规定购买住房过程中充分的信息披露。

联邦银行监管机构还要求银行和储贷机构遵守与以下事项有关的其他法律要求：隐私、公平住房（fair housing）、社区再投资、信用报告、电子资金转账、储蓄账户信息披露等。这一系列法律和监管规定以保护消费者为目标，要求银行对消费金融产品的重要条款必须充分、及时披露，并保护消费者个人信息的安全和隐私。

美联储全权制定落实 TILA 和 HOEPA 的监管规则。这些规则适用于全部抵押贷款机构并由这些机构的不同监管者负责执行。此外，《联邦贸易委员会法》授予美联储防止银行不公平或欺诈行为的规则制定权，同时赋予储贷监理署和国家信用社管理局针对储贷机构和信用社的类似规则制定权。《1999 年金融服务现代化法案》有关隐私的规定还授权联邦银行业监管机构制定各自的监管规则，同时要求相关机构必须互相“协商和协调”。比如，该法案关于保险客户保护的规定要求联邦银行监管机构共同制定相应监管规则。

3. 监管协调

存款机构的联邦监管者之间以及联邦监管者和州监管者之间存在众多正式、非正式的监管协调机制。这些机制包括联邦金融机构检查委员会（The Federal Financial Institutions Examination Council 或 FFIEC）、《1999 年金融服务现代化法案》中关于监管简化的规定、联邦和州监管者之间的监管协议，以及总统金融市场工作组（The President's Working Group on Financial Markets，PWG）。

FFIEC 于 1978 年由国会设立，成员包括货币监理署、美联储、联邦存款保险公司、储贷监理署、国家信用社管理局，以及州银行监管者会议（Conference of State Bank Supervisors）。目的是为了建立存款类机构的统一监管原则、标准和报告表。

《1999 年金融服务现代化法案》对存款类机构、证券公司、期货公司和保险公司的功能监管模式实行了制度化。为减少重复监管、加强协调，法案简化了美联储对已接受功能监管的银行控股公司附属企业的监管职能。例如，美联储必须尽量尊重功能监管者的监管。法案还鼓励美联储与州保险监管机构之间、联邦存款机构监管者与州保险监管机构之间的信息共享。

PWG 成立于 1987 年 10 月股市遭遇“黑色星期一”之后，目的是为了提高美国金融市场的完善、效率、秩序和竞争力，以及保护投资者免于欺诈、操纵和滥用。PWG 由财政部长牵头，成员包括美联储主席、商品与期货交易委员会主席、证监会主席。讨论中亦可邀请诸如货币监理署署长、纽约联储主席等其他监管者参加。PWG 主要作为讨论和协调政策问题的论坛，本身没有监管权力。

三、改革展望：从功能监管向目标监管过渡

随着金融全球化和混业经营的快速发展、“影子银行体系”的兴起，各种金融业务相互交叉、相互渗透的趋势日益明显。各种金融中介机构、交易平台日趋融合，金融产品也不再遵守传统分类模式，常常综合保险、银行、证券、期货等各种成分。在金融业跨行业、跨地域大融合的背景下，传统的、建立在功能监管模式上的金融监管框架已不能适应金融业的快速发展。

2008 年 3 月，金融危机开始后不久，当时在保尔森领导下的美国财政部提交了《金融监管体制现代化蓝皮书》（Blueprint for a Modernized Financial Regulatory Structure）（以下简称蓝皮书）。蓝皮书系统总结了现有功能监管体系的不足，第一，在现有功能监管模式下，没有明确的机构监管系统性风险，无法有效防范系统性风险、维护金融市场稳定。第二，不同功能监管者之间在管辖权上的冲突和监管上缺乏协调，阻碍了金融创新、导致监管套利。第三，功能监管模式导致重复监管和监管资源的浪费，而许多金融监管和金融消费者保护的措施在本质上是一致的。比如，银行业中的资本和保险业中的盈余（surplus）其基本功能都是为了确保金融机构的财务健康和具有偿付债务的能力。再比如，金融消费者保护的核心都是为了让消费者获得充分的信息，并让金融机构在产品销售方面遵守必要的规则。

在充分考察了世界其他国家主要监管模式（英国的单一监管模式和荷兰、澳大利亚的目标监管模式（objectives - based approach））后，美国财政部提出了目标监管模式作为美国金融监管长期改革的方向。在该模式下，金融监管的目标被分为三个：金融稳定、防范金融机构过度冒险，以

及金融消费者保护。与这三个目标相适应，金融监管的职责将主要由三家机构承担：

首先是宏观审慎监管者，负责监管系统性风险、维护金融稳定。由于中央银行在维护宏观经济稳定方面的法定职责，美联储自然成为最合适的金融稳定监管者。蓝皮书提议由美联储对金融体系整体、所有具有系统重要性的金融机构，以及支付和结算系统进行监管。与此相适应，美联储将被赋予信息搜集与披露、规则制定、检查、要求金融机构采取纠正行动等执行权力。

其次是微观审慎监管者，负责对接受存款保险的金融机构进行微观审慎监管，以防范政府担保所带来的道德风险问题。蓝皮书提议合并诸如货币监理署、储贷监理署等现有联邦审慎监管机构，成立统一的联邦审慎监管机构（Prudential Financial Regulatory Agency，PFRA）。微观层面的审慎监管内容与现行审慎监管类似，包括资本充足率、投资限制、业务限制、风险管理现场检查等。蓝皮书提议将保险机构纳入 PFRA 监管，由 PFRA 统一发放联邦投保存款机构牌照（FIDI Charter）和联邦投保保险机构牌照（FII Charter）。

最后是商业行为监管者（business conduct regulator）——CBRA。CBRA 的监管内容主要为金融消费者权益保护，监管范围包括全部金融产品，监管对象为全部金融机构。由一家机构统一执行金融服务业消费者保护职能将有助于统一消费者保护和金融机构商业行为的标准，防止监管套利。CBRA 将有权发放除联邦投保存款机构牌照、联邦投保保险机构牌照之外的涵盖所有其他金融业务（如经纪、对冲基金、私募股权、风险投资、共同基金等）的金融牌照（FFSP Charter）并制定相应标准。未来美国全部金融机构牌照将分为三大类：存款类机构牌照 FIDI、保险类机构牌照 FII、其他金融服务商牌照 FFSP。对存款类机构和保险类机构，CBRA 监管其信息披露、销售和推销行为（如销售和推销中的不公平与欺诈）、反歧视等。对其他金融服务商，如证券、期货公司，CBRA 将重点监管其运营能力、职业行为、考试培训、欺诈与操纵，以及对客户的义务（如最佳交易（best execution）和投资者适合性（investor suitability））等。现有美联储、审慎监管机构、州保险业监管机构、美国证券交易委员会、商品和期货交易委员会、联邦贸易委员会的相关职能将被并入 CBRA。

在这个目标监管模式下，联邦存款保险公司的保险范围将扩大到保险机构，主要职能保留，包括事前收取风险调节的保费、事后根据情况补征缴费、作为破产机构的接收人和管理人，以及保留部分备份检查权。美国证监会依然保留，行使除消费者保护以外的一般证券市场监管职能，主要包括对企业信息披露、公司治理、会计等方面的监管。

美国国会刚通过的金融监管改革法案在一定程度上反映了以上蓝皮书确立的原则，如明确美联储为系统性风险监管者，显著加强美联储宏观审慎监管权力；成立金融消费者保护局；合并货币监理署与储贷监理署等。虽然短期不可能完全实现对金融监管体系的彻底重构，但对现有功能监管模式做了大幅调整，明显突出了金融稳定、审慎监管、消费者保护这三大监管目标，填补了对“影子银行体系”的监管漏洞。但与理想的目标监管模式不同的是，《多德—弗兰克华尔街改革与消费者保护法案》保留并全面加强了美联储的微观审慎监管职能。特别是授权美联储对所有系统重要性金融机构进行严格监管，同时保留了其原有的对银行控股公司、外国银行和州联储成员银行的监管权。可见，法案坚持了宏观审慎和微观审慎不可分割的观点，既赋予了美联储宏观审慎监管之责，又扩大了其既有的微观审慎监管之权。美国金融监管体制正在发生自大萧条立法以来最重大的变革，其具体实施情况及效果值得密切关注。

美国证券监管演变

美国有着目前世界上最为发达的证券市场。从早期的自由放任，到后期在全世界率先建立了完善的证券监管法律体系并成为其他国家和地区证券监管效仿的对象，美国证券监管制度经历了从无到有，并在实践中不断改革、完善的过程。知史可以鉴今，认真考察美国证券监管法律制度的历史，尤其是在2008年全球金融危机后的今天，对思考、完善我国包括证券监管在内的金融监管体系有着特殊的意义。美国现有金融监管体制主要由各时期为解决各个危机和问题而进行的多次金融监管改革和立法渐次累积而成，并不是统一制度设计的结果。这次国际金融危机和最近通过的美国金融监管改革立法又进一步发展了美国的证券监管制度。

一、简介

从1772年纽约股票交易所成立至1929年大萧条开始的将近160年时间里，美国的市场经济处于自由放任时期，没有对证券市场进行联邦监管。这一时期，有限的证券监管主要由各州政府负责。18世纪中叶，美国的一部分券商通过协议进行自律，这应该算是最早的监管。1852年，马萨诸塞州对公用事业（包括铁路、矿业和其他公用设施等）发行证券加以限制，被认为是美国历史上最早的证券立法。堪萨斯州于1911年通过了《蓝天法》（Blue Sky Law），这是第一部规定强制性信息披露的州证券法，标志着美国州一级证券监管的正式开始。此后各州纷纷效仿，制定了与《蓝天法》类似的证券法律。总体看来，这一时期政府对证券市场基本持自由放任的态度，监管有限，逃避监管也相对容易。

19世纪末20世纪初，股票发行市场的欺诈行为日益猖獗，证券业的自律和各州有限的监管无力充分保护投资者和维护市场秩序。1929年，猖狂的股市投机行为导致了股市崩盘，引发经济危机。痛定思痛之后，美国决定在联邦层面建立证券监管体系，由专门的政府机构对证券市场进行严格管理。1933年和1934年，国会相继通过了《1933年证券法》（Securities Act of 1933）和《1934年证券交易法》（Securities Exchange Act of 1934），确定了信息披露制度和公平交易原则这两项证券监管的核心内容。同时成立证券交易委员会（SEC），全面监管证券的发行、交易，以及证券市场参与主体的所有证券经营活动。这两部法律奠定了联邦证券监管的法律基础。

20 世纪七八十年代，资本市场的迅速发展导致企业直接融资比例呈上升趋势，银行的传统业务面临冲击，商业银行通过多种手段扩张资本市场业务。新的金融产品和金融工具逐渐模糊了分业经营的界限，金融服务日益出现混业经营的趋势。为适应市场发展，1994 年美国国会通过了《州际银行与分行效率法案》（Interstate Banking and Branching Efficiency Act），结束了对银行跨州经营和设立分支机构的所有限制。1999 年，国会通过了《1999 年金融服务现代化法案》（Financial Services Modernization Act of 1999），正式废除了 1933 年《格拉斯—斯蒂格尔法案》（Glass—Steagall Act），结束了分业经营体制，允许以金融控股公司的形式从事银行、证券、保险等广泛的金融业务。美国进入了金融混业经营背景下的证券监管时代。

2007 年次贷危机引发的金融危机，迫使美国进行了自大萧条以来最重大的金融监管改革。最近通过的《多德—弗兰克华尔街改革与消费者保护法案》对衍生品交易、投资者保护、高管薪酬和公司治理等证券领域监管进行了一系列改革，将对今后数十年美国证券业的发展产生重大影响。

此外，证券交易所、证券交易商协会等行业自律组织也发挥着日益重要的作用。联邦监管、行业自律、州监管共同形成了美国当前的证券监管体系。这一体系以联邦监管为主导，行业自律与州监管为补充。

二、证券监管主要历程及立法概览

（一）州一级的证券监管——《蓝天法》

1. 《蓝天法》：证券发行登记、证券中介机构登记和政府的强制执行权力

1911 年，堪萨斯州制定并通过了美国第一部证券监管成文法，要求在本州发行的证券和从事证券交易的券商必须注册登记。现代证券监管的三个要素——证券发行登记、证券中介机构登记和政府的强制执行权力——在这部法律中初现雏形。

1933 年前，已有 46 个州效仿堪萨斯州制定了证券法律。各州的证券法被统称为《蓝天法》，得名于“如果证券立法不获得通过，金融大盗们就会向州民们兜售除蓝天以外的任何东西”这句话。

根据《蓝天法》，各州纷纷建立了证券监管机构，主要以两种形式出现：专门的州证券交易委员会；作为州金融服务监管机构的一个部门。

各州均在《蓝天法》中规定了禁止欺诈条款，并要求在本州从事证券交易的经纪商——交易商、中介机构、投资顾问等进行注册登记或取得牌照，同时规定了豁免登记的情况。从事证券交易的人士被要求具有相应的从业资格，如掌握证券法律法规知识等。各州《蓝天法》都赋予监管当局执行权，可使用调查、禁令、移交刑事起诉等手段追究证券违法行为人的民事、刑事责任。大多数州的《蓝天法》还包含了惩罚条款，要求证券违法者对受害者的损失进行赔偿。

从实践效果来看，虽然大部分州已经实施了《蓝天法》，却未能有效遏制证券市场的欺诈行为，投资者的利益仍然经常受到损害。通常认为，《蓝天法》未能取得成功的原因包括

第一，《蓝天法》的执行缺乏有效保障。执行《蓝天法》往往由为政府工作的非专业律师承担，一旦行政部门（人员）发生更替，执行《蓝天法》的责任也随之重新安排。同时，州政府还常常不能为证券执法提供足够的经费支持。更为严重的是，许多州有意放松证券监管以吸引证券业进入本州。这种“向底部赛跑”（race to the bottom）的监管竞争造成了监管的自发性懈怠。

第二，监管漏洞较多。大量豁免条款的存在使蓝天法出现漏洞，很多涉及证券业务的机构，如本州注册的公司、银行、保险公司、投资公司等都被排除在监管范围之外。

第三，州际交易可以有效规避《蓝天法》的执行。1915 年，投资银行家协会（Investment Bankers Association），一个对《蓝天法》持抵抗态度的组织，向其成员通报，只要以通信方式在各州之间推销证券就可以有效规避《蓝天法》。因为在合同法下，销售合同在依法作出承诺的地方得以有效成立。发行人以通信方式跨州销售证券，就可避免某州《蓝天法》的管辖。结果，正如 1933 年美国商务部（Department of Commerce）研究所表明的：“在逃避各个州的《蓝天法》约束的过程中，最有效、最常用的一个方法就是通过各州间的线缆进行交易。”

2. 寻求州法统一化的历程

各州《蓝天法》内容不同，执行力度迥异，为监管套利创造了空间。为了避免监管套利，统一《蓝天法》的立法活动兴起。

尽管具体内容有差异，各州《蓝天法》都有共同的基本理念——保护投资者、禁止欺诈、对证券发行进行注册、强调信息披露。这些共同的监管理念为各州证券法的统一奠定了基础。1929 年，美国统一州法全国委员

会（National Conference of Commissioners on Uniform State Laws，NCCUSL）通过了《1929年统一证券销售法》。但是在1933年国会通过《1933年证券法》之前，只有很少一部分州采用了该法案。

《1933年证券法》和《1934年证券交易法》彻底改变了美国证券监管，确定了统一的联邦证券监管体系，各州《蓝天法》退居补充地位，以联邦为主的“双层监管体制”形成。

20世纪50年代，证券市场的快速发展再一次对州证券法间及州证券法与联邦证券法间的统一提出了客观要求。1956年，美国哈佛大学法学院教授路易斯·罗思代表统一州法全国委员会（NCCUSL）和美国律师协会（American Bar Association，ABA）起草了《1956年统一证券法》，作为模范法典建议各州立法加以采纳。36个州及哥伦比亚特区、波多黎各先后采用了该模范法典。《1956年统一证券法》分为四大部分，在很大程度上反映了传统《蓝天法》的内容，这四部分为：第一，反欺诈条款以及相应的处罚；第二，经纪商和交易商（以及后期加入的投资顾问）进行年度注册登记；第三，证券注册；第四，定义、豁免和其他一般适用性条款。1985年又对《1956年统一证券法》进行了修改，形成了《1985年统一证券法修正案》，但是只有6个州采纳了该修正案。为了适应具有优先性的新联邦立法、证券交易和监管技术出现的重大变动以及不断增加的州际、国际证券问题，《1956年统一证券法》和《1985年统一证券法修正案》的部分内容被《1996年全国证券市场改进法》和《1998年证券诉讼统一标准法》替代。2002年，NCCUSL再次修改了统一法，并被十多个州采纳。最终的《2002年统一证券法》增加了信息技术系统说明，更新了相关证券的定义，扩大了证券注册的特定豁免范围，还引入了电子记录、签字和备案。

在推动州法统一化进程中，除统一州法全国委员会和美国律师协会发挥重大作用外，还有一支重要力量——北美证券管理者协会（North American Securities Administrators Association Inc.，NASAA）。1919年建立的NASAA代表美国所有州监管机构，通过发布大量的“政策声明”（statements of policy）、“示范规则”（model rules）和“统一表格”（uniform forms），致力于促进不同州之间，以及各州与联邦证券监管的协调和标准化。

（二）联邦证券监管

1. 联邦证券监管体系的初步形成：20世纪三四十年代

（1）理念之争：实质审查与信息披露

在整个19世纪和20世纪初，证券业自由放任的理念占据了美国立法的思想主流。尽管州《蓝天法》出现了越来越明显的缺陷，直到20世纪20年代，美国仍没有进行证券监管联邦立法。1929年股市崩盘和大萧条的来临彻底改变了人们的主流认识。在国会的调查听证会上，国会银行委员会法律顾问佩科拉挖掘出了大量的腐败行为和幕后交易。通过曝光大量的隐瞒信息、操纵股价、利益冲突等行为，公众对联邦证券立法形成了必要的共识。经济危机为联邦证券监管创造了条件。

在采取何种联邦监管方式问题上，罗斯福政府内部出现了分歧——是以实质审查为主还是以信息披露和形式审查为主？经过大量辩论，国会最后采取了后者，确立了联邦证券立法以公开原则而不是“审查”原则作为理论指导，罗斯福总统在其施政纲领中也明确了证券立法改革这一理论基础。正如布兰代斯大法官所说：“公开是解决社会与行业痼疾的良方。阳光是最好的消毒剂，灯光是最有效的警察。”之所以确立以信息披露和形式审查为主的联邦监管模式，是因为实质审查一方面与美国当时的自由资本主义的理念不符，联邦过分干预经济得不到议员与民众的支持；另一方面实质审查消耗太多的监管资源，且受各种因素制约的联邦监管人员能否保证作出客观、公正的判断也值得怀疑。由此，美国确立了如下的联邦证券监管理念：如果市场出售的证券将所有相关情况都充分、公正地进行了披露，投资者就会有足够的信息进行投资决策。同时，投资者具有适宜的对投资进行评估的能力，不需要政府对证券销售进行耗时费力的实质性分析。

（2）《1933年证券法》和《1934年证券交易法》

国会在1933年和1934年分别颁布了《1933年证券法》和《1934年证券交易法》，时至今日仍是美国联邦证券监管的基石。

《1933年证券法》主要针对证券发行一级市场，有两个基本目标：第一，充分的信息披露；第二，防止证券发行过程中的误导、虚假和欺诈。该法建立了证券发行注册的联邦法律体系，对证券发行一级市场直接进行规范，确定了对证券承销的联邦监管权，并为证券公开发行规定了详细程序和具体披露标准，要求注册表中必须包含有关证券、发行人和承销商的特定信息，建立了一套严格的行政、民事和刑事制裁制度。

《1934年证券交易法》主要针对证券交易二级市场，要求股票交易所必须在联邦政府注册，所有在交易所上市的证券必须满足与《1933年证券法》类似的信息披露要求。对场外交易市场进行监管，着重强调了预防欺诈和市场操纵。由美联储对证券信用进行控制，作为其信贷总量管理的一部分。《1934 年证券交易法》还创设了 SEC，具体负责执行美国证券法律，并根据法律制定和执行法规（regulation）和规则（rule），以保护投资者权益，规范证券市场运作。SEC 是相对独立的联邦监管机构，由 5 名委员组成。委员和主席由总统直接任命，参议院批准任职。主席是委员会最高行政长官，委员任期错开，工作人员由经济学家、律师、会计师、财务分析师等专业人员构成。1964 年，国会对《1933 年证券法》进行了修订，扩大了 SEC 对经纪人—交易商进行实质监管的权力，实行了经纪商—交易商的资格与资本标准。同年，国会对《1934 年证券交易法》也进行了修订，对在柜台交易市场交易的证券发行人设立了定期披露义务。

（3）《1940 年投资公司法》（Investment Company Act of 1940）和《1940 年投资顾问法》（Investment Advisers Act of 1940）

投资公司是由第三方负责管理的集合投资工具，主要从事证券的投资和再投资业务。可分为管理型投资公司（Management Investment Company）和非管理型投资公司（Non – Management Investment Company），其中管理型投资公司可分为开放式公司（大多数共同基金）与封闭式公司。非管理型投资公司包括单位投资信托和面额证书公司。

《1940 年投资公司法》对投资公司的组织形式、治理结构、资本构成、信息披露、估值方式等多个方面进行了规定，禁止投资公司进行融资、卖空交易，并要求投资公司向 SEC 注册。注册后，投资公司必须定期披露其投资业绩、财务状况、投资方针、费用以及其他公司信息。

《1940 年投资顾问法》要求为获得报酬而从事投资顾问业务的个人或企业向 SEC 注册，禁止投资顾问欺诈、滥用非公开信息，并对投资顾问合同（如薪酬条款）进行规范。该法授权 SEC 要求投资顾问保留档案和记录。同时规定了投资顾问注册的豁免条件。

《1933 年证券法》、《1934 年证券交易法》、《1940 年投资公司法》与《1940 年投资顾问法》共同构成了美国联邦证券监管体系的核心。

2. 联邦证券监管体系的不断发展：20 世纪 50～90 年代

在 20 世纪三四十年代联邦证券监管体系基本建立后，美国证券监管的模式整体趋于稳定。不过，为应对不断变化的市场环境，美国立法机关对证券监管法律也不断进行修改。这些法律的修改有着一条贯穿始终的主线：不断加强对证券投资者的保护。

20 世纪 60 年代末，美国证券业遭遇经营困难，数百家证券经纪商被迫停业或合并，许多因无法履行对客户的义务而破产。不少投资者担心资金的安全，纷纷撤离证券市场。

为加强监管，国会颁布了《1970 年证券投资者保护法》（Securities Investor Protection Act of 1970），就经纪商破产向客户提供保险，要求所有注册经纪商—交易商应成为证券投资者保护公司（Securities Investor Protection Corporation，SIPC）的会员。SIPC 是一个准政府机构，负责为陷入财务困境的经纪公司的客户提供保险。基金对每一现金账户的保险最高额是 10 万美元，对每一证券账户最高保险额是 50 万美元。所有证券投资者保护协会成员，必须每年根据总收入情况向基金缴纳保费。

1970 年，国会对《1940 年投资顾问法》进行了修改，取消了仅作为投资公司的投资顾问的注册登记豁免，并禁止其按照投资收益比例获取顾问费用。更重要的，1996 年《全国证券市场促进法》（National Securities Markets Improvement Act）规定，管理资产不低于 2 500 万美元的投资顾问适用联邦一级的监管，管理资产低于 2 500 万美元的投资顾问或仅作为注册投资公司顾问的投资顾问适用州法监管。

1975 年，针对 20 世纪 70 年代后美国证券行业的不断整合，国会对《1934 年证券交易法》进行修订，要求股票交易所放弃传统的经纪人收取固定佣金的做法。非固定佣金的直接影响是使得价格竞争在经纪业务中出现，降低了机构投资者向经纪公司支付佣金的标准，但同时也导致经纪商—交易商倾向于从事能带来更高佣金收入的高风险交易。另外，修订也指示 SEC 建立一个全国市场系统，加强对自律组织的管理。

1986 年，国会对《1934 年证券交易法》再次进行了修订，该修正案又被称为《政府证券法》，其主要目的在于对政府证券经纪人和政府证券交易商实行适当的管理，并规定了相应的责任、财务记录及有关的管理办法，以保护投资者并保证政府证券的公平、正当和充分的流动性。

1980 年，《小企业投资促进法》（Small Business Investment Incentive Act）修正了《1940 年投资公司法》，免除风险投资公司在 SEC 的登记和定期披露要求，并放宽其他限制，给予投资者更多的灵活性，以促进资本流向高科技、高成长产业。

1984 年，国会通过《内幕人士交易制裁法》（Insider Trading Sanctions Act），授权 SEC 对内幕交易者按照牟利金额的 3 倍处以民事制裁，对于主动参与或没有采取措施阻止内幕交易的证券公司，SEC 可以给予停业一年或撤销注册登记的处罚。

由于证券市场内幕交易难以杜绝，国会于 1988 年制定了《内幕交易与证券欺诈施行法》（Insider Trading and Securities Fraud Enforcement Act），增加了证券交易法中的处罚力度，对内幕交易自然人的处罚金额提高到10万～100万美元，对非自然人可处高达250万美元的罚款。刑事犯罪的最高刑期是从5年延长到10年，还要求券商和投资顾问采取措施防止内幕交易。1995年，又出台《私人证券诉讼改革法》（Private Securities Lawsuit Reform Act）规范证券诉讼行为。

1990年，国会通过了《证券实施救济及廉价股票改革法》（Securities Enforcement Remedies and Penny Stock Reform Act），该法案修订了《1933年证券法》、《1934年证券交易法》、《1940年投资公司法》和《1940年投资顾问法》，加大了SEC的执法权限，规定了新的司法和行政救济措施，规定了SEC对廉价股票市场的监管和执法权利。

1990年，国会通过了《国际证券执法合作法》（International Securities Enforcement Cooperation Act），旨在加强防范证券欺诈的国际合作，授权SEC在调查和起诉跨国证券违法行为中与其他国家的监管机构进行合作。

为了提高信息披露的时效性，防止有人利用内幕信息公布的时间差进行内幕交易，美国于1996年5月实行全国上市公司强制性电子信息申报制度（EDGAR）。SEC要求全部上市公司都必须在EDGAR系统实时发布信息。1999年4月1日，机构投资者的管理人员也要在EDGAR上公布持有的证券情况。为了防范证券经营机构和中介机构发生内幕交易行为，还要求在证券机构内部各部门之间设立防火墙，防止对内幕信息的非法利用。

1999年，美国国会通过了《1999年金融服务现代化法案》，正式确立了金融混业经营体制，允许通过设立金融控股公司的方式经营银行，证券和保险业务，并对金融监管的架构进行了改革，由美联储对金融控股公司实行监管，各金融子公司仍由其各自主管机关监管（货币监理署监管银行子公司，SEC监管证券子公司、州保险厅监管保险子公司）。同时，《1999年金融服务现代化法案》还规定了联邦储备委员会与功能监管机构之间互通信息的监管协调机制。此外，在强化监管机构职权的同时，也赋予了监管对象一定的选择权。对于监管机构有变化的，经营性金融机构可以对自己的法律地位作出选择，并依此决定相应的监管部门。例如，该法律修改了《1934年证券交易法》，规定除参加存款保险的银行的关联机构和储贷协会之外的投资银行控股公司，可以按照自己的意愿选择是否接受SEC的监管。

3. 新世纪以来的监管发展

(1) 安然事件的影响

2001年后，一系列上市公司财务欺诈大案集中暴露，对美国证券监管提出了严峻挑战。2001年11月18日，安然公司（Enron）向SEC承认了欺诈行为。自1997年以来，安然公司虚报盈利6.18亿美元，创下了美国历史之最。2001年12月2日，安然公司申请破产，破产总额高达498亿美元。2002年，纽约证券交易所将安然公司摘牌，造成市值损失达320亿美元。

此外，又暴露出世界通讯（World com）、施乐（Xerox）、天然气及电气公司（Williams Companies）、环球电讯（Global Crossing）、美国在线时代华纳（AOL Time Warner）等美国巨型跨国公司虚报盈利和掩盖巨额债务案，安达信会计师事务所销毁有关信息资料以及世界著名五大会计师事务所提供不实会计资料案，摩根斯坦利、高盛、美林、瑞士信贷第一波士顿、雷曼兄弟等投资银行隐瞒财务真相误导投资者案等一系列华尔街丑闻，严重动摇了公众对美国资本市场的信心。

随着相关案件调查的不断深入，发现不仅一些上市公司的管理层和会计审计机构涉嫌造假，许多证券中介机构也难辞其咎。一些证券投资公司和投资咨询机构的分析师发布误导性投资报告，成为上市公司管理层欺诈投资者的帮手。律师事务所、评级机构、证券交易所、注册会计师协会等机构也受到各方责难。安然事件的爆发，引发了美国证券市场的信任危机，投资者对上市公司信息披露的真实性、财务报告的可靠性、证券分析师推荐的有效性以及信用评级机构结论的可信度都产生了怀疑，美国证券监管制度暴露出了更大的缺陷。

(2)《2002年萨班斯—奥克斯莱法案》(Sarbanes - Oxley Act of 2002)

安然事件后，为解决审计有效性、公司财务的可信度及经纪人—交易商诚信责任缺失等问题，国会于2002年颁布了《公共会计改革和投资者保护法》，也称《2002年萨班斯—奥克斯莱法案》。该法案被认为是“美国证券市场发展过程中的一个里程碑”，是自20世纪30年代经济大萧条以来“美国政府制定的涉及范围最广、处罚力度最大且最具影响力的”公司与证券法律。

《2002年萨班斯—奥克斯莱法案》共11章69条。前几章主要规范会计职业与公司行为：第一章规定建立上市公司审计监督委员会（Public Company Accounting Oversight Board，PCAOB）这一专业组织取代过去审计行业的自律管理，授权该组织对上市公司提供审计报告的公共会计师事务所进行注册，制定审计准则，并对执行情况进行检查，对违规行为进行调查，并对违规机构进行处分。PCAOB 受 SEC 的监督。第二章规定了审计师的独立性，禁止会计师事务所向其审计客户提供某些特定的非审计服务。第三章规定了上市公司的责任，要求上市公司高管对公司财务报告的准确性负责。

除加强高管责任，完善公司审计制度，强化上市公司信息披露义务外，该法案还加强了对中介机构的监管；制定了高级财务人员职业道德准则；加大救济力度并加强对违法犯罪行为的处罚。法案规定了补偿投资者损失的救济手段，将个人违反《1934 年证券交易法》的处罚额从之前的 100 万美元提高到 500 万美元，可同时判处的监禁刑期从 10 年提高到 20 年；对机构的处罚额从 250 万美元提高到 2 500 万美元。

《2002 年萨班斯—奥克斯莱法案》涉及会计职业监管、公司治理、证券市场监管等方面的重大改革，利用严厉的监管手段促进了投资者利益的保护。2009 年，为应对次贷危机，美国又在证券领域进行了一系列的立法改革，其中《证券欺诈执行与复苏法》（Securities Fraud Enforcement and Recovery Act）将证券欺诈规定的适用范围扩展到商品及衍生工具欺诈，将禁止对联邦政府的欺诈扩展到“不良资产救助计划”及《经济刺激法》，并授予联邦政府对欺诈进行调查及起诉的权力。从安然事件到次贷危机，每一次重大事件都给美国的证券市场监管提出新的挑战，而纵观历次改革，证券监管力度越来越强，对于登记、信息披露的要求越来越多，对投资者的保护更趋严密。

（3）上市公司治理新规则

2003 年 11 月 4 日，SEC 正式批准美国两家最大的证券交易市场——纽约证券交易所和纳斯达克证券市场提出的上市公司治理新规则。按照新的规则，在纽约证券交易所和纳斯达克证券市场上市的 6 000 余家公司的董事会中，独立董事必须占多数。独立董事被赋予关于公司治理、公司审计、董事提名和薪酬制定等方面的监督权。同时，新规则对独立董事资格作出了更加严格的限制。独立董事不能受雇于其担任独立董事的公司，其家属也不能在该公司管理层任职，独立董事本人和直系亲属都不能接受该公司超过 10 万美元的酬劳。此外，独立董事也不能担任同其任董事的上市公司关系密切的另一家公司管理层的职务。

上市公司治理新规则目的在于形成公司内控机制，扩大独立董事的权限，增强董事会的独立性。但是对于独立董事的薪酬安排一直是公司治理结构的一大难题，如果薪酬水平过低，与公司业绩不相关，可能影响他们的积极性；薪酬水平过高，与公司业绩联系过于紧密，又可能动摇他们的独立性。

4. 联邦立法与州《蓝天法》的关系

虽然美国在20世纪30年代形成了以联邦为主的证券监管体系，但仍保留了各州《蓝天法》和州的证券监管权，以后者作为前者的补充。

不过，虽有统一州《蓝天法》的努力，但各州法律仍内容繁复、规定迥异，使美国证券监管体系从总体上来看异常复杂。为了提高监管效率，1996年，国会制定了《全国证券市场促进法案》，部分削减了州的重复监管。特别是该法案为《1934年证券交易法》增加了第15（h）节，废除了所有州或地方关于“建立有别于《1934年证券交易法》对经纪人、交易商、市政证券交易商、政府证券经纪人或政府交易商的资本、保管、保证、财务责任、(记录保留)，担保、融资或经营的报告要求”的法律。但新法并未取消州法反欺诈规则及其他普通法的权利与救济措施。

三、行业自律监管

《1934年证券交易法》规定除SEC监管外，证券业还通过包括交易所、全国证券交易商协会、市政证券规则制定委员会等机构在内的行业组织进行自律。这些自律组织颁布操作规则和行业准则，并有着自己的执行途径，构成了对政府监管的有益补充；而自律组织本身也受SEC的监管。通过政府监管与行业自律相结合的监管架构，国会试图在保护市场完整性和保持市场灵活性之间寻求一种平衡。

（一）主要的自律组织

1. 证券交易所

美国的证券交易所包括纽约股票交易所、美国股票交易所、波士顿股票交易所、费城股票交易所、辛辛那提股票交易所、芝加哥股票交易所和太平洋股票交易所。

以纽约证券交易所为代表的各交易所均制定了相应的上市与交易规则。其职能主要有（1）建立会员制度，负责会员的登记注册和资格审批；（2）建立证券注册制度；（3）提供交易场所、通讯等市场活动所必需的设施；（4）收集、统计并发布相关上市证券的各类信息，在SEC的监督下制定规章制度并监督所有会员遵行；（5）在会员违反有关规则时进行制裁。

2. 全国证券交易商协会

《1934年证券交易法》建立了对交易所的联邦监管，成为交易所会员的证券公司也受到SEC的监管。但是，那些业务仅限于柜台交易市场的经纪人和交易商，除受到几项一般性的、不充分的强制性反欺诈规则限制外，完全不受联邦监管的约束。而由于柜台交易市场没有正式的组织结构，SEC无法凭借这一结构进行监管。1938年，美国国会在《1934年证券交易法》中增加了第15A条来加强对场外证券交易的监管，即著名的《马隆尼法案》（the Maloney Act）。《马隆尼法案》提出在柜台交易市场建立起一套自律体系。根据该法案，1939年正式成立了全国证券交易商协会（National Association of Securities Dealers，NASD），该法案规定，NASD是一个行业自律组织，依法在SEC注册，并在SEC的监督下有权制定、调整自愿性的非交易所交易成员的规则。1968年，NASD创建了全国证券商协会自动报价系统，即纳斯达克（National Association of Securities Dealers Automated Quotations，"NASDAQ"），该系统于1971年开始运作，没有实物形态的交易大厅，是一个完全采用电子交易的市场。2002年，纳斯达克在纽约证券交易所挂牌上市，受到NASD和SEC的监管。作为一个准公共机构，NASD全权管理美国场外交易市场上的所有证券交易活动，证券公司、投资机构和个体证券经纪人等场外交易者是NASD的会员。它制定了一系列规则来对场外证券交易市场进行监管，主要管理职能是（1）建立会员制度，负责所有参加NASD会员的注册，主持注册考试和注册调查；（2）提供数字统计系统、报价系统和转账清算系统，并利用该系统监测证券投资方向和资金流向，监视场外交易中各种证券交易量和证券价格的变化，防止不法交易的产生；（3）贯彻执行SEC的管理政策和规定，建立NASD的管理制度并监督执行；（4）监督、检察会员的日常经营活动。并可以在会员违反有关规则时加以制裁。

2007年，由NASD和纽约证券交易所中有关会员监管、执行和仲裁的部门合并而形成了美国最大的非政府的证券业自律监管机构——美国金融业监管局（The Financial Industry Regulatory Authority，FINRA）。FINRA的监管对象主要包括5 100家经纪公司、17.3万家分公司和66.5万名注册证券代表，监管目标是加强投资者保护和市场的诚信建设。

3. 市政证券规则制定委员会

市政证券是指《1934年证券交易法》中提及的州、地方或其他政府分支机构发行的债券，包括工业发展债券。由于是政府发行或担保，《1933

年证券法》和《1934年证券交易法》豁免了市政证券的登记和报告要求。早期，SEC对于市政证券交易，除涉及欺诈外无管辖权，市政证券也不受NASD的监管。1975年，《1934年证券交易法》被修订，设立了市政证券规则制定委员会（Municipal Securities Rulemaking Board，MSRB），成为可以对市政证券经纪人和交易商行使规则制定权的非会员机构。MSRB由15名会员组成，它的会员资格“在任何时候均应公平地分为公众代表，经纪人/交易商代表和银行代表”。

MSRB职权包括规定市政证券经纪人和交易商的审查及资格要求，制定记录保持要求，解决交易商争议等。

MSRB没有执法权，但可以寻求SEC、NASD或“合适的监管机构”执行对市政证券经纪人和交易商的制裁。SEC有权要求MSRB制定、废除和修改任何规则，并有权制裁或撤换MSRB会员。

（二）自律监管组织与SEC的关系

自律监管组织处在市场的前沿，具有信息充分、业务熟练、人力资源丰富的独特优势，可通过其对会员的监督、指导，自我教育、自我管理来实现证券行业的自律监管。联邦的监管最初就是建立在市场已有的自律监管基础之上。一方面，自律活动必须在证券法律框架内开展，并接受SEC的监督。在自律监管组织制定规则并实施前，必须得到SEC的批准。SEC既可以对自律监管组织颁布的规则、条例进行修订、补充或废止，也可以要求自律监管组织制定某方面的新的规则。另一方面，对于自律监管组织对会员的制裁行为，还依次受到SEC和联邦地区法院的审查。作为自律监管组织，注册交易所与证券协会被要求协助SEC建立公平、诚实的市场，并将其规则提交SEC审查。

四、金融危机以来美国证券监管的动态和演变

2008年9月，美国雷曼兄弟公司进入破产程序，逐步引发了全球范围的金融、经济危机。这一危机造成的损失是深重的，带给美国证券监管体系的变化也将是深远的。

2010年7月21日，奥巴马总统签署了金融监管改革法案——《多德—弗兰克华尔街改革与消费者保护法案》。其中与证券监管有关的主要内容如下。

第一，对场外衍生品市场进行监管，对衍生品交易商设定严格的行为准则，要求大部分衍生品在交易所内通过第三方清算进行交易。对从事衍

生品交易的公司实施特别的资本比例、保证金、交易记录和职业操守等监管要求。为防止银行机构通过证券化产品转移风险，要求发行人必须将至少5%的资产风险保留在其资产负债表上。

第二，要求大型的对冲基金、私募股权基金及其他投资顾问机构，在SEC登记，披露交易信息，并定期检查。

第三，限制银行业金融机构自营交易及高风险的衍生品交易。禁止银行从事自营交易，限制对冲基金和私募股权基金的投资。对基金的股权投资不得超过自身一级资本或基金股权份额的3%。在衍生品交易方面，要求银行业金融机构将农产品掉期、能源掉期、多数金属掉期等风险最大的衍生品交易业务拆分到附属公司，但自身可保留利率掉期、外汇掉期以及金银掉期等业务。要求所有管理资产超过3 000万美元的投资咨询机构向美国证监会登记，对冲基金和其他私募资产池（包括私募基金和风险投资基金）向SEC登记，进行报告和披露，保存记录并建立全面的合规规则。

第四，加强美国证监会对信用评级机构的监管，要求审计总署就联邦和州监管机构对评级的依赖性发布研究报告。在SEC中成立评级机构监管办公室，每年提供监管报告；对评级机构要求更完全的信息披露，包括评级公司的内部运作、评级方法、历史表现、报酬来源等；降低评级公司与被评级机构和承销商间的利益关联度，在评级公司人员跳槽至客户方时实施离职审查；允许投资者对“轻率和恶意”（Recklessness and Malice）的评级行为提起诉讼；鼓励投资者建立内部信用评级标准，降低监管方和投资者对评级公司的依赖；对长时间评级质量低劣的机构，SEC拥有摘牌的权力。

第五，制定有关投资者保护的严格规定，以保证投资顾问、金融经纪人和评级公司的透明度和可靠性；强调华尔街经纪人的诚信责任，即客户利益高于经纪人的自身利益；加强SEC的监管职能，增加其监管经费，使得SEC有足够的资源和手段来保证信息披露的透明性和交易的公平性。鼓励投资者举报证券违法违规行为，并给予举报人一定的现金奖励。

第六，在高管薪酬问题上为股东提供更多的话语权，包括使用代理人参与董事选举、拥有不具约束力的投票权等；要求董事会下的薪酬委员会完全由独立人士组成；允许SEC强行中止上市公司不恰当、不谨慎的薪酬方案，并要求上市公司披露薪酬结构中所有的激励要素；对上市公司基于错误财务信息发放的高管薪酬，SEC拥有追索权。

《多德—弗兰克华尔街改革与消费者保护法案》是自“大萧条”以来

美国监管领域最全面、最重大的一次变革，必然将对美国证券监管和证券市场的发展产生长远而深刻的影响。

五、结语

美国的证券监管体系是历史的产物，它反映的是在历次危机之后，联邦、州、自律组织不断进行立法和制度创新的成果。美国联邦、州、自律组织三个层次共同形成了美国证券业监管体系。其中，联邦监管处于核心地位，州监管与行业自律起辅助和补充作用。

2008 年以来的金融危机，又一次引起了美国对金融行业监管的深切反思。痛定思痛后，美国国会出台了金融监管改革法案以解决本次危机所反映出的问题（证券领域监管的问题如评级机构问题、衍生产品和对冲基金的监管空白问题、高管薪酬问题等），进一步说明了美国证券监管体系的发展与演变与解决不同时期突出问题之间的关系。

纵观美国证券监管体系的历次变革，有一条鲜明的主线贯穿始终——加强对投资者权益的保护。从各州《蓝天法》到《联邦统一证券法》，从《2002 年萨班斯—奥克斯莱法案》到《多德—弗兰克华尔街改革与消费者保护法案》，保护投资者的权益始终是美国证券监管改革的主要目标。

此外，由于美国在国际金融监管领域的领导地位，其国内金融立法的某些原则和内容可能产生广泛的国际影响。此次《多德—弗兰克华尔街改革与消费者保护法案》带给美国证券监管的变化，也将深刻影响其他国家的证券监管制度。

美国期货市场监管演变

美国有着目前世界上最为发达的期货市场。这个市场诞生和发展的时间并不特别长，但其成长之迅速、影响之深广为我们熟知。与美国期货市场发展相伴的是不断回应市场变化、不断完善的监管法律制度。因此，认真考察美国期货监管法律制度的历史，尤其是在2008年全球金融危机后的今天，对思考完善我国包括期货监管在内的金融监管体系有着特殊的意义。

一、简介

1848年，世界上第一个期货交易所——芝加哥期货交易所（Chicago Board of Trade，CBOT）在美国诞生，在以后的10年里，交易所通过会员的自愿合作对交易进行监管，实施传统的自我管理模式。1859年2月18日，伊利诺伊州州长签署一份特许法律文件，准许CBOT在其需要伊利诺伊州立法依据成立法人时采用这一法律文件，表明地方法律授权的交易所自律监管模式开始出现。1921年8月24日，美国国会通过《1921年期货交易法》（Futures Trading Act of 1921），授权农业部部长将符合最低资格要求的交易所指定成为期货市场，商品期货交易必须在联邦政府许可的期货市场中进行。虽然该法在1922年被废止，但美国期货市场却由此进入了以联邦立法、农业部监管为主导的政府依法监管与市场自律的磨合阶段。1922年10月1日，美国国会通过《1922年谷物期货法》（Grain Futures Act of 1922），授权农业部部长在农业部内部建立谷物期货管理局，履行对谷物期货市场的监管职能。该法的通过标志着美国期货市场的监管正式进入联邦立法规范的阶段。1936年7月1日，美国国会对《谷物期货法》进行大范围修改，更名为《1936年商品交易法》，将管理的对象从谷物扩大到其他农产品，并首次明确设置了隶属于农业部的专门的期货交易监管机构——商品交易所监管局（Commodity Exchange Authority，CEA），强化了联邦对期货市场的直接监管。1974年10月23日至24日，国会通过《1974年商品期货交易委员会法》（Commodity Futures Trading Commission Act of 1974），该法案全面修订了《1936年商品交易法》，并设立了商品期货交易委员会（CFTC），对所有商品的期货交易进行统一监管，实施联邦立法、由独立监管机构CFTC统一监管的模式。2000年12月，美国国会通过了《2000年商品期货现代化法》

（Commodity Futures Modernization Act of 2000，CFMA），旨在改革美国金融衍生品市场，确保美国在国际金融市场的竞争地位。2007 年次贷危机引发的金融危机，迫使美国进行了自大萧条以来最重大的金融监管改革，于 2010 年 7 月 21 日通过了《多德—弗兰克华尔街改革与消费者保护法案》，对金融衍生品交易、投资者保护、高管薪酬和公司治理等资本市场监管领域进行了一系列改革，将对今后期货业的发展产生重大影响。

此外，期货业自律监管也在不断发展，期货交易所、期货业协会（National Futures Association，NFA）等行业自律组织发挥着日益重要的作用。

总体来讲，美国期货市场是在《1936 年商品交易法》的框架下运作，其他法律如证券法、银行法部分条款也间接地对期货市场产生约束力。美国期货市场的监管机构包括 CFTC、NFA、SEC 和银行管理机构，如美联储及 OCC 等（美国期货市场法律及监管框架详见图 1）。

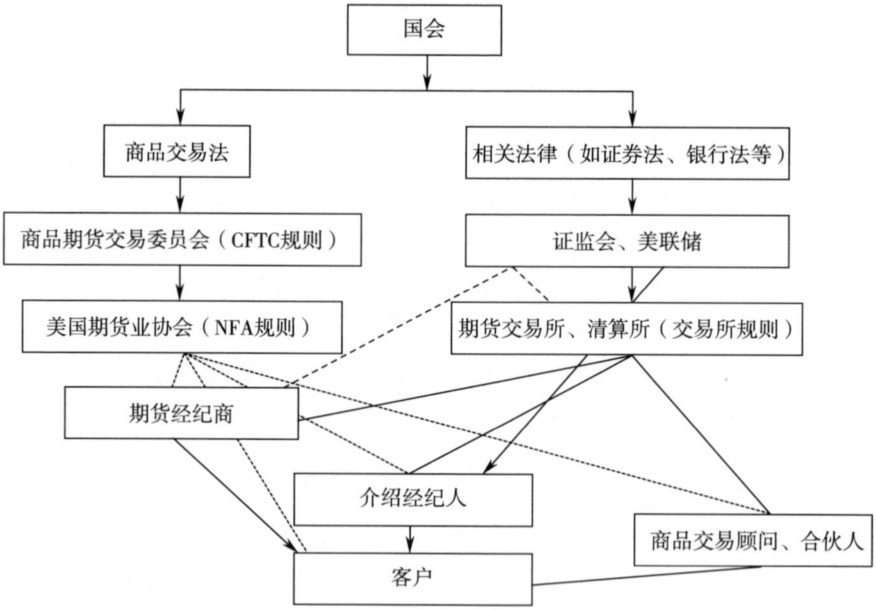

图 1　美国期货市场法律及监管框架

二、美国期货市场监管主要历程及立法概览

从美国期货市场监管模式演变历程分析，美国期货市场监管可分为四

个阶段：传统自律监管阶段（1848～1859年）、以地方立法授权为主导的自律监管阶段（1859～1921年）、联邦立法、以农业部为主的监管阶段（1921～1974年）、联邦立法、由CFTC统一监管阶段（1974年至今）。

（一）传统自律监管阶段

这一时期自1848年CBOT成立历时11年，并不存在任何形式的监管机构。这是一种传统的自我管理形式，期货交易所自发组织，自我管理，不需要借助法律和政府的支持，就可以使交易活动正常有序地运行。

美国期货市场的监管基础源于传统自律。这种自律管理模式在商品市场发展初期合约标准化程度还不高、投机成分还不浓的商人圈内可以有效运行并发挥重要作用。

（二）以地方立法授权为主导的自律监管阶段

以地方立法授权为主导的自律监管阶段是从1859年“伊利诺伊州特许法律文件”的出现，到1921年联邦设立《1921年期货交易法》之前的62年时间。

1848年CBOT成立之后，在由现货远期交易向标准化期货交易过渡的过程中，合约转让不断出现，商务辐射半径不断加大，期货合约渐具雏形，市场发展需要赋予交易所交易规则更多的权威性和更为强有力的法律支撑。1859年2月18日，伊利诺伊州州长签署一份特许法律文件，准许CBOT在其需要伊利诺伊州立法依据成立法人时采用这一法律文件，并允许CBOT制定交易规则和进行仲裁。“伊利诺伊州特许法律文件”表明期货市场需要法律授权进行监管，其赋予交易所独特的自律权力和管理会员的职责，有助于交易所实施监管行为，强化其管理市场的能力，迈出了实施地方法律授权的交易所自律监管模式的第一步。

自“伊利诺伊州特许法律文件”出现之后，美国相继成立了多个期货交易所（1859年成立了密尔沃基谷物交易所、1861年成立了纽约产品交易所、1864年成立了纽约黄金期货交易所、1876年成立了圣路易斯商业交易所、1877年成立了德鲁斯商品交易所、1881年成立了堪萨斯城期货交易所、1882年成立了纽约咖啡交易所、1891年成立了西雅图谷物交易所等），各州也仿效伊利诺伊州的做法，通过地方立法的方式授权交易所对期货市场进行自律监管。

（三）联邦立法、以农业部为主的监管阶段

联邦立法、以农业部为主的监管阶段跨越了从《1921年期货交易法》出台到《1974年商品期货交易委员会法》出台、CFTC成立前的53年时间。在整个期货监管历史上，这一阶段是自律与法律的磨合期，是从以交易所自律为主，向以政府监管为主转换的碰撞磨合阶段。也就是说，这是一个从美国国会对期货市场监管犹豫不决到决意对期货市场立法监管、联邦政府逐渐介入期货市场挑战交易所自律监管的过程。

自“伊利诺伊州特许法律文件”出现之后，美国众多期货交易所成立，而同时也暴露出期货交易的诸多问题。其中导致联邦开始介入期货监管的问题是“黄金逼仓事件”、“投机商号”（Bucket Shops）、“平民起义”（Populist Revolt）。

在南北战争期间，黄金期货价格随着联邦的胜利或失败起伏不定，尤其是1861年纽约的银行停止使用硬币进行支付后更是如此。1869年，纽约黄金交易所出现了“黑色星期五事件”，黄金逼仓达到了登峰造极的程度。于是，联邦第一次介入了对期货投机交易的监管，宣布禁止黄金期货交易，禁止所有在合同成交后的任意时间均可交割的金币和金条合约交易，以及所有金币和金条卖空行为。而由于该法律并未起到稳定黄金价格的作用，几周后被废止。

期货交易发展初期遇到的另一个严重问题是“投机商号”的产生。其最初出现在19世纪80年代芝加哥的拉萨利大街上。所谓的“投机商号”是指一些可以针对现行商品期货价格进行赌博的公司，投机商号的坏名声和经营手段使得期货市场的声誉遭到破坏，并对交易所存在竞争威胁。

“平民起义”是指1866年至1896年的30年间，美国经历了历史上时间最长的一次农产品价格下滑。因为农产品价格的巨大波动使得农民遭受了重大损失，19世纪90年代，以农庄运动为代表的“平民起义”发生，农民们认为，CBOT应该对商品价格的波动负责，正是这些价格波动，使得农民无法获得合理的农产品价格。

由于以上问题，联邦自19世纪末开始致力于期货领域的立法，意在完善禁止期货赌博、逼仓行为和投机商号的相关法律。自1880年至1920年，美国国会提议了200多项法案以规范期货交易。其中较著名的有《巴特沃斯法案》（Buterworth Bill）、《哈奇法案》（Hatch Bill）等。虽然这些法案最终未获通过，但其提出的一些立法原则为后来通过联邦立法对期货市场进行监管奠定了基础。

1.《1921年期货交易法》

20世纪20年代，随着第一次世界大战结束，世界商品生产有了较大的提高，需求则相对减少，供过于求导致商品价格暴跌，给期货投资者造成严重损失。另一方面，由于期货市场缺乏监管，投机猖獗，在此背景下给美国期货领域提出了新的联邦立法要求。1921 年，为了规范谷物期货交易，美国第一部《1921 年期货交易法》出台。该法授权农业部长将符合最低资格要求的交易所指定成为期货市场，商品期货交易必须在联邦政府许可的期货市场中进行。《1921 年期货交易法》对所有的期权交易以及那些不在指定的合约市场上执行的谷物期货交易实行 20 美分/蒲式耳的禁止税。至此，美国期货市场进入了联邦立法、以农业部监管为主导的自律与法律的磨合阶段。《1921 年期货交易法》于 1922 年因“希尔诉华莱士”①（Hill v. Wallace）一案而被最高法院裁决为违宪，该法案被废止。该案反映了地方自律模式的强大惯性和地方利益集团对联邦立法的抵制。

2. 《1922 年谷物期货法》

1922 年，美国国会通过《1922 年谷物期货法》，并于同年 10 月 1 日生效施行。该法旨在防止价格操纵，要求交易所必须采取措施防止会员散布虚假和误导性的谷物市场信息，建立防止价格操纵行为和逼仓行为的制度。根据该法规定，农业部部长有权指定符合条件的交易所成为“合约市场”，并在农业部内建立了谷物期货管理局，履行对谷物期货市场的监管职能。

《1922 年谷物期货法》在美国期货法律史上具有极其重要的意义，标志着期货市场在美国从此开始进入国家层面立法规范的轨道，并对世界期货交易的历史也产生了重大的影响。《1922 年谷物期货法》明确了期货交易所对其职员和会员具有自律管理的责任，明确规定交易者只能在有会员资格的期货经纪人处申请设立账户；在国家有关部门内部设立专门的期货交易管理机构，专职对期货市场进行监督管理等。《1922 年谷物期货法》构建了期货市场法律规范的基本框架，为期货市场的进一步法定监管打下了坚实的基础。

3. 《1936 年商品交易法》

1929 年股票市场的崩盘对商品期货市场产生了巨大的损害。商品期货价格开始急剧下跌，联邦政府不得不出面稳定市场价格。1929 年 5 月，美

① 259 U. S. 44（1922）。CBOT 8 位会员代表其他所有会员起诉美国农业部部长、税务部部长和伊利诺伊州北区地方检查官，伊利诺伊州、区税收员以及 CBOT 及其总裁、副总裁和董事。原告声称，他们要求交易所起诉《1921 年期货交易法》是违宪的，但是，交易所没有采取任何行动。而交易所认为，他们打算服从《1921 年期货交易法》规定，因为他们害怕与那些政府官员对抗。4 个月后，美国最高法院裁决《1921 年期货交易法》违宪并废止了该法律。

国总统胡佛下令成立联邦农场委员会（Federal Farm Board），以最大限度地减少商品期货市场中的投机行为。1930年11月17日，联邦农场委员会成立了谷物稳定公司（Grain Stabilization Corporation），试图通过在市场上公开大量买进小麦来稳定小麦价格。但小麦价格还是由于世界范围内的经济不景气和供给过剩而不断下跌。1932年3月2日，罗斯福总统宣布CBOT闭市（从1932年3月4日至3月15日）。其后，交易量和成交价格都开始上升，但在1932年的7月19日，谷物市场还是崩溃了。谷物价格的崩盘和紧接着发生的大萧条，促使政府采取了进一步加大对证券和商品期货的监管的措施。1936年7月，为了与包括《1933年证券法》、《1934年证券交易法》在内的金融改革配套，美国国会对《1922年谷物期货法》进行大范围修改，更名为《1936年商品交易法》，将管理的对象从谷物扩大到其他农产品，并首次明确设置了专门的监管期货交易的政府机构——商品交易监管局（CEA），强化了政府对期货市场的直接监管。商品交易监管局有权核准期货交易所的设置标准并批准期货合约的上市；设定投机交易者持仓数量限制；严厉打击操纵期市价格、散布虚假信息以及进行地下非法期货交易等破坏市场正常运行秩序的不法行为等。《1936年商品交易法》加强了联邦政府对期货交易的直接管理和期货交易所的责任。政府可以收集个人交易者头寸的信息，禁止预定交易、虚卖、融通交易等不是在交易大厅公开竞争的一切交易。1968年，美国修改《1936年商品交易法》，拓宽反欺诈标准，实行同谋责任，把牲畜产品期货合约置于法律的监管之下，给予CEA为期货公司设置最低资本金的权力。

（四）联邦立法、由CFTC统一监管阶段

从CFTC成立至今，美国期货市场监管模式定格在国会授权、联邦专门机构统一监管，完成了监管的专业化转型。CFTC是负责统一监管全国期货市场的专业监管机构，它直接向国会负责，拥有独立的决策权，是美国期货市场最主要的法定监管机构。该监管框架克服了部门监管的局限性，为商品、金融、衍生品等更为宽阔领域的期货市场发展构筑了现代监管的平台和法律制度的基础。

1.《1974年商品期货交易委员会法》

期货市场发展到20世纪70年代，交易品种已经远远超出了《1936年商品交易法》制定时的情形，尤其是金融期货产品的迅猛发展，彻底改变了传统期货市场以农产品为主的特征。市场结构的变化要求扩大商品交易法的适用范围，用于包括所有在市场上交易的产品。农业部下属的期货监管部门（CEA）对于非农业产品的商品不但没有能力也没有兴趣加以管理。70年代初，美国经济出现“滞胀”，一些未被CEA监管的商品期货市场，如咖啡、糖、可可、木材等，不时出现市场操作行为，引起价格的暴涨暴跌。对此，政府认为有必要建立一个与SEC类似的专业监管机构来监管整个期货市场。1973年9月25日，美国国会开始举行有关听证会，决定修正《1936年商品交易法》，创设新的管理机构并扩大其授权范围。1974年10月23日福特总统签署了《1974年商品期货交易委员会法》，授权成立CFTC，取代了CEA，授权CFTC对美国所有有组织的期货市场进行监管，并对有关商品交易规则和制度行使规则制定权。同时，CFTC还拥有对交易所和会员行为的检查权，对客户投诉的仲裁权等特别授权。该法还明确规定，各州政府不得颁布与期货交易有关的法律法规，已有的州立法一律无效，从而确立了期货市场联邦立法的至上性和唯一性。

《1974年商品期货交易委员会法》在设立CFTC的同时，还起到了作为《1936年商品交易法》修正案的作用，其内容被同时吸收到《1936年商品交易法》当中。根据《1974年商品期货交易委员会法》中的“落日条款”（即CFTC运作一定期间后必须重新取得国会授权，否则就应结束监管工作），国会每次通过的重新授予CFTC监管权的法案既可以看成是《1974年商品交易委员会法》的修正案，又因其对《1936年商品交易法》的有关内容作同步修正而同时成为《1936年商品交易法》的修正案。1974年以后国会通过的重新授予CFTC权力的法案有《1978年期货交易法》（Futures Trading Act of 1978）、《1982年期货交易法》（Futures Trading Act of 1982）、《1986年期货交易法》（Futures Trading Act of 1986）、《1992年期货交易实行法》（Futures Trading Practices Act of 1992）、《1995年CFTC重新授权法》（CFTC Reauthorization Act of 1995）、《2000年商品期货现代化法》（Commodity Futures Modernization Act of 2000，CFMA），以及根据上述法案修正后的《1936年商品交易法》。通过这些法案，美国的期货立法和监管工作不断得到完善。

2. 《2000年商品期货现代化法》

CBOT在全球衍生品交易市场上一直居于领先地位，但在20世纪末却接连受到来自伦敦国际金融期货交易所（LIFFE）和德国欧洲期货交易所（Eurex）的挑战。为此，CFTC准备出台一套全新的方法来监管场外衍生品市场（OTC）。2000年12月15日，美国第106届国会通过了《2000年商品期货现代化法》（CFMA），并于12月21日生效。CFMA的宗旨在于放松衍生交易的政府管制，提高其法律确定性，增强美国期货市场在国际上的地位。CFMA 在首页中写道：“新批准并修改《1936 年商品交易法》，旨在建立期货市场及 OTC 的法律确定性，进一步增强其竞争力和降低系统性风险及其他目的[①]。”CFMA 进一步丰富了期货市场的品种，提高了美国衍生金融市场的竞争力。CFMA 的主要内容包括

（1）重新规定了 CFTC 的使命，其中的第三部分构建了一个“CFTC 监督下的有效自律管理体系”，并列出四个监管目标：确定和预防价格操纵或其他破坏市场公正性的行为；保证该法律所涵盖的全部交易的公正性，避免系统风险；保护所有市场参与者免受欺诈、盗卖和挪用客户资金行为的损害；促进行业协会、其他市场和市场参与者进行有利的创新和公平竞争。

（2）把证券期货[②]（Securities Futures）定义成《1933 年证券法》下的证券，受《1933 年证券法》约束和 SEC 的监管，但同时承认证券期货也是一种期货，所以 CFTC 也有管辖权，但不是排他性的。CFMA 实际是废除了《Shad – Johnson 法案》[③] 中关于证券期货的相关禁令。

（3）给场外交易的衍生工具[④]（Over – The – Counter Derivative Instruments）提供了法律确定性。在此之前，OTC 衍生产品一直没有明确是否属于《1936 年商品交易法》的管辖范围[⑤]。如果属于，那么按照规定该类产品就必须在 CFTC 指定的交易场所（Board of Trade，它的定义要比交易所宽泛）中进行或者受该交易场所规则的约束，并通过该交易场所的会员执

---

① U. S. 106TH Congress 2d Session H. R. 5660 IH.

② 单个证券的期货合约和期货期权合约或者窄幅股票指数的期货合约和期货期权合约。

③ 由于美国《1933 年证券法》对证券的定义相当宽泛，而《1936 年商品交易法》对其所约束的“商品”的定义也属宽泛，所以，SEC 和 CFTC 这两个机构在管辖范围上存在分歧和混乱之处。所以，在 1982 年和 1983 年国会通过《Shad – Johnson 法案》，将两者的管辖范围做了划分：禁止基于单个证券或不符合法定综合指数标准的证券指数即小范围证券指数（Narrow – based Security index）的价值或利益的期货；SEC 对如下金融产品的期权有管辖权：证券（包括豁免证券）、存款凭证（Certificates of Deposit）、在全国性证券交易所交易的外汇、证券组或证券指数；CFTC 对如下金融产品的期货合约和期货期权合约有管辖权：豁免证券（不包括市政债券）、存款凭证、符合法定标准的证券指数。

④ OTC 衍生产品主要是互换（Swaps）、混合工具（Hybrid Instruments）和选择权（非交易所内进行的）。

⑤ 根据 1992 年的《期货交易实务法案》，CFTC 获得授权可以对符合标准的交易或一类交易进行豁免，不受《1936 年商品交易法》的管辖，只要这种豁免是符合公众利益的。对于互换和混合工具，CFTC 也确实这么做了。然而，这并没有界定场外衍生产品的法律地位。

行，否则将视为非法。而众所周知，上述产品实际上是金融机构、大企业等实力机构之间私下协商、一对一进行的。现在通过修改《1936 年商品交易法》，明确地把由合格交易商（满足一定的资产、净资产的要求的交易商）之间进行的一对一的互换和混合工具交易不受《1936 年商品交易法》管辖，但不包括供应量有限的商品。

三、行业自律监管

《2000 年商品期货现代化法》规定除 CFTC 监管外，期货市场还由 NFA、期货交易所在内的行业组织进行自律。这些自律组织颁布操作规则和行业准则，并有着自己的执行途径，构成了对 CFTC 的有益补充；而自律组织本身也受 CFTC 的监管。

（一）NFA 对期货市场的监管

NFA 是一个受 CFTC 监管，为期货行业提供额外自律管理的自律性组织，其管理的重点是那些不是任何交易所会员的业内注册人员。1974 年 CFTC 成立时，国会就同意成立 NFA。但当时协会筹备者关于所有期货从业人员都必须加入协会的规定违背了国会的相关法律。直到 1978 年，在 CFTC、协会筹备者的共同努力下，说服国会修改了相关法律，协会才得以成立。

1. NFA 的组织机构

NFA 最高权力机构为会员大会，每年召开一次。董事会在会员大会闭幕期间行使权力，由 43 名董事组成，美国最大的 13 家期货交易所均有 1 名代表。董事会下设执行委员会，由 10 名董事组成。董事会下设若干专业委员会，主要包括提名委员会、业务行为委员会、听证委员会、财务委员会、上诉委员会、会员资格委员会、顾问委员会。

2. NFA 的主要监管职责

NFA 有五个方面的基本管理职责：其一，所有的期货佣金商（Futures Commission Merchant，FCM）、介绍经纪人（Introducing Broker，IB）、商品交易顾问（Commodity Trading Advisors，CTAs）和商品基金执行人（Commodity Pool Operator，CPO）必须在 NFA 登记注册，成为其会员，遵守 NFA 的财务规则；其二，NFA 创建并执行各种规则和行为准则保护投资者，反对欺诈、操纵和其他不公平的营销和交易行为；其三，NFA 通过提供高效的仲裁程序，在解决投资者与其代理机构的纠纷方面扮演重要角色；其四，NFA 确定加入或保持其会员的各种要素，并且提供了各种培训标准和相关考试；其五，NFA 处理所有场内经纪人和场内交易员的申请，同时，《1936 年商品交易法》第四章授权其可以延期、（延期）察看、中止、限制或取消某人成为场内经纪人或场内交易员的申请。近年来，NFA 还提供了市场监管的服务，即受某交易所的委托对其产品进行市场监管服务。

（二）期货交易所对期货市场的监管

美国的期货交易所是会员制的公司组织，它除了提供期货交易场所、标准化的期货合约和期权合约、通过结算所为期货交易提供安全保障、信息服务等基本职能外，还提供对期货交易的管理。期货交易所主要实施交易所内部的管理以及对交易所会员和场内交易员的管理，建立并执行交易规则。这些管理职能具体主要是

（1）对会员资格申请者进行严格的审核

审核的内容主要是集中调查会员申请者的信用状况、财务责任范围以及廉洁性等问题。由于交易所会员的席位是有限的，因而只有财力雄厚者才可能获得会员资格。除财务要求外，还要申请者的历史必须清白即在其以往的交易历史中必须没有不良记录，追溯期通常为 10 年。

（2）对会员有责任进行严格监督

这主要是监督会员的财务状况要始终符合交易所的严格要求，以免发生恶性倒闭事件；监督会员的交易行为，防止其进行违规的交易活动，保障投资人的利益。

（3）对场内交易人或经纪人进行严格的监督和管理

由于交易所会员接收到的期货买卖指令都是由场内交易人执行，对场内交易人的严格监管就十分必要。这种监管主要包括一是素质监管，即要求场内交易人必须具有良好的专业能力和职业道德；二是交易行为监督，即不允许场内交易人进行如下违规交易：场内交易人之间私下协议买卖合约、与其他场内交易人联合起来，操纵市场价格以谋取私利、不顾客户的指令先交易自己的合约而延误客户指令的执行。

（4）管理期货价格的涨跌

为避免价格脱离供求关系而剧烈波动，保护期货交易人的利益，美国一些期货交易所对某些期货交易设有涨跌停板的限制。

为了保证期货交易所的监管职能顺利实施，美国的期货交易所通常有以下三个委员会：一是场内监督委员会，主要职能是防止场内交易人的违规交易；二是仲裁委员会，主要职能是调解会员与会员之间、会员与非会员之间的各种纠纷；三是道德委员会，主要职能是负责调查是否存在操纵市场的行为。

（三）CFTC、NFA、期货交易所之间的关系

1. CFTC 与 NFA、期货交易所的关系

从法律的角度讲，CFTC 与 NFA、期货交易所的关系是监管与被监管的关系；从其管理的范围与职能来说，前者与后两者又是分工与合作的关系。

从监管与被监管的角度讲，依照有关法律，尤其是《1936 年商品交易法》的规定，CFTC 有权对 NFA、期货交易所进行审查、监督和管理。首先，成立 NFA 或期货交易所，只有经过 CFTC 批准后才能开始运作，如果 CFTC 认为 NFA 或期货交易所违反法律、法规，疏于执行强制性规章，并对违法情况负有责任，在认定必须或符合公众利益的条件下，有权依法暂停或取消其注册资格。其次，NFA 和期货交易所章程、规章、规则的制定、修订依法要报 CFTC 审批（虽然实际上目前有些交易所不重要的规则并不需要报其审批，但实际上 CFTC 仍然可以随时履行其管理职能）。再次，CFTC 有权审批、监督、修改 NFA 和期货交易所的市场监管行为及作出的处罚决定。

从分工与合作的角度讲，NFA 和期货交易所作为业内自律组织和一线管理者，享有管理市场的种种便利条件，承担了大量的市场微观管理工作。CFTC 的工作重点是起草或制定法律、法规，规划和促进期货市场的健康发展，预防和打击市场操纵行为，维护市场公平，保护投资者利益，以及监督自律组织履行自律监管职责。NFA 和期货交易所市场监管行动的有效开展也使 CFTC 能从以往烦琐的事务性工作中解脱出来，可以将更多的注意力集中在制度创新与维护市场的公平、公正与公开，提高市场的竞争力、市场的活力和效率上来。

2. NFA 与期货交易所的关系

在美国，期货业自律组织包括 NFA 和期货交易所，它们根据法律和政府的授权行使自律监管职责，二者之间并不存在监管或被监管的关系。根据《1921 年期货交易法》的规定，期货经营机构必须有“指定的自律组织”（Designated Self – Regulatory Organization，DSRO）对其日常业务进行监管。期货交易所对本交易所的 FCM 会员的日常业务进行监管，而 NFA 则对非交易所会员 FCM 和所有的 IB、CPO、CTAs 及从业人员进行自律监管。由于一些 FCM 可能同时为 NFA 和几家期货交易所的会员，因此，FCM 可以选择任何一家自律组织（Self – Regulatory Organization，SRO）作为其 DSRO。为了协调监管，避免 FCM 重复报告，NFA 和期货交易所成立

了联合审计委员会（Joint Audit Committee），就由谁来审计、审计过程中出现的问题、统一审计报表格式等问题进行协商。目前，在美国 170 多家 FCM 中，有 40 个左右由 NFA 负责进行审计（CFTC、NFA、期货交易所之间的关系详见图 2）。

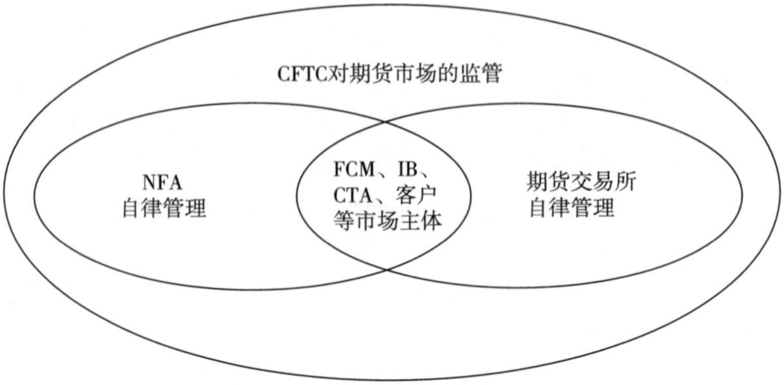

图 2　CFTC、NFA 和期货交易所监管关系示意图

四、金融危机以来美国期货市场监管的动态和演变

2008 年 9 月，美国雷曼兄弟公司进入破产程序，逐步引发了全球范围的金融、经济危机。这一危机造成的损失是深重的，带给美国期货监管体系的变化也将是深远的。

2009 年 7 月 21 日，奥巴马总统签署了金融监管改革法案——《多德—弗兰克华尔街改革与消费者保护法案》，其中与期货监管有关的主要内容如下：

第一，将之前缺乏监管的场外衍生品市场纳入监管视野，对所有的衍生品交易商设定更为严格的行为准则。大部分衍生品须在交易所内通过第三方清算进行交易。对从事衍生品交易的公司实施特别的资本比例、保证金、交易记录和职业操守等监管要求。

第二，限制金融机构自营交易及高风险的衍生品交易。要求金融机构将农产品掉期、能源掉期、多数金属掉期等风险最大的衍生品交易业务拆分到附属公司，但自身可保留利率掉期、外汇掉期以及金银掉期等业务。

第三，把所有场外交易（OTC）衍生品以及资产抵押证券纳入到一个统一的管理框架中，以达到增加市场透明度以及提高市场信心的目的。为了减少系统风险，要求标准化场外交易衍生品交易，在受监管的市场中进行而且通过中央结算机构结算。

第四，建立对所有 OTC 衍生品包括信用违约互换（CDS）的全面管理制度。所有 OTC 衍生品市场，包括 CDS 市场受到全面的监管，防止这些市场的活动威胁到金融系统，提高这些市场的效率以及透明度；防止市场操纵、欺诈或其他市场违规操作的发生；保证 OTC 衍生品不向不成熟的市场参与者出售。

修改《1936 年商品交易法》以及其他证券法律，要求所有标准化的 OTC 衍生品的结算均需要通过受监管的中央结算系统（Central Counterparties，CCPs）进行，授权 CCPs 收取一定的保证金以及利用其他风控手段保证 OTC 衍生品不能逃避中央结算。

对于给交易对手造成很大的风险敞口的 OTC 衍生品的交易者或其他企业的行为，设置更为严格的监管，其中包括最低资本金要求（比银行对 OTC 衍生品的要求更多）、业务操作标准、报告要求以及对交易对手方风险敞口的最初保证金的最低要求。

授权 CFTC 以及 SEC 对所有 OTC 衍生品进行交易记录以及报告的强制要求，而 CCPs 以及其他交易仓库需要建立总持仓量以及交易量的数据库开放给公众，而单个交易者的交易以及头寸情况应以保密的方式向 CFTC 以及 SEC 报告，同时，如果 OTC 衍生品对市场的价格发现功能有重大的影响，CFTC 有权限制该衍生品的持仓。

第五，协调期货市场与证券市场的管理。CFTC 与 SEC 应向国会提出可以协调两个市场的改进措施，应该建立共同的市场监管基础，经过两个机构的协商，制定出更加精确的原则，如果违反了该原则，相应的措施应该可以在上述原则中找到，同时，它们应该对市场参与者的创新给予一定的弹性。

《多德—弗兰克华尔街改革与消费者保护法案》是自“大萧条”以来美国监管领域最全面、最重大的一次变革，必然对美国期货市场监管产生长远而深刻的影响。

五、结语

剖析和研究美国对期货市场监管不断进行立法改革的历史，可以得出以下几点启示：

第一，美国的期货市场监管体系是历史发展变革的产物，它反映的是在历次危机之后，联邦和自律组织不断立法和制度创设的成果。美国联邦和自律组织两个层次共同形成了美国期货市场监管体系。其中，联邦监管处于核心地位，行业自律起辅助和补充作用。2008 年以来的金融危机，又一次引起了美国对金融行业监管的深切反思，痛定思痛后，美国国会出台了金融监管改革法案，对危机暴露出来的衍生品市场的监管不力和监管漏洞进行了全面的修补和加强。

第二，纵观美国期货监管体系的历次变革，有一条鲜明的主线贯穿始终——加强对投资者权益的保护。从传统自律管理到以地方法律授权为主导的监管，再到以联邦立法、农业部监管为主导的监管，再到后来的 CFTC 统一监管；从《1922 年谷物期货法》到《1936 年商品交易法》、从《1974 年商品期货交易委员会法》到《2000 年商品期货现代化法》以及 2010 年的《多德—弗兰克华尔街改革与消费者保护法案》，保护投资者的权益始终是美国期货监管改革的主要目标。

第三，期货市场是最典型的立法和监管依赖型市场，其法治水平要求更加严格，没有立法作支撑构建期货交易的制度结构和公开、公平、公正的交易平台，期货市场无法正常有序运行，更谈不上发挥风险管理功能。美国期货市场早期也存在普遍的操纵和过度投机现象，自从联邦立法开始介入以后，市场得到逐步治理，期货市场也从社会的普遍指责的道德困境中拯救出来。以市场为基础的联邦立法及其构建的集中统一的监管框架，是美国期货市场高度发达的根本制度保证。

第四，衍生交易本身就是市场不断创新的结果，没有创新就没有衍生产品市场。因此，关键的问题是如何在实现有效监管的同时鼓励创新。美国历次期货市场监管改革的核心之一就是在监管与创新之间寻求新的平衡。

美国保险监管演变

与证券或银行业相似，美国的保险业也是在历史的不断发展变化中逐渐形成了一套独特的监管体制。为了更好地理解美国保险监管的现状，我们必须了解其历史。本文将择要介绍美国保险监管制度的梗概，并追溯这些制度要点的由来。

一、保险监管的历史发展概述

美国保险监管自成体系，与存款机构、证券、期货等其他金融行业的监管方式都不同。在美国，对存款机构和证券商的监管，采用的基本是联邦和州的双重监管体制；而对保险公司的监管则由各州自行开展，联邦的监管权力极其有限。这种联邦和各州间保险监管权力的配置，有着一个较为复杂的演化过程。

（一）保险业州监管模式的开始和确立

在1850年以前，美国的保险公司仅受制于公司章程，几乎没有受任何监管。自1851年新罕布什尔州创立了第一个专职的保险监理官委员会（Board of Insurance Commissioners）起，许多州也纷纷开始建立自己的保险监管机关：马萨诸塞州和佛蒙特州于1852年、纽约州在1859年、罗得岛州在1865年都开展了此项工作。

1869年对美国保险监管而言是一个重要年份，这一年发生了“保罗诉弗吉尼亚州政府案”（Paul v. Virginia）。保罗是弗吉尼亚州人，是纽约保险公司在该州的代理商。弗吉尼亚州指控保罗违反了该州有关没有获取州颁发的许可证即进行商业活动的法律。保罗认为，他不需要弗吉尼亚州颁发的许可证，因为他的保险销售活动是州际间的商业活动，而弗吉尼亚州则反对这一观点。该州认为保罗是本州公民，且在本州开展商业活动，因而应处于州监管之下。当保罗在没有取得许可证的情况下继续出售保险时，他被罚款50美元。于是1869年该案上诉到美国最高法院并由其进行最后判决。

为了更好地理解此案，在此有必要对美国宪法中的几项规定予以介绍。其中，最重要的是“商业条款”（Commerce Clause）。该条款规定，国会有权“监管含有外国力量的商业活动，以及州际之间的商业活动”；其次是“最高权力条款”，规定宪法和联邦法律是“美国的最高法律”，因而它高于州和地方法律；再次是“第十修正案”，规定宪法没有赋予联邦政府的权力属于各个州。若干年来，美国最高法院对这些规定进行了解释，主要有三点：一是联邦政府有权监管州际间的商业活动；二是州政府有权监管本州之内的商业活动；三是州仅仅拥有“剩余权力”（residual power）监管影响州际之间的商业活动，而且在行使这一剩余权力时，州不得给州际间的商业活动施加不合情理的负担。

此案中，公民保罗将弗吉尼亚州政府告上法庭，质疑其监管权力。而美国最高法院最终采纳了弗吉尼亚州的解释，判决弗吉尼亚州胜诉，最高法院在判决中这样写道：“保险合同不是商业交易合同……这些合同无论在何种意义上都不符合商业合同的规定。它们并不受制于贸易和易货贸易……这些合同并不是州际之间的交易，尽管当事方定居在不同的州也是如此。因而这些合同属当地交易行为，应由地方法律管理。它们并不是州与州之间商业活动的组成部分。”

这一判例从宪法上确认了美国保险业的州监管模式，联邦政府对保险的监管权力被缩减。同时，这一判例确认的观点也为保险公司不受反垄断法的规制奠定了重要基础。在接下来的75年里，保险交易一直没有被确认为是州际间的商业活动，因而联邦政府不对其进行监管，而由各州在其管辖范围内出台和实施法律，既对一州内部的保险业，又对州际之间的保险业进行监管。

在保罗诉弗吉尼亚州政府案以后，为了协调对跨州经营的保险公司的监管，部分已经建立保险监管制度的州的保险监管机关在1871年成立了全国保险监理官协会（National Association of Insurance Commissioners，NAIC）。此后，州的保险监管体制迅速扩展到尚未建立保险监管机关的各州，这些保险监管机关的首要领导者通常被称为“保险监理官”或者“保险专员”（Commissioner）。大多数的保险监理官是由州长任命的，但是也有11个州的保险监理官通过选举产生。

由于对保险公司跨州经营监管的客观需求，NAIC目前已经涵盖了所有50个州、哥伦比亚特区和5个没有成为州的领土地区的保险监管机关。NAIC从事的工作主要包括为会员举办论坛以交换信息，协调各州的监管行为，确立示范法规为各州采用，进而逐步发展统一的监管政策（当然，各州在采用示范法的时候，往往也会有所变动）。

（二）保险业州监管模式的挑战、巩固和反复

州监管体制在1944年遇到了另一次挑战。在“联邦政府诉东南部保

险商协会一案”（United States v. South - Eastern Underwriters Association）中，美国最高法院推翻了保罗案的决定。东南部保险商协会是东南部的保险公司所组成的一个行业协会，它们对美国东南部的财产保险业几乎形成了垄断。为了扩展它的势力，该协会进行了抵制、密谋策划保险费率、搭配销售等其他违背联邦反垄断法律的滥用行为。可是由于75年前“保罗诉弗吉尼亚州政府案”法院判决的缘故，联邦反垄断法不适用于这些违法行为。在该案中，最高法院认为州监管模式并不能为东南部保险商协会的行为提供法理依据，东南部保险商协会的费率协议违反了反垄断法。最高法院在这一案件中同时认定保险经营属于跨州商业活动，因此应该受到联邦法律的管辖。这一决定不仅意味着联邦政府拥有了监管保险的权力，而且它还意味着各种规制“跨州商业活动”的联邦法律都能够对保险公司加以适用，包括《谢尔曼反托拉斯法》（Sherman Antitrust Act）、《克莱顿法》（Clayton Act）、《联邦贸易委员会法案》（Federal Trade Commission Act）等。

作为利益相关者，保险业者和各州监管机关都很快意识到，东南部保险商协会案的判决是对他们利益的一个严重威胁。保险业者、各州保险监管机关以及NAIC纷纷游说国会，敦促国会通过立法来推翻最高法院的这项判决，以巩固各州在保险监管方面的绝对权威。1945年，国会通过了《麦卡伦—福尔格森法》（McCarran - Ferguson Act），重新确立了保险的州监管模式，保险公司也再次被联邦的反垄断法所豁免。该法案中，国会确认对保险业施行持续的州内监管和税收符合公众利益；除非被特别指明适用于保险公司，保险公司一般豁免于适用联邦法律。事实上，这一法案延续了保罗案的观点，州的保险监管法较之联邦法律具有反向的优先权（reverse preemption）。

但是这种反向的优先权也不是绝对的，自《麦卡伦—福尔格森法案》后，国会在一些具体的情形下收紧了州的监管权力。1974年，国会制定《1974年雇员退休收入保障法案》（Employee Retirement Income Security Act of 1974，ERISA）。根据该法案，雇主要为雇员建立退休计划，包括医疗、人寿和残障保险等。《1974年雇员退休收入保障法案》要求运用信托标准来对这些退休计划的资产进行管理，并为这些计划建立起联邦层面的报告和审查要求。由于美国劳动部负责执行和实施《1974年雇员退休收入保障法案》，这就使得联邦监管在养老保险问题上优先于州的监管。

既然《麦卡伦—福尔格森法》对保险业州监管模式的重新确立意味着

监管的复杂性和重复监管，为何美国政府不对保险业从根本上进行联邦层面的调整呢？一家全国性的保险公司要接受来自50多家标准制定者的监管，混乱似乎是很明显的。即便做最好的假设，一家在多个州开展保险业务的保险公司也不得不忙于重复的、费时昂贵的报批报备以及合规要求；而糟糕的情况是保险公司有时不得不遵守相互冲突的规定。然而，实践中这种情况并未发生（如果有，也许要求对保险业实施联邦监管的呼吁会更强烈）。

这其中可能有两点原因。一个原因是各州的保险监理官往往会尊重保险公司注册地监理官的判断。这样一来，保险公司注册地监理官就成为了事实上的主监理官，由其主要负责监测在本州注册的保险公司的资本充足和稳健运行。但是这种监管模式并不是绝对的，各州保险监理官仍然有权力监管注册地在其他州的保险公司。如果他们认为一家外地注册的保险公司财务恶化，他们有权禁止该公司在当地从事保险业务。在消费者权益保护领域，这种情形会更加明显。

保证监管协调的另一个原因就是NAIC的成立。如前所述，NAIC负责协调各州的监管行为，已经成为一个事实上的全国保险监管机构。虽然NAIC没有法律的明确规定可对各州做出强制性要求，但是NAIC通过各种建议、示范法以及最佳实践来发挥它的影响力。

1999年，美国国会通过了《1999年金融服务现代化法案》（即《格雷姆—里奇—比利雷法案》，the Gramm - Leach - Bliley Act），其核心内容是取消银行业与保险业、证券业之间的壁垒，允许组建“金融控股公司”，通过控股公司内部的银行、证券、保险等子公司向客户提供全方位金融服务。法案再次确认了《麦卡伦—福尔格森法》关于保险活动的州监管权。但显然，各州对保险公司行使监管与《1999年金融服务现代化法案》致力于建立一个混业经营、全国性的金融市场的宗旨是相悖的。应对这一问题上，《1999年金融服务现代化法案》暗渡陈仓，它要求在法案生效后的三年内，至少多数州必须在保险销售商牌照发放问题上建立统一的制度或州际互惠的制度，否则，联邦将有权以成立全美注册商和经纪人协会（National Association of Registered Agents and Brokers，NARAB）的形式，优先于州行使牌照发放的权力。实际上，《1999年金融服务现代化法案》正是借此向各州施压，要求提高各州法律统一的程度。而为了阻止联邦这一行动的介入，各州也确实纷纷行动，目前，已有半数以上的州（26个州）通过了相关的法律，建立相应制度。在这一意义上讲，保险业的州监管模式并未受到撼动，不过，其监管的统一性的确得到了一定程度的提高。

此后，还有一些事件使国会进一步提高其在保险监管中的作用。比较重要的是，2001年美国发生“9·11事件”，次年，国会通过《2002年恐怖主义风险保险法案》（Terrorism Risk Insurance Act of 2002，TRIA），旨在为因恐怖袭击的发生而大量赔付保险金的保险公司提供联邦政府的财力支持。《2002年恐怖主义风险保险法案》对那些参与该计划的保险公司施以联邦层级的条件和要求，客观上抢占了州监管的领地。

（三）国际层面的审视

在国际层面，NAIC代表美国各州监管机关参与国际保险监管者协会（International Association of Insurance Supervisors，IAIS）、经合组织（OECD）和其他国际组织。NAIC也代表美国的保险监管者与其他贸易伙伴和美国贸易代表办公室进行沟通和协商。它还协助美国商务部及其他政府部门推进贸易协定的执行。

一些州的监管者已经通过NAIC与国际同行一起建立国际监管标准并促进完善美国监管标准。其中，与欧洲监管者的协商是一项重要工作。目前，美国和欧洲保险监管者之间对美国的再保险抵押问题存在着争议。由于各州在此问题上都采用了NAIC的示范法，任何改变都将涉及NAIC示范法的调整，而从示范法的调整到各州的采用和施行就需要数年的时间。因此，可以预见，出于国际协作目的的全国性保险监管体制改变进程将非常缓慢。

（四）2008年金融危机后的变化

2008年，美国爆发金融危机，引起了美国全方位的金融监管改革。

2009年6月，奥巴马政府提出，在维持以州为基础的监管制度的前提下，在财政部内设立全国保险办公室（Office of National Insurance），全面监测、收集保险业信息，代表美国参与保险业国际磋商，并对哪些大型保险公司应列入重点金融机构加强监管向美联储提出建议。

2009年10月1日，众议院金融服务委员会主席保罗·坎乔斯基提交了新一轮的《联邦保险办公室法案》草案，提出进一步授予联邦保险办公室（Federal Office of Insurance，FOI）监管权；同时，联邦保险办公室有权决定采用保险监管的国际惯例，或决定国际惯例和各州惯例孰为优先。这实际上是在削弱州保险监管的作用。不过，在NAIC的坚决反对下，国会做了让步，于11月17日又进行了修订，明确了（1）州监管是保险业务监管的主要方式；（2）限制联邦保险办公室在国际监管合作方面作用；

（3）联邦保险办公室签订国际协定不具有法律优先性，且应尽量与州监管保持一致。

2010 年 7 月 21 日，金融改革迈出了最为实质性的一步，《多德—弗兰克华尔街改革与消费者保护法案》（以下简称《多德—弗兰克法案》）经总统奥巴马签署后正式生效。该法案第五章是关于保险业监管改革的规定。与以往监管体系相比，该法案延续了以上草案的内容，首次规定在联邦政府内设立专注于保险业的机构——联邦保险办公室。该办公室设于财政部下，其主要职责为收集保险行业信息，为少数民族人群、中低收入者和需要帮助的社区寻找可承受的保险产品的可能途径。同时，联邦保险办公室还负责监测全国保险行业的系统性风险，向新成立的金融稳定监督委员会建议哪家保险公司对美国金融体系会造成潜在的威胁从而需要美联储的监管；协助财政部部长参与有关保险业审慎措施国际协议的谈判，并决定州监管措施与前述国际协议之间的优先性问题。另外，联邦保险办公室还将代表美国参与国际保险监管事务，包括代表美国参与国际保险监管者协会。虽然联邦保险办公室有上述这些权力，但是法案也明确规定这些权力不能被理解为联邦保险办公室或财政部具有对保险业的全面监管权。保险业的全面监管权仍然属于州一级的监管机构。

尽管联邦保险办公室的监管权力有限，但其对美国保险业监管体系的发展趋势仍具有不可忽视的导向作用。联邦保险办公室能够增进财政部对保险事务的专业经验，并预示着联邦政府在保险行业的介入正在加深。利用其有限的职权，联邦保险办公室可能为联邦层面更高的统一性提供推动力。

法案还通过采取鼓励运用统一监管标准这种争议相对较少的措施，使非传统保险①和再保险市场更有效率。一位众议院议员甚至预测，此次金融监管改革后，国会出台自由选择申领的联邦保险执照将为期不远。

如前所述，《多德—弗兰克法案》除了有章节对保险业改革作专门的规定外，第一章对那些从事保险业务的公司也有着潜在的影响。根据该法案第一章，由财政部牵头、成员包括 10 家监管机构（包括美联储、货币监理署、消费者金融保护署、证券交易委员会、商品期货交易委员会、联邦存款保险公司、联邦住房金融局、全国信用合作社管理局等）在内的 16

① Non－admitted Insurance. 指为规避商业风险而投保的新兴险种，不受保险业担保基金的保护。参见 http：//www. naic. org/topics/topic_ surplus_ lines. html。

名成员组成的金融稳定监督委员会有权确定哪些非银行的金融机构属于对美国的金融系统具有系统重要性的机构。一旦确定，这些机构就将被纳入美联储的重点监管范围之内。也就是说，今后那些被金融稳定监督委员会认定为具有系统重要性的保险公司还需接受来自美联储的监管。而且，对于这些具有系统重要性的非银行金融机构，法案还提出了比目前银行和银行控股公司更高的资本充足率、杠杆限制、流动性和风险管理等要求。

二、各州保险监管制度的基本内容

虽然美国保险业的监管因州而异，但事实上，由于NAIC的协调，也由于保险业发展的现实需求，各州的保险监管表现出了一些共同的特征。各州监管制度主要包括两类内容：一是对偿付能力或财务的监管，它主要为了防止保险公司出现无力偿付或者破产的状况，同时，在出现这种状况时，尽量减少投保者的损失；二是对商业行为的监管，也可称做对消费者的直接保护，它主要针对欺诈性广告、不公平的保单设计、对投保者的歧视或者不公正对待等行为。当然，一些监管办法可能同时涉及以上两个方面，比如，保险公司的执照申请一般关注申请者的财务稳定性以及资本额等，它还会审查保险公司的管理和组织者在过去对客户的不公平交易的记录。同样的，对保险合同或保单的审查主要涉及对消费者的公平对待，但在一些情形下，审查的内容也会包括保险项目的价格制定以及确保保险公司不做出那些使得它的偿付能力具有潜在危险的承诺。另外，美国各州也分别设立了类似联邦存款保险基金的保险担保基金，保障投保人在保险公司破产时将得到一定的赔偿，基金也将维护系统的整体稳定性。

以下概述这些监管制度的内容，并简要描述他们的产生背景和发展历程。

（一）牌照的发放

1. 保险公司的设立与营业许可

各州都有保险公司申请设立的法律规定。保险公司的设立必须首先通过州监管者的批准，然后还要获得州监管者发放的牌照才能开业。保险公司的营业许可的要求和标准要比其他一般的公司高得多，主要包括资本要求、公司管理层与董事会的能力、公司营运计划、市场行为实践与程序等，而且这些标准在各州是不同的。

2. 保险代理商与经纪商的资质

保险代理商与经纪商的牌照发放也因州而异。所有的州都规定那些希望在本州界内销售保险的人员必须拥有牌照，得到牌照之前通常都需要通过资格考试和背景审查，有的州还会要求指纹识别。正如前述，在《1999年金融服务现代化法案》的要求下，发放牌照的标准取得了一定程度的统一，但还有待提高。

（二）对保险公司偿付能力的监管

在州的保险监管体系下，各州监管者对偿付能力有许多不同方面的要求，主要包括：基于法定会计原则（Statutory Accounting Principles，SAP）的财务报告要求、风险基础资本规则（Risk - Based Capital，RBC）、财务检查、精算师意见陈述、资产充足率分析以及对保险公司准备金和投资方面的监管要求等。虽然州的监管者一般不采用“审慎监管”这个术语，但这些监管本质上就是审慎监管的体现。

20世纪80年代，几家大型保险公司财务的减值及被接管使得人们对州的偿付能力监管产生了重大的疑问，美国联邦政府也对保险业监管的状况表达了关注。1987年，美国政府问责办公室在一份报告中指出，从1969年到1986年有将近140家保险公司破产，而由于财务状况的问题受到监管者注意的保险公司在1978年到1986年间由132家上升到了590家；1989年的报告则通过评估从事财产和事故保险的保险公司的偿付能力，发现保险业有九个重大的监管问题需要补救。美国众议院能源和商业委员会监督调查小组委员会主席约翰·丁格尔（John Dingell）在1990年发布了著名的报告——《失败的承诺：保险公司的破产》（Failed Promises：Insurance Company Insolvencies），报告发现州对保险公司的偿付能力的监管是严重不足的，并指出这些监管不足给公众带来了巨大的成本。丁格尔希望通过立法来创立一个联邦和各州对保险公司偿付能力的双重监管模式，为国家认证的保险公司提供联邦担保基金。但是，国会一直并未推动这项立法。

面对这些质疑和保险业切实出现的危机，各州监管者为了保护自身监管权力的合法性，通过NAIC采取了一些行动，提高了对保险公司偿付能力的监管水平。

首先，NAIC推出了风险基础资本规则（Risk - Based Capital，RBC）标准。在过去，美国各州对保险公司资本金的要求是划定一个明确的最低标准，这种做法对新成立的保险公司和小型保险公司来说是个很高的标准，但对全国性的或跨国的大型公司来说就是一笔小数目了。为强化偿付能力监管，NAIC借鉴《巴塞尔资本协议》对商业银行资本充足性的要求，为人寿和意外事故财产保险公司设立了RBC监管要求。这种标准根据公司规模和风险状况来评估公司资本和盈余的充足性，取代了以前那种简单而客观的标准。RBC 标准的核心是调整后的资本总额（Total Adjusted Capital），它为法定净值（即资产减去负债）与资产评估准备金（Asset Valuation Reserve）之和。NAIC 依据调整后的资本总额将保险公司划分为五个“RBC 级”（RBC levels），依此提示各州监管机关予以不同的干预。比如，“红旗级”（Red Flag Level）指明公司存在不能偿付的可能性，需要监管机关注意；而“强制控制级”（Mandatory Control Level）要求监管机关采取接管等行动以保护投保人的利益。RBC 数据通常被州的保险监管机关认为是一种监管工具，而非对保险公司分类的方法，不属于公众信息。

其次，针对跨州经营的保险公司，NAIC 建立了一套认证程序（NAIC Accreditation Program），要求各州监管机关对 NAIC 指定监管标准（包括风险基础资本规则标准）的合规情况进行独立的评估审查。在认证程序上适用统一的标准是为了确保每一个经过认证的州有足够的权力和资源来有效监管跨州保险公司。目前，除了纽约州以外，其他各州和哥伦比亚特区都接受了该项认证程序。

再次，针对部分具有全国重要性的保险公司，NAIC 的财务分析部门每年对其财务状况进行评估，并向 NAIC 工作组报告，进而使 NAIC 对问题公司保持关注，并督促州监管者采取措施。在此基础上，NAIC 还建立了自己的数据库用于数据分析，并为保险公司打分以辅助州的监管者采取必要的行动。2004 年，NAIC 采用了一种“风险聚焦”的监督框架（risk – focused surveillance framework），力图建立一个对保险公司内部运营风险（如市场风险、承保风险、战略风险、灾难风险以及流动性风险）的评估体系，当然，这个框架的细节仍在发展之中。

而在公司难以持续经营的问题上，保险公司受到州清算法律而非联邦破产法的管辖。当一个保险公司被接管时，州监管机关的首要目标是使其恢复运行，或者直接出售这家公司。如果这不可行，就必须在州法院进入清算或破产程序。由于这些保险公司财务状况恶化，监管机关通常会建议法庭批准对这些公司此前发行的保单进行一些重大修改，比如，州监管机关可能会建议减少保单规定的最低保证利率等。保险担保基金也是处理保险公司破产的重要制度，下文将专门提及。

以上是美国保险监管中部分应对保险公司偿付能力问题的主要制度。还有许多其他较为细致的规则，此处不再赘述。

（三）对保险公司商业行为的监管

各州监管机关的另一个重要任务是对保险购买者（即消费者）进行保护。这种保护主要通过对保险公司不当商业行为的规制而完成，规制对象包括欺诈性广告、不公正的保单、歧视性或不公平的对待等。

1. 对保险合同的监管

在美国大部分州监管机关眼中，保险合同有着高度的技术性和复杂性，很难被消费者充分理解。因此，为了保障消费者的利益，监管机关倾向于严格把关——很多州的监管机关对人寿保险、财产和意外伤害保险的保险合同（一般记载于保单之上）进行审查，而未经批准的保单一般不能推向市场。各州具体采取的措施不尽相同，总结而言有以下七种：

（1）制定统一的保单格式：该州所有保险公司只能出售统一格式的保单；

（2）建立严格的事前审批制度：要求没有获得监管部门肯定性审批前，保单不能被销售；

（3）建立较为宽松的事前审批制度：设立一个明确的标准，经过规定的等待期后，除非有明确的否定性答复，保险公司拟出售的保单即被视为获得批准；

（4）保单经登记备案后才可销售；

（5）保单经登记备案前即可销售，但必须在销售后的一定日期内向监管部门登记备案；

（6）仅要求登记备案：必须登记备案，但并没有具体时间限制；

（7）无登记备案要求。

实际上，很多非保险金融机构也提供类似保险合同的金融产品。这些金融机构由于仅被视为存款机构或证券机构，销售新产品只需向联邦监管部门备案或审批，不需向各州分别申请，因而他们推出新产品所需时间非常短；而保险公司则要向各州分别申请批准，推出新产品时间非常长。这本身便使保险公司在竞争中处于不利地位。另外，其他金融机构类似保险的产品不受保险监管机关的监督，客观上也不利于对消费者的保护。2002年，NAIC 开始考虑通过建立州际协定来确立全国统一的审查标准以使跨州销售的产品能够快速推向市场。2003 年，NAIC 推出了州际保险产品监管协定的草稿。到 2006 年，有 26 个州加入了这个协定，并设立州际保险产品监管委员会（Interstate Insurance Product Regulation Commission）运行该协定。至 2008 年，已有 31 个州加入该协定。不过，目前我们还很难判断该协定能否最终成功使“产品快速市场化”。

值得一提的是，在保险合同的监管上，这种分州监管方式受到许多批评，而这里正凸显了美国联邦和州在监管权力上的博弈，也在一定程度上体现了金融监管各部门缺乏协调的制度性问题。

2. 保险合同的价格控制和费率监管

按照纯粹的自由市场理论，保险合同的价格仅应由市场通过供求关系而决定。然而，为了保护消费者的利益，并防止保险公司可能做出的短视行为，各州监管机关普遍对一定类型的保险合同价格进行控制，对费率进行监管。

监管机关的价格控制一般仅适用于财产和意外伤害保险。实践中通常的做法是，一家保险公司自行决定它的保险费率，但必须要证明它的费率制定的基础和过程是合理的，这种证明或是利用它自己的统计数据，或是利用州监管机关认可的全国保险咨询组织所提供的费率信息和损失因素的分析，这些组织有保险服务组织（Insurance Services Organization，ISO）、美国保险服务协会（American Association of Insurance Services，AAIS）等。最初，州的保险监管机关往往强调费率的充足以避免不能偿付的风险。但在今天，由于出现了过高的费率，监管者需要使用价格控制来压制价格以避免费率的不合理增长。

各州的保险监管者对于费率有不同的监管方法，以下以商业性的财产和意外伤害保险费率的监管为例对其予以说明：有 5 个州并不存在备案的要求，监管较为宽松；有 2 个州规定保险公司不须向管理当局报备或报批拟采用的费率，然而，保险公司必须向保险管理当局报告费率规划及其理论依据；有 2 个州规定保险公司费率可以在上下一定幅度内进行调整，在这个幅度内的调整将自动获得同意；有 9 个州允许先销售保险，此后在一定日期内对费率予以备案登记；有 13 个州和哥伦比亚特区要求费率在使用前先行备案登记；有 19 个州要求在费率被使用前提交备案并获得批准，一般如在提交后 30 日内，州监管机关并未采取任何行动，即可以认为获得了批准。

以上是各州保险监管机关对保险公司市场行为监管的基本内容。

需要注意的是，在美国各州还存在一种非传统保险市场。在这个市场内的保险公司既没有营业牌照，其保险合同与费率也不接受监管。之所以存在非传统保险市场，是因为那些有牌照的保险公司因资本不足不能满足不断增长的市场需求。而与此同时，财产所有者们可以在非传统保险市场上对他们额外的需求进行投保。当保险购买者不能在传统保险市场上找到合意的保险范围或者当保险购买者是一个大的商业投保人时，通常会通过符合特别资质的保险经纪商进入非传统保险市场。虽然在这个市场里保险公司的保险合同与费率不接受监管，但是仍然需要满足 NAIC 提出的一些最低标准。另外，保险担保基金也不覆盖非传统保险市场。

（四）保险担保基金制度

最后值得一提的是各州分别建立的保险担保基金制度。

保险公司破产而无法履行保险合同，将使投保人受到重大损失，也非常不利于整个金融系统的稳定。为使保险公司破产后投保人得到全部或部分的补偿，美国各州建立了保险担保基金。不过，与联邦存款保险公司对银行储户的担保不同，在美国，并没有一个联邦层级的保险基金，仅是各州各自为政，分别建立了这种基金。

这种基金的偿付机制比较特别：州内获得执照的保险公司自动成为该州担保基金的成员。当一州的保险公司破产时，该州的担保基金要向该州所有获得执照的保险公司分摊相关担保费用。这种费用是在破产事故发生后计算的，通常它会全部支付或者按比例支付投保者的索赔额。[①] 另外，当跨州经营的保险公司出现无法偿付的情况时，各州的担保基金需要协调工作以进行合理赔付，这种协调主要通过两个非官方的全国性组织来完成：国家人寿健康保险保障协会组织（National Organization of Life and Health Insurance Guaranty Associations）和全国保险担保基金联合会（The National Conference of Insurance Guaranty Funds），所有的州的担保基金都是它们的会员。

显然，这种保险公司破产担保体系也是目前各州保险偿付能力监管中的重要组成部分。20 世纪 60 年代，州内保险担保基金开始出现，1969 年，NAIC 制定了财产险、责任险的担保基金示范法，1970 年为寿险和健康险制定了类似示范法案。而 20 世纪 80 年代的保险公司破产浪潮进一步刺激了担保基金的建立和发展，到 1992 年，所有的州都已有了担保基金立法。累积计算，各州担保基金已为破产保险公司的投保人支付了将近 230 亿美元。

三、结语

总结历史，我们看到，要恰当理解和正确把握美国保险监管的现实状

① 只有纽约州例外，它的保险担保基金是在事前向各保险公司收取保费，而非事后分摊。

况和发展趋势，必须抓住两条重要线索：一是联邦和各州政府在保险监管权力上的不断博弈和协调；二是市场现实对保险监管发展的客观要求。在今天，我们看到的市场现实至少包括：金融产业合并、全球化浪潮、电子商务的发展和金融服务业的快速整合，这些都将促使这个监管体制不断调整和改变。

尽管美国是世界上保险业最发达、保险市场最健全的国家，但就其监管体制而论，仍然存在一些问题，面临一些挑战：一是各州独立的监管制度缺乏联邦层面的监管联动性，不利于对全国系统性风险进行防范和管理；二是由于各州保险监管政策和法规不一致，在参与国际规则的商讨和制定中难以达成共识，不利于在国家间博弈时争取更有利政策；三是对市场有效竞争和主体发展存在一定消极影响。如监管政策和法规差异容易导致监管套利，各州独立的监管许可造成合规成本过高，一定程度上阻碍了保险公司进行跨州乃至全国拓展业务，不利于其他州和国外保险机构进入本地市场，难以形成良性市场格局。

虽然此次美国金融改革法案没有根本触动州监管制度，但联邦政府已显露出进一步介入各州保险监管的意向，与长达150多年不曾动摇的州保险监管模式相比，已经是一个巨大的进步。另外，美国保险业以州为主导的监管模式之所以得以延续，也是因为各州之间注重监管协调、监管规则一致性达到合理水平，州监管模式未显著阻碍保险业的快速发展。

我国并不存在美国保险监管制度缺乏统筹协调的问题，但是面对金融综合经营、全球化竞争的趋势，银行、证券向保险业渗透融合步伐加快，国外大型金融机构进入国内市场的数量不断增加，金融市场风险日益复杂。在我国目前的监管体制框架之下，应积极探索建立跨金融行业的监管协调机制，加强与银行、证券等监管部门之间、地区间乃至各国间的监管协作，加大信息共享力度，推动监管标准的衔接和互认；密切关注金融控股集团发展，加强对系统性风险的识别、监测和应对。在微观审慎层面分业监管的体制基础上，尽快研究建立宏观审慎层面的对包括保险业在内的各金融市场的统一监管。同时，研究建立我国的金融机构商业行为监管体制，切实改善对金融消费者的保护，维护市场的完整性。

《格拉斯—斯蒂格尔法案》的兴废

1933 年　《格拉斯—斯蒂格尔法案》诞生

早在 20 世纪早期，个人投资者常常成为银行推销股票的受害者。20 世纪 30 年代大萧条中，美国的 1/5 的银行倒闭，许多人，特别是许多政府高官，认为 20 年代商业银行在证券市场的广泛投机是 1929 年市场崩溃的一大原因。在此背景下，《格拉斯—斯蒂格尔法案》诞生，该法案分离了商业银行业务和投资银行业务，以解决混业经营的利益冲突问题。法案同时建立了联邦存款保险公司（FDIC），并加强了美联储对信贷的控制。1956 年，美国通过了《1956 年银行控股公司法》（the Bank Holding Company Act of 1956），进一步加强了对银行的限制，包括禁止银行控股公司从事非银行类业务及在其他州购买银行。

20 世纪六七十年代　放松《格拉斯—斯蒂格尔法案》管制的第一次努力

20 世纪 60 年代，银行业开始游说国会允许其进入市政债市场，标志着围绕《格拉斯—斯蒂格尔法案》的游说集团的出现。许多说客游说放松《格拉斯—斯蒂格尔法案》赚的钱足以供养其孩子大学毕业。从 70 年代开始，证券公司创设货币市场账户，这些账户可以付利息、开支票、发行信用卡和借记卡。由此，证券公司开始进入商业银行的领地。

1986 ~ 1987 年　美联储开始对《格拉斯—斯蒂格尔法案》重新解释

1986 年 12 月，美联储重新解释了《格拉斯—斯蒂格尔法案》的第 20 条（即禁止商业银行“主要从事”（engaged principally）证券业务），允许商业银行可以有上限至 5% 的收入来源于投资银行业务。此后，美联储又允许作为商业银行的银行信托公司（Bankers Trust）从事商业票据业务。美联储认为，第 20 条的“主要从事”一词意为只要投资银行业务收入不成为主要收入，商业银行完全可以从事投资银行业务并得到一小部分收入。这是美联储第一次重新解释《格拉斯—斯蒂格尔法案》，允许商业银行从事此前该法案被禁止的活动。

1987 年春，在美联储主席沃尔克（Paul Volcker）的反对下，美联储理事会仍以 3:2 多数通过了放松《格拉斯—斯蒂格尔法案》管制的决定。这一决定是花旗银行、JP 摩根银行、银行信托公司（现已成为德意志银行的一部分）几家大型银行积极游说的直接结果。这些银行要求允许它们从事包括商业票据、市政债券、抵押支付债券（MBS）在内的证券业务。时任花旗银行副总裁的 Thomas Theobald 认为，自 1933 年以来已经形成了对公司不端行为的三项外部制约："一个非常有效"的证监会、有知识的投资者，以及"非常复杂精密的"评级机构。沃尔克并没有被说服，而是对商业银行为追逐证券发行利润可能不顾一切降低贷款标准并将坏债出售给公众的前景表示了极度担忧。对许多人而言，这场争论最终表现为两种文化的冲突：证券业乐于冒险的文化和银行业安全至上的文化。

1987 年 3 月，美联储批准了大通曼哈顿银行发行商业票据的申请，并在批准中再次引用了 1986 年同意银行信托公司从事商业票据业务的理由。同年 4 月，美联储正式发布命令，称虽然美联储会继续关注混业经营可能产生的问题，但相信美国会使用"主要从事"语言的原意是允许商业银行从事一部分证券业务。同时表示，将在未来把 5% 收入来源于证券类的限制提高到 10%。美联储相信这一对第 20 条的新解释会促进竞争、提高效率。

1987 年 8 月，曾担任 JP 摩根银行董事并积极倡导银行业去监管化的格林斯潘成为美联储主席。他相信，去监管化能够提高美国银行相对于外国金融机构的竞争力。

1989 ~ 1990 年　《格拉斯—斯蒂格尔法案》的进一步放松

1989 年 1 月，美联储批准了 JP 摩根银行、大通曼哈顿银行、银行信托公司和花旗银行关于扩张其业务至市政债券、商业票据之外的债券和股票业务的申请。这标志着第 20 条允许的业务范围有重大突破。随后，美联储又以 1987 年 4 月的命令为基础，将收入的 5% 来源于证券类的限制提高到 10%。1990 年，JP 摩根银行成为第一家美联储正式批准的在收入的 5% 来源于证券业务的商业银行。

1980 ~ 1995 年　国会多次试图废除《格拉斯—斯蒂格尔法案》未果

1984 年和 1988 年，参议院分别两次通过了废止《格拉斯—斯蒂格尔法案》有关限制银行业务的规定，但每次都在众议院受阻。1991 年，老布什政府提出废止方案并获国会银行委员会支持，但在众议院全体投票中遭否决。1995 年，众参两院各自通过了各自的废止法案，但在统一法案的协商过程中未能达成一致，法案夭折。当时代表保险业集团利益的众议院议长金·里奇（Newt Gingrich）利用其广泛的影响力，极力干预和阻止废止法案，以避免商业银行进入保险业领地，对保险公司业务构成威胁。

在废除《格拉斯—斯蒂格尔法案》的立法努力中，保险公司、证券公司、大银行、小银行为了各自的利益纷争不断，各不相让，并在究竟由美联储、财政部还是货币监理署作为主要的银行监管者问题上，争吵不休。

1996～1998 年　美联储令《格拉斯—斯蒂格尔法案》变相失效

1996 年 12 月，在美联储主席格林斯潘的支持下，美联储通过了破除先例的决定，允许银行控股公司设立证券业关联公司，同时将证券业务收入占总收支的比例的上限提高至 25%。这一决定让《格拉斯—斯蒂格尔法案》实质上失效，因为任何想从事证券业的银行控股公司都可以轻易遵守 25% 的限制。但法律仍然存于纸面上，再加上《1956 年银行控股公司法》，银行仍然面临诸如不得从事保险业等的限制。

1997 年 8 月，美联储进一步撤除了 1987 年、1989 年决定中对下属机构的限制。美联储认为，证券承销的风险“可控”，商业银行从此可以直接合并证券公司。1997 年，银行信托公司合并了投资银行 Alex Brown & Co.，成为美国第一家并购证券公司的商业银行。

1997 年，Sandy Weill 试图合并 Travelers 和 JP 摩根银行、兼并所罗门兄弟（Salomon Brothers）。

1997 年夏，时任 Travelers 保险公司总裁的 Sandy Weill 试图与 JP 摩根银行合并（在 JP 摩根与化学银行（Chemical Bank）合并前），合并几乎成功。同年秋，Travelers 以 90 亿美元的价格兼并了投资银行——所罗门兄弟。此后，所罗门又与 Travelers 拥有的证券经纪公司——Smith Barney 合并成为 Salomon Smith Barney。

1998 年 4 月，Travelers 与花旗银行合并。

1998 年 2 月，在华盛顿的一次晚餐上，Sandy Weill 向花旗银行的 John Reed 提出了合并的动议。3 月，二人再次会谈两天后，Reed 告诉 Weill：“就这么干吧，伙计！”

同年 4 月，Sandy Weill 和 John Reed 共同宣布：迄今为止世界最大的合并案——Travelers 和花旗银行合并，合并金额 700 亿美元，合并之后的公司成为世界最大的金融服务公司——花旗集团。该合并案必须绕过《格拉斯—斯蒂格尔法案》与《1956年银行控股公司法》的法律限制，而这些法律限制恰恰是为了防止这类将证券业、保险业和商业银行在一家公司混业经营的合并。“花旗—Travelers合并案”给监管者和立法者三个选择：废止法律限制、否决合并案、迫使合并后的公司将法律不允许的业务分离出去。

在合并宣布前，Sandy Weill就合并一事拜会了美联储主席格林斯潘和其他美联储官员并获得了他们的正面回应。Sandy Weill和John Reed精心设计合并架构，基本遵从了美联储对《格拉斯—斯蒂格尔法案》和《1956年银行控股公司法》此前的解释。

但是，如国会不正式废止《格拉斯—斯蒂格尔法案》，取消相关的管制，花旗集团必须在两年内将Travelers的保险业务分离出去，同时剥离其他不合法规要求的业务。花旗集团下的赌注是，在其剥离任何业务前，国会一定会最终废止《格拉斯—斯蒂格尔法案》。

与此同时，花旗和Travelers开始马不停蹄地、静悄悄地游说银行监管当局和政府有关部门。1998年3月底4月初，就在合并案公布前，Sandy Weill在华盛顿先后拜访了三巨头：美联储主席格林斯潘、财政部部长鲁宾、总统克林顿。9月23日，美联储批准了合并案，指出：“美联储理事会的批准基于以下条件：Travelers以及合并后的实体——花旗集团，必须采取一切必要的行动使得Travelers及其下属企业的活动和投资以理事会可以接受的方式符合《1956年银行控股公司法》的要求，包括在本案两年内剥离有关业务……理事会的批准同时也基于以下条件：Travelers和花旗集团必须使其行为符合《格拉斯—斯蒂格尔法案》的要求。”

1998~1999年 废止《格拉斯—斯蒂格尔法案》的新一轮强力游说

1998年4月6日，“花旗—Travelers合并案”宣布后，Sandy Weill立即展开了一场废止《格拉斯—斯蒂格尔法案》、通过新的金融服务法（即后来的《1999年金融服务现代化法案》）的游说和公关攻势。在合并案宣布前一周，国会刚刚搁置了最新一次废止《格拉斯—斯蒂格尔法案》的努力。Sandy Weill的攻势重新启动了国会的立法进程。

Sandy Weill和John Reed必须尽快行动，这有其商业上和政治上的原因。在商业上，关于法律变革是否会及时到来已经直接影响两家公司的股价，当时两家公司的股票都在开始下跌。在政治上，众议院共和党人急于在本届国会完成立法，以废止《格拉斯—斯蒂格尔法案》。虽然克林顿政府总体上支持《格拉斯—斯蒂格尔法案》的“现代化”，即废止该法；但即将到来的秋季中期选举，很可能选上更多不愿改变法律的民主党人，那时民主党人会阻止废止提案通过。

1998 年 5 月，众议院以 214 票对 213 票通过了允许将银行、证券、保险合并到同一大型金融混合体的法案。同年 9 月，参议院银行委员会以 16 票对 2 票通过了银行监管改革的草案。尽管如此，国会还是未能在本届国会结束前通过最终法案。

随着立法进程的加速，各种游说集团也更加活跃。1997 ~ 1998 年选举季，金融、保险、地产业用于游说废止《格拉斯—斯蒂格尔法案》的花费高达 2 亿美元，政治捐款高达 1.5 亿美元。政治捐款的主要目标就是国会银行委员会成员，以及其他对法案有直接管辖权的委员会成员。

1999 年 10 ~ 11 月　国会通过《1999 年金融服务现代化法案》

1999 年 10 月 21 日，美国参众两院协商委员会在完成马拉松式的谈判后陷入僵局。这时的主要问题是关于新法案对管辖贫困社区贷款规则的《1977 年社区再投资法》（Community Reinvestment Act of 1977）影响的党派之争。Sandy Weill 致电克林顿，要求总统介入此事，以便尽快打开僵局。总统被说服了。10 月 22 日凌晨 2 时 45 分，参众两院就法案最终文本达成一致。

10 月 22 日，Sandy Weill 和 John Reed 联合发布声明，点名祝贺国会、总统克林顿和 19 名政府官员和国会议员。11 月 4 日，参众两院通过最终法案，总统克林顿当月签署法案，法案开始生效。

在历时 25 年，历经 12 次尝试后，美国国会终于为金融界 20 多年来花费 3 亿美元的游说努力带来了最终奖赏，废止了《格拉斯—斯蒂格尔法案》。支持者甚至为这一“大萧条时期的古董”的逝去而激情欢呼。

一个有趣的细节是，仅在克林顿政府（包括财政部）赞成废止《格拉斯—斯蒂格尔法案》数天后，时任财政部部长的鲁宾就接受了 Sandy Weill 的邀请弃政从商，成为花旗集团的“二把手”（在担任财政部部长前，鲁宾还曾担任高盛集团的联合主席）。此前一年，Sandy Weill 就曾致电鲁宾，告知关于 Travelers—花旗合并的计划。当 Sandy Weill 告诉鲁宾他有重要消息汇报时，鲁宾说：“你是要购买美国政府吗？”

就这样，《格拉斯—斯蒂格尔法案》被废止了。10 年后，一场席卷全球的国际金融危机接踵而至。这两者之间有无因果关系，值得深思。

英国金融监管改革方案

2010 年 7 月 26 日，英国财政部正式公布了卡梅伦政府的金融监管改革方案征求意见稿，启动了面向包括金融机构、交易所、金融行业协会和消费者代表在内的公开咨询程序。此后，该方案又分别于 2011 年 2 月和 6 月再次公开征求意见，并将于近期提交议会，进入正式立法程序。卡梅伦政府计划在 2012 年完成金融监管改革的主要立法，并于 2013 年元旦前完成实施细则的制定。以下根据卡梅伦政府金融监管改革方案征求意见稿，对英国金融监管改革方案的核心内容做简要介绍。

一、原有体制的问题

卡梅伦政府认为，英国 20 世纪 90 年代以来实行的“三方体制”（The Tripartite System），即由英格兰银行、金融服务局（FSA）、财政部共同负责金融稳定的制度，未能有效防范和应对本次金融危机。“三方体制”既未能及早识别金融体系中的巨大风险，也未能在金融危机前采取有效措施以减少风险，还未能在危机来临后，特别是在 2007 年夏季即危机的早期，有效应对危机。“三方体制”的失败有以下主要原因：

金融监管权集中于 FSA 一家，而 FSA 以放松监管著称，未能有效防范风险；英格兰银行名义上对金融稳定负责，但没有维护金融稳定的有效手段；财政部负责维护金融体系的法律和制度框架，但无明确职责应对金融危机。最突出的制度缺陷是：没有一家机构对系统性风险监管负责，无人从事宏观审慎监管。

二、改革方案

为彻底解决以上制度缺陷，卡梅伦政府提出了以下改革措施：

第一，明确授权英格兰银行进行宏观审慎监管，在英格兰银行董事会（the Court of Directors）设立“金融政策委员会”（Financial Policy Committee，FPC）专门负责金融稳定，并赋予强有力的宏观审慎监管手段。FPC 有 11 名成员，由英格兰银行行长担任主席，成员包括 5 名英格兰银行高级官员、新成立的“金融行为监管署”（Financial Conduct Authority，FCA）署长，以及由财政大臣提名的 4 名外部成员和 1 名财政部非投票代表。为解决“谁来监管监管者”的问题，方案加强了对 FPC 的问责机制，要求

FPC 向英格兰银行理事会、财政部以及英国议会负责。

第二，废除 FSA，将 FSA 的监管职能转由新设立的、由英格兰银行下属的“审慎监管署”（Prudential Regulation Authority，PRA）负责，使宏观审慎监管与微观审慎监管职能集中于英格兰银行，彻底消除职责不清和监管漏洞。

第三，成立 FCA，专司金融消费者保护和金融机构商业行为监管。FSA 的实践证明，将消费者保护与审慎监管集于一体必然导致监管目标冲突，必须分设专门的金融消费者保护机构。

三、全面加强英格兰银行监管职权的原因

显然，改革后的英格兰银行将货币政策、宏观审慎监管、微观审慎监管职权集于一身，地位空前提高、职权空前扩大。在政治自由主义发源地的英国，这一大幅加强中央银行权力的改革似乎有悖于其长期的有限政府传统。为什么？根据卡梅伦政府自己的分析，全面加强中央银行职权的原因包括以下两个方面：

第一，宏观审慎。传统上，各国中央银行在维护金融稳定中扮演了重要角色。然而，过去 20 年来，许多中央银行开始主要关注货币政策和价格稳定，维护金融稳定的职能逐渐失去了重要性。在中央银行与审慎监管分家的国家如英国，中央银行的金融稳定职责更是完全被淡忘。这次金融危机的首要教训即为系统性风险管理的严重缺失。而传统金融监管只注重机构层面的微观审慎监管，有很大局限性。金融危机以来，主要国家就宏观审慎管理取得了两点共识：一是必须从宏观审慎和系统风险防范的角度加强金融监管；二是宏观审慎监管要求对金融体系和宏观经济整体有深刻认识。由于其对宏观经济和金融市场的专长，以及货币政策与系统风险监管的紧密联系，中央银行最适合从事宏观审慎监管。

第二，微观审慎。除了 FSA 本身监管不力外，这次金融危机还突出显示了中央银行在金融监管中的关键作用。首先，宏观审慎监管、微观审慎监管以及中央银行最后贷款人的角色都紧密相联，互为补充。其次，英格兰银行对金融市场和金融机构的运作有着深刻了解，在金融监管方面具有天然优势。另外，通过金融监管获得的信息也有助于英格兰银行更好地行使包括货币政策和最后贷款人在内的其他中央银行职责。因此，最优的制度安排是将宏观审慎监管和微观审慎监管职能由中央银行统一行使。

四、金融监管改革的成本收益分析

针对市场对金融监管改革带来的潜在成本的担忧，英国政府提出了以下成本收益分析：

第一，成本方面。当前由 FSA 监管的近 2 万家金融机构中，大多数将在改革后由 FCA 监管。对这些金融机构而言，其监管成本基本不会发生显著变化。另外的 1 500 ~ 2 000 家较大型金融机构（包括银行、保险、投行）将接受 PRA 和 CPMA 的双重监管。这些机构将可能承担比原来更多的监管成本。如未来决定对目前不受监管的控股公司和其他机构进行监管，也会带来一部分新的监管成本。

第二，收益方面。理论上，改革的收益可由减轻和减少未来金融危机的严重程度和频率所避免的福利损失的期望值折现来衡量。实践中，具体的量化测量取决于一系列假设。但正如英格兰银行在 2010 年 6 月发布的金融稳定报告中所言，“历史上金融危机的成本极其惨重，既有现期产出的巨大损失，又有对未来产出的长远影响。例如，据 IMF 估算，一场典型的系统性危机 7 年后，产出仍比危机前低 10%”。因此，即使金融监管改革仅略微降低了未来金融危机发生的可能性，或减轻了其严重程度，潜在的收益也是巨大的。而如果金融和经济体系更加稳定，还会有未来长期的福利改善。且这种福利改善不局限于金融部门，而是惠及整个经济和全体国民。主要经济体金融和经济稳定的改善，还会产生正的溢出效应，提高全球经济和其他国家人民的福利。因此，金融监管改革的收益将远远大于短期一些金融机构可能承担的成本。

欧洲金融监管改革要点

2010 年 9 月 22 日，欧洲议会投票通过了欧洲金融监管改革法案，并于 2011 年 1 月 1 日正式实施。该法案于一年前提出，针对金融危机暴露出来的监管弱点对欧洲现有金融监管体制进行了大刀阔斧的改革。最终通过的法案与欧盟委员会最初的方案大致相同，现摘要介绍如下。

一、改革背景

危机爆发后，欧盟主席 Barroso 于 2008 年 10 月召集了以欧洲重建与发展银行（European Bank for Reconstruction and Development）前行长 Jacques de Larosière 为首的欧盟专家研究欧洲金融监管的未来。后者认为，欧洲金融监管最大的问题是以欧洲为单位的金融统一市场和以国家为单位的金融监管之间的脱节。半数欧盟成员国中半数的银行都由外国拥有，充分说明了欧洲金融业的跨国性质，因此需要实现跨国监管。现有的三个欧洲监管委员会仅为顾问机构，只能发布无强制力的指引和建议。各国监管机构对跨国金融机构的监管必须通过现有的“监管院”（colleges of supervisors）协调，但缺乏解决分歧的机制。目前各国监管标准不同；即使标准相同，执行程度也有异。因此，未来欧盟必须实现监管标准的统一和监管体制的协调。

二、新的欧洲金融监管框架

新的欧洲金融监管框架由一个欧洲系统风险委员会（European Systemic Risk Board，ESRB）和三个欧洲监管署（European Supervisory Authorities，ESAs）构成：以伦敦为基地的欧洲银行署（European Banking Authority，EBA）、以法兰克福为基地的欧洲保险和行业养老金署（European Insurance and Occupational Pensions Authority，EIOPA）和以巴黎为基地的欧洲证券和市场署（European Securities and Markets Authority，ESMA）。新的欧洲金融监管架构如图 1 所示。

附设于欧洲中央银行下的 ESRB 负责金融稳定和宏观审慎监管，提供系统性风险的早期预警并提出应对建议。三家新的 ESAs 取代了原有的三个监管委员会，将互相协调，并与各国监管机构配合，从事机构层面的微观审慎监管并履行金融消费者保护的职责。新的 ESAs 网络将各国的监管与欧洲层面的协调相结合，以促进欧洲监管的统一。

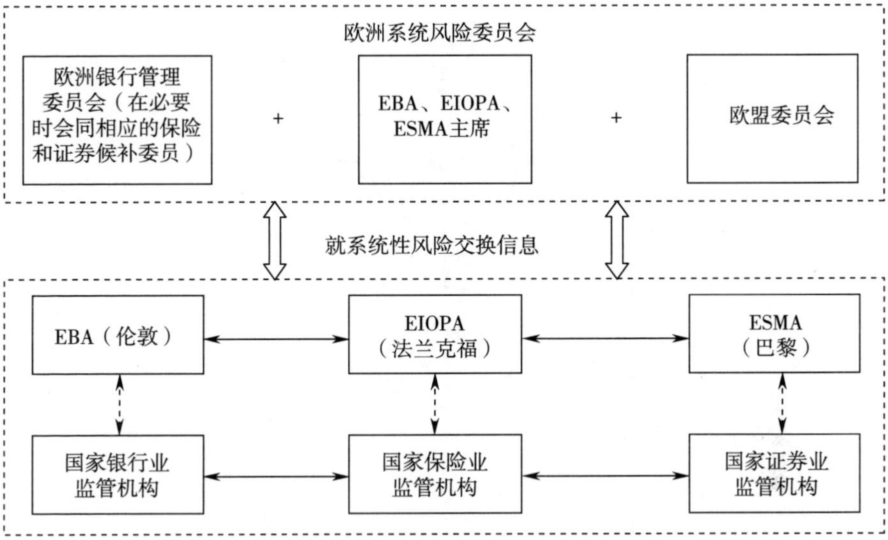

图 1　新的欧洲金融监管框架

三、ESAs 与各国监管当局的关系与分工

新的 ESAs 并不是要取代各国监管机构，而是要与各国监管当局协调配合，并在涉及跨国监管、统一标准、解决争议、执行欧盟法律和处理紧急情况时发挥主导作用。为解决跨境金融集团的监管问题，三家 ESAs 将成立联合委员会（Joint Committee）以监督各国监管机构之间的合作和协调。值得注意的是，为解决这一跨国监管体制的有效性问题，ESAs 除有权对不同国家监管机构之间的争端进行调解外，还可以在有关国家不能达成共识时对有关金融机构直接采取监管措施。此外，ESAs 可以主动行使调解权，而不必等待争议相关方的要求。在监督各国监管机构执行欧盟法律时，如发现不当之处，ESAs 有权向有关国家监管机构发出指令；若仍未得到遵守，则有权直接命令违法的金融机构采取纠正行动。ESAs、联合委员会和各国监管当局一起形成了一个“轴辐式”（hub – and – spoke）机构框架，如图 2 所示。

四、ESAs 的职能和治理结构

ESAs 具体的职能包括（1）为各国监管机构和金融机构制定具体规则；（2）起草技术标准、指引和建议；（3）监督各国监管机构对规则的执

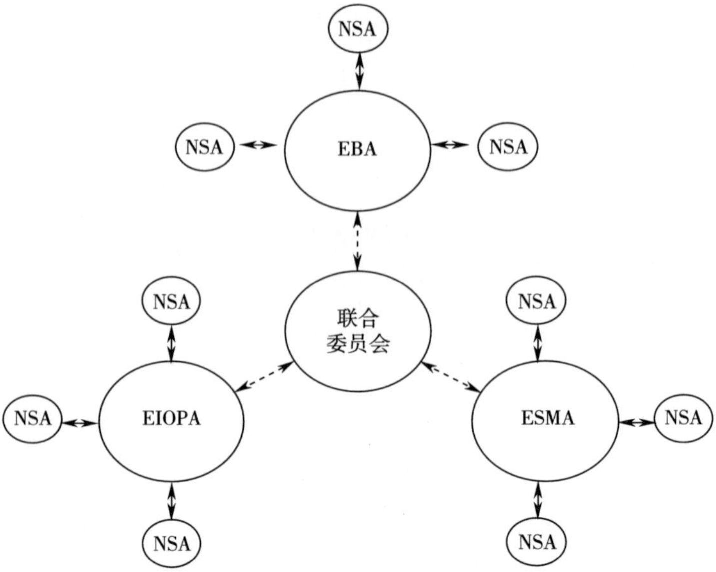

注：NSA = 国家监管当局。

图 2　欧洲监管署与各国监管当局工作密切合作

行；（4）在紧急情况下直接采取行动，如禁止某些产品或业务；（5）确保欧盟法律得到一致遵守；（6）调节和解决不同国家监管机构之间的争议，特别是在那些需要合作、协调或共同行动的领域。

此外，法案授权 ESMA 直接监管欧盟注册的信用评级公司，并可对其进行现场检查。

金融消费者保护是 ESAs 的核心职责。为保护消费者的利益，ESAs 有权对金融机构、金融产品或金融业务（如“裸卖空”）展开调查，评估风险，并在必要时发布警告。在获得具体法律授权时，ESAs 可以暂时禁止或限制有害金融业务或产品，并可建议欧盟委员会进行相关立法以永久性地禁止或限制有害业务或产品。

三家 ESAs 的主席将由欧盟 27 国监管机构负责人组成的理事会提名，并由欧洲议会批准。其治理结构如图 3 所示。

五、ESRB：对系统性风险的更好防范

为更好地识别系统性风险和向市场传递有关信息，ESRB 将开发一套通用的指标对跨境金融机构的风险进行统一评级，并用一套色彩分值来表

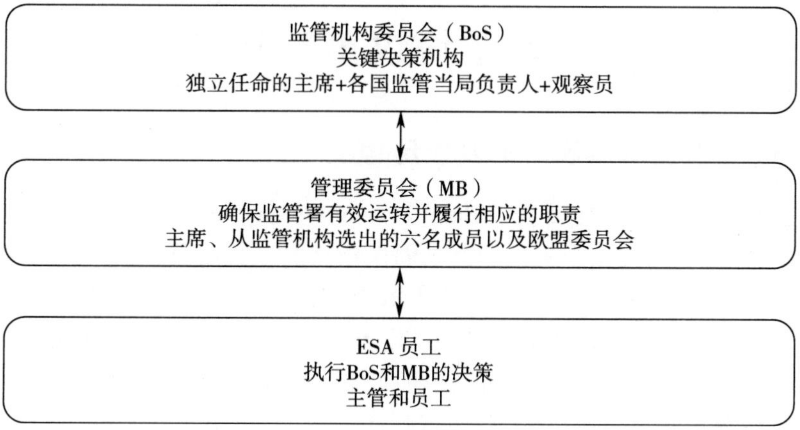

图 3　欧洲监管署的日常管理

达不同的风险度。为更好地预测和识别风险，ESRB 将设立一个专家学者组成的“科学顾问委员会”（Advisory Scientific Committee）。ESRB 第一届任期 5 年的主席将由欧洲中央银行行长担任。

六、为未来发展预留空间

欧盟在制度设计上为欧洲监管框架保留了今后进一步成长的弹性和空间。法案规定欧盟委员会必须随着市场的发展，每三年向欧洲议会汇报是否有必要将三个欧洲监管机构合为一家，以及 ESAs 是否应被赋予更多的监管权（特别是针对跨欧洲的金融机构）。

七、小结

总体上欧洲在金融监管一体化方面取得了实质性突破，在解决经济金融一体化与监管国别化的矛盾方面迈出了重要一步。但是，这一区域监管架构能否克服各种监管冲突和欧盟内部矛盾达到协调一致，其有效性还有待实践检验。比如，在要求成员国出资救助银行等极端情况下，成员国政府仍可以以财政主权为由挑战新的欧洲监管机构的决定，并由成员国财政部长会议做出最后裁决。这将损害监管的时效性。此外，ESAs 对金融产品的监管目前仅限于已经被监管的产品，额外的监管需要新的法律授权。这也可能留下监管漏洞。

《巴塞尔协议Ⅲ》概要

一、《巴塞尔协议》的发展历程

巴塞尔银行监管委员会（Basel Committee on Bank Supervision，BCBS）是1974年由十国集团中央银行行长倡议建立的，其成员包括十国集团中央银行和银行监管部门的代表。《巴塞尔协议》的出台源于前联邦德国Herstatt银行和美国富兰克林国民银行（Franklin National Bank）的倒闭。这是两家著名的国际性银行，它们的倒闭使监管机构在惊愕之余开始全面审视拥有广泛国际业务的银行的监管问题。

（一）《巴塞尔协议》

Herstatt银行和富兰克林国民银行倒闭的第二年，即1975年9月，第一个《巴塞尔协议》出台。这个协议极为简单，核心内容是针对国际性银行监管主体缺位的现实，突出强调了两点：（1）任何银行的国外机构都不能逃避监管；（2）母国和东道国应共同承担监管职责。而《巴塞尔协议》的实质性进步体现在1988年7月通过的《关于统一国际银行的资本计算和资本标准的报告》。该报告主要有四部分内容：（1）资本的分类；（2）风险权重的计算标准；（3）1992年资本与资产的标准比例和过渡期的实施安排；（4）各国监管当局自由决定的范围。体现《巴塞尔协议》核心思想的是前两项。首先是资本的分类，将银行的资本划分为核心资本和附属资本两类，对各类资本按照各自不同的特点进行明确界定。其次是风险权重的计算标准。报告根据资产类别、性质以及债务主体的不同，将银行资产负债表的表内和表外项目划分为0%、20%、50%和100%四个风险档次。风险权重划分的目的是为衡量资本标准服务。有了风险权重，报告所确定的资本对风险资产8%（其中核心资本对风险资产的比重不低于4%）的标准目标比率才具有实在的意义。

（二）《巴塞尔协议Ⅱ》

BCBS从1998年开始对《巴塞尔协议》进行了新一轮修改。1999年6月，BCBS提出了以三大支柱——资本充足率、监管部门监督检查和市场纪律为主要特点的新资本监管框架草案第一稿，并广泛征求有关方面的意见。2003年5月，BCBS正式公布了《巴塞尔协议Ⅱ》，构建了一个完整的银行业资本充足率监管框架。该框架由三大支柱组成：一是最低资本要求；二是监管当局对资本充足率的监督检查；三是银行业必须满足的信息披露要求。这三点也通常被概括为最低资本要求、监督检查和市场纪律。

《巴塞尔协议Ⅱ》提出了两种处理信用风险的方法：标准法和内部评级法。将内部评级法用于资本监管是《巴塞尔协议Ⅱ》的核心内容。为推广使用内部评级法，BCBS为采用该法的银行从2004年起安排了3年的过渡期。

与1988年资本协议所不同的是，BCBS希望《巴塞尔协议Ⅱ》的适用范围不仅局限于十国集团（G10）国家，而是扩大到全世界所有的大银行。

（三）《巴塞尔协议Ⅲ》

国际银行资本监管改革是本轮金融危机以来全球金融监管改革的重要组成部分。二十国集团领导人（G20）匹兹堡峰会明确提出了“大幅度提高银行体系资本质量和资本数量”的改革目标。据此，金融稳定理事会（Financial Stability Board）和BCBS着手对资本监管国际标准进行改革。9月12日的中央银行行长和监管当局负责人会议就资本监管改革的一些关键问题达成了共识。2010年11月召开的G20首尔峰会正式批准了《巴塞尔协议Ⅲ》的监管框架。2010年12月15日，BCBS正式公布了《巴塞尔协议Ⅲ》中有关加强资本监管和流动性监管的最终框架（《巴塞尔协议Ⅲ》最终框架主要体现在2010年12月15日BCBS公布的两个文件之中：“Basel Ⅲ：A global regulatory framework for more resilient banks and banking systems”，“Basel Ⅲ：International framework for liquidity risk measurement，standards and monitoring”）。然而，就系统重要性银行（Systemically Important Banks，SIBs）的定义，各国未能在首尔峰会上达成一致。这导致《巴塞尔协议Ⅲ》中有关SIBs的资本要求仍未确定。

二、《巴塞尔协议Ⅲ》的主要内容

《巴塞尔协议Ⅲ》反映了国际银行业监管理念的最新变化。一方面，经过此次金融危机，在银行监管的核心价值观选择上，安全已经超越了效率，加强资本监管成为国际共识。《巴塞尔协议Ⅲ》要求将银行核心一级资本的最低要求从2%提高到4.5%，反映了国际社会对加强资本监管的共识和决心。另一方面，资本监管的重点发生了改变。《巴塞尔协议Ⅱ》关注分母，强调对风险资产的准确计量，以反映风险变化的敏感性。而《巴塞尔协议Ⅲ》则更关注分子，直接表现就是诸多条款要求均指向增加资本，提高资本充足率。此外，《巴塞尔协议Ⅲ》还首次将资本要求和杠杆率要求相结合，资本监管与流动性监管相结合。《巴塞尔协议Ⅲ》的主要内容如下：

（一）资本定义

《巴塞尔协议Ⅲ》强化了合格资本定义，要求银行确保一级资本在持续经营条件下吸收损失，其中普通股（含留存收益）在一级资本中应占主导地位。二级资本仅在破产清算时承担损失。取消三级资本，简化资本结构。另外，《巴塞尔协议Ⅲ》将少数股东权益（Minority Interests）引入合格资本范畴，允许商业银行子行的核心一级资本中包括少数股东权益。

（二）一级资本比率（Tier1 Capital Ratio）

提高资本充足率水平是本轮国际资本监管改革方案的核心内容。其中，核心一级资本（包括普通股和留存收益）充足率将从现在的2%提升至4.5%。一级资本充足率将在同一时间范围内从4%提升至6%。该规定将于2013年1月起开始执行，届时核心一级资本充足率要求将由2%提高至3.5%，并在2015年1月前彻底完成4.5%的要求。关于对从核心一级资本中扣减无形资产（包括抵押服务权（mortgage servicing rights））、递延税项（deferred tax assets）、其他对非并表金融机构的重大投资的限制性规定的修改（以上三项中每项仅有10%、三项总和仅有15%可以计算为核心一级资本，且对以上三项的非扣减部分设定250%的风险权重）已于2010年7月宣布，并将从2018年1月起完全生效。政府过去向银行注入的资本可以保留到2018年1月。此外，一级资本充足率达到6%的标准但低于7%的银行，应执行较为谨慎的利润留存政策。

（三）资本留存缓冲（Capital Conservation Buffer）

《巴塞尔协议Ⅲ》引入了2.5%的资本留存缓冲，由扣除递延税项及其他项目后的普通股权益组成。一旦银行的资本留存缓冲比率达不到该要求，监管机构将限制银行拍卖、回购股份和分发红利。这一机制可防止一些银行在资本头寸恶化时肆意发放奖金和高红利，从而建立一个更加安全的资本边际，使银行有更大的余地来应对经济衰退期的困难。该规定将于2016年1月启用，并于2019年1月完全生效。

（四）逆周期资本缓冲（Counter－cyclical Capital Buffer）

逆周期资本缓冲是指普通股或其他能完全吸收亏损的资本，资本要求设定为0～2.5%，将根据各国情况具体执行。逆周期资本缓冲的目的是达到更加广义的宏观审慎性，即在经济扩张时期加强对银行部门的保护，避免系统性风险的积累。当监管机构发现信贷过剩，并可能引发贷款损失时，迫使银行建立此类额外缓冲，届时银行可以提取这部分资本缓冲来抵销亏损，而无须马上筹资。逆周期资本缓冲从2016年开始启用，每年提高0.625%，4年后达到2.5%的水平。

（五）杠杆率（Leverage Ratio）

《巴塞尔协议Ⅲ》要求各国对3%的杠杆率在同一时期进行平行测试。基于平行期的测试结果，于2017年进行最终调整，并希望在2018年1月1日进入《巴塞尔协议Ⅲ》的第一支柱部分。杠杆率的补充可以控制银行系统构建过度的杠杆，并引入额外的保障措施应对模型风险和度量错误。

（六）流动性指标（Liquidity Index）

《巴塞尔协议Ⅲ》引入流动性覆盖比率（Liquidity Covered Ratio，LCR）和净稳定融资比率（Net Steady Finance Ratio，NSPR），加强对银行流动性的监管。其中LCR用来确定在短期极端压力情况下，银行所持有的无变现障碍的、优质的流动性资产的数量，以便应对此种情况下的资金净流出；而NSPR用于确保各项资产和业务融资，至少具有与它们流动性风险状况相匹配的满足最低限额的稳定资金来源。LCR将于2013年启用，并于2015年1月完全生效；NSPR将于2016年启用，并于2018年1月完全生效。

（七）系统重要性银行（SIBs）

对SIBs提出1%的附加资本要求，降低“大而不能倒”带来的道德风险。然而，就SIBs的定义，各国未能在首尔G20峰会上达成一致，导致《巴塞尔协议Ⅲ》最终框架中并没有涉及SIBs的监管问题。在11月的G20首尔峰会上，BCBS向峰会提交了SIBs的评估方法和全球前70家大型银行的系统重要性排序结果。该方法主要基于指标分析：一是标杆指标（benchmarking performance indicators），包括单家金融机构的总资产（规模类）、金融机构之间的资产和负债（关联类），根据标杆类指标确定单家金融机构系统重要性的基础评分。二是补充性指标，具体包括三类：第一类是可替代性补充指标，包括支付清算业务、托管业务、承销类业务以及做市商业务的市场份额等；第二类是关联性补充指标，包括交易证券规模、批发融资占比、场外衍生品风险暴露、回购与逆回购规模等；第三类是全球性业务补充指标，即跨境资产占总资产的比例。各国监管当局可以根据补充性指标调整基于标杆指标得到的基础评分。各国对该评估方法褒贬不一。欧美国家总体上支持该方法，而亚洲主要经济体则认为该方法未能摆脱规模指标主导评估结果的缺陷。评估SIBs应重点考虑单家金融机构业务的全球性，应将跨境资产占总资产的比例由补充指标上升为标杆指标；应设置简单的境外资产占比阈值，若单家银行境外资产占比低于该阈值，就应被排除在SIBs之外；若高于该阈值，则可进一步评估其全球系统重要性。针对BCBS根据标杆指标计算的前70家银行系统重要性排序结果，许多国家都认为，由于存在严重数据缺失和以上方法上的缺陷，排序结果不尽合理。

表1　　《巴塞尔协议Ⅲ》的资本要求框架

	核心一级资本充足率(%)	一级资本充足率（%）	资本充足率（%）
最低要求	4.5	6	8
资本留存缓冲	2.5		
最低要求+缓冲资本	7	8.5	10.5
逆周期资本区间	0~2.5		
SIBs资本要求	x		

三、《巴塞尔协议Ⅲ》对全球银行业的可能影响

美国银行业在次贷危机中损失较大，风险资产所占比例较高，因而监管层对提高资本金比率的要求也更强。欧洲银行业由于监管规则较为宽松，在金融危机后又没有进行大规模的资本补充，因此《巴塞尔协议Ⅲ》对欧洲银行业的冲击要比美国更大。由于当前欧洲债务危机的阴云并未完全消散，股票市场尚未回暖，欧洲银行业通过资本市场融资扩充资本金的难度很大。相比之下，主要亚洲银行普遍不会受到很大影响，因为大部分主要亚洲银行的一级资本充足率已经相当于或者超过《巴塞尔协议Ⅲ》的要求。以中国为例，中国银监会目前对国内大型银行的资本充足率底线为11.5%，核心资本充足率底线则为7%。

表2　　中国大型银行资本指标一览表（截至2010年6月末）

银行名称	资本充足率（%）	核心资本充足率（%）	拨备占总贷款比例（%）
建设银行	11.68	9.27	2.49
工商银行	11.34	9.41	2.39
中国银行	11.73	9.33	2.26
农业银行	8.31	6.72	3.15
交通银行	12.17	8.94	1.97

数据来源：根据公开资料整理。

另外，《巴塞尔协议Ⅲ》另一个影响是大幅度提高了对银行一级资本充足率的要求，而为了满足新的资本要求，未来几年全球银行将面临巨大的融资压力，简单估算，融资规模可能会超过千亿美元。

全球场外衍生品市场改革概况[①]

2009年9月，G20领导人在匹兹堡达成一致：

“所有适用的标准化场外衍生品合约应最迟于2012年年底在交易所或电子交易平台进行交易，并通过中央对手方进行清算。那些不通过中央对手方清算的合约应当面临更高的资本要求。我们要求金融稳定理事会（Financial Stability Board，FSB）以及其相关成员定期评估执行情况，看是否足以提高衍生品市场的透明度，减缓系统性风险，防范市场滥用行为。”

在2010年10月的《场外衍生品市场改革执行报告》中，FSB提出了涉及标准化、中央清算、交易所或电子平台交易、向交易信息库报告场外衍生品交易等方面的21项建议，用于解决各国当局在执行G20领导人承诺时可能遇到的实际问题。2010年11月首尔峰会上，G20领导人共同签署了前述建议，并要求FSB定期监测各国在场外衍生品市场改革方面的进展。

为履行上述职责，FSB于2011年1月向各国当局发放了一份问卷调查表，了解各国的最新执行情况以及新出现的问题。4月，FSB根据各国的反馈，就场外衍生品市场改革执行情况撰写了第一份进展报告。报告指出，目前的执行还处于初期，并表示如果要在规定的期限内实现承诺，各国还需要尽快采取一些实质措施。

一、总体情况

截至2011年4月，那些最大、最发达的场外衍生品市场正在贯彻执行G20的建议。美国按照《多德—弗兰克华尔街改革与消费者保护法案》（以下简称法案）规定的时间表制定与清算、交易和向交易信息库报告相关的细则；日本已经制定了相关的法律，正在按照既定的时间表制定与清算和交易信息库有关的实施细则；欧盟已经就清算和交易信息库报告制度提出了相关立法建议，并有望于2011年年底通过；中国香港有望于2011年提出一个针对中央对手方和交易数据库的立法建议。

那些具有区域影响力的市场已经做了大量的政策分析，但还没有采取

① 译自“Financial Stability Board：OTC Derivatives Market Reform Progress Report on Implementation（Fifteen April 2011）”。

关键的立法或监管措施。韩国政府已经制定了要求强制中央清算的计划，中央清算所将于2012年年中成立。韩国政府还将于2011年下半年向韩国国会提交立法建议。韩国金融监管部门也正在考虑建立一个单独的交易信息库。在加拿大，一个由证券和审慎监管机构、财政部和中央银行组成的工作小组发布了一份报告，指出了加拿大市场面临的一些关键政策问题；但是，加拿大方面目前还未决定是建立本地的金融基础设施还是依赖于全球金融基础设施用于清算和交易报告。同样地，澳大利亚、印度、墨西哥、沙特阿拉伯、南非以及瑞士的金融监管部门已经对本地衍生品市场评估，计划于2011年就G20建议的执行提出监管倡议。

一些国家在场外衍生品的中央清算方面已经开展了一些工作，但是尚未制定严格的时间表。在中国，人民银行要求使用标准化文本，并报告场外衍生品交易，此外，人民银行还推动建立了中央清算所用于清算场外衍生品。俄罗斯已于2011年2月通过了规范场外衍生品中央清算的法律，同时正在考虑提高场外衍生品价格透明度的问题。印度中央银行设立了印度清算公司，该公司既是中央对手方，又是交易信息库。印度中央银行还设立了工作组来制定报告所有场外利率和外汇衍生品交易的机制，最终目的是通过中央对手方清算所有的场外衍生品交易。新加坡正在就监管体制和市场结构在行业内征求初步的意见，同时新加坡交易所已经为场外商品衍生品和利率互换提供了中央清算。

一些国家早已对衍生品进行了监管。例如，在巴西，有大约90%的衍生品被标准化、在交易所交易并进行中央清算；自1994年以来，所有的场外衍生品交易都被要求在交易信息库进行登记。从巴西的反馈来看，虽然目前巴西正在采取措施提高报告的质量，但是考虑到巴西市场的高度标准化，巴西无须做出任何大的立法修改或监管改革。在阿根廷，双边交易结算的衍生品仅占市场的1/4，其余3/4都通过中央清算，在交易所或电子平台交易，受到阿根廷市场监管者监管。

其他新兴市场如印度尼西亚和土耳其，在贯彻执行G20建议上仍处于早期阶段。

二、国际行动

在报告中，FSB曾建议相关国际机构应促进各国在场外衍生品市场改革上采取协调一致的行动。下面是迄今一些国际机构所采取的行动：

（1）巴塞尔银行监管委员会（Basel Committee on Banking Supervision，

BCBS）致力于鼓励中央清算，并对未经中央清算的场外衍生品实施更高的资本要求（根据2010年12月公布的《巴塞尔协议Ⅲ》）。BCBS还针对银行对中央对手方的风险敞口设立资本要求（根据2010年12月公布的磋商文件，该文件将在2011年定稿）。

（2）国际支付结算体系委员会（Committee on Payment and Settlement Systems，CPSS）——国际证监会组织（International Organization of Securities Commissions，IOSCO）对金融市场基础设施标准进行了综合审查（根据2011年3月发布的磋商报告，并将于2012年年初定稿）。

（3）CPSS—IOSCO将于2011年7月发布一篇关于衍生品数据和交易信息库报告要求的磋商报告，该报告将于2011年年底定稿。

（4）CPSS—IOSCO将会同场外衍生品监管者论坛（the OTC Derivatives Regulators' Forum，ODRF），发布关于健全包括中央对手方在内的金融市场基础设施跨境监管安排的指引（但是没有具体时间表）。

（5）IOSCO于2011年2月发布了场外衍生品交易报告。

（6）IOSCO计划于2012年1月发布一篇有关解决涉及产品和参与者的中央清算要求的协调性问题的国际标准报告。

（7）ODRF正在巩固发展就单个场外衍生品市场基础设施在相关当局之间信息共享与合作的合作性框架。

（8）场外衍生品监管者小组（OTC Derivatives Supervisors Group，ODSG）制定了一个涉及标准化的承诺函，由最大的14家衍生品交易商（G14交易商）和其他主要市场参与者签署（承诺函已于2011年3月31号签出）。

（9）ODSG与标准制定者、BIS以及其他有关当局和市场参与者共同制定了报告标准以衡量FSB建议和G20承诺的实现程度（于2011年7月公布）。

三、FSB对相关工作的点评和下一步工作的展望

1. 总体评价

关于场外衍生品市场改革的执行工作已分别从国家、地区和国际三个层面开展，但仍然处于初级阶段。FSB对很多国家在截止日期前实现G20目标表示了担心，认为如果要在规定时间内实现G20目标，还需要尽快采取一些实质的措施。

FSB注意到了不同国家/地区在执行上的巨大差异。一些国家执行得很

快，一些国家则执行得很慢。有国家还从国际视角上质疑在未明确中央对手方和交易信息库的数量和地点前就开始进行中央清算是否合适。一些国家则表示了过快执行反而会加剧系统性风险的担忧。

2. 标准化

ODSG 从 2005 年开始的标准化工作被认为在提高场外衍生品市场标准化方面起到了关键作用。考虑到这项工作的价值，当局将会同行业继续提高合同条款和操作过程的标准化。因此，一些人认为，既然相关监管制度已经建立，ODSG 就没有必要获得 G14 交易商和作为买方的参与者的承诺并监测这些承诺。但是 FSB 认为有这种必要，并且支持 ODSG 继续同 G14 交易商和其他市场参与者工作，确保实现承诺目标，并在必要时制定与监管框架一致的新目标。

3. 中央清算

FSB 相信保证公平、公开地参与中央对手方清算对场外衍生品市场改革必不可少。目前不同国家对中央清算采取了不同的要求。日本、美国的中央清算框架和欧盟提出的立法建议，都规定了通过两种方法识别需要进行中央清算的场外衍生品。一种方法叫“从下至上”（bottom up），另一种方法叫“从上至下”（top down）。“从下至上”是指中央对手方建议清算的某种合约获得批准后，该合约将接受相关监管机构的强制性清算要求。“从上至下”是指无论中央对手方是否建议对某种衍生品合约进行清算，监管机构都有权来识别哪些场外衍生品合约应当被强制要求清算。但是日本、欧盟和美国在相关监管机构采取监管行动的权力和限制上有区别。有些国家仅采取了“从下至上”的方法，还未决定是否采纳“从上至下”的方法。由于中央清算是核心要求，IOSCO 就中央清算要求的协调性和豁免将于 2012 年 1 月发布的报告十分重要。

一些国家反映中央对手方之间的操作以及小型和跨境市场参与者能否参与中央清算对于 G20 目标的实现以及衍生品市场的框架至关重要。没有充足的渠道参与清算可能会加强全球系统重要性金融机构的作用。为了解决这些问题，全球金融体系委员会（the Committee on the Global Financial System，CGFS）、CPSS 和 IOSCO 于 2011 年 1 月举办了一个论坛，并正在组织后续工作，让更多的参加者可以参加中央清算，加强中央对手方之间的联系，同时又不损害中央对手方风险控制的严密性。此外，CPSS 和 IOSCO 将盘点目前参与者对场外衍生品中央对手方的要求，而 CGFS 正在研究参与中央对手方清算的渠道和中央对手方之间联系的宏观影响。其他需要政府部门进一步研究的事项还有监督安排、参与中央银行清算以及处置机制。

4. 交易所或电子平台交易

2011 年 2 月，IOSCO 发布了场外衍生品交易报告，描述了在交易所或电子平台交易标准化场外衍生品方面取得的进展。报告总结，在有组织的平台上交易具有一定程度流动性的标准化衍生品是合适的，同时对有组织平台的灵活定义能够最大化在这些平台上交易的标准化衍生品数量。从提高透明度、减缓系统性风险和防范市场滥用行为的角度，报告提出了有组织平台应当具备的一些特点。

5. 向交易信息库报告

FSB 担心，如果各国/地区在交易报告上不采取一致的要求，那么收集的场外衍生品交易数据就不容易进行全球汇总，各国/地区当局就不能有效地获取这些数据。从各国/地区反馈的情况来看，一些国家会要求市场参与者向登记的交易信息库报告场外衍生品交易，而另一些国家似乎认为向政府部门（比如中央银行）报告就足够了。

还有一个问题就是需要向交易信息库报告的数据的深度和广度。一些人认为，范围相对较窄的数据足以用来做金融稳定分析。但是，正如在 FSB 报告里讨论过的，各国当局需要交易信息库里的数据用于多种用途，包括金融稳定分析、监测非标准化产品的使用、交易后的透明以及市场监督。

为了提高数据的可用度，方便在交易信息库内和交易信息库之间汇总，需要以容易汇总的方式报告和储存数据。因此，CPSS 和 IOSCO 关于数据报告标准和汇总的报告（磋商报告于 2011 年 7 月发布）以及关于金融市场基础设施标准的报告（磋商报告于 2011 年 3 月发布，讨论了监管者如何获取交易信息库数据，包括跨境获取数据的问题）也非常重要。

从调查问卷反馈的情况来看，只有一些国家列举了在交易信息库收集和散播交易数据上存在的障碍，并开始着手解决这些问题。FSB 认为各国应当尽快识别国内存在的障碍，并加以解决。

6. 下一步工作

尽管许多国家/地区还未就场外衍生品的监管框架做出最终决定，但在方法上已经显现出差异。FSB 报告中提到的 21 条建议可以帮助各国/地区在场外衍生品市场改革上保持一致，各相关当局、标准制定者和其他工作组应当继续朝这个方向努力。由于认识到最后可能采取方法不同，FSB

建议在评估进展时将主要考虑以下几点：（1）评估G20目标的实现程度；（2）关注今后在实现G20目标时需要协调一致的地方；（3）注明哪些方法上的差异可能造成监管套利或使得市场参与者和基础设施面临不一致的监管要求。

FSB秘书处将对各成员进行后续调查，并准备于2011年10月提交新的进展情况报告。新报告将使用ODSG牵头制定的报告标准来衡量FSB建议和G20承诺实现的程度。

国际金融危机大事记

2007 年

2 月 7 日，美国第二大次级抵押贷款机构——新世纪金融公司（New Century Financial Corporation）发出 2006 年第四季度盈利预警。

4 月 2 日，新世纪金融公司向法院申请破产保护。

6 月 1 日，标准普尔和穆迪投资服务公司降低超过 100 只次级抵押贷款债券评级。

6 月 7 日，美国第五大投行贝尔斯登宣布旗下两只基金停止赎回。

7 月 11 日，标准普尔下调了 612 种住房抵押债券的信用评级，全球金融市场大震荡。

8 月 5 日，贝尔斯登总裁沃伦·斯佩克特辞职。

8 月 6 日，美国第十大抵押贷款机构——美国住房抵押贷款投资公司向法院申请破产保护。

8 月 8 日，贝尔斯登宣布旗下两只基金倒闭。

8 月 9 日，法国最大银行——巴黎银行停止 3 只投资基金申购赎回。

8 月 10 日，美国次级债危机蔓延，欧洲中央银行宣布向相关银行提供资金支持。

8 月 11 日，世界各地中央银行 48 小时内注资超 3 262 亿美元救市；美联储一天三次向银行注资 380 亿美元以稳定股市。

8 月 14 日，美国、欧洲和日本三大中央银行再度注入超过 720 亿美元救市，亚太中央银行再向银行系统注资，各经济体推迟加息。

8 月 16 日，全美最大商业抵押贷款公司——全国金融公司股价暴跌，面临破产，美国次级债务危机恶化，亚太股市遭遇自“9·11 恐怖袭击事件”以来最严重的下跌。

8 月 17 日，美联储降低窗口贴现率 50 个基点至 5.75%，并将贴现窗口贷款的期限由隔夜延长至 30 天。

8 月 31 日，美联储主席伯南克表示美联储将努力避免信贷危机损害经济发展；布什承诺政府将采取一揽子计划挽救次级房贷危机。

9月14日，英国第五大抵押贷款机构——北岩银行连续3天遭挤提，英国财政大臣授权英格兰银行向北岩银行提供紧急流动性信贷。

9月18日，美联储降息50个基点至5.25%，从此美联储进入“降息周期”。

10月15日，花旗集团、美国银行和摩根大通宣布计划共同投资800亿美元设立“超级流动性增级管道”，以维持市场流动性。

10月23日，美国破产协会公布，9月申请破产的消费者人数同比增加了23%，接近6.9万人。

10月24日，受次贷危机影响，全球顶级券商——美林公布2007年第三季度亏损79亿美元，此前的一天，日本最大的券商——野村证券也宣布当季亏损6.2亿美元。

10月30日，欧洲资产规模最大的瑞士银行宣布，因次贷相关资产亏损，第三季度出现近5年首次季度亏损达到8.3亿瑞士法郎。

10月31日，美联储决定降息25个基点至5.00%。

11月28日，美国楼市指标全面恶化。美国全国房地产经纪人协会声称10月成屋销售连续第八个月下滑，年率为497万户，房屋库存增加1.9%至445万户。第三季度标准普尔/希勒全美房价指数季率下跌1.7%，为该指数21年来历史上的最大单季跌幅。

12月11日，美联储决定降息25个基点至4.75%。

12月12日，美联储宣布推出短期拍卖工具（TAF）。

12月12日，美国、加拿大、欧洲、英国和瑞士五大中央银行宣布联手救市，包括短期标售、互换外汇等。

2008年

1月22日，美联邦公开市场委员会决定降低联邦基金利率75个基点至3.5%；美联储决定降息75个基点至4.00%。

1月24日，美国国会宣布1 500亿美元的一揽子财政刺激计划。

1月30日，受高达140亿美元的次贷相关资产减计拖累，瑞银集团（UBS）称其2007年第四季度预计将出现约110亿美元的亏损。

2月13日，布什总统签署通过《2008年经济刺激法案》。

2月17日，英国政府决定将北岩银行国有化。

3月11日，美联储宣布推出短期证券借贷工具（TSLF）。

3月16日，美联储推出一级交易商信贷工具（PDCF）。

3 月 17 日，美联储救助贝尔斯登，由摩根大通以每股 2 美元的低价收购贝尔斯登，交易总价 2.36 亿美元。

3 月 31 日，美财政部公布了一揽子金融监管改革蓝图。

4 月 30 日，美联储决定降低贴现率 25 个基点至 2.25%。

5 月 2 日，美联储宣布，将提高短期拍卖工具拍卖额至 750 亿美元，增加与欧洲中央银行、瑞士中央银行的临时性货币互换额度，扩大短期债券借贷工具的抵押范围。

6 月 5 日，美联储批准美国银行对全国金融公司的收购。

7 月 11 日，美国加州住房抵押贷款机构——因迪美（IndyMac）联邦银行遭严重挤提，被美国联邦存款保险公司接管。

7 月 11 日，美国国会参议院以多数票赞成批准一项总额 3 000 亿美元的救市计划，以帮助数十万无力支付月供的购房者保留房产，同时通过加强对抵押贷款公司的监管缓解房地产市场所受冲击。

7 月 30 日，布什总统签署通过《2008 年住房和经济复苏法案》。

7 月 30 日，美联储宣布 4 条措施增强其现有的流动性支持工具效力：延长一级券商信贷工具（PDCF）和定期证券借贷工具（TSLF）至 2009 年 1 月 30 日；追加 TSLF 拍卖额度；推出 84 天的定期标售工具（TAF），作为 28 天的 TAF 的补充；增加与欧洲中央银行之间的美元互换规模。

9 月 7 日，美国政府宣布接管“房利美”和“房地美”。

9 月 10 日，美国第四大投资银行——雷曼兄弟决定出售旗下资产管理部门 55% 的股权，并分拆价值 300 亿美元处于困境的房地产资产。

9 月 15 日，美国银行宣布计划以 500 亿美元购买美林银行。

9 月 15 日，雷曼兄弟公司申请破产保护。

9 月 16 日，美联储授权纽约联邦储备银行向美国国际集团（AIG）提供 850 亿美元的救助。

9 月 16 日，美国历史悠久的货币市场基金储备管理公司（Reserve Management）旗下数十只基金净值跌破 1 美元，其中 Primary 基金跌至 0.97 美元。该基金的突然倒下触发了货币市场基金的赎回风波，引发市场恐慌。受到严重冲击的货币基金宣布暂停赎回，并申请加入美国财政部对货币市场基金的临时保护计划。

9 月 18 日，英国第五大银行——劳埃德银行宣布以 122 亿英镑全股收购哈利法克斯银行。

9 月 21 日，美联储批准高盛和摩根斯坦利注册成为银行控股公司，受美联储监管。

9 月 25 日，全美最大的储蓄及贷款银行——华盛顿互惠银行被美国联邦存款保险公司接管，并将其大部分业务以 19 亿美元出售给摩根大通。

9 月 28 日，比利时、荷兰、卢森堡政府联合注资富通银行集团。比利时政府和荷兰政府分别注资 47 亿欧元和 40 亿欧元，卢森堡政府以可换股债权方式注资 25 亿欧元。

10 月 2 日，美国联邦存款保险公司宣布临时将存款保险限额从危机前的 10 万美元上调至 25 万美元。

10 月 3 日，美国国会通过并由布什总统签署了《2008 年紧急经济稳定法案》，该法案通过了 7 000 亿美元的困难资产救助方案。

10 月 3 日，英国宣布对个人存款担保的上限从 3.5 万英镑提高到 5 万英镑。

10 月 5 日，巴黎银行宣布收购富通集团在比利时和卢森堡的分支机构。

10 月 6 日，美联储宣布将为银行存储在美联储的准备金支付利息。

10 月 6 日，日本中央银行继续向市场注资并再次提供美元贷款。至 10 月 6 日，日本中央银行连续 14 个工作日共向短期金融市场注资 26.1 万亿日元。

10 月 6 日，冰岛陷入国家破产危机，最终获得国际货币基金组织的 40 亿美元贷款融资。

10 月 7 日，美联储推出商业票据融资工具（CPFF）。

10 月 7 日，根据《2008 年紧急经济稳定法案》的授权，美国联邦存款保险公司宣布提高每个储蓄账户的保险金额至 25 万美元。

10 月 8 日，美联储决定降低贴现率 50 个基点至 1.75%。

10 月 9 日，冰岛政府宣布接管该国最大商业银行——Kanpthing。

10 月 13 日，法国总统萨科齐宣布推出 3 600 亿欧元的救市计划。德、英、法等国纷纷出台大规模救市计划。

10 月 14 日，美国联邦存款保险公司推出临时性全额保险措施等多项临时流动性担保计划，扩大保险范围，以稳定存款人信心，强化银行资金基础。

10 月 14 日，美国宣布用 7 000 亿美元救市资金中的 2 500 亿美元用于银行注资。

10 月 17 日，乌克兰、匈牙利接受国际货币基金组织紧急贷款，危机扩散至整个欧洲。

10月21日，美联储宣布建立货币市场投资者融资工具（MMIFF）。

10月22日，美国众议院通过《2009年消费者金融保护局法》，决定成立消费者金融保护局，整合分散于七大监管机构的金融消费者保护职能。

10月25日，国际货币基金向冰岛贷款20亿美元。

10月29日，美联储决定降低贴现率50个基点至1.25%。

11月10日，美联储批准美国运通公司注册成为银行控股公司。

11月11日，美国政府宣布对AIG的重组方案。

11月15日，G20第一次峰会在华盛顿召开，共同探讨应对国际金融危机，各国呼吁改革国际货币金融体系。

11月23日，美国同意对花旗集团的一揽子救助计划。

11月24日，英国公布规模200亿英镑的一揽子经济刺激计划。

11月25日，美联储宣布推出短期资产支持证券贷款工具（TALF）。

12月16日，美联储决定将联邦基金利率下调至历史最低点0~0.25%。

12月26日，欧盟执行委员会通过2 000亿欧元的经济刺激计划。

12月，欧盟委员会出台《欧洲议会和欧盟委员会信用评级机构监管法规》，建议对信用评级机构加强监管，由各国主管部门在跨国合作小组机制下进行合作，并由现有欧洲证券监管委员会（CESR）进行协调。该法案2009年12月7日开始在整个欧盟正式实施。

2009年

1月8日，英格兰银行宣布将基准利率降低0.5个基点至1.5%，为英格兰银行自1694年成立以来的最低水平。

2月17日，美国总统奥巴马签署了《2009年美国复苏和再投资法案》，该法案包括7 870亿美元的经济刺激方案，并运用减税等多项措施促进经济复苏。

2月18日，美国总统奥巴马宣布《住房所有者可负担能力和稳定计划》。

2月22日，G20欧盟成员国领导人柏林会议举行。提出建立全球统一金融监管规则，支持国际货币基金组织增资等。

2月27日，英国政府计划为苏格兰皇家银行和劳埃德银行集团提供

6 000亿英镑的不良资产担保。

3月2日，美国政府宣布更新AIG救援计划，放宽400亿美元股权限制，允许以股权和资产偿还345亿美元债务，再注资300亿美元。

3月3日，美国财政部和美联储宣布发行短期资产支持证券贷款工具（TALF）。

3月5日，英格兰银行宣布，降息50个基点至0.5%，创历史新低。

3月18日，美联储宣布，计划收购总额3 000亿美元的长期国债、7 500亿美元的抵押贷款支持债券和1 000亿美元的其他联邦机构债券，标志着美国进入量化宽松货币政策时代。

4月2日，G20峰会在伦敦举行，会议承诺将IMF的资金规模由2 500亿美元增加至7 500亿美元，并推出1.1万亿美元的刺激方案。

5月1日，克莱斯勒汽车公司申请破产保护。

5月7日，美国银行业压力测试结果公布，10家银行共需增资746亿美元。

5月7日，欧洲中央银行降息25个基点至1%。

5月20日，美国总统奥巴马总统签署《协助家庭拯救住房法案》、《欺诈执行与复苏法案》。

5月21日，标准普尔将英国主权信用的评级展望从“稳定”下调至“负面”，是1978年对英国评级以来首次对其采取负面行动。

5月22日，美国总统奥巴马签署《2009年信用卡业务相关责任和信息披露法案》。

6月1日，通用汽车公司申请破产保护。

6月16日，金砖四国峰会发表声明认为，新兴经济体应在国际金融机构具有更大话语权，并应改革国际金融机构，建立多元化、稳定和可预期的国际货币体系。

6月17日，奥巴马政府公布了美国金融监管改革方案。

6月26～27日，金融稳定理事会（FSB）成立大会在瑞士巴塞尔举行。金融稳定理事会前身为金融稳定论坛（FSF）。

6月29日，华尔街最大诈骗犯麦道夫因证券诈骗、洗钱和作伪证被判处150年监禁。

7月20日，IMF公布新增2 500亿美元特别提款权（SDR）的分配方案，使SDR总储备达2 830亿美元。

7月，英国公平贸易署（OFT）发布第1106号信贷消费者保护行动计划，强调对消费者的公平和责任，对信贷宣传及任何与提供信贷相关的行为进行监督。

8 月 28 日，美国又有三家银行被联邦存款保险公司接管。至此，2009 年以来倒闭的美国银行达 84 家。

9 月 23 日，欧盟委员会公布欧盟金融服务业的监管改革方案。

9 月，G20 匹兹堡峰会对加强场外衍生品监管提出具体要求，包括推进标准化、有组织交易平台、集中清算和信息报告等内容。根据 G20 要求，金融稳定理事会成立了场外衍生品工作组。金融稳定理事会发布了稳健薪酬实践原则及其执行标准，对金融机构薪酬制度提出原则要求。

10 月 15 日，美国众议院金融服务委员会通过场外衍生品交易法案，增强证券交易委员会、商品和期货交易委员会对场外衍生品交易的监管权。

10 月 20 日，希腊政府宣布当年财政赤字占国内生产总值的比例将超过 12%，远高于欧盟设定的 3% 上限。

11 月 1 日，美国最大的中小企业贷款机构——美联信集团（CIT）申请破产保护。

11 月 11 日，美国众议院建议立法设立金融稳定委员会，识别具有系统性风险的金融机构并严加监管。

11 月 27 日，迪拜债务危机爆发，迪拜宣布推迟偿还迪拜世界和迪拜地产集团的债务。

12 月 8 日，惠誉下调希腊主权信用评级。

12 月 16 日，标准普尔下调希腊主权评级。

12 月 22 日，穆迪下调希腊主权评级。

12 月 11 日，美国众议院通过金融监管改革法案。

12 月 28 日，美联储对“D 条例”进行修正。

2010 年

2 月，西班牙、葡萄牙、意大利、爱尔兰赤字水平超过欧盟指标，欧元区主权债务危机加重。

3 月 19 日，美国联邦存款保险公司关闭 7 家银行。至此，美国 2010 年银行破产数量升至 37 家。

3 月 19 日，美联储理事会宣布取消在 2007 年金融危机开始时赋予英格兰皇家银行集团、美国银行、花旗银行、摩根大通、德意志银行和巴克莱银行六家银行的“23—A 豁免权”。“23—A 豁免权”是《联邦储备法案》的第23条，内容是限制银行的关联交易以保护银行存款人。取消该豁免权是美联储在市场状况正常化的形势下逐步撤回应急流动性措施的一部分内容。

3月25日，欧盟峰会达成由欧元区国家和国际货币基金组织在必要情况下联手救助希腊的协议，并决定设立一个由欧洲理事会主席范龙佩领导的专门小组，为完善欧盟经济治理、防止希腊式债务危机重演提出改革建议。

4月，美国参议院银行委员会主席多德再次公布新版改革法案——《2010年重塑美国金融稳定法案》，预计4月末进入参议院表决。

4月16日，美国证券交易委员会指控高盛在次贷金融产品方面存在欺诈和误导投资者的行为。美国证监会向法院提起民事诉讼，指控高盛集团及其副总裁在销售一项次级抵押产品时涉嫌欺诈投资者，导致投资者损失约10亿美元。

4月20日，美国证券交易委员会主席玛丽·夏皮罗表示，将对美国19家大型银行会计问题进行审查，以调查其是否采用导致雷曼兄弟破产的会计方法。

4月23日，希腊政府被迫向欧盟和国际货币基金组织求援，要求启动救助机制。

4月27日，标准普尔将希腊的主权信用评级降至垃圾级（BB+级）。

5月2日，欧元区成员国财政部部长召开特别会议，决定启动希腊救助机制，和国际货币基金组织一道在未来3年内为希腊提供总额1 100亿欧元的贷款。其中欧元区出资800亿欧元，国际货币基金组织提供300亿欧元。希腊同日宣布了大规模财政紧缩计划。

5月10日，欧盟委员会和成员国通过了促进欧洲金融稳定的一揽子措施。

5月18日，欧元区成员国财政部部长决定向希腊拨付首笔总额200亿欧元的救助资金。

5月20日，美国参议院通过金融监管改革法案。

6月7日，受欧洲主权债务危机拖累，欧元对美元汇率一度跌破1:1.19，创下自2006年3月以来的最低水平。

6月16日，美国联邦住房金融局要求“两房”从纽约证券交易所退市。

6月26日，G20第四次峰会在加拿大多伦多举行。

6月30日，美国众议院最终通过了最后版本的金融监管改革法案，为法案的最终颁布扫清了障碍。

7月21日，美国总统奥巴马正式签署《多德—弗兰克华尔街改革与消费者保护法案》，美国金融监管改革取得里程碑式的成就。

7月26日，英国政府公布英国金融监管改革方案，明确由英格兰银行负责金融稳定，废除FSA，并将FSA的审慎监管职能并入英格兰银行，同时成立消费者保护和市场监管局，强化消费者权益保护。

9月12日，巴塞尔银行业监管委员会管理层会议宣布，已就新的银行监管改革方案——《巴塞尔协议Ⅲ》达成一致，并将经11月份G20领导人首尔峰会批准后执行。

9月15日，欧盟委员会发布了关于场外衍生品监管的提案，旨在通过加强对场外衍生品的监管，推动中央对手方（CCP），交易存储库（Trade Repository）等市场基础设施的进一步应用，以提高市场安全性和有效性，降低系统性风险。

9月22日，欧洲议会批准欧洲金融监管改革法案，以欧盟为一整体加强金融监管，设立四个新机构，分别是针对银行业、保险业和金融交易的欧盟银行监管局、保险和养老金监管局、证券和市场监管局，以及负责整体监督的欧洲系统性风险委员会。

11月3日，美国公布第二轮量化宽松货币政策。

11月11日，欧洲议会正式通过欧盟对冲基金监管法案，为将对冲基金首次置于一套泛欧监管体系之下扫除最后一道障碍。

12月，巴塞尔银行监管委员会向金融稳定理事会提交了识别全球系统重要性金融机构的评估方法。新的评估方法将评估指标分为五大类，为跨境活动、规模、关联性、可替代性和复杂性，并被赋予同等权重。

12月16日，巴塞尔银行监管委员会发布了《巴塞尔协议Ⅲ》的标准文本，并决定于2013年1月1日开始推行，过渡期截至2019年1月1日。

2011年

2月，国际证监会发布《监管信用评级机构的原则实施报告》。

2月11日，美国财政部发布住房抵押市场改革计划。美政府将逐步减少对“房地美”和“房利美”两大房贷机构和住房金融市场的支持，修复房地产市场的根本缺陷，加强对未来危机的防范。

3 月，美国证券交易委员会提议制定新规则，修订《1933 年证券法》、《1934 年证券交易法》、《1940 年投资公司法》相关规则中关于信用评级的表述。

3 月 2 日，美国证券交易委员会根据《多德—弗兰克华尔街改革与消费者保护法案》的授权发布新规草案，将对经纪商、自营商和投资顾问公司的高额薪酬实施更严格监管，并首次要求接受监管的公司每年向美国证券交易委员会报告详细薪酬计划。

3 月 25 日，欧盟成员国领导人通过欧洲主权债务危机全面应对方案。内容包括扩大现有救助规模和用途，为希腊等国减负以及开展新一轮银行压力测试等。

3 月 29 日，标准普尔下调希腊和葡萄牙信用评级分别至 BB - 级和 BBB - 级。

4 月 1 日，标准普尔下调爱尔兰信用评级至 BBB + 级。

5 月 3 日，葡萄牙政府与 IMF、欧盟和欧洲中央银行三方达成最终救助协议。根据协议，葡萄牙需在 2013 年将预算赤字削减至 GDP 3% 的水平。

5 月 9 日，标准普尔将希腊的主权信用评级下调至 B 级。

5 月 24 日，欧盟发行 47.5 亿欧元债券，为爱尔兰和葡萄牙救助计划筹资。

5 月 27 日，惠誉评级公司将日本评级展望从稳定下调至负面。

6 月 13 日，标准普尔将希腊的长期主权信用评级从 B 级下调至 CCC 级，评级前景为负面。

6 月 16 日，英国财政部就英国金融监管改革方案第三次公开征求意见，并将于近期正式进入立法程序。

6 月 22 日，美联储决定保持联邦基金利率于 0 ~ 2.25% 区间不变。

6 月 29 日，美联储批准了根据《多德—弗兰克华尔街改革与消费者保护法案》第 1075 条制定的关于银行卡收费与网络排他性的规则。

截至 7 月 1 日，由于公开征求意见中产生的拖延和利益集团的抵制，《多德—弗兰克华尔街改革与消费者保护法案》要求制定的规则有相当一部分被延误，未能如期制定。

参考文献

1. Acharya, V. , et al. 2011. *Regulating Wall Street, The Dodd – Frank Act and the New Architecture of Global Finance*, Wiley.

2. Akerlof, G. , and R. Shiller. 2009. *Animal Spirits*. Princeton University Press.

3. Baily, M. N. 2009. "Strengthening and Streamlining the Federal Supervision of Financial Institutions." Testimony to the Senate Committee on Banking, Housing and Urban Affairs, September 29.

4. Beinhocker, E. 2007. *The Origin of Wealth*. Harvard Business School Press.

5. Bernanke, B. S. 2007. "Central Banking and Bank Supervision in the United States." Speech at the Allied Social Science Association Annual Meeting, Chicago, Illinois, January 5.

6. Bernanke, B. S. 2009. Statement before the Committee on Banking, Housing, and Urban Affairs, United States Senate, December 3.

7. Bernanke, B. S. 2010. "The Public Policy Case for a Role for the Federal Reserve in Bank Supervision and Regulation", January 13.

8. Bernanke, B. S. 2010. "The Federal Reserve's Role in Bank Supervision" before the Committee on Financial Services, U. S. House of Representatives, March 17.

9. Bernanke, B. S. 2010. "Lessons from the Failure of Lehman Brothers." Testimony before the Committee on Financial Services, U. S. House of Representatives, April 20.

10. Bernanke, B. S. 2010. Statement before the Financial Crisis Inquiry Commission, Washington, D. C. , September 2.

11. Brimmer, A. F. 1989. "Distinguished Lecture on Economics in Government: Central Banking and Systemic Risks in Capital Markets." *The Journal of Economic Perspectives*, Vol. 3, No. 2: 3 – 16.

12. Carnell, R. , Macey, J. , and Miller, G. 2009. *The Law of Banking*

and Financial Institutions (4th ed.) . Aspen Publishers.

13. Congressional Oversight Panel, *Special Report on Regulatory Reform*, January 2009.

14. Davis Polk & Wardwell LLP. "Summary of the Dodd – Frank Wall Street Reform and Consumer Protection Act, Enacted into Law on July 21." July 21, 2010.

15. European Commission, European Financial Supervision, 27 May 2009.

16. European Commission Staff Working Document, Summary of the Impact Assessment, 23 September 2009.

17. European Commission Memo/10/434, Financial Supervision Package – Frequently Asked Questions, 22 September 2010.

18. European Parliament Press Release, Parliament Gives Green Light to New Financial Supervision Architecture, 22 September 2010.

19. Federal Reserve Bank of New York Staff Reports, *Shadow Banking*, Staff Report No. 458, July 2010.

20. Hearing before the Senate Committee on Banking, Housing, and Urban Affairs on the Nomination of Ben S. Bernanke, of New Jersey, to be Chairman of the Board of Governors of the Federal Reserve System, December 3, 2009.

21. H. R. 4173, *Dodd – Frank Wall Street Reform and Consumer Protection Act*, July 15, 2010.

22. Jackson, H., and E. Symons, Jr. 1999. *Regulation of Financial Institutions*, West Group.

23. Keynes, J. M. 2008. "*The General Theory of Employment, Interest and Money*", BN Publishing.

24. Krugman, P. 2009. "*The Return of Depression Economics and the Crisis of* 2008." Norton.

25. Mishkin, F. S. 2000. "Prudential Supervision: Why Is It Important and What Are the Issues?" Working Paper 7926, *National Bureau of Economic Research*, September.

26. Peek, J., Rosengren, E. S., and Tootell, G. M. B. 1999. "Is Bank Supervision Central to Central Banking?" *The Quarterly Journal of Economics*, Vol. 114, No. 2: 629 – 653.

27. Peek, J., Rosengren, E. S., and Tootell, G. M. B. 1999. "Using

Bank Supervisory Data to Improve Macroeconomic Forecasts. " *New England Economic Review*: 21 –32.

28. Reinhart, C. , and K. Rogoff. 2009. *This Time is Different.* Princeton University Press.

29. Roubini, R. , and Mihm, S. 2010. *Crisis Economics: A Crash Course in the Future of Finance.* Penguin Press.

30. Senate Committee on Banking, Housing, and Urban Affairs, *Report together with Minority Views on The Restoring American Financial Stability Act of* 2010, April 30, 2010.

31. Simon Johnson & James Kwak, 13 Bankers: *The Wall Street Takeover and the Next Financial Meltdown*, Vintage Books 2011.

32. Skeel, D. 2011. *The New Financial Deal*, *Understanding The Dodd – Frank Act and its (Unintended) Consequences*, Wiley.

33. Skidelsky, R. 2010. Keynes: *the Return of the Master.* Public Affairs.

34. Stiglitz, J. 2010. "Freefall: *America, Free Markets, and the Sinking of the World Economy.* " Norton.

35. Sullivan&Cromwell LLP. "House of Representatives Approves Historic Revision of Financial Services Regulation" July 2, 2010.

36. Taleb, N. 2007. *The Black Swan.* Random House.

37. Tarullo, D. K. 2010. "Equipping Financial Regulators with the Tools Necessary to Monitor Systemic Risk. " Testimony before the Banking Subcommittee on Security and International Trade and Finance, U. S. Senate, February 12.

38. Thaler, R. 1994. *Quasi Rational Economics.* Russell Sage Foundation.

39. United Kingdom, HM Treasury, A New Approach to Financial Regulation: Judgement, Focus and Stability, July 2010.

40. United Kingdom, HM Treasury, A New Approach to Financial Regulation: Building a Stronger System, February 2011.

41. United Kingdom, HM Treasury, A New Approach to Financial Regulation: The Blueprint for Reform, June 2011.

42. United States Government Accountability Office, *Financial Regulation A Framework for Crafting and Assessing Proposals to Modernize the Oudated U. S. Financial Regulatory System*, January 2009.

后　记

本书是集体劳动的成果。自国际金融危机以来，人民银行条法司持续跟踪了国际特别是美国金融监管改革立法的发展和最新动态，并撰写了一系列报告和分析文章。《多德—弗兰克华尔街改革与消费者保护法案》正式颁布后，我们又组织内部力量对该法案主要内容进行梳理和消化。在追踪研究过程中，我们深感作为美国半个多世纪以来最为重要的金融监管立法，作为总结和反省此次国际金融危机教训最重要的成果，该法案必将对美国金融业的发展产生重要而深远的影响，世界金融业在未来演进中必将深深打上该法案的烙印。因此，非常有必要对该法案进行持续深入的研究，跟踪分析其影响、利弊和经验教训。好的研究须以对法案的准确理解为基础。由于法案极其冗长、繁杂，以金融和法律的专业术语写成，很多内容晦涩难懂。如果对法案的主要内容进行阐释、概述，并作一些初步的分析，将会为国内的研究者提供一些便利。因此，我们决定编写本书。为确保本书的权威性和准确性，我们邀请了行内外多位知名专家组成了评审委员会。尽管工作非常繁忙，各位专家仍不辞辛劳，在百忙之余抽空对书稿进行了评审，并提出了非常好的意见和建议。因此，本书不仅是编者的劳动，也包含了各位参与评审的专家们的真知灼见。在此对他们特别致谢：北京大学常务副校长、著名金融法专家吴志攀教授；中国政法大学研究生院常务副院长、著名金融法专家李曙光教授；北京大学法学院副院长、著名行政法专家王锡锌教授；全国人大法工委民法室姚红主任；最高人民法院民二庭宋晓明庭长；国务院法制办财金司刘长春副司长；苏利文·克伦威尔国际律师事务所亚洲管理合伙人魏群女士；北京大学法学院唐应茂副教授；人民银行货币政策二司李波司长、金融稳定局宣昌能局长、国际司张涛司长、研究局张健华局长、研究生部部务委员会焦瑾璞副主席。北京大学金融法研究中心的研究生于勤、苏盼、刘庄在唐应茂副教授的带领下，为本书的部分内容提供了扎实的研究支持。感谢纽联储总法律顾问 Thomas C. Baxter 先生。此外，人民银行条法司的全体同事为本书的问世提供了最可靠的后盾和支撑。没有这个专业、敬业、团结的团队，就不会有这份集体的劳动成果。其中，特别要感谢以下同事的大力支持和帮助：边志良副司长、王玉玲副司长等。最后但最不可或缺的，要感谢中国金融出版社的鼎力相助，特别是魏革军社长和蒋万进总编。没有他们的全方位支持，也不会有本书的面世。这里还要特别感谢中国金融出版社第一图书编辑部的张驰主任。在时间紧、任务重的情况下，她在很短的时间里就对全书文稿进行了逐字逐句的校读和编辑，从编辑的专业角度提出了大量宝贵意见和建议，展示了一位资深编辑的高度责任感、严谨作风和很高的专业水平。在此对她致以最诚挚的感激和谢意。

囿于我们的学术水平，本书中一些分析观点可能比较粗浅。若有不妥之处，敬请读者向出版社编辑部或编者中任意一位提出，我们将不胜感激。

编者

二〇一一年六月